가족치료 3판
이론과 실제

| 김유숙 저 |

학지사

3판 서문

　서문을 쓰기에 앞서서 저자로서 어떤 마음을 가지고 이 책을 출간했으
며, 또 개정 작업을 했는지 지난 서문들을 읽으면서 정리해 보았다. 이
책의 초판을 출간했던 16년 전에는 가족이라는 다양성을 묶을 수 있는
공통분모가 체계 이론이라는 점을, 10여 년 전 개정판에서는 치료사와
내담자가 함께 현실을 구성할 수 있다는 사회구성주의라는 새로운 원조
방법의 매력을 독자들에게 전달하고 싶었다. 그렇다면 이번에 독자들과
함께 나누고 싶은 것은 무엇일까? 이 부분에 답하기에 앞서 한 가지 고백
을 하지 않을 수 없다.

　저자는 임상심리를 전공하면서 '사람들의 호소 문제는 대부분 사람
간의 관계에 관한 것인데, 나는 왜 한 개인의 내면상태를 이해하려는 부
분에 집착하고 있는가'라는 의문을 갖게 되었다. 그때 우연히 사람과 사
람 간의 관계를 이해하고 그것에 개입하는 가족치료를 만나게 되었으며
그때부터 지금까지 나는 가족치료사를 표방하고 있다. 가족치료사라는
이름으로 지내 온 30여 년 동안 나는 '개인'을 없애는 것에 열중했다. 최
근 들어 임상경험을 돌이켜 보면서 가족치료사로 활동을 시작한 이후 내
가 한 것은 개인이라는 단위를 가족이라는 단위로 바꾸어 놓은 것에 지
나지 않았다는 사실을 깨닫게 되었다. 그리고 가족치료의 근간이라고 여
기면서 절대시해 왔던 '체계, 구조'와 같은 단어에서 벗어나 가족을 흐르
는 강물처럼 편안하게 이해하고 싶어졌다. 이런 마음이 들면서 떠오른
단어는 오래전에 캘거리 대학에서 톰(K. Tomm)에게 들은 재귀라는 단어

였다. 재귀는 원래 꺾여서 되돌린다는 의미로, 이미지로 표현하면 8이라는 숫자를 옆으로 놓은 것(∞)과 같다. 이 모형은 무한을 나타내며, 평등한 파트너십을 상징한다. 이것을 가족치료에 접목하면 치료사와 내담자 간에 서로 영향을 주고받는 과정을 더욱 소중히 여기도록 만든다. 이러한 가족치료적 개입을 한마디로 표현하는 것에 집착하지 않는다면, 나는 3판에서는 '자신으로 되돌리는' 가족치료를 독자들과 나누고 싶다.

이 책은 5부로 정리되었다. 1부에서는 사람들마다 제각기 가족을 이해하는 공통점인 체계 이론의 관점에서 가족을 어떻게 보아야 하는지를 정리하였다. 이 같은 흐름 속에서 발전한 가족치료와 그의 발전과정을 함께 언급했다. 2부에서는 가족을 단위로 하는 치료과정과 가족사정에 대해 언급하였다. 임상현장에서 보면 많은 치료사들은 특정한 가족치료의 접근에 대해 충분한 이해가 없지만 가족을 치료단위로서 만나게 되는 경우가 많다. 따라서 여기서는 가족치료의 특정 접근에 편승하지 않은 채, 가족치료의 과정과 사정에 대해 정리하였다. 3부와 4부에서는 한국의 임상현장에서 접할 수 있는 가족치료의 몇 가지 접근방법을 소개했다. 3부에서는 체계론적 관점을 축으로 한 초기 가족치료 모델로서 다세대 정서중심ㆍ전략적ㆍ구조적ㆍ경험적 가족치료를 소개하였다. 4부에서는 사회구성주의를 기반으로 한 후기 가족치료 모델로서 해결중심 가족치료와 이야기치료, 그리고 최근 부각되기 시작한 통합적 모델을 소개하였다. 5부에서는 가족치료가 생태체계론적 접근이라는 측면에서 사회문화적 맥락에 대한 고려가 중요하므로 현재 한국가족의 변화된 모습과 그와 관련된 사례들을 정리해 보았다.

3판의 출간에 감사하고 싶은 사람들이 있다. 먼저 오랜 경험을 토대로 독자들이 읽기 쉬운 책으로 재탄생시켜 준 학지사 편집부 이현구 선생님께 감사의 말을 전한다. 그리고 3판의 중요성을 계속 강조해 주신 학지사 김진환 사장님이 없었다면 이 책은 아직 세상에 빛을 보지 못했을 것이다. 그러나 그 누구보다도 이름을 거명할 수 없는 다수의 독자들에게 감사하지 않을 수 없다. 그동안 1, 2판에 애정을 가지고 활용해 주거나 귀중한 의견을 준 다양한 분야의 독자가 아니었다면 이 책은 3판으로 이어질 수 없었을 것이다. 그분들의 응원에 힘입어 3판을 출간하게 되었음을 다시 한 번 감사드린다.

2014년 6월

김유숙

한국에 가족치료가 뿌리내린 지 벌써 20여 년이 된다. 저자는 1988년 귀국하자마자 그동안 경험한 임상적인 접근을 한국가족에게도 접목해 보고 싶어서 노력한 적이 있다. 어떻게 하면 가족치료의 사례를 만날 수 있을까 하는 고민과 임상장면에서 만난 분들의 '가족치료라면 나도 가족을 만나서 하고 있는데……'라는 약간은 난감해하는 반응을 아직도 선명하게 그때의 기억으로 가지고 있다. 15년을 돌이켜 보면 그동안 상당히 많은 변화가 있었다. 적어도 가족치료의 사례를 어떻게 만날 수 있을까의 고민은 하지 않게 되었다. 오히려 어떻게 하면 내 시간을 상담을 원하는 가족과 나눌 수 있을까의 고민을 하고 있다. 또한 가족을 모아 놓고 환자에 대해 이야기를 나눈다고 모두 가족치료가 아니라는 생각에 주위의 많은 임상가들이 동의하고 있다. 이것은 단순히 개인적 경험의 변화는 아니라고 생각한다. 사회적으로도 지금은 병원, 복지관, 상담실에서 가족치료를 할 뿐 아니라 독자적으로 '가족치료'라는 말을 내걸고 가족치료를 전담으로 하는 상담기관들도 생겨나고 있다. 이러한 시대적인 변화는 학부 · 대학원 과정마다 가족치료를 교과목으로 선택하게 하였다. 저자도 이와 같은 흐름에 도움이 되었으면 하는 마음에 1998년 『가족치료: 이론과 실제』를 저술하게 되었다.

저자는 많은 가족들과 만나면서 새로운 경험을 하게 되었다. 알고 있는 지식과 경험을 통하여 '가족이 이렇게 되었으면, 이런 개입을 하면 가족이 보다 잘 기능할 거야.' 등의 가정을 가지고 가족을 만나면서 의도대로 되지 않아서 좌절한 경험이 많았던 것이다. 열심히 생각하여 이상적인 해결방안이라는 확신을 하면 할수록 그러한 확신이 무너질 때 가족의 무능력이나 저항을 탓하는 빈도도 늘어갔다. 그러면서도 이것은 단지 가족의 탓만은 아닐 텐데 하는 석연치 않은 마음이 언제나 한구석에 남아 있었다. 이러한 내 고민에서 자유로워질 수 있었던 것은 사회구성주의에 입각한 가족치료를 만나면서였다.

1990년대에 들어서 미국의 가족치료 동향은 많은 변화를 가지고 왔다. 구조주의에 기반을 둔 기존의 가족치료와는 달리 사회구성주의에 입각한 접근방법이 시도된 것이다. 사회구성주의 가족치료는 가족이 이상적으로 생각하는 모습은 제각기 다를 수 있으므로, 치료사는 가족과 협력하여 그와 같은 현실을 만들어 가는 것이라고 보았다. 이것은 어느 가족에게나 적용되는 이상적인 모습이 있으며, 치료사는 가족들이 그것을 발견할 수 있도록 돕는 것이라고 생각한 기존의 가족치료 접근방법과는 다른 시도였다. 사회구성주의 치료는 그동안 저자가 가진 고민을 해결해 주는 데 많은 도움을 주었다. 이와 같은 접근을 소개하고 싶은 마음에 『가족치료: 이론과 실제』의 개정판을 준비하게 되었다.

2002년 7월

김유숙

어릴 적부터 사람을 좋아했던 저자에게는 다양한 친구가 있었다. 부모가 없는 친구, 부모가 이혼한 친구, 어린 눈에도 부모의 과잉보호를 받는 것 같은 친구에 이르기까지 각양각색이었다. 이러한 친구의 가족들과 접해 보면서 '가족은 저마다 다르다'고 생각하게 되었으며, 이런 생각이 어린 필자의 눈에 신선하게 다가왔던 것 같다. 이와 같은 청소년 시절의 경험을 통해 저자는 가족에 관심을 가지게 되었고 결국 대학원에서 장애아동과 조현병 환자의 가족을 연구하게 되었으며, 현재는 어려움을 겪는 가족을 돕는 일을 하고 있다.

저자는 오랫동안 가족치료 전문가로서 정서적 문제, 행동상의 문제, 대인관계의 문제 등으로 고통받는 다양한 가족을 만나면서 어린 시절에 가졌던 '가족은 저마다 다르다'는 생각에서 벗어날 수 있었다. 임상의 경험을 통하여 가족이 가진 문제는 다르지만 가족관계라는 점에서 보면 모든 가족에는 구조나 기능이라는 면에 공통점이 있다는 사실을 알게 되었다. 이러한 관점에서 보면 증상을 나타내는 환자만을 치료대상으로 삼는 것이 아니라, 증상을 나타내는 사람이나 원조를 구하는 문제는 그 개인의 생태학적 맥락 속에서 파악되어야 한다. 이러한 가족치료의 핵심적 관점에 매료당해 가족치료를 해 온 지 15년이 된다.

저자는 가족치료의 많은 선구자의 업적을 공부하면서 언젠가는 그들이 열정적으로 가족연구나 치료를 했던 곳을 방문해 보고 싶다는 막연한 기대를 가지고 있었다. 연구년을 맞이하여 이러한 꿈이 실현되어 헤일리

와 마다네스, 보웬, 윈, 미누친, 애커먼 등의 흔적을 느끼며 이곳에서 그
들이 남긴 여러 권의 저서도 접할 수 있었다. 그러는 동안 가족치료의 선
구자의 업적을 정리해 보고 싶다는 욕심이 생겨 결국 그동안 미루어 왔
던 가족치료에 대한 저서를 쓸 결심을 하게 되었다.

본서는 5장으로 나뉘어져 있다. 1장은 가족치료가 추구하는 새로운 개
념에 대하여 정리하였다. 가족치료를 접한 많은 사람은 이 방법이 혁신
적이며 살아가면서 문제를 가진 가족을 치유하는 데 유용한 방법이라고
생각하며 매력을 느낀다. 그러나 다른 개인치료와는 달리 이 분야의 패
러다임은 새롭기 때문에 이해가 쉽지 않아 가족치료를 처음 접하는 초심
자를 당혹스럽게 만들기도 한다. 따라서 독자가 '문제개인은 없으며 문
제가족만이 존재한다'는 사실과 '체계가 문제를 만들 수 있다'는 것을
이해하는 데 도움이 되고자 노력하였다.

2장은 가족치료의 각 학파에 대한 이론을 정리하였다. 가족치료는 여
러 가지 이론이나 기법이 있어서 초심자는 이러한 다양한 기법을 사용하
기 어렵고 오히려 그러한 기법에 휘말린다는 느낌을 받는다. 이러한 어
려움은 각 학파에 대한 이론을 분명히 파악함으로써 해소할 수 있다고
생각한다. 저자는 1988년 한국에 돌아온 후부터 계속 대학원 과정에서
가족치료를 가르쳐 왔는데, 1·2장은 그동안의 강의의 소산이라고 생각
한다.

3·4장에서는 여러 개의 간단한 임상경험과 실제적인 상황을 소개하
고 있다. 이것의 대부분은 저자가 만났던 가족의 이야기를 사생활이 보
호되는 수준에서 수정한 것이 대부분이며, 몇 가지 사례는 다른 치료사
가 기존에 발표한 것을 빌려온 것이다. 사례를 정리하면서 이제는 아득
한 기억 속에 남겨진 가족이지만 그들은 내게 많은 것을 가르쳐 주었다

는 사실을 새삼 깨닫게 되었다는 사실을 밝히고 싶다.

　5장은 용어의 해설인데 여기에 많은 시간을 투자하였다. 가족치료가 우리나라에 소개된 지 20년이 되지만 저자가 아는 한, 아직 가족치료 분야의 정보원이 될 만한 개념을 정리한 한국어 저서가 많지 않다는 사실을 언제나 안타깝게 여겼기 때문이다. 용어해설은 가족치료에 관련된 많은 사람이 가족치료의 기초개념을 습득할 때 조금이나마 기여했으면 하는 바람으로 되도록 쉽게 설명하려고 노력하였다. 또한 용어를 선택하는 데는 American Association for Marriage and Family Therapy에서 1984년 발간한 *Family Therapy Glossary*가 많은 도움이 되었다는 사실을 밝힌다.

1998년 7월

김유숙

차례

제1부 체계로서의 가족 이해하기

제2부 가족치료의 과정과 사정

변화하는 한국 가족과 가족치료

제**1**부

체계로서의
가족 이해하기

제1장 가족을 어떻게 바라볼 것인가

전통사회와는 달리 복잡한 현대사회에서는 가족이 무엇인지를 그려 내기가 좀처럼 쉬운 일이 아니다. 그러나 가족을 치료의 단위로 이해하고 있는 가족치료사의 경우에는 가족에 대한 나름대로의 그림을 가지고 있을 필요가 있다. 가족의 정의는 보수적인 이해에서 가족정체성이나 담론에 의한 정의처럼 현대적인 이해로 변화해 오고 있다. 이와 같은 변화의 흐름 속에서 등장한 가족치료의 발전과정을 이해하는 것은 앞으로의 가족변화를 예측할 수 있는 지표가 될 수 있다. 또한 이것은 가족치료사들이 각자 가족을 어떻게 바라볼 것인가의 밑그림 작업에도 도움이 될 것이다.

제**1**장

가족을 어떻게 바라볼 것인가

가족은 시대와 사회의 구분을 초월하여 항상 존재해 온, 우리들의 삶에서 빼놓을 수 없는 부분이다. 그러나 가족을 바라보는 관점은 저마다 달라서 이에 대한 정의는 쉽지 않다. 이 같은 딜레마에 눈을 돌리려는 것이 이 장의 목적이다. 여기서는 가족의 정의에 대한 변화, 이에 따른 가족의 심리적 원조의 형태, 가족치료의 특징에 대해 언급하려고 한다.

1. 가족의 정의에 대한 변화

가족치료사는 치료에 앞서서 가족이 무엇인가에 대한 나름대로의 그림을 가지고 있는 것이 필요하다. 이 문제를 다루기 전에 저자가 치료실에서 경험한 두 가지 예를 언급하고 싶다.

치료실의 단상

성수 이야기(2002년 9월)

성수(가명) 아버지는 상담실에 전화를 걸어 '고등학교인 아들이 인터넷 중독이어서 상담을 받고 싶다'는 요지의 이야기를 했다. 전화기 너머로 들려오는 아버지의 목소리에서 아들의 문제에 대한 확신과 단호함을 느낄 수 있었다. 일주일 후, 치료실에서 아버지, 어머니, 성수를 만났다. 고등학생인 성수가 '난 이끌려 왔을 뿐 이 상담에는 전혀 흥미가 없다'는 것을 어떻게든 표현하고 싶어 하는 것을 한눈에 알 수 있었다. 어머니 역시 상담시간 내내 우는 것으로 자신이 이 문제에 대해 얼마나 무기력한지를 드러냈다. 아버지는 내게 미리 준비라도 한 것처럼 지금까지의 상황에 대해 장황하게 이야기했다.

아버지는 집안을 이끌어 갈 장손인 성수를 잘 키우고 싶은 마음이 컸다. 초등학교 시절 성수는 죽으라면 죽는 흉내를 낼 정도로 아버지가 원하는 모습만 보여 주었다. 그런 아들을 보면서 아버지로서 아이의 장래에 대해 확실한 비전을 제시해야 한다는 부담감도 있었지만, 아들에 대한 꿈도 많았다. 어느 날 우연히 본 신문기사에서는 앞으로 펼쳐질 인터넷 시대에 대한 공과 실을 다루면서 '인터넷 중독'이라는 용어를 언급했다. 그리고 인터넷 중독을 판단하는 자가판정 기준도 제시하였다. 사춘기의 아들을 둔 입장에서 중독의 진단기준을 열심히 탐독하였는데 그중 눈에 띈 것이 인터넷 중독자는 늦은 시간까지 인터넷 게임을 하여 다음 날 아침 늦잠을 잔다는 것이었다. 그 후 아버지는 성수의 모습을 주의 깊게 관찰했다. 어느 날 성수가 아침에 늦게 일어나는 것을 보고 드디어 올 것이 왔다고 생각하여 아이를 학교도 보내지 않은 채 서울역으로 데리고 갔다. 서울역의 노숙자를 보여 주면서 "네가 게임만 하면 네 미래는 저들과 같다."라고 훈계했으나, 아들은 반성하는 눈치가 아니었다. 아이가 이미 삐뚤어지기 시작했다고 생각한 아버지는 마음이 급해져서 그 후 아들을 데리고 여러 상담기관을 전전했다. 아버지는 그렇게 일 년을 헤매다가 여기까지 왔다고 허탈해하면서 말을 마쳤다.

치료사의 노력으로 성수와 어머니를 통해 알 수 있었던 이야기는 다음과 같다.

성수는 어머니에게 자신의 힘든 심정을 토로했지만, 정작 권위적인 아버지에게는 한마디도 못했다. 어머니는 남편에게 잘못 이야기하면 더 힘들어진다는 것을 잘 알기에 남편과 아들의 관계가 점점 더 어긋나는 것을 보면서 애만 태울 뿐 아무것도 할 수 없었다. 성수는 처음에는 아버지에게 자신이 다른 친구들과 별로 다르지 않다는 것을 알리려고 애썼으나, 그런 노력을 하면 할수록 아버지와의 관계가 악화된다는 것을 깨닫고 어느 순간부터 포기해 버렸다. 이전에는 아버지 눈치를 보면서 게임을 했는데, 이미 게임 중독으로 낙인이 찍힌 지금은 맘대로 할 수 있어서 오히려 마음이 편하다고 말했다.

현아 이야기(2012년 9월)

상담실에 다급한 목소리로 전화를 한 사람은 현아(가명)의 할머니였다. 현아의 할머니는 담임선생님이 현아가 친구의 물건을 훔쳐서 아이들로부터 따돌림을 받는다는 요지의 말을 한 후 현아의 상담을 권했다고 말했다. 접수면접을 한 상담자는 가능하면 현아의 부모님을 만나고 싶다는 뜻을 전했다. 일주일 후, 현아의 할머니와 어머니가 함께 상담실을 방문했다. 간단한 설문지를 써 달라고 부탁하자 할머니가 자연스럽게 받아서 기록하기 시작하였다. 가족을 적는 칸에는 현아의 할아버지와 할머니, 어머니와 현아의 이름과 나이를 적었다. 30대의 현아 어머니는 현아 할머니의 재빠른 손놀림을 무기력하게 바라보고 있었다. 어머니와 단둘이 상담을 시작하자, 어머니는 상담자의 손에 쥐어진 설문지를 바라보면서 "우리 가족은 현아와 저 단둘이지만, 현아에게는 헤어진 아빠가 있어요. 그 사람의 이름도 써야 할까요?"라고 질문하였다. 치료사가 가족사항을 다시 적을 수 있다고 하자 어머니는 다른 설문지를 받아들자 곧 가족란에 남편과 자신, 현아 3명을 기입하였다. 현아 할머니 때문에 자주 연락하지는 못하지만 남편과 지금도 왕래를 하고 있기 때문에 현아 문제로 온 상담에는 남편을 당연히 포함시켜야 할 것 같다고 덧붙였다. 현아에게도 우리 가족은 3명이라고 말하고 있다는 점을 강조하였다.

다음 주에 현아와 면담을 했다. 면담과정에서 현아는 "내가 가장 싫어하는 달은 5월이에요. 아버지가 준 용돈으로 할머니와 할아버지의 선물을 사야 하는지 고민을 해야 하기 때문이에요. 많이 망설이다 결국 누구의 것도 사지 않아요. 선물을 사면 아버지의 성난 얼굴이 떠오르고, 사지 않기로 결심하면 실망하는 할머니와 할아버지가 떠오르기 때문에 힘들어요."라고 진지하게 말했다. 현아의 이야기를 들으면서 치료사인 나는 현재 아이를 키우고 있는 어머니의 존재는 희미해진 채, 떨어져 사는 아버지와 조부모가 뒤엉켜 누가 가족인지를 두고 오랫동안 헤매고 있는 이들의 모습을 엿볼 수 있었다.

가족이란 무엇인가? 이 질문에 답하는 것이 그렇게 어렵지 않은 것처럼 보인다. 사람들은 누구나 가족에 대한 경험을 가지고 있으며 그것을 토대로 '가족이란 이런 것이구나.'라고 말할 수 있기 때문이다. 이전에는 설령 서로 다른 경험으로 인하여 가족의 정의에 대해 각기 다른 이미지를 가지고 있어도 공유할 수 있는 가족의 경험의 공통분모가 많아서 누군가가 정의한 가족의 모습에 동의할 수 있었다. 그러나 최근에는 지금까지의 가족에 대한 이해나 기대가 흔들리고 변화하고 있다. 물론 지금까지도 가족에 대한 경험이 다양했으나, 시시각각으로 변화하는 현대사회에서는 가족에 대한 경험이 저마다 달라서 사람들이 함께 그려 낼 수 있는 공통분모가 점점 줄어들고 있다. 따라서 가족이란 무엇인가를 분명하게 말하기가 어려운 시대에 살고 있는 셈이다. 그럼에도 불구하고 가족의 정의를 정리해 보고자 한다.

인간사회는 오래전부터 사회를 유지하기 위해 다양한 제도를 발전시켜 왔는데, 그중에서도 가족제도는 가장 원초적이며 보편적인 제도다. 왜냐하면 가족이란 오랜 세월을 거쳐서 형성된 문화나 관습을 바탕으로 나타난 제도로서, 결코 임의적인 것이 아니기 때문이다. 이러한 기본적인 사회단위로서의 가족이 다른 제도에 비해 규모는 작지만, 중요한 역할을 수행해 오고 있다는 사실을 새삼 강조할 필요는 없을 것이다. 사회의 기본단위로서 가족이 갖고 있는 중요성을 인식한 가족사회학자들은 오래 전부터 가족이란 무엇인가에 대한 답을 구하기 위한 노력을 계속해 왔다.

먼저 1980년대 이전에 가족을 정의한 내용을 살펴보면 '가족은 부부와 그들의 자녀로 구성되고, 주거와 경제적인 협력을 같이 하며 자녀의 출산을 특징으로 하는 집단'이라고 요약할 수 있다. 핵가족이란 용어로 유명한 머독(Murdock, 1949)은 가족이 결혼으로 시작되며 부부와 그들 사이에서 출생한 자녀로 구성되지만 이들 외에 가까운 친척이 포함될 수 있으며 가족원은 법적 유대 및 경제적·종교적인 권리와 의무, 성적 권리와 금기, 애정, 존경 등의 다양한 심리적 정감(情感)으로 결합되어 있다고 하였다. 레비스트로스(Lévi-Strauss)는 가족이란 "혼인, 혈연 또는 입양에 의해 결합된 집단으로 하나의 가구를 형성하고 남편과 아내, 아버지와 어머니, 아들과 딸, 형제와 자매라는 각각의 사회적 역할 속에서 상호작용하며 의사소통하고 공통의 문화를 창조, 유지하는 집단"이라고 정의하였다(Eshleman, 1974 재인용). 이 시대의 학자들은 가족을 어떤 사회의 존재를 위하여 가장 필수적인 기능을 수행하는 제도로 인정하였다. 또한 성적 행위, 새로운 가족원의 출산, 부양자녀의 보호, 사회적 관계의 유지 등에 관련된 문제를 해결하기 위한 산물로 이해하였다(Burgess et al., 1971). 그런데 현대사회에서는 산업화외 도시화가 급속히 전개되어 매스컴, 의료기관, 육아기관 등의 다양한 제도가 생겨나면서 가족의 기능, 역할, 가족들 간의 인간관계에 변화를 초래하였다. 가족을 둘러싼 환경의 변화와 함께 가족의 정의는 상호작용을 하는 사람들로 구성된 하나의 사회적 단위라는 추상적 개념으로 확장되었다.

1990년대에는 가족이 일부 전문가에 의해 일방적으로 정의된 것에 대한 비판과 함께 가족정체성(family identity)을 강조하는 경향이 두드러졌였다(上野千鶴子, 1994). 이러한 견해를 가진 학자들은 가족정체성을 정의

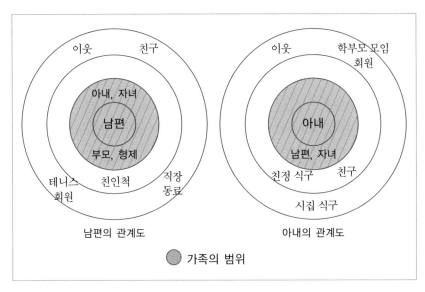

[그림 1-1] 가족의 범위에 대한 부부의 인식 차이

하기 위해서는 자신을 둘러싼 인간관계의 어디까지를 가족으로 생각할 것인가를 먼저 각각 그려 내야 한다고 보았다. 가족의 범위에 대한 생각은 개개인의 인식의 문제이며, 그 차이를 결정하는 권한은 개인에 달렸다고 본 것이다. 이러한 주장에 근거한다면 가족이 무엇인가를 외부에서 한정하는 것 자체가 모순이다. 따라서 다양해진 개인의 인식과 가족의 현실을 반영하는 것이 치료사로서 내담자인 가족을 이해할 때 도움이 된다. 예를 들어, 평화로운 부부관계가 시집의 이야기만 나오면 위기를 맞게 되는 부부의 상담에서는 [그림 1-1]과 같이 부부가 가족을 이해하고 있는 범위가 확연히 다를 수 있다. 1990년대의 가족 정의에서는 가족에 대한 개인의 이해에서 차이가 생기는 것은 당연하다고 보았으며, 이처럼 다른 이해를 가진 사람이 한 지붕 아래서 생활한다는 점을 수용하고 있다.

너무 앞서 가는 정의일 수도 있지만 최근에는 '가족이란 사람들이 공유하고 있는 담론에 의해 사회적으로 구축된 것'이라는 주장도 있다. 사회적 담론은 프랑스의 철학자 푸코(M. Foucault)가 제안한 용어로, 문장이나 단어로서 정리된 내용을 가진 언어표현의 의미를 지칭한다. 일반적으로 언어로 표현되는 하나의 현상에 대해 여러 가지 이해가 가능하지만 일반적으로 말하고 있는 맥락에 의해 그중 어떤 것을 의미하는 것으로 받아들인다는 것이다. 예를 들어, 동양사회와는 달리 뿌리의 개념이 약한 서구사회에서는 '조부모'를 '나'와 연결된 존재라는 관점에서 바라보기보다 부모의 부모로서 이해한다. 그들은 조부모에 대해 '크리스마스와 같은 즐거운 시간을 함께 보내는 사람'이라는 또 다른 종류의 가족에 대한 이미지를 만들어 낼지도 모른다.

이처럼 가족의 정의는 보수적인 이해부터 현대적인 이해까지 변화해 왔다. 그리고 변천의 방향은 한정된 정의에서 다양한 것을 포함한 정의로 확대되었다. 따라서 처음부터 가족이라는 객관적 현상이 존재하는 것이 아니라 사람들의 이해가 가족이라는 개념을 만들어 가고 있다는 점을 주목할 필요가 있다. 시대에 따른 어떤 정의이든 간에 진공공간에서의 가족이란 존재할 수 없고, 사회의 상호작용에 의해 가족이 형성되며 그 기능도 한정된다는 점을 간과해서는 안 될 것이다.

2. 가족을 위한 심리적 원조란 무엇인가

정서적 또는 심리적 어려움을 가진 내담자를 도우려는 치료사들은, 저마다 다른 색깔이기는 하지만, 가족원조에 대한 나름대로의 그림을 가지고 있을 것이다. 그것은 가족을 배제한 심리적 원조를 생각할 수 없기 때문이다. 많은 치료사들은 내담자 개인에 대한 치료과정에 가족이 참여할 경우에 치료적 효과가 크다는 사실을 경험을 통해 익히 알고 있다.

가족치료사라면 당연히 사람과 사람의 상호작용을 파악하기 위한 인식론(체계 이론)을 중심으로 심리적 원조를 생각하고 이를 실천할 것이다. 시대에 따라 많은 변화는 있지만, 임상현장의 치료사는 크게 가족을 치료단위로 보는 치료사와 그렇지 않은 치료사로 나눌 수 있다. 이상적으로는 이 두 접근의 교류가 일어나는 것이지만 실현되기에는 많은 시간이 필요할 것 같다. 변화하고 있으나 가족치료를 표방하는 실천과 전통적 정신치료에 의한 지원은 쉽게 융해될 수 없다는 인상을 지울 수 없다.

치료실의 단상

선영이 이야기

아홉 살의 선영이(가명)가 교실에 들어가지 않지 못한 채 하루 종일 보건실에만 머물다가 온다. "지금은 억지로 학교를 보내고 있으나 언제까지 지속될지 알 수 없다. 선영이는 어렸을 때부터 고집이 세어서 키우기 어려운 아이였다. 아토피가 있고 먹는 게 까다롭고, 작은 일에도 화를 내어 손을 쓰기 어려운 아이였다."고 말하면서 딸의 문제를 끊임없이 나열하는 긴장과 경계심이 가득 찬 30대의 엄마와 엄마의 말을 무표정하게 듣고 있는 딸이 치료실에 함께 있었다. 치료사는 어머니의 부담스러운 문제상황에 대한 설명으로부터 선영이를 보호해 주기 위해 놀이치료사에게 선영이를 부탁한 후, 어머니의 호소내용을 들었다. 놀이치료사와 만난 30분 사이에 선영이의 표정은 무척 밝아진 것을 보면서 그들의 치료적 만남이 순조로웠다는 것을 알 수 있었다. 치료사가 "다음 주 화요일 이 시간에 다시 만나지요. 선영이도 만날 수 있기를 기대할게."라고 하자, 선영이는 아무 말도 하지 않았지만, 여러 가지 정황으로 미루어 내심 기뻐하고 있는 것을 알 수 있었다. 그때 어머니가 무거운 목소리로 "선영이는 좋겠네, 상냥한 언니 같은 선생님이 선영이를 기다려 줘서……."라고 말했다. 치료실은 순간 예상하지 못한 중압감이 느껴지면서 선영이의 얼굴도 경직되어 이전의 무표정한 모습으로 돌아가 버렸다.

독자들이 어머니를 만나는 치료사라면 이와 같은 상황을 어떻게 이끌어 갈 것인가?

병리나 문제를 파악하도록 훈련받은 치료사라면 '선영이의 문제 이면에는 미성숙한 어머니가 있다. 어머니라기보다는 자녀와 같은 정신 수준을 가지고 질투하고 있다.'는 식으로 문제를 파악할 수 있다. 그러나 치료사는 그 같은 생각을 함과 동시에 어떤 맥락에서 어머니가 성숙한 어른으로 행동할 수 있는가에도 관심을 기울여야 한다. 또한 이 같은 미숙함과 성숙함을 만들어 내는 것은 무엇인가를 동시에 생각하지 않으면 안 된다. 만약 이 어머니에게 "자녀가 놀이치료사와 관계를 형성하는 것이 중요하니까 치료과정에 대해서는 아이에게 묻지 마세요, 어머니는 자녀에 대해 지나치게 간섭하지 마세요." 등으로 코칭하면서 부모로서의 역할만을 강조한다면 어머니는 치료에 부담을 느낄 것이다. 저자는 이 경우에는 어머니에 대한 심리적 원조를 자녀를 치료하기 위한 부수적인 수단으로 보고 경시해서는 안 된다고 생각하였다.

저자는 "선영이 때문에 오셨지만 한동안은 놀이치료 선생님은 선영이를, 저는 어머니를 만나면 어떨까요? 제가 도움이 될지는 모르겠지만, 저는 어머니와 말씀을 나누는 게 좋은데요. 어떠세요?"라고 작은 목소리로 속삭였다. 어머니는 약간 난처한 표정으로 저자를 바라보다가 그렇게 하겠다는 의미로 고개를 끄덕였다. 저자는 밝은 목소리로 "그럼 한동안은 넷이 두 쌍으로 나뉘어 만나기로 해요. 각각 헤어졌다 함께 만나서 이야기를 나눈 후, 오늘처럼 이렇게 끝내지요."라고 말했다.

이러한 경우에 바람직한 반응은 이런 것이라고 강조할 의도는 없었다. 어쩌면 전반부의 볼멘소리가 그 후의 과정에 부정적인 영향을 끼치지 않았던 것은 우연한 맥락에서 일어난 행운이었는지도 모른다. 저자가 여기서 강조하고 싶은 것은 눈앞에 있는 어머니와 자녀의 어느 한편으로 쏠

리지 않는 중립적인 태도를 유지했다는 점이다. 어머니의 말이 선영이에게 영향을 미치고 있다는 것을 확인할 수 있었으나, 불안에 휩싸인 어머니로서는 자신을 드러내는 이 같은 상담과정이 그다지 편하지는 않았을 것이다. 또한 어머니가 부모로서 지나치게 높은 기대를 가지고 있다면 자녀의 기뻐하는 모습을 있는 그대로 받아들이기는 어려웠을 것이다. 이처럼 다른 사람과의 관계에서 나타나는 자녀의 모습에 동요하거나 위기감을 느끼면서 자신이 원하지 않는 상호작용을 하는 부모도 적지 않다.

당연한 개입형태일지는 모르겠으나, 저자가 선영이 모녀를 상담하면서 시도한 것은 다음과 같다.

첫째, 선영이의 학교 문제보다는 '지금 여기'에서 전개되는 상호작용에 개입한다.

둘째, 어머니가 선영이의 보호자로서 상담실에 왔다는 생각에서 벗어나, 선영이와 함께 또는 선영이와의 상호작용에 관심을 가질 수 있도록 돕는다. 즉, 선영이와 어머니 중 어느 한쪽에 치우치지 않는 심리적 원조를 전개하려고 노력한다.

셋째, 무엇이 원인이며 누가 그 같은 원인을 제공했느냐와 같은 선형적인 이해에 치중하지 않으면서 선영이 모녀 사이에 보이는 악순환의 관계를 이해하려고 노력한다. 또한, 이 같은 추론은 현재 접촉하는 선영이와 어머니의 관계에만 한정하지 않고 두 사람을 둘러싼 보다 큰 맥락에서 이해하려고 노력한다.

저자는 전통적인 접근에서는 잘 시도되지 않았던 가족합동면담을 진행하면서 '가족과 함께'라는 맥락 속에서 개인이 드러내는 문제나 증상에 대해 이해하려고 하였다. 그것은 가족의 기능을 약화시키는 여러 가지 순환관계를 만들어 내는 것은 바로 가족원들이며, 내담자의 문제나 증상은 그것에 반응하여 맞물려 돌아가는 댄스의 일부분에 지나지 않는다

(Hoffman, 1981)고 생각했기 때문이다.

이때 개인심리치료에 익숙한 치료사라면 합동면담을 통해 얻게 되는 많은 정보에 대해 난감해하면서 어디에 초점을 두어야 할지 모르는 경우도 생긴다. 즉, 치료사로서 어떻게 치료적 관계를 유지해야 할지 확립하지 못한 채 당황하는 것이다.

일반적으로 사람들은 개인심리치료를 통하여 가족의 변화로 파생된 여러 가지 갈등을 해결하고자 시도하였다. 1950년 이전의 심리치료사들도 가족의 중요성에 대한 인식이 있기는 했지만, 그들은 어디까지나 개인의 정신 내적 갈등을 해소하는 데 주력하였다. 그러나 세계대전 등을 통해 사회적으로 많은 변화가 일어났고, 그러한 변화에 적응하지 못하여 정신적 어려움을 겪는 사람들이 급격히 늘어났다. 이와 같이 정신적 원조에 대한 수요의 증가로 기존의 개인치료로는 심리치료에 대한 사람들의 욕구를 감당하기가 어려워졌다. 이러한 정신질환자의 양적 증가는 집단치료나 가족치료가 성장할 수 있는 토양을 마련한 셈이다. 그러나 가족치료 태동에 보다 큰 영향을 준 획기적 계기는 1950년 이후 인간 문제를 이해하려는 다른 움직임이 일어난 것에서 찾을 수 있다. 이전의 심리치료가 문제행동을 보이는 한 개인의 문제에만 초점을 맞추었던 것과는 달리 문제행동을 보이는 개인은 그가 속한 체계 자체의 결함을 나타내고 있다는 새로운 견해가 등장한 것이다. 그렇다면 임상현장에 있는 사람들이 왜 이처럼 새로운 견해에 매력을 느끼게 된 것일까?

오랜 경험을 가진 심리치료사들은 자신에게 찾아온 내담자들의 행동 대부분이 단순한 일상의 문제들이며 병리적이지 않다는 것을 알게 되었다. 또한 가족은 감정적으로 뒤엉켜 있으므로 내담자의 가족 문제를 생각할 때는 누가 옳고 그르다는 논의는 무의미한 일이라는 사실 또한 임상경험을 통해 알고 있었다. 치료사들은 어렴풋이 문제행동이란 어려움을 겪고 있는 개인이 가지고 있는 구조가 무엇인가에 의해 침범을 당해 그 구조가 흔들리기 때문에 생겨나는 것이라고 느끼고 있었던 것이다. 치료사들은 이러한 사실에 대한 인식을 새롭게 하면서 개인을 강조하는 기존의 관점에서 개인을 둘러싼 맥락을 강조하는 관점으로 전환하게 된 것이다. 즉, 개인의 행동은 환경의 역동성을 반영하는 것이라고 가정하게 된 것이다. 이러한 관점에서 가족을 이해하려면, 정서적으로 뒤엉켜 있는 생물체인 인간을 이해할 수 있는 새로운 패러다임을 찾아야 한다. 치료사들의 이러한 욕구를 충족시켜 준 것이 순환적 인과관계를 주장하는 체계 이론이었다. 치료사들은 증상을 기존의 선형적 인과관계(A→B→C→D)로 이해하는 것에서 벗어나 새로운 순환적 인과관계(A→B→C→A)로 이해하려고 노력하였다. 예를 들어, '나쁜 부모가 문제 자녀를 만들어 낸다.'는 문장은 선형적 인과관계의 한 예다. 이런 언급은 다음과 같은 인간관계로 재개념화할 수 있다. 먼저 학교에서 문제를 일으키는 자녀, 극성스럽고 지나친 간섭을 하는 어머니, 자신감이 부족하여 자녀교육에 관심이 없는 아버지가 있는 가정을 상상해 보자.

　[그림 1-2]에서 보는 것처럼 자녀의 문제행동이 어머니의 지나친 간섭

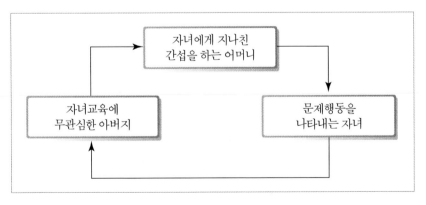

[그림 1-2] 순환적 인과관계

때문이라고 생각하면 그것은 선형적 인과관계의 한 예가 될 것이다. 조금 더 시야를 넓혀, 어머니가 심하게 잔소리하는 것이 자녀교육에 무관심한 아버지의 탓이라고 생각하여도 그것 역시 선형적 인과관계의 한계에서 벗어나지 못하고 있는 것이다. 우리가 피해자로 생각하고 있는 자녀가 이러한 악순환의 연쇄고리에서 담당하고 있는 역할은 없는 것일까? 자신의 자녀가 나타내는 문제행동을 잘 다루지 못한다는 자책이 아버지의 자신감을 더욱 위축시키고 있다면, 자녀 역시 이 가정의 문제에 어떤 원인을 제공하고 있는 셈이다. 이러한 관점에서 살펴본다면, 이 사례에서 자녀가 나타내는 문제행동의 원인을 제공한 사람은 부모이며, 자녀는 단지 희생양일 뿐이라고 단정할 수는 없을 것이다. 가족관계에서 모든 가족원의 행동은 다른 가족들에게 영향을 미치는 순환적인 관계망을 형성하고 있으므로 그와 같은 관점에서 가족의 문제를 파악하는 것이 진실에 더욱 가까이 접근할 수 있는 길이다. 초기 가족치료사들은 체계에서 드러나는 개인의 변화가 긍정적 또는 부정적으로 영향을 끼치는가에 초점을 맞추기보다는 한 개인의 변화가 어떤 형태이든 체계 전체의 변화를 이끌어 낸다는 점을 강조하려고 했던 것이다. 이들은 문제를 개인적 관점에서 벗어나 체계적 관점으로 이해하고 해결하려는 강력한 도구를 제공했다는 점에서 공헌한 바가 크다고 본다.

3. 가족치료란 무엇인가

임상현장에 체계론적 관점이 도입되면서 심리적 원조의 새로운 모형이 만들어졌다. 이것은 현장에서 가족을 돕는 추진력을 가속화하는 데 영향을 미쳤으며, 개인과 관계와 그것을 둘러싼 맥락으로 시야를 넓혀서

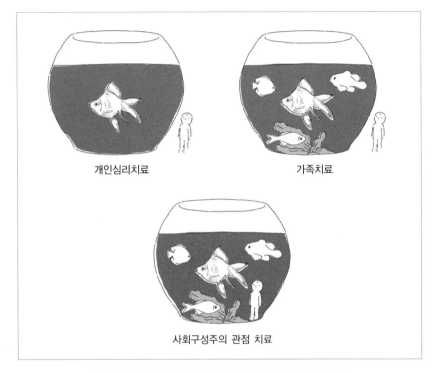

[그림 1-3] 개인심리치료, 가족치료, 사회구성주의 관점 치료

실천할 필요성을 제공해 주었다.

이에 관해서는 [그림 1-3]과 같이 비유적으로 표현할 수 있다.

어떤 사람이 어항 속에서 요동치는 한 마리의 물고기를 보고 있다. 이 사람은 '이 물고기가 어떤 패턴으로 움직이면서 자신을 표현하는가?'에 대한 가설을 세우기 위해 열심히 물고기를 관찰한다. 물고기를 이해하는 방법은 사람들에 따라 다양하다. 따라서 물고기가 왜 요동치는가를 이해하려면 많은 시간에 걸쳐 물고기를 관찰해야 할 것이다. 두 번째 어항 앞에 있는 사람은 다른 식으로 물고기의 행동을 이해하기 시작했다. 어항 속에 물고기의 가족을 함께 넣고 관찰하기 시작한 것이다. 가족의 움직임을 고려하면서 그동안 관찰해 온 물고기를 바라보자, 그들 사이의 여러 역동을 이해할 수 있었다. 그리고 이 같은 이해를 통해 보다 빨리 그리고 정확하게 물고기의 행동을 파악할 수 있었다. 물고기의 행동이나 감정은 다른 물고기 가족들의 행동과 감정에 대한 반응이었으며, 다른 물고기 또한 그러한 행동과 감정에 반응하고 있다는 사실을 발견했던 것이다. 더 나아가 어항 속에 집이나 공원, 학교와 같은 환경을 마련해 주었더니 그동안 이해할 수 없었던 물고기와 그 가족의 움직임이 보다 명확해졌다. 두 번째 어항에는 문제를 관계의 맥락으로 전환하여 파악한다는 관점이 존재했다. 최근에는 관찰자의 위치가 어항 밖이라는 고정관념을 깨고 어항 속으로 들어가 물고기들과 함께 상호작용하면서 새로운 현실을 만들어 내는 또 다른 패러다임으로의 전환이 일어나고 있다. 우리는 이것을 사회구성주의 관점을 가진 접근이라고 표현하고 있다.

가족치료는 이처럼 개인 내면의 역동성이나 병리보다는 다른 사람들과의 상호작용에 초점을 가지고 한 개인을 바라본다. 즉, 개인 중심의 관점으로부터 관계 중심의 관점으로 변화한 것이다. 이것은 개인적인 관점에서만 자신을 바라보던 사람들에게 자신이 가족과 다른 중요한 사회집단의 구성원으로서 자신이 알고 있는 것보다 더 많은 가능성을 지니고 있다는 점을 깨닫게 하였다.

1) 관계를 지향하는 접근

가족치료에서는 개인의 문제를 그 개인의 내적인 문제로서만이 아니라, 그를 둘러싼 전체로서의 가족이라는 맥락 속에서 이해하여 개인과 가족 전체 사이에 존재하는 고정된 상호작용의 패턴을 변화시키려고 노력한다. 다시 말하면, 문제행동의 영향으로 또 다른 문제행동을 초래하게 되는 악순환의 고리를 끊고 가족 자체가 가진 회복력에 의해서 가족과 개인의 기능을 회복시키고자 노력한다. 따라서 가족치료는 가족을 하나의 체계로 보며, 그 체계 속의 상호 교류 패턴에 개입함으로써 개인의 증상이나 행동에 새로운 변화가 일어나도록 추구하는 치료적 접근법을 의미한다. 가족치료사는 가족이 하나의 역동적 구조라고 보며, 물리적 또는 정서적으로 공간을 공유하는 개인들의 집합체 이상이라고 간주한다. 왜냐하면 개인은 가족 속에서 다른 가족원들과 끊임없이 상호작용을 하면서 나름대로의 독특한 역할이나 규칙을 만들어 내기 때문이다. 그러므로 가족치료는 생활체계 안에서 발생하는 과정을 중시한다는 사실을 다시 한 번 강조하고 싶다.

부모에게 심하게 학대받은 초등학교 4학년 미라(가명)의 어머니를 만났다. 어머니는 자신에게 아이를 학대하는 부모라는 꼬리표가 달리는 것에 매우 분노하면서 다음과 같은 말을 했다.

- 어머니의 호소: 미라는 어릴 때부터 행동이 느린 아이여서 주의를 줬으나, 초등학교 입학 후 느린 행동이 두드러지게 드러나 심한 갈등이 시작되었다. 예를 들어, 알림장이나 학교 숙제와 같은 주어진 과제를 수행하는 데 어려움을 보였다. 공부는 웬만큼 해서 평균 90점 이상 받고 있지만, 어떤 경우는 시간 내에 문제를 다 풀지 못해 70점을 맞는 경우도 있었다. 무엇보다 우리 가족을 힘들게 하는 것은 세면이나 샤워 등 신변처리 시 느린 행동 때문에 우리 가족이 모두 곤란에 빠진다는 점이다. 미라는 학교에서도 친한 친구가 거의 없어서 언제나 집에서 혼자 지낸다.

어머니의 이 같은 호소를 들은 치료사들은 미라의 개인적 특성을 파악하기 위해 심리검사의 실시를 고려하거나, 자신들이 가진 이론을 바탕으로 문제를 해결하기 위한 가설을 세울 것이다. 그러나 여기서 다음과 같은 간단한 가족사항을 파악하면 전혀 다른 그림이 그려질 것이다.

- 부(39): 회사원. 주위의 동료들만큼 승진도 하지 못한 채 10년째 같은 회사에 다니면서도 만족할 만큼 낙천적이다. 거절을 잘 못하며 매사에 느리다. 집에서 독서를 하거나 이야기 나누는 것을 좋아한다.
- 모(37): 주부. 내성적이면서도 성취지향적인 성향을 가지고 있다. 가족들에게는 간섭을 많이 하며 성격이 급하다. 가족들이 기대만큼 따라 주지 않아서 언제나 화가 나 있고 우울하며 항상 몸이 아프다.
- 미라(11): 친구들과 노는 것보다 책 읽기를 좋아한다. 가족들과 이야기 나누기를 원한다. 그러나 자신의 느린 행동 때문에 어머니에게 혼이 많이 나서 자신감이 없다.
- 남동생(5): 어린이집에 다니는데 아빠를 좋아한다. 야무지고 눈치가 빠르며 사교적이어서 친구들과 잘 지낸다.

각 가족원의 특성을 고려해 볼 때 아버지와 미라, 어머니와 남동생이 각각의 하위집단을 이루고 있다는 추론도 가능하다. 이러한 추론은 현재 미라의 어머니가 미라를 힘들어하는 것은 미라 아버지와 관련이 있을지 모른다는 또 다른 가설로 이어질 수 있다. 이 같은 가설을 확인하는 과정에서 다음과 같은 미라를 둘러싼 역동을 파악할 수 있었다.

- 미라를 둘러싼 역동: 미라는 3살 때 한글을 떼고 그림동화책을 줄줄 읽어서 부모뿐 아니라 주위에서도 많은 기대를 한 아이였다. 그런데 어린이집에 가면서부터 또래 아이들에 비해 행동이 느려서 여러 가지 문제를 일으켰다. 그때부터 어머니는 미라의 느린 행동을 바로잡

기 위해 자주 혼내기 시작했다. 그러나 어머니의 기대와는 달리 초 등학교 입학 후에는 매를 들고 지시하지 않으면 항상 지각을 할 정 도로 스스로 준비하는 것이 거의 없었다. 현재 어머니는 아동의 이 런 행동 때문에 심한 스트레스를 받아서 정신과 진료를 받고 있다. 어머니는 미라를 너무 미워하면서 정서적·신체적 학대를 할 뿐 아 니라, 가정일도 거의 하지 못하고 있다. 아버지는 집안일을 전혀 하 지 못하는 아내를 위해 퇴근 후에 집안일을 하거나 자녀를 돌본다. 이런 가운데 미라를 보면서 우리 가정의 어려움의 모든 원인은 미라 의 저와 같은 느린 행동 때문이라고 생각하게 되었다. 그리고 아버 지는 자신이 의도하지 않았는데도 언제부터인가 딸인 미라를 학대 하는 부모로 변해 있었다.

앞에서 소개한 사례에서 알 수 있듯이 가족치료는 개인을 둘러싼 환경 요소로까지 확대하여 문제를 바라보는 접근이다. 따라서 가족치료사가 관심을 가지는 가족의 문제는 가족이 몇 명이며, 누구와 사는가 등의 객 관적인 사실이 아니다. 그들의 관심은 현재 어떤 관계가 행동표현에 영 향을 주는가에 있다. 예를 들어, 부모가 통제하기 어려울 만큼 자주 떼를 쓰는 6세의 아이가 있다고 가정하자. 가족치료사의 관심은 그 아동이 부 모 그리고 친할머니와 함께 산다는 것 같은 객관적인 사실을 파악하는 데 그치지 않는다. 그들은 아이가 지나치게 보채어 어머니가 아이를 통 제하려고 하면, 그때마다 할머니가 아이를 감싸서 어머니가 아이를 자기 만의 훈육방식으로 다룰 수 없다는 사실에 보다 많은 관심을 가진다. 따 라서 치료적 노력에 있어서도 체계 안에 있는 개인이 아니라 개인과 개 인 간의 관계에 초점을 둔다. 개인 간의 관계는 가족원들이 어떻게 상호 작용하는지를 반영하는 동시에, 그와 같은 상호작용을 만들어 내는 과정이기도 하다.

이처럼 가족치료에서 무엇보다 중요한 것은 개인에게서 문제의 원인을 찾는 개인적인 결함모형에서 여러 개인 간의 관계에서 나타나는 역기능을 파악하는 대인관계적인 모형으로 전환하는 것이다. 치료사는 이러한 변화를 통해서 문제행동이 개인이 갖고 있는 어떤 장애에서 발생한다는 관점에서 벗어날 수 있다. 더 나아가 문제행동은 가족의 상호작용, 생육사, 그리고 맥락을 반영하고 있다고 가정할 수 있게 된다. 그러므로 가족치료사는 이와 같은 대인관계적 모형으로 문제를 바라보는 것이 무엇보다 중요하다. 이러한 관점은 치료과정도 편하게 해 준다. 예를 들어 가정폭력의 문제를 다룰 때, 비정상적이고 독선적이고 폭력적인 어떤 개인에게 모든 책임이 있는 것처럼 보이는 경우에도 치료사가 대인관계적 모형의 관점을 가지면 사람과 문제행동을 분리하여 바라볼 수 있다. 또한 이러한 시각은 현재 문제시되고 있는 행동을 떠받치고 있는 현재 관계 패턴을 잘 관찰할 수 있는 기회를 제공해 주기도 한다. 만일 어떤 아동의 행동이 부모의 부적절한 양육방법이나 지속적인 부부갈등에 기인한 것이라면, 어머니를 비난하는 것은 아무런 도움이 되지 못한다. 오히려 그러한 행동을 촉발하는 요인이 무엇인지, 그리고 그러한 행동을 무력화하기 위해서 필요한 것은 무엇인지를 판단해야 할 것이다. 만일 역기능적인 행동을 유발하는 관계나 맥락이 무엇인지를 파악할 수 있다면, 행동을 기능적으로 개념화할 수 있으며 치료적 전략을 세우기도 쉬울 것이다.

관계에 주목하는 것은 가족치료의 주춧돌이다. 여기서 말하는 관계는 치료사와 내담자의 관계가 아니라 내담자의 생활 속에 널리 퍼져 있는 네트워크, 구체적으로는 가족이나 부모-자녀 관계 등을 지칭한다. 1980년대 후반에 들어오면서는 치료사가 내담자와 함께 만들어 내는 관계에도 새로운 관심을 가지는 움직임이 생겨났지만 이 점은 후에 다시 언급하기로 한다.

가족치료가 관계에 주목하는 것에 대해서는 '가족치료라고 부르는 것이 좋은가? 아니면 관계치료라고 부르는 것이 좋은가?'라는 의문을 제기한 연구자도 있다. 가족치료는 상황의 본질을 제대로 도출해 내기에는 부적절한 명칭이며, 관계치료(relational therapy)라고 부르는 것이 보다 본질에 다가가는 것이 아닐까라는 논지였다. 상호영향관계를 묘사하는 방향으로 치료사를 이끄는 접근도 있지만 그 범위를 가족에 한정하는 것은 편의상의 문제일 뿐이다. 개인차원에서 주목하는가, 커플로 한정할 것인가, 가족인가, 아니면 지역사회나 보다 큰 집단으로 시야를 넓힐 것인가의 선택이 항상 따르며 많은 치료사가 실천 현장에서 사례를 만나면서 항상 선택해 간다는 것이 그들의 주장이었다(Becvar & Becvar, 2006).

가족치료가 관계지향적 접근이라는 것은 부인할 수 없는 사실이다. 관계지향적 치료는 어려움이 있는 개인의 문제를 그들의 관계망 속에서 바라보면서 가족 또는 그 이상을 개입의 대상으로 하는 심리적 원조이기 때문이다. 심리적 원조를 할 때의 우선순위는 행동이나 눈앞의 상호작용의 차이를 수정하는 것부터 폐쇄체계 속에 갇혀 있는 내담자에게 탈출구를 열어 주거나 또는 복수의 세계관 중 어떤 것을 선호하며 어떤 것을 배척하는지를 되돌아보는 것까지 다양하지만, 그 모든 것은 관계를 메커니즘으로 한다는 공통점을 가지고 있다.

2) 개인심리치료와 어떻게 다른가

개인심리치료와 가족치료가 어떻게 다른지를 정리하는 방법은 여러 가지가 있으나, 여기서는 네 가지로 정리해 보았다.

첫째는 '문제의 소재'라는 점에서 비교해 보고 싶다. 문제의 소재가 개인의 내면에 있다고 생각하는 경우도 있으며, 때로는 개인의 외부에서 찾거나 여러 명이 관여되어 있다고 생각할 수도 있다. 전자의 견해가 맞다고 생각하는 치료사들은 다양한 형태의 개인심리치료를 도입할 것이며, 후자 쪽에 동의한다면 가족치료를 적용할 것이다. 예를 들어, 어떤 중년 남성이 이직을 하고 새로운 일을 시작하면서 건강이 나빠져서 새로운 직장과 일에 적응하지 못한 채 암울한 시간을 보내고 있다고 가정해 보자. 어떤 치료사는 이 남성을 돕기 위해 남성에게 초점을 맞춘 개인심리치료적 개입을 하려고 할 것이다. 그런데 만약 주위의 사람들이 남성의 예민한 상태에 영향을 받아서 그의 부담을 줄여 주려고 노력하거나 반대로 남성이 현재 겪는 불만의 상황은 스스로가 해결해야 한다고 강조하면서 그의 행동을 비난한다면 그것은 더 이상 남성 개인만의 문제가 아니다. 이로 인해 가정 내의 균형이 깨어져서 남성과 아내 사이의 갈등이 빈번하게 표출될 수 있다. 또한 그로 인해 성실했던 막내아들의 행동이 거칠어지며 반항적인 태도를 보일 수도 있다. 따라서 남성의 개인적인 문제와 부부관계나 자녀의 문제가 서로 영향을 주고받으면서 더 이상 개인의 문제에 머무를 수 없게 된다. 이런 경우에는 가족치료를 적용하는 것이 효과적이다.

둘째는 치료의 '대상'이다. 이것은 대상을 개인으로 제한할 것인가, 대인관계의 영역이나 사회체계로 넓혀 갈 것인가에 대한 구분으로 다소 교과서적 설명이지만 이해하기 쉬울 것이다. 앞의 사례에서는 아버지의 직장 부적응이 출발점이지만, 아버지의 문제를 포함한 부부관계를 다루면 서로 간의 이해를 촉진하여 안정감을 얻을 수 있으며 긍정적인 예후로 이어질 수 있다고 판단하면 치료대상을 부부로 넓힐 수 있다. 때로는 막내아들이 보이는 문제행동을 가족관계라는 맥락에서 이해한다면 아버지 또는 부부가 아닌 가족을 대상으로 치료적 개입을 하게 될 것이다. 이처럼 무엇을 원조할 것인가의 목적과 의도가 원조 형태를 선택하는 결정적인 요소가 될 수 있다. 치료사가 생각하는 문제의 소재, 개입하는 대상, 그리고 치료사의 치료철학이 맞물려 원조의 틀을 만든다. 그러나 이때 우리가 그려 낼 수 있는 원조방안은 하나가 아니라 복수라는 점을 인식해야 한다. 그리고 그것은 다른 길을 선택해도 같은 목적에 도달할 수 있음을 의미한다는 점도 받아들여야 한다. 이것이 등결과성(equifinality)이라는 이름으로 알려진 체계개념이다. 심리학적 원조나 치료는 둘 다 효과를 거둘 수 있으며, 여러 가지 이론이나 기법이 존재하는데 그중 어떤 한 학파의 기법이 다른 것보다 뛰어나다는 식으로 우열을 가릴 수는 없다. 오히려 공통적인 요소라고 생각되는 것들이 보다 효과적이라는 연구도 있다(Lambert, 1992).

셋째, 각각의 접근을 대표하는 '중심개념'을 축으로 차이를 비교해 볼 수 있다. 중심개념에 대해서는 임의적으로, 개인심리치료에 관해서는 투사와 전이를, 초기 가족치료에 관해서는 이중구속 이론을 예로 설명하려고 한다. 이미 잘 알려진 것처럼 투사는 자신의 내면에 있는 충동이나 관념, 관심을 외부 세계로 되돌려 타인의 것인 양 지각하는 것이다. 또한, 전이는 어린 시절 중요한 인물과의 관계에서 경험한 감정이나 관념이나 행동이 지금 현재 관여하고 있는 사람에게 치환되는 현상이다. 반면, 이중구속이란 어떤 개인이 상반된 두 개의 메시지를 동시에 받음으로써 적절하게 반응하는 것이 어려울 뿐만 아니라, 그 같은 상황에서 벗어나는 것도 불가능한 딜레마의 상황과 관계가 있다. 이 같은 딜레마를 반복해서 겪게 되면 혼란이나 심리적 문제가 일어난다고 보는 것이다. 투사나 전이는 내적 과정이 외부에 반영된 것이므로 심리적 역동이 행동을 통제하는 주된 힘이다. 그러나 이중구속은 외부 세계가 내적 세계에 작용하

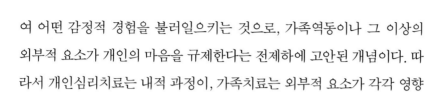

여 어떤 감정적 경험을 불러일으키는 것으로, 가족역동이나 그 이상의 외부적 요소가 개인의 마음을 규제한다는 전제하에 고안된 개념이다. 따라서 개인심리치료는 내적 과정이, 가족치료는 외부적 요소가 각각 영향을 미친다고 볼 수 있다.

넷째, 개인심리치료와 가족치료를 각각을 대표하는 '이야기'로 비교할 수 있다. 그리스 신화의 이야기를 빌려서 개인심리치료는 오이디푸스(Oedipus)를, 가족치료는 아이네이아스(Aeneas)의 이야기를 예로 들어 설명한 연구자도 있다(Heusden & Eerenbeemt, 1987). 오이디푸스는 아버지와의 경쟁적 갈등관계를 넘어서서 독자적인 삶의 방식을 획득한 인물이라면, 멸망한 트로이 장군인 아이네이아스는 가족이라는 뒤엉킴 속에서 자신을 찾은 인물이다. 아이네이아스가 아내와 자녀를 이끌고 눈도 멀고 제대로 걷지 못하는 아버지를 등에 업고 불타는 트로이를 빠져나와 이탈리아로 도망치는 모습은 가족과 개인의 관계를 은유적으로 잘 표현한 부분이다. 그는 이 같은 가족의 뒤엉킴 속에서 한 개인으로서 성장하였다. 한 예로 아버지가 사망한 후에야 비로소 그동안 부담을 느껴온 아버지가 자신의 롤모델이었음을 깨달았으며, 이런 경험을 토대로 로마제국의 건국시조가 되었다.

3) 가족치료의 적용범위

어떤 가족에게 또는 가족이 어떤 시기에 있을 때 가족치료를 적용하며, 어떤 때 적용하지 않아야 하는가에 대해서는 그다지 많은 논의가 이루어지지 않았다. 그것은 아마 이러한 논의에 대한 정확하고 과학적인 자료를 제공하기 어렵기 때문일 것이다. 그리고 많은 치료사는 가족치료를 하나의 치료방법으로 생각하기보다는 여러 가지 임상적인 문제에 접근하는 기법으로 생각하여, 누구에게 언제 적용하는가의 범위에 대해 신중한 고려를 하지 않았던 것 같다. 그러나 저자는 가족치료의 적용 범위를 이해하는 것은 어떤 가족과 치료관계를 맺을 때 중요한 요소라고 생각한다.

가족치료사들은 문제를 체계론적 가족치료의 관점에서 보면 모든 심리적 문제는 가족치료의 대상이 될 수 있다고 생각하는 경향이 있다. 따라서 치료장면에 참석하는 사람의 인원수와는 관계없이 치료사는 가족 전체를 치료대상으로 보았다. 그러나 대부분의 가족치료사가 대인관계의 상호작용에 근거하여 모든 심리적 문제에 개입할 수 있다고 보는 경향이 있지만, 실제 임상장면에서는 어떤 경우에 가족치료를 사용하며, 어떤 경우에는 사용하지 않는가를 고려할 필요가 있다.

일반적으로 가족의 역기능이 인정되거나 그러한 역기능이 주호소 문제와 관련되어 있다고 판단될 때 가족치료를 권유할 수 있을 것이다 (Barker, 1986). 그러나 이러한 기준은 지나치게 포괄적이다. 예를 들어, 이와 같은 정의에 따르면 우리는 먼저 역기능이라는 단어를 정의할 필요가 있다. 불행하게도 무엇이 가족의 표준적인 기능인가에 대해서 아직 가족치료사들 간에 합의를 이끌어 내지 못했다. 가족원들이 지나치게 동떨어져 있어서 이상하게 보이는 가족이 임상적으로는 문제가 없는 경우가 있으며, 반대로 우리에게는 지극히 정상적인 가족처럼 보이는데 실제로는 심각한 임상적 문제를 가진 가족원을 포함하고 있는 경우도 있다. 이러한 문제에 대해서는 3장에서 언급한 가족기능의 여러 가지 모델이 도움이 될 것이다. 이와 같은 모델을 이해한다면, 가족의 어떤 측면에 치료의 초점을 두어야 하는지 알 수 있을 것이다. 어떤 것이 잘 기능하지 못하는가를 이해하는 것은 가족이 정상인지의 여부를 결정하는 것보다 중요하기 때문이다. 그러나 이와 같은 가족의 역기능을 판단하는 것은 특히 초보인 가족치료사에게는 결코 쉬운 일이 아니므로 가족치료의 보다 구체적인 적용을 위한 가이드라인이 요구된다. 다음과 같은 판단에 의해 가족치료를 적용하는 것이 바람직하다(Walrond-Skinner, 1978).

첫째, 증상이 역기능의 가족체계 속에 얽혀 있다고 판단할 경우다. 증상이 가족체계의 고통이나 역기능을 표현하고 있다고 생각되면 가족치료는 최선의 선택이라고 생각된다. 그러나 그와 같은 기준을 판단하는 데 어려움이 있다는 것이 문제점이다.

둘째, 도움을 구하고 있는 사람의 호소가 특정 가족원 개인의 문제보다도 가족관계의 변화에 있다고 판단될 경우다. 부부관계, 부모-자녀 관계, 형제간의 갈등을 호소하는 것이 그 좋은 예가 될 것이다.

셋째, 가족이 서로 분리되는 것에 어려움을 겪고 있는 경우다. 청소년과 관련된 많은 문제행동의 이면에는 이와 같은 분리에 대한 갈등이 내재되어 있는 경우가 많은데, 그러한 경우에는 가족치료의 개입이 상당한 효과를 거둘 수 있다.

일부 가족치료사는 어떤 경우에는 가족치료를 하지 않는 것이 좋겠다고 생각할 수도 있다. 그러나 이러한 판단에 대해 치료사 스스로가 방어적인 태도를 취하는 것이라고 비난하기도 한다. 왜냐하면 어떤 치료사는 가족치료 적용이 적절하지 않다고 판단한 상황이 다른 치료사에게는 새로운 도전이 될 수 있기 때문이다. 그러나 많은 가족치료사는 다음과 같은 경우에는 가족치료를 하지 않는 것이 바람직하다고 시사하고 있다(Walrand-Skinner, 1976).

첫째, 가족의 중요한 가족원이 물리적인 이유나 가족치료에 대한 동기가 없어서 참여하지 못하는 경우에는 가족치료의 선택을 신중하게 생각하는 것이 바람직하다.

둘째, 치료사 자신이 충분한 훈련을 하지 못해서 가족이 필요로 하는 것을 제공하지 못한다고 판단되는 경우는 가족치료를 중단하는 것이 좋다. 왜냐하면 가족치료는 개인치료와는 달리 여러 명의 사람과 만나게 되며 이들 간의 역동을 이해해야 하는 복잡한 과정이기 때문이다.

셋째, 어려움을 겪고 있는 시기가 지나치게 길어서 어떤 장애의 말기에 있다고 판단되는 경우에는 가족치료를 하지 않는 것이 바람직하다. 이것은 투자하는 시간이나 비용에 비해 긍정적인 예후를 기대하기 어렵기 때문이다. 그러나 여기서 말하는 장애 말기의 판단이 애매하다는 한계가 있다. 이혼을 결심한 사람의 예를 생각해 보자. 어떤 관점에서 보면 이 가족은 이미 와해된 가족이므로 말기라는 판단을 하게 될지 모른다. 그러나 이 같은 가족의 경우에도 오히려 가족치료사가 담당할 수 있는 부분은 많다. 치료사는 가족이 이혼의 고통을 최소화하도록 도와서 그것에 관련되어 있는 사람들의 아픔에 대한 원조를 할 수 있을 것이다.

넷째, 가족이 정서적으로 지나치게 불안정하다고 판단되는 경우에는 가족치료 적용에 있어 신중하지 않으면 안 된다. 그것은 관계체계를 변화시키기 위한 개입이 한 가족원의 희생을 초래할 수도 있기 때문이다. 이와 같은 가족은 일반적으로 불안정한 상태에서 자신들에게 다가오는 스트레스에 대응하는 경우가 많다. 이때 치료사의 도움을 받으면서 그들의 정서적 불균형을 변화시키려고 가족관계의 변화를 시도하면 한 가족원의 스트레스가 증대되어 지나친 희생을 초래할 수도 있다.

다섯째, 가족치료사에 따라서는 가족원 중에 우울 또는 심한 정서적 박탈을 보이는 사람이 있는 경우에는 가족치료를 하지 않는 것이 좋다고 조언하기도 한다. 이와 같은 가족은 장애를 보이는 가족원을 돕는 데 지쳐 있어서 가족치료조차도 실패할 확률이 높다는 것이다. 그러나 최근에는 이러한 어려움을 겪는 가족을 위한 심리교육적 접근이 시도되어 좋은 효과를 거두고 있다.

여섯째, 가족이 학교와 같은 공공기관의 의뢰를 받고 왔을 경우에는 가족치료를 적용하는 데 신중을 기해야 한다는 주장도 있다. 이 경우는 가족이 실제적으로 어떤 변화를 원하기보다는 처벌을 가볍게 하고 싶다든가 퇴학처분을 모면하고 싶다는 이차적인 이득에 더욱 많은 관심을 보일 수가 있기 때문이다.

가족치료가 가지고 있는 새로운 관점에 매료되어 가족치료를 만병통치약이나 최후의 수단으로 생각하는 사람도 있으나, 저자의 견해로는 이것은 위험한 발상이라고 생각된다. 대부분의 개인치료가 그렇듯이 가족치료는 잘 기능하지 못하는 가족체계에서 일어나고 있는 문제를 다루는 데 유용한 방법이라고 한정하여 바라보는 것이 바람직하다.

4. 가족치료의 발전과정

1) 1950년대 이전: 가족치료의 터전 마련

프로이트(S. Freud)는 세계대전 이전 정신의학 분야에 많은 영향을 미쳤다. 그는 환자가 겪고 있는 신경증의 여러 문제의 기원은 환자와 부모 사이의 바람직하지 못한 어린 시절의 경험과 관련이 있다고 믿었다. 따라서 그는 환자를 그들의 가족으로부터 분리시키려고 노력하였다. 또한 부모와의 관계에 대한 환자의 문제는 전이관계로 표현되기도 한다. 즉, 환자와 치료사 사이에 생기는 전이관계는 이전의 환자와 부모 사이의 관계를 드러내고 있다고 보았다. 신경증 환자의 갈등이 해결되는 것은 이러한 맥락에서였다. 이렇게 본다면, 1950년 이전의 치료사의 대응방법은 가족이 개인에게 미치는 영향만을 고려하여, 많은 환자의 경우에 가족이 바람직하지 않은 영향을 미치므로 가능하면 환자를 가족상황에서 멀리 떨어지도록 하여 회복을 이끌어 내려고 했던 것이다. 어떤 의미에서 보면, 가족치료는 이처럼 프로이트가 자신의 환자를 취급하려던 방향과는 상반되는 방향을 표명하고 있는 셈이다.

개인적 관점에서 벗어나 문제를 이해하려고 했던 사람들은 가족과 소집단이 유사하다는 점에서 집단역동을 가족치료에 적용하였다. 사회심리학자인 맥도걸(McDougall, 1920)이 출간한 『집단의 마음(The Group Mind)』이나 레빈(K. Lewin)의 '장의 이론(field theory)'은 치료사들이 가족치료에 관심을 갖게 되는 중요한 계기가 되었다(김유숙, 2012 재인용). 집단치료사에 의해 대인관계 탐색을 위한 광범위하고 다양한 방법이 개발되어 초기 가족치료사들도 가족에게 이 같은 집단치료 모델을 적용하는 것이 자연스러웠다. 그러나 실제로는 시작하는 시점부터 응집력이 강한 가족집단과 낯선 사람들로 구성원 치료집단을 위한 기법은 적용하기 어려운 부분이 있었다. 따라서 집단치료 모델이 가족치료사에게 준 영향은 역할 이론과 '내용과 과정'을 어떻게 볼 것인가 정도였다. 역할 이론(role theory)에서는 가족원이 한 가지 역할을 하는 것이 아니라 동시에 다양한 역할을 담당한다는 점을 강조하였다. 또한, 내용과 과정은 집단과정에서는 토론내용 자체보다는 그들이 이야기해 가는 과정이 중요하다는 점을 강조한 것이다.

1909년 힐리(W. Healy)가 시카고에 '비행청소년 정신질환연구소'를 세운 것을 시작으로 치료사들은 1920년대부터 아동상담소 운동에 관심을 가졌으며, 이는 제2차 세계대전 이후 급격히 발전하였다. 아동상담소에서는 주로 아동기의 심리적 문제와 이러한 문제의 원인이 되는 사회와 가족의 영향에 대한 연구와 임상방법을 제공했다. 치료사들은 문제의 근원이 가족이라고 보았는데, 레비(D. Levy, 1943)는 특히 부모의 과잉보호에 초점을 맞추었다. 같은 해 프롬 라이히만(F. Fromm-Reichman, 1948)은 지배적이고 공격적이며 거부적인 어머니가 조현병의 원인이 된다고 주장하기도 했다. 이 같은 주장은 가족 문제를 부모에게 돌리는 선형적 인과관계를 주장한 것으로 가족치료의 주장과는 다르다. 그러나 방법론으로는 부모-자녀의 병행치료를 함으로써 가족치료의 초석이 되었다고 할 수 있다. 이후 이들의 주장은 아동의 문제행동을 부모에게서 찾으려는 것에서 벗어나서 개인과 가족, 제3자 사이의 관계성으로 이해하려는 관점으로 변했다. 즉, 부모를 가해자 또는 희생자로 보는 것이 아니라, 그들 간에 존재하는 상호작용에 관심을 갖게 된 것이다. 대표적인 예로 타비스톡(Tavistock) 클리닉에서 볼비(J. Bowlby)가 부모를 치료과정에 포함시킨 것을 들 수 있다.

심리치료 분야에서는 결혼상담이나 부부상담이 전문적으로 이루어진 것은 얼마 되지 않았지만 성직자들은 오래전부터 이와 유사한 상담활동을 해 왔다. 1930년대에 로스앤젤레스에 설립된 가족관계연구소(American Institute of Family Relations)는 부부관계 상담을 위한 최초의 전문센터라고 할 수 있으며, 1945년에는 미국 부부상담가협회(American Association of Marriage Counselors)가 결성되었다. 이 무렵부터 부부를 동시에 만나거나 두 사람과 함께 치료를 하는 새로운 시도를 했는데, 이는 그 시대에 활동하던 정신분석가 사이에서는 금기시했던 방법이었다. 그러나 1948년에 뉴욕 정신분석연구소의 미틀맨(B. Mittleman)도 부부를 함께 치료했던 방법론에 대해 언급하였다.

이처럼 다양한 분야에서 시도된 경험들은 1950년대에 이르면서 가족치료라는 한 영역이 탄생하는 초석의 역할을 하게 되었다.

2) 1950년대: 가족치료의 주춧돌

클라크(Clark) 대학의 심리학 교수였던 벨(J. Bell)은 1951년 가족치료를 시작하였으며, 최초의 가족치료사로 알려지고 있다. 그는 가족을 면담과정에 참석시켜 문제를 발견하려고 노력했으나, 불행하게도 자신의 새로운 시도를 세상에 알리려는 시도에는 소극적이었다. 집단가족치료를 통해 가족들이 자신들의 문제를 해결하도록 도울 수 있다는 그의 생각은 1975년이 되어서야 『가족치료(*Family Therapy*)』의 출간을 통해 세상에 알려지게 되었다.

(1) 정신분석에서 가족치료로

대부분의 사람들은 가족치료의 선구자로 애커먼(N. Ackerman)을 언급한다. 초기 가족치료사들은 대부분 정신분석훈련을 받았는데, 그는 그들 중 단연 돋보였다. 그는 가족이 겉으로는 한 단위인 것같이 보이지만, 이면에는 감정적으로 분열되어 경쟁적인 내분 상태에 있다고 주장하였다. 그는 1955년 가족을 진단하는 첫 회기를 체계화했고, 1957년에는 뉴욕에 유태인을 위한 가족정신건강 클리닉을 개소했으며, 후에 뉴욕 가족연구소(Family Institute in New York City)를 설립하였다. 1958년에는 가족에 대한 진단 및 치료 경험을 바탕으로 가족치료의 이론과 실제를 접목한 최초의 서적으로 일컬어지는 『가족생활의 정신역동(*The Psychodynamics of Family Life*)』을 출간하였다. 이 책에서는 가족이 안정적이고 예측이 가능한 경우는 드물다고 주장하면서 어려움을 겪는 한 개인을 가족에서 고립시키거나 격리하기보다는 가족 안에서 치

네이선 애커먼

료할 때 보다 나은 변화를 가져올 수 있다고 역설하였다. 가족 중심의 접근은 정동장애의 치료에도 효과적이라는 사실을 강조했으며, 이것을 계기로 정신분석에서 가족치료로 전환하였다. 그러나 그는 소아정신과 의사로 가족을 만나는 선구자적 작업을 했으나 자신의 정신분석적 입장을 여전히 고수하였다. 애커먼은 사람이 고립되어 살고 있지 않으므로 개인의 무의식에 대한 정확한 이해는 가족 상호작용이라는 맥락의 이해를 필요로 한다고 믿었다.

보스조르메니-내지(I. Boszormenyi-Nagy)는 정신분석가에서 가족치료사로 전환한 인물로, 1957년에는 가족 연구를 주로 하는 펜실베이니아 정신의학연구소를 설립하였다. 그의 치료는 맥락적 가족치료라고도 불리는데, 특히 가족 내의 관계윤리적 책임을 강조하였다. 즉, 인간의 관계는 생물학적·역사적인 사실과 정서적·인지적 요인을 포함한 개인심리, 체계 간의 상호교류, 주고받는 것의 균형인 관계윤리에 의해서 이루어진다고 보았다. 프라모(J. Framo), 주크(G. Zuk) 등의 동료들과 함께 보스조르메니-내지는 핵가족의 범위를 넘어선 다세대적 측면에 주목한 관계망 치료(network therapy)를 발전시켰다. 여기서는 내담자와 관련된 사람들을 가능한 한 치료회기에 많이 참여시키려고 노력하였다. 그는 휘태커(C. Whitacker)와 마찬가지로 두 명의 치료사가 가족을 함께 만나는 공동치료를 선호했는데, 치료사의 역전이를 방지하기 위한 최선의 방법이 공동치료관계라고 생각했다.

(2) 조현병 가족의 연구 및 치료

초기 가족치료사들은 조현병 가족을 중심으로 자신들의 새로운 접근을 탐색하였다. 먼저 1949년 홉킨스 병원에서 50가구의 조현병 가족을 대상으로 연구결과를 발표한 리즈(T. Lidz)를 소개한다. 그는 붕괴가족과 심한 장애를 가진 가족관계에서 조현병의 유병률이 높은 것에 관심을 가지면서 연구를 하게 되었다. 1950년대 초에 예일 대학교로 옮겨서, 6개월에서 수년에 걸쳐 조현병을 앓고 있는 환자의 가족 16세대를 대상으로 연구를 진행하였다. 그는 자녀를 거부하는 어머니가 조현병의 발병원인이라는 그 당시의 관점에 이의를 제기하면서, 조현병을 유발시키는 아버지가 보이는 다섯 가지 병리적 양육 패턴을 언급했다. 병리적인 아버지에 대한 연구는 부부관계에 대한 연구로 발전하면서, 성공적인 관계는 자신의 역할만 수행하는 것이 아니라 자신의 역할과 배우자의 역할이 균형을 이루는 것이라고 강조하였다. 그는 이 같은 연구결과를 토대로 부부분열(marital schism)과 부부왜곡(marital skew)이라는 개념을 제창하였다. 부부분열이란 부부가 서로의 가치를 격하시키면서 반목하고 적대시하면서 자녀들의 충성과 애정을 얻기 위해 노골적으로 경쟁하는 것을 말한다. 반면, 결혼왜곡이란 부부의 어느 한쪽이 심하게 의존적이며 다른 한쪽은 우위의 위치에 있는 병리적 상태를 의미한다.

윈(C. Wynne)도 중요한 인물이다. 그는 1952년에 국립정신건강연구소(National Institute of Mental Health: NIMH)의 연구원이 되면서 조현병 환자의 가족에 대한 연구를 시작하였다. 1972년에는 로체스터 대학교의 정신과 교수가 되었는데, 퇴직할 때까지 조현병 환자의 가족을 체계적으로 연구하였다. 그는 1958년에 거짓 적대감(pseudo-hostility)과 거짓 상보성(pseudo-mutuality)이라는 두 가지 개념을 발표하였다. 거짓 적대감은 가족들이 상호작용에서 강한 적대감을 표현하지만 그것이 피상적인 수준의 분열만을 드러내는 경우를 나타낸다. 한편, 거짓 상보성은 표면적인 연합을 가리키는 것으로 한 사람이 다른 사람과 가지는 관계에서 곤란을 느낄 때 생긴다. 특히, 아동이 발달 초기에 고통스러운 분리불안을 경험하여 다른 사람과 관계를 필요 이상으로 추구할 경우처럼 타인과의 관계를 절실히 느낄 때 생긴다. 거짓 상보성 관계에 휘말린 개인은 자신이 다른 사람의 욕구를 만족시키고 있다고 착각하여 자신의 생각을 희생하면서까지 상대와 조화를 이루려고 애쓴다. 그러나 진정한 의미의 친밀관계는 인위적으로 만들어지는 것이 아니며, 그것은 상대방의 성장을 자신의 기쁨으로 여기는 데서 비롯된다. 따라서 거짓된 친밀관계는 그러한 진실성에 기초하지 않고, 단지 서로가 만족하려는 감각을 추구하는 것에만 전념한다. 윈 등은 조현병 환자가 있을 가능성이 있는 가족에게서 거짓 상보성이 특징적으로 존재한다고 주장하였다. 그렇기 때문에 이러한 가족에게는 결코 변하지 않는 역할구조가 있으며, 가족은 그러한 역할에 절대적으로 복종한다. 그리고 누군가가 자립하려고 하면 그러한 상황이 가족에게 두려운 사태라고 생각하여 저항하게 된다. 또한 윈 등은 '고무울타리(rubber fence)' 개념을 제창하였다. 이것은 눈에 보이지 않는 장벽으로 늘어나거나 줄어드는 가족의 심리적 경계를 의미한다. 고무울타리 때문에 가족은 자신들의 가족역할구조 속에 갇히게 되며, 그 결과 자녀들은 바람직한 성장을 위해 필요한 요소인 가족 이외의 사람과의 경험을 가질 수 없다. 그 대신 가족을 하나의 자급자족적인 사회체계로서 유지하려는 끊임없는 노력을 하게 된다. 필요에 따라서 가족체계의 경계는 그 가족 속에서 받아들여지기 위한 감정이나 생각으로 인해 항상 움직이면서 고무울타리처럼 늘어나기 때문에 가족들은 심리적으로 가족에게서 벗어날 수 없다.

영국의 정신과 의사인 래잉(R. Laing)은 1950년대에 들어서 조현병 환자의 가족에 대한 연구를 시작하였다. 처음에 다룬 11명의 환자와 가족에 관한 그의 견해는 1965년 『기만, 혼란, 갈등(*Mystification, Confusion and Conflict*)』이라는 제목의 저서로 정리되었다. 그는 특히 기만의 개념에 중점을 두었다. 기만은 상황으로서의 기만과 행위로서의 기만이라는 두 가지 측면이 있다. 상태로서의 기만이란 당혹감을 느끼게 하거나 연기에 가려진 것 같은 상황을 의미한다. 이러한 기만에 휘말린 사람은 자신은 상황에 가려진 존재라고 느끼면서 자신 앞에 전개되는 상황을 잘 파악하지 못한다. 행위로서의 기만이란 어떤 사람이 이러한 상황에 처하도록 다른 사람이 작용하는 것을 말한다. 본인이 당혹감을 느끼든 느끼지 않든 간에 결과적으로는 기만에 휘말렸다고 느껴지는 않게 된다. 래잉은 어떤 기만은 일상생활 속에서 자주 일어난다고 생각하였다. 사람은 때때로 다른 사람의 경험을 부인하고 그것을 자신의 경험으로 바꾸어 놓는다. 예를 들어, 어머니가 자녀를 재울 때 이젠 잘 시간이라든지 너희가 언제 자야 하는가를 결정하는 것은 부모의 역할이라고 분명하게 말하는 경우도 있지만, 어떤 경우는 '피곤하니까 자는 게 좋지 않니?'라는 식으로 기만하는 경우도 있다. 후자의 경우에는 명령이 근심과 걱정이라는 옷으로 포장된 것이다. 이 경우 자녀는 자신도 의식하지 못하는 혼란을 느끼게 된다. 래잉에 의하면 기만은 어떤 사람이 다른 사람의 경험을 결정할 권리를 가지는 것처럼 보일 때 특히 힘을 발휘한다. 래잉의 기만의 개념을 윈과 리츠의 생각과 연결시켜 볼 수 있다. 거짓 상보성이나 거짓 적대감과 마찬가지로 기만은 현실을 희생하여 고정적인 역할을 유지하기 위한 기능이다. 또한 기만은 어떤 다른 사람을 일정의 정형화된 틀 속에 집어넣는 것이다. 기만을 사용하는 부모는 자녀의 정서적 욕구에 대해 둔감하며, 자신들의 선입관에 의해 형성된 특정한 상황을 유지하는 데만 관심을 가지게 된다.

초기의 중요한 선구자 중 한 명인 보웬(M. Bowen)은 1950년대의 중반부터 조현병 환자의 가족에 대한 연구를 시작하였다. 보웬은 조현병의 발병과정은 3세대에 걸쳐서 일어난다고 생각하였다. 즉, 1대의 조부모가 비교적 성숙한 사람들일지라도 그들이 갖고 있는 약간의 미숙함이 밀착

된 부모 세대로 이어질 수 있다. 부모 세대가 같
은 정도의 미숙함을 가진 사람과 결혼하면 동일
한 과정이 다음 세대에도 반복된다. 결과적으로
다른 자녀들은 성숙한 데 반해 어떤 한 명의 자
녀만이 유독 미숙한 경우가 생길 수 있다. 보웬
은 이러한 미숙한 자녀가 성장에 대한 요구를
충족시키려 할 때 조현병이 일어나기 쉽다고 믿

머레이 보웬

었다. 또한 보웬은 조현병 환자의 부모 사이에는 정서적으로 너무 먼 거
리 또는 정서적인 이혼 상태가 존재한다는 사실에 주목하였다. 이러한
부모는 지배와 종속의 관계에 문제를 가지고 있어서 어떤 일을 결정하는
것이 쉽지 않다고 보았다. 왜냐하면 이와 같은 부모는 서로가 책임을 회
피하는 경향이 있기 때문이다. 이러한 부모의 갈등은 보통 결혼한 지 얼
마 되지 않을 때부터 시작되며, 이것이 조현병을 유발할 수 있다고 보았
다. 부모는 의식적으로 자녀가 정상적으로 발달하기를 바라지만, 자녀의
입장에서 보면 이중구속과 비슷한 무력감에서 벗어날 수 없는 상황에 처
하게 된다. 보웬은 모자관계를 개인에게 결정적인 영향을 미치는 중요한
관계로 보았다. 사춘기에 들어서면 이러한 무력한 자녀는 잘 기능하지
못하는 청년으로, 그리고 무력한 환자로 변해 갈 수 있기 때문이다. 그는
정신질환이 오랜 기간에 걸친 고립된 부모-환자의 삼자관계를 동반하
며 모자의 공생적인 애착의 붕괴와 관련되어 있다고 보았다. 보웬은 가
족치료를 통하여 이러한 가족을 원조할 수 있다고 시사하였다. 그는 어
느 쪽도 오랜 기간에 걸친 곤란한 문제임에는 틀림없으나, 그래도 개인
치료보다는 가족치료가 보다 효과적인 방법이라고 주장하였다.

　가족치료를 처음 시작한 사람은 애커먼이라고 할 수 있지만 가족치료
라는 용어는 1955년 보웬의 논문에서 처음 언급된 이래, 1957년 3월 시

카고에서 열린 미국정신예방학회에서 가족치료를 공식용어로 채택하게 된다.

휘태커는 원래 산부인과 의사였다가 뒤늦게 정신분석 훈련을 받은 독특한 이력의 소유자로, 1946년에 에모리 대학교의 정신과 과장으로 부임하면서 본격적으로 가족집단에 대한 치료를 시도하였다. 특히 그는 조현병의 내담자와 가족에 대한 관심을 가지고 가족치료를 실시하였다. 또한 그는 일방경을 사용하여 동료들과 함께 가족에 대한 공동치료를 해 나가면서 상징적 가족치료라는 특유의 가족 기법을 창출하였다. 그는 심리적으로 어려움이 있는 사람들은 감정적으로 소외되어 있어서 활력이 없는 일상 속에 얼어붙어 있다고 보았다. 따라서 그는 감정적 온도를 높이는 것에 관심을 두었다. 그는 뚜렷한 전략을 가지고 있지는 않았으며 자신의 무의식에 따라 예측할 수 없는 치료기법을 사용하였다. 그는 가족치료협의회를 조직하여 초기의 많은 가족치료사들이 서로 의견이나 이념, 기법을 교환할 수 있도록 도왔다. 1955년 강단에서 물러난 후에도 개인 클리닉에서 상상을 뛰어넘는 기술을 사용했으며 이것은 후에 경험주의적 치료라는 특유의 독자적인 치료법을 발전시키는 계기가 되었다.

(3) 베이트슨 연구팀

미국의 동부에서 가족에 대한 실증적인 연구가 여러 정신과 의사에 의해서 이루어진 것과는 달리, 미국의 서부에서는 가족에 대한 이론적 연구가 주로 연구팀을 중심으로 시작되었다. 특히 제2차 세계대전 중에는 다양한 학제 간의 접근이 시도되면서 수학자 와이너(N. Wiener), 의사 비겔로(J. Bigelow), 생리학자 맥컬로크(W. McCulloch), 심리학자 레빈(K. Lewin), 인류학자 베이트슨(G. Bateson) 등과 같은 사이버네틱스 영역의 초기 개척자들이 가족치료의 발판을 만들었다.
특히, 팔로 알토(Palo Alto)를 중심으로 한 베이트
슨 집단은 조현병 환자의 가족 사이에서 이루어
지는 의사소통의 패턴을 분석한 것이 중요한 역
할을 하였다. 그 집단의 리더인 베이트슨은 체계
적 가족치료 발달에 있어 중요한 인물 중의 한
사람이다. 그는 마음과 신체에 대한 이분법적 사

그레고리 베이트슨

고에 의한 오래된 문제들을 사이버네틱스라는 개념으로 풀어냈다. 즉, 마
음은 초월적인 것이 아니라, 체계 속에 내재된 것으로 묘사될 수 있다고
주장했다. 1952년에 베이트슨은 헤일리(J. Haley), 위클랜드(J. Weakland)
와 함께 의사소통에 관한 연구를 했는데, 1954년에는 연구비 지원을 받
으면서 본격적으로 조현병 환자의 가족에 대한 연구를 수행하였다. 연구
팀은 조현병 환자의 가족이 보이는 중요한 의사소통의 특성으로 이중구
속(double-bind)의 개념을 발표하였다.

　슈퍼바이저로서 연구팀에 참여한 잭슨(D. Jackson)은 연구팀이 가족치
료를 이해하는 데 여러 가지 도움을 주었고, 후에 팔로 알토에 정신건강
연구소(Mental Research Institute: MRI)를 설립하여 의사소통의 이론과 실
천에 큰 기여를 하였다. 그는 개인 간의 상호교류의 역동성, 즉 의사소통
분석에 초점을 둔 그는 생물학과 체계 이론의 개념을 차용하여 가족이
항상성(homeostasis)을 유지하려고 한다는 점을 강조하였다. 후에 연구소
에 소속된 많은 사람들은 가족치료 분야에서 선구자적인 역할을 하였다.
1962년 베이트슨 연구팀은 해산되었으나, MRI는 바츨라비크(P.
Watzlawick) 등에 의해 활발한 활동을 계속하고 있다.

3) 1960년대: 가족치료의 정착기

1950년대에 활동하던 선구자들의 대부분은 1960년대에 들어와서도 가족치료를 계속했다. 그러나 치료사가 아니었던 베이트슨은 동물의 의사소통을 연구하기 위해서 1960년대 초에 가족치료 분야를 떠났다. 한편, 가족치료 분야의 개척자들의 뒤를 잇는 새로운 가족치료사들도 많이 등장하였다.

(1) 1950년대에 이어서 활동하던 치료사

애커먼은 개인심리학을 과소평가하던 그 당시 가족치료의 풍토와는 달리 가족들 간의 상호작용뿐만 아니라 사람들의 내면에서 무엇이 일어나고 있는지에 관심을 가졌다. 즉, 그는 유전과 환경 사이에 계속 진행되는 상호작용과 개인, 가족, 사회 간의 항상성을 이해하기 위해 가족이 개인에게 미치는 심리적 영향에 초점을 맞추었다. 1966년의 두 번째 저서 『문제가족을 치료한다(Treating the Troubled Family)』에서 애커먼은 '하나의 유기체적 전체로서의 가족(family as a whole)'에 대한 치료를 언급하였다. 이 책은 가족치료에 필요한 여러 문제를 포괄적으로 언급한 선구적인 저서다. 그가 1971년에 세상을 떠난 후 뉴욕 가족연구소는 애커먼 연구소로 이름을 바꾸면서 체계적 가족치료 접근이 보다 활발하게 이루어졌다.

보스조르메니-내지는 1965년 가족치료의 상황을 잘 알 수 있는 여러 종류의 논문을 한 권의 책으로 편집한 『적극적 가족치료(Intensive Family Therapy)』를 출판하였다. 그는 이 책에서 쾌락과 개인의 이익만으로는 인간이 행동하도록 이끄는 데 충분하지 않으며, 가족원이 그들 관계의 기초를 신뢰와 충성에 두어야 하고, 가족 간의 당연한 권리와 의미 사이에 균형을 가져야 한다고 주장하였다.

잭슨은 MRI에서 가족에 대한 치료방법론을
계속 발전시켰다. 그는 정신분석훈련을 받았지
만, 차츰 개인의 정신병리보다도 대인관계의 과
정에 대한 연구와 치료에 보다 많은 관심을 갖
게 되었다. 그는 모든 사람들이 지속적인 인간
관계 안에서 상호작용의 패턴을 발달시킨다는

돈 잭슨

'행동의 반복성(behavioral redundancy)' 이라는 용어를 제창하였다. 이것
은 가족원 또는 그 밖의 사람이 계속된 관계 속에서 만들어 낸 반복되는
유형으로, 그는 가족이 추구하는 변화를 이끌려면, 치료과정에서 이와
같은 반복되는 유형이 변화되도록 원조하지 않으면 안 된다고 보았다.
또한 그는 항상성, 보완성과 대칭성, 이중구속, 가족규칙이라는 개념에
대해서도 언급하였다.

그의 이론에서 또 다른 주요 개념은 상호보완적 관계(complementary
relationships)와 대칭적 관계(symmetrical relationships)다. 상호보완적 관계
는 사람들이 상대방에게 적응하는 방법이 다른 것을 말하는데 한 사람은
논리적이고 다른 한 사람은 감정적인 경우다. 대칭적 관계는 평등성과
유사성에 기초하고 있는데 부부 모두가 직업을 가지고 있으며 가사를 분
담하고 있다면 대칭적 관계라고 할 수 있다. 잭슨은 1967년 MRI의 동료
들과 함께 『의사소통의 화용론(Pragmatics of Human Communication)』을
저술하였는데, 이것은 MRI에서의 인간 의사소통, 특히 가족의 의사소통
에 관해서 발견된 성과에 대해 언급한 중요한 저서다.

베이트슨 연구팀의 일원이었던 헤일리도 1960년대 가족치료의 발전
에 기여한 중요한 인물이다. 1963년에 출간된 『전략적 심리치료(Stra-
tegies of Psychotherapy)』는 헤일리의 초기 관점을 명확히 한 저서다.

보웬은 1960년대에 들어서면서 임상 영역을 넓혀 조현병 이외의 문제를 가진 자녀가 있는 가족도 치료하기 시작하였다. 이러한 과정 속에서 지금까지 언급된 조현병 환자가 있는 가족의 특징이 다른 질병을 가진 가족에게도 발견된다는 것을 알게 되었다. 보웬은 가족들이 자신들의 문제에 대해 이야기하는 것을 보면서 그들이 보이는 정서적 반응에 주목하였다. 그의 관찰에 의하면 가족들의 감정은 각 구성원의 이성적인 생각을 압도했고, 각 구성원의 개체성을 집단의 혼란스러운 정서적 덩어리 속으로 빠뜨리는 '분화되지 않은 가족자아집합체(undifferentiated family ego mass)'가 나타났다.

　　1960년대 후반에 보웬은 정서적 위기를 경험하게 되는데, 이것을 계기로 자신과 자신의 가족관계의 재검토를 시도하였다. 그는 이러한 위기가 그 자신의 원가족에서 존재하는 미해결 문제에 관련되어 있다는 사실을 알게 되었다. 그는 자신의 경험을 토대로 삼각관계화(triangulation)의 개념을 정리하였다.

　　삼각관계화는 제3의 가족원이 다른 두 사람 사이의 교류에 휘말릴 경우에 나타난다. 일반적으로 두 사람은 부부인 경우가 많은데, 이때 부부는 직접 의사소통을 하지 않고 주로 자녀와 같이 삼각관계화된 제3의 인물을 개입시켜 의사소통을 하게 된다. 이처럼 한쪽 배우자가 또 다른 배우자에 대한 불평이나 불만을 자녀에게 털어놓으면 자녀는 어느 편에 설 것인가 또는 어떻게 반응하면 좋을지에 대한 곤란에 직면하게 된다. 이 결과 자녀는 상당한 불안을 가지게 되거나 반사회적으로 행동하거나 다른 문제를 일으키게 된다. 이때 부모가 직면하고 있는 문제는 여전히 해결되지 않은 상태다. 미해결 문제는 보웬 자신의 원가족 속에도 존재하였다. 결국 보웬은 고향으로 돌아가, 그 자신을 대상으로 탈삼각관계(detriangulation)를 시도하였다. 그는 이러한 과정을 기술한 책을 집필하여 익명으로 세상에 내놓았다. 1960년대 말기까지 보웬은 독자적인 가족 치료방법을 발전시켰다. 그의 이론이나 방법에 대해서는 그 후 커다란 변화를 보이지 않았으나, 그는 조현병 환자의 가족을 치료하는 데 국한하지 않고 치료를 원하는 가족이 지닌 여러 가지 문제에 대하여 그의 개념을 폭넓게 적용하였다.

1960년대를 통하여 윈과 보스조르메니-내지는 NIMH와 펜실베이니아 정신의학연구소에서 각각 활동을 계속하였다. 보웬은 NIMH의 가족연구실의 주임 자리에서 물러났고 윈이 후임자가 되었다. 이 세 명은 모두 1950년대의 연구를 그 이후에도 계속하였다.

(2) 새롭게 등장한 가족치료사

사티어(V. Satir)는 초기 가족치료의 선도적인 역할을 했던 부드러운 카리스마의 소유자로, 팔로 알토 그룹의 일원이었으며 잭슨이 MRI를 설립한 직후부터 그와 함께했다. 그녀는 이론보다 창의성으로 가득 찼던 임상적 기술로 더 유명했다.

1967년에 '정신의학 발전을 위한 모임(Group for the Advancement of Psychiatry: GAP)'의 가족위원회는 가족치료에 관심을 가지고 있거나 가족치료를 실천하는 사람 500명을 선정하여 설문지를 배포하였다. 설문내용에는 '가족치료 분야의 어떤 이론가가 그들에게 영향을 주었는가'라는 질문이 있었다. 응답 결과에 따라 이론가들의 이름을 순서대로 열거하면 사티어, 애커먼, 잭슨, 헤일리, 보웬, 윈, 베이트슨, 벨 등이었다. 1967년에 발표된 사티어의 『합동가족치료(*Conjoint Family Therapy*)』는 많은 치료사에게 영향을 주었다. 그 후 그녀

버지니아 사티어

는 MRI를 떠나 에살렌 연구소(Esalen Institute)의 책임자가 되어 강의와 훈련에 전념하였다. 에살렌 연구소에서는 성장, 지각, 감정을 강조하였는데, 이것은 사티어의 가족치료에 많은 영향을 주었고, 그녀는 이를 토대로 다양한 이론을 통합하면서 독자적인 자신의 이론을 구축해 갔다. 사티어는 특히 가족 속에서의 감정적 의사소통을 강조하였다. 그녀의 주요 관심사는 가족 각자의 자존감, 가족 의사소통의 질과 양상, 가족의 행동과 정서적 표현을 규정하는 규칙, 가족들이 사회와 어떻게 연결되어 있는가 등이었다(Satir, 1972).

미누친(S. Minuchin) 역시 1960년대의 주요 인물 중 한 사람이다. 그는 정신분석훈련을 받은 아르헨티나 출신의 정신과 의사로 뉴욕 시의 윌트윅(Wiltyck) 학교에서 비행 소년을 치료하면서 가족치료에 관심을 가지게 되었다. 그는 자신의 치료대상인 도시 빈민가의 자녀와 가족에게는 현재 사용되고 있는 치료를 적용하는 데 한계가 있다는 것을 깨달았다. 그는 동료와 함께 이러한 가족에 대한 치료기법을 발전시켰다. 그의 혁신적 방법은 1967년에 『빈민가의 가족(Family of the Slums)』의 저술로 세상에 알려졌다. 이러한 작업을 인정받아 그는 필라델피아 아동상담소 소장으로 부임한다. 그는 이 상담소를 전통적인 아동상담기관에서 세계적인 가족치료센터로 변모시켰다. 미누친은 가족의 구조가 변하면 가족들의 지위는 달라지게 되며 결국 그 안에서의 각 개인의 경험도 변할 수밖에 없다고 생각하였다. 구조적 가족치료의 발전에 있어 결정적이었던 미누친의 공헌은 가족치료 분야에서 위대한 업적으로 평가되고 있다. 미누친이나 다른 구조적 가족치료사들은 특히 가족의 부분 또는 하위체계가 어떻게 존재하는가라는 것과 부분 간의 경계에 관심을 가졌다. 치료대상역시 가족이라는 단위보다 더 넓은 지역사회 간의 경계에 주목하였다. 이 접근방법을 이용한 치료사들은 가족의 여러 문제는 이러한 구조와 관

런이 있다고 보았다. 예를 들어, 부모와 자녀의 하위체계에 적절한 경계
가 결여되어 있어서 잘 기능하지 못하는 구조를 만들어 낸다는 것이다.

초기의 가족치료는 미국에서 시작되었지만, 1960년대에 이르러 다른
지역에서도 많은 발전을 이룩하였다. 영국의 딕스(H. Dicks)는 태비스틱
클리닉(Tavistick Clinic)에서 부부갈등의 이해와 부부치료에 대상관계 이
론을 적용하였으며, 스키너(R. Skynner)는 자신의 임상경험에 관한 논문
을 발표하였다.

가족치료는 독일에서도 발전하여 1974년에는 리히터(H. Richter)가 『환
자로서의 가족(*The Family as Patient*)』을 출판하였다. 캐나다의 몬트리올
에서는 엡스타인(N. Epstein)이 캐나다 종합병원의 정신과에서 맥길 대학
발달연구팀과 공동으로 가족 연구팀을 이끌면서 연구하였다. 이 연구팀
은 1968년에 가족기능을 기술한 초기 방법의 하나인 가족분류법(family
categories schema)을 발전시켰다.

4) 1970년대: 가족치료의 전성기

1970년대에 들어서면서 가족치료는 심리치료로서 어느 정도 체제를
갖추었다고 말할 수 있다. 그것은 어떤 형태로든지 거의 대부분의 정신
센터에 가족치료가 정착했다는 사실로 미루어 짐작할 수 있다. 1970년
이전에 가족치료를 다룬 대부분의 센터는 조현병 환자와 그 가족을 치료
하는 곳이었으나, 1970년대 이후에는 보다 폭넓은 질환에 가족치료를 적
용하기 시작하였다. 가족치료의 출발점인 조현병 환자의 가족에서 벗어
나 정서적 또는 행동적 문제를 가진 비행 청소년, 약물남용 환자, 적응
문제를 가진 부부 등 여러 임상적인 문제에 다양하게 적용되기 시작한
것이다.

(1) 가족치료센터

1970년대에 들어서도 보웬은 자신의 이론을 가다듬어 분화되지 않은 가족자아집합체를 '핵가족의 정서체계'라고 명명하였다. 또한 조현병 환자가 있는 가족의 치료를 중지하고, 대신 정신질환자의 가족을 포함하지 않는 보다 넓은 범위의 가족 문제에 자신의 치료방법을 적용하였다. 워싱턴에는 보웬에 의해 조지타운 가족센터가 설립되어 보웬 학파의 가족체계 이론을 보급하고 있다. 가족학습센터(Center for Family Learning)는 보웬의 제자인 궤린(P. Guerin)이 1977년에 설립한 것이다. 뉴욕에 있는 이 단체는 1970년대에 설립된 많은 가족치료훈련센터 중 하나다. 1976년 궤린은 『가족치료: 이론과 실제(Family Therapy: Theory and Practice)』를 편집하였다. 그리고 1977년에는 뉴욕에 웨스트체스터(Westchester) 가족연구소를 설립하고 좋은 훈련 프로그램을 개발했다. 이 연구소에는 이전에 가족학습센터에서 연구원으로 일한 사람들이 많았는데 이들이 교육을 담당하였다. 이 연구소가 배출한 인물로는 카터(B. Carter)와 맥골드릭(M. McGoldrick)을 들 수 있다. 이들은 1980년에 『가족의 생활주기(The Family Life Cycle)』라는 저서를 공동으로 집필하여 출판하였다. 이 연구소는 확대가족체계 접근에 구조적 · 전략적인 요소를 가미한 가족치료의 교육기관으로 명성이 높았다.

1960년대부터 열심히 실천을 쌓고 교육해 온 가족치료센터의 대부분은 1970년대에 들어서도 그 활동을 계속했으며, 새로운 센터도 설립되었다. 1971년에 애커먼이 사망한 후 1960년대에 그가 설립했던 가족연구소는 애커먼 연구소로 이름을 바꾸어 지금도 활발한 활동을 계속하고 있다. 호프만(L. Hoffman)이나 팹(P. Papp)은 이 연구소가 배출한 연구원이다. 1977년에 팹은 『가족치료: 치료 전 과정의 사례연구(Family Therapy: Full Length Case Studies)』를 편집했는데, 이 책은 그녀를 포함한 12명의 가족치료

사가 자신의 치료에 대해 기록한 흥미로운 내
용으로 구성되었다. 이 책은 1970년대에 치료
사가 사용했던 여러 가지 다양한 방법을 제시
하고 있다. 1981년에 호프만은 『가족치료의 기
초(*Foundations of Family Therapy*)』를 저술하여
1970년대 말까지의 가족치료를 포괄적으로 개
관하였다.

살바도르 미누친

　필라델피아 아동상담소는 미누친의 지휘 아래 1970년대를 통하여 세
계적인 가족치료센터의 하나가 되었다. 구조적 가족치료를 쉽게 배울
수 있을 것이라고 생각한 세계 각국의 임상가들이 이곳으로 훈련을 받
으러 왔다. 필라델피아 아동상담소는 필라델피아 아동병원과 밀접한 관
계를 가지며 신체화 증상을 가진 자녀와 그 가족에 대한 연구를 활발히
수행하였다. 그 성과는 1978년 미누친이 동료들과 함께 저술한 『신체화
가족: 맥락에서 본 식욕부진증(*Psychosomatic Families: Anorexia Nervosa in
Context*)』에서 볼 수 있다. 1970년대는 미누친의 전성기라고 해도 과언이
아닐 정도로 그의 접근방법이 많은 관심을 받았다. 1974년에 출간된 그
의 저서 『가족과 가족치료(*Families and Family Therapy*)』는 가족구조를 단
순하지만 의미 있는 방식의 치료기법을 제시해 주었다. 가족치료에 관한
미누친의 또 다른 중요한 공헌은 가족치료사들에게 일방경을 통해 치료
장면을 공유하도록 장려했다는 것이다. 그 이전까지는 다른 치료사의 치
료장면을 보는 일은 거의 없었으며 훈련 중인 치료사도 치료과정 중에 생
기는 일을 슈퍼바이저에게 보고하는 데 그치는 수준이었다. 오늘날의 가
족치료사는 치료의 과정을 일방경을 통해 보거나 들을 수 있는 관찰자를
두며, 필요에 따라서는 치료장면을 반복하여 볼 수 있는 비디오테이프를
사용하기도 한다. 미누친은 이러한 발전에 중요한 역할을 했다.

제이 헤일리

헤일리는 필라델피아 아동상담소에 몇 년 동안 근무한 후 워싱턴으로 옮겨 아내였던 마다네스(C. Madanes)와 함께 워싱턴 가족상담소(Family Therapy Institute of Washington)를 설립하였다. 헤일리는 점차 의사소통의 수준에 대한 관심에서 벗어나 모든 인간 상호작용에서 피할 수 없는 부분이라고 생각한 권력투쟁(power struggle)에 관심을 가졌다. 따라서 그는 치료사와 내담자의 관계에 대한 연구를 했으며 이것은 '지시적 접근'이라는 가족치료 기법으로 발전하였다. 이와 같은 기법은 에릭슨(M. Erickson)에게 많은 영향을 받은 것이었는데, 헤일리는 1973년에 출판된 『비범한 치료: 밀턴 에릭슨 기법(*Uncommon Therapy: The Psychiatric Techniques of Milton H. Erickson*)』을 통해 에릭슨의 기법을 소개하였다. 또한 가족의 위계질서의 중요성을 강조하여 많은 가족의 문제가 이러한 위계질서의 혼란이나 기능 약화에서 기인한다고 보았다. 그리고 같은 맥락에서 가족이 아니라 치료사가 치료과정을 이끌어 가야 한다고 강조하였다. 많은 가족치료사와 마찬가지로 헤일리도 가족의 통찰은 그다지 중시하지 않았다. 그의 관심은 가족으로 하여금 그들에게 습관화된 '바람직한 상호 교류의 방식'을 변화시키기 위해 무엇인가를 하도록 돕는 데 있었다.

(2) 새로운 인물

1970년대의 가족치료를 개관하면서 놓쳐서는 안 될 또 한 사람이 있다. 1980년대에 번성했던 전략적 가족치료의 훈련기관 중에서 위클랜드와 바츨라비크가 이끈 MRI의 단기치료집단과 헤일리와 마다네스의 가족치료 연구소, 파라졸리(M. Palazzoli) 등의 밀란 학파 등이 특히 유명했

다. 이 같은 전략적 가족치료의 시대에 주도적
인 영향을 미친 사람이 에릭슨으로, 그는 가족
치료사는 아니었으나 심리치료의 실천장면에서
최면을 이용한 낡은 습관에 얽매이지 않은 창조
적인 정신과 의사였다. 그는 오랜 임상적 경험
을 통하여 최면현상을 연구하여 최면치료에 관
한 많은 저서와 논문을 저술하였으며, 함께 연

밀턴 에릭슨

구했던 헤일리에게 많은 영향을 주기도 했다. 가족치료의 발전에 있어
에릭슨이 가장 크게 공헌한 것은 문제를 초래한 대인관계 과정에 관심을
기울여 치료에 전략적 방법을 사용했다는 것이다. 전통적인 정신분석적
심리치료는 개인의 억압된 갈등을 탐구하여 그것을 해결하는 것을 목표
로 한다. 이러한 모델에서는 가족체계에 접근할 때 한계가 생긴다. 에릭
슨은 가족치료사가 목표로 하는 가족원이 현재와는 다른 것을 하도록
하는 방법으로 역설(paradox)을 포함한 간접적인 또는 전략적인 방법이
필요하다고 보았다. 따라서 에릭슨은 가족의 변화를 돕기 위한 여러 가
지 혁신적이며 전략적인 방법을 개발하였다. 그러나 에릭슨이 가족치료
에 미친 영향은 어디까지나 간접적인 것이다.

　캐나다에서는 엡스타인과 그의 동료들이 맥매스터 대학교 정신과를
가족치료의 실천과 교육의 중요한 센터로 만들었다. 1978년 엡스타인은
동료와 함께 가족분류법을 토대로 가족기능의 사정도구를 개발하였고
그 후 맥매스터 모델(McMaster Model)을 발전시켰다. 또한 캘거리 대학교
에서는 톰(K. Tomm)이 사이버네틱스 개념과 체계 이론의 개념을 접목시
킨 프로그램을 발전시켰다. 톰도 많은 가족치료사들과 마찬가지로 밀란
모델의 치료사들에게서 영향을 받았다.

(3) 유럽의 가족치료

1970년대에는 유럽, 특히 이탈리아와 영국에서 가족치료의 발전이 이루어졌다. 밀라노에서는 파라졸리가 가족연구소를 설립하면서 중요한 역할을 하게 되었다. 이 연구소는 1967년에 설립되었는데 1970년대에 들어서야 가족치료 분야에서 영향력을 행사하게 되었다. 이 연구소는 파라졸리를 비롯하여 세친(G. Cecchin), 프라타(G. Prata), 보스콜로(L. Boscolo) 등 4명의 정신과 의사에 의해 운영되었다. 그들은 정신분석에 대한 훈련을 받았고 MRI의 베이트슨과 바츨라비크에게서 많은 영향을 받았다. 그들은 중요한 장애를 가진 가족에 대한 임상적 경험을 토대로 상당수의 가족은 도움을 청하러 왔음에도 불구하고 동시에 가족기능의 방법을 변화시키려는 치료사의 시도를 절대로 받아들이지 않겠다는 결심을 하고 온 것처럼 보인다고 주장하였다. 그들은 1978년에 발표한 『역설과 대항역설(*Paradox and Counterparadox*)』에서 이와 같은 가족을 '조현병적 상호교류 가족(families in schizophrenic transaction)'이라고 부르면서 이러한 가족의 특성과 치료에 대해 언급하였다. 밀란 모델은 어떤 두 사람 간에 무엇이 일어났는가를 당사자 이외의 다른 제3자에게 묻는 순환적 질문법, 면담에 앞서 가족기능에 대한 가설을 세우고 그 가설을 음미하기 위한 가설설정, 더 나아가 체계적인 측면에서 가족을 이해하는 방법 등의 새로운 기법을 발전시켰다. 로마에서는 1970년대 초에 앤돌피(M. Andolphi)가 가족치료를 시작하여 1974년에 이탈리아 가족치료학회를 설립하였다. 1979년에는 체계 이론에 근거한 뛰어난 저서인 『가족치료: 상호작용 접근(*Family Therapy: An Interactional Approach*)』을 저술하기도 했다. 이 저서에서 앤돌피는 미국에서 발달해 온 이론이나 임상경험을 이탈리아라는 맥락 속에 적용하는 방법을 논하였다. 그에 의하면 가족체계와 그에 따른 여러 가지 문제는 어느 나라에서든 공통적이라는 것이다.

영국에서는 스키너가 가족치료를 계속하여 1976년에는 『하나의 신체: 각각의 사람(*One Flesh: Separate Persons*)』을 출판하였다. 이 책은 클라인 학파의 훈련을 받은 영국의 정신과 의사가 가족치료를 포괄적으로 조망한 것이었다. 그 외에 하웰스(J. Howells)를 비롯한 많은 치료사들이 부부나 아동을 대상으로 가족치료를 사용하였다.

　1970년대는 가족치료 관련 문헌이 폭발적으로 출판된 시기다. 이때 저술된 여러 저서들이 있었으며 *Family Process*를 비롯한 전문잡지가 창간되었다. 전문적 가족치료사의 모임이 활성화된 시기이기도 하다. 미국 부부 · 가족치료학회(American Association for Marital and Family Therapy: AAMFT)와 미국 가족치료학회(American Family Therapy Association: AFTA)의 활약이 두드러지게 된 것도 이 시기부터다.

5) 1980년대: 가족치료의 황금기

　1970년대까지는 독자적인 학파를 이끄는 카리스마적인 치료사에 의해서 가족치료의 발전이 이루어졌다고 본다. 그러나 1980년대에는 지금까지 독자적으로 발달한 각 학파의 개념이나 이론, 기법을 통합하려고 하는 움직임이 일어나기 시작하면서 절충적인 기법이 시도되었다. 해결중심 모델, 심리교육, 외재화, 내면가족체계 모델 등의 새로운 시도가 이 시기의 특징이다. 이러한 다양한 접근의 선두주자는 해결중심 모델이다. 이 접근법은 MRI와 전략적 치료의 영향을 받아서 시작되었다. 이 기법은 밀워키에 있는 단기가족치료센터에서 드 셰이저(S. de Shazer)와 인수 버그(I. Berg) 부부를 중심으로 발전하였다. 드 셰이저가 1985년에 발표한 『단기치료에서의 해결의 열쇠(*Keys to Solution in Brief Therapy*)』는 그들의 이론을 잘 설명하고 있다. 그들은 문제보다 해결에 초점을 맞췄기 때문에 어떻게 문제가 일어났는가에 대해서는 관심이 없었다. 오히려 내담자가 원하는 것이 무엇이며 내담자에게 적용할 수 있는 해결방법을 이해하는 것이 최대의 관심사였다. 해결중심적 치료는 이들 이외에 립칙(E. Lipchik), 와이너–데이비스(M. Weiner-Davis), 오핸런(B. O'Hanlon) 등에 의하여 발전하였다.

드 셰이저와 인수 버그

또한 이 시기에는 조현병 가족에 대한 개입에 있어서 치료보다는 예방적 교육에 초점을 둔 새로운 모색도 있었다. 그것은 조현병 가족의 대처능력과 기능을 최대화하며 재발을 예방하려는 심리교육 모델이다. 1950년대에는 조현병 환자의 치료와 원인발견이 가족치료 영역을 발전하는 데 지대한 공헌을 하였다. 그로부터 30년이 지난 후 치료나 원인발견이 아닌 조현병이라는 장애를 극복하기 위해 가족을 돕는 심리교육 모델이 등장한 것이다. 그 대표적인 인물은 앤더슨(C. Anderson)이다. 그녀는 1986년에 치료사는 가족과 환자와의 상호작용 그리고 환자에 대한 가족의 생각의 변화를 도울 뿐 아니라 가족이 치료의 협력적인 파트너가 되도록 해야 한다고 주장하였다. 그러므로 치료사는 가족과 조현병의 특성과 과정에 관한 정보를 나누는 심리교육이 필요하다는 점을 강조하였다.

그 외에 화이트(M. White)의 외재화와 슈워츠(R. Schwartz)의 내면가족체계 모델도 이 시기에 발전하였다. 화이트의 외재화 모델에서는 가족이 자신들의 생활사건을 해석할 때 사회의 대다수의 사람들이 가진 가치관에 비추어 자신들이 가진 부정적 측면을 부각시켜 스스로를 무력하다고 규정하였다. 그는 사람들은 결국 문제의 희생자가 된다고 가정하였다. 따라서 외재화 치료에서는 내담자와 문제를 분리시키는 과정을 통하여

내담자가 주체의식(personal agency)을 가지게 하여 그들의 대안적인 이
야기를 찾아내고 만들어 내도록 도왔다. 슈워츠는 기존의 가족치료가 지
나치게 내적 과정을 배제하는 데서 생기는 한계에 좌절하여 내면가족체
계 모델을 발전시켰다. 그는 임상경험을 통하여 환자들의 표현에는 비슷
한 상호작용의 순서가 있다는 사실을 발견하였다. 따라서 내적 상태에
체계적으로 개입하기 위한 방법을 추구하게 된 것이다.

또한 이 시기에 이르러 가족치료는 정신과적 치료기법 중에서 확고한
지위를 갖게 되었다. 즉, 인간 문제에 체계적으로 접근하는 것이 가치가
있다는 사실을 인정받게 되었다. 따라서 체계적 방법은 심리치료 이외의
영역에도 널리 사용되었다. 가정의학 분야에서도 체계적 접근의 중요성
을 인정하게 되어서 가정의학과 의사인 글렌(M. Glenn)이 1984년에 『진
단: 체계적 접근(On Diagnosis: A systemic Approach)』이라는 저서를 출판하
였다. 또한 간호 분야에서도 한 개인을 가족체계라는 맥락에서 보는 것이
중요하다는 것을 인식하게 되었다. 라이트(L. Wright) 등은 1984년에 발표
한 『간호사와 가족(Nurses and Families)』에서 간호를 할 때 가족에게 초점
을 두어야 한다는 점을 분명히 하고 있다.

미국을 중심으로 발달한 가족치료가 영국, 캐나다 이외에 멕시코, 오
스트레일리아 등에서도 시도되었다. 또한 서구사회뿐 아니라 동양사회
에서도 가족치료의 움직임이 활발해졌다. 1984년 일본에서 가족치료학
회가 창립되는 것을 비롯하여 한국, 홍콩, 싱가포르 등의 국가에서도 가
족치료에 대한 시도가 있었다. 한국의 경우에는 1980년대 초부터 대학원
과정에서 이론을 중심으로 가족치료에 관심을 가지기 시작하였다. 그리
고 1986년 이후 이부덕, 드 셰이저와 인수 버그, 톰, 덜(B. Duhl) 등 미국에
서 활약하는 치료사들에 의한 워크숍이 개최되면서 가족치료에 대하여
본격적인 관심을 가지게 되었다. 1988년에는 외국에서 가족치료를 배우

고 온 20여 명의 정신과 의사, 심리학자, 사회사업가, 정신간호사를 중심으로 한국가족치료학회가 결성되었다. 그 후에도 가족치료학회는 활발한 활동을 계속하여 다양한 분야의 전문가들에 의한 다학제의 학회로 발전하였다. 또한 가족상담이나 치료를 전문으로 하는 기관이 세워지기 시작하였다. 이후 가족치료나 상담에 대한 수요가 늘어 감에 따라 전문가들도 늘어나면서 부부가족상담학회가 설립되는 등 전문성을 신장하기 위한 활동도 활발해지고 있다.

6) 1990년대 이후: 학파를 초월하는 시기

1990년에는 가족치료의 1세대인 보웬, 칼 휘태커, 벨, 파라졸리 등이 사망하고 미누친도 은퇴하였다. 2000년대에 들어서도 헤일리, 윈, 드 세이져와 인수 버그 등이 사망하면서 이들이 이끌던 여러 연구소들은 폐업하거나 축소되었다. 한편, 그동안 미국에서 훈련받은 여러 나라의 치료사들이 각자의 나라로 돌아가 활발하게 활동하기 시작하였다. 따라서 가족치료는 더 이상 몇몇 나라의 전유물이 아니며, 세계 각국에서 자신들의 지역 실정에 맞는 가족치료의 실천이 이루어지고 있다. 이 같은 변화로 1990년대부터는 여러 학파의 구분이나 이론 간의 경계가 무너지고 다양한 접근이 시도되는 점진적이면서도 극적인 변화를 맞게 되었다.

이와 같은 현상의 원인으로는 체계적 접근을 시도했던 선구자들의 사망이나 은퇴에 이어 그들을 대체할 인물이 없었다는 점을 들 수 있으나, 보다 직접적인 원인이 된 것은 후기 구조주의의 영향이라고 생각된다. 즉, 과학적 · 정치적 · 종교적 진실의 타당성에 대한 신뢰가 흔들리게 되었을 뿐 아니라, 절대적 진실을 알아낼 수 있다는 것에 대한 회의를 가지게 되었다는 시대적인 변화와 맞물려 있다. 이러한 회의론을 통해 종교,

예술뿐 아니라 심리학에서 인정되던 원리들이 탈구조화하게 되었으며 가족치료 역시 많은 비판을 받게 되었다. 비판의 쟁점은 원조관계에서 치료사와 치료대상인 가족의 사회계층이나 인종의 차이는 고려하지 않은 채, 가족에 관한 치료사의 견해를 지나치게 강조했다는 점이다. 이와 같은 비판은 1990년대 이후 가족치료의 분야에서 문화나 계층이 다른 내담자나 가족에 대해 논의하는 계기가 되었다. 또한 문화적 다양성에 대한 고려의 계기가 되었으며 어떤 문제행동을 다차원적으로 보게 하였다(Anderson & Goolishian, 1992).

전통적인 사회과학의 패러다임에 근거하여 기존의 전제를 중심으로 발전시키는 모델을 1차 사이버네틱스(first-order cybernetics) 또는 1차 가족치료라고 한다면, 사회조직에 대한 보편성이나 규범에서 벗어나려는 모델을 혁신적 2차 사이버네틱스(second-order cybernetics) 또는 2차 가족치료라고 규정할 수 있다. 이와 같은 관점을 가진 치료사로는 안데르센(T. Andersen), 오핸런, 드 셰이져, 화이트, 엡스턴(D. Epston), 굴리시안(H. Goolishian), 앤더슨(H. Anderson)이 있다. 그리고 체계적 가족치료와 관련하여 오랜 경험을 가진 호프만 등도 새로운 접근에 관심을 돌리기 시작하였다.

호프만(L. Hoffman)은 가족치료의 초기에는 개인의 정신뿐만 아니라 인간 상호 간의 과정과 행동에 초점을 두는 체계론적 관점으로 변화하였으나 1990년대는 체계론적인 관점에서 아이디어, 신념 등에 보다 많은 관심을 두기 시작하였다고 주장하였다(Hoffman, 1990).

사회구성주의적 접근을 추구하는 치료사는 문제에 초점을 둔 접근방법에서 중요시하는 가족구조나 갈등에는 관심이 없었으며 치료사와 내담자 사이에 놓인 전통적 장벽에도 관심이 없다. 이들은 현실이 객관적으로 존재하는 것이 아니라 사회적으로 구축된 것이라고 생각하는 구성주의(constructivism)의 입장을 지지하였다. 이러한 접근을 지지한 가족치료사들은 체계는 사회적 역할이나 구조에 의해 형성되는 것이 아니라 여러 개념에 의해 발전되어 가는 것으로 보았다. 또한 치료기법 역시 원인과 결과를 파악하는 병리적인 견해보다는 언어를 통하여 내담자와 가족이 원하는 세계를 협력적으로 구축해 가는 것이라고 보았다. 즉, 가족 문제는 객관적으로 존재하는 것이 아니라 사람에 의해서 만들어져 있는 것으로 이해될 수 있다. 따라서 이들은 '알지 못함(not-knowing)'의 자세를 가지고 치료사와 가족이 평등한 입장에서 그들이 접하지 못한 현실을 찾는 데 협력하는 자세를 가지게 된다. 특히 언어의 힘을 강조하는 사회구성주의(social construction)에서는 치료사의 특권적 지식을 전제로 하지 않는 언어적인 상호작용에 의한 치료가 이루어진다고 보았다.

거겐(Gergen, 1999)은 사회구성주의 치료 접근을 드 세이져의 해결중심적 치료, 화이트의 이야기치료, 앤더슨의 다중음성 협력(polyvocal collaborations), 안데르센의 반영팀(reflecting team) 등으로 나누고 있다. 화이트의 외재화, 굴리시안의 알지 못함의 자세, 안데르센의 반영팀 등은 표면적으로는 각각 다른 것처럼 보이지만 현실을 사회적이며 언어적인 산물로 본다는 공통점을 가지고 있다. 호주 덜위치(Dulwich)센터에서 활약하는 화이트는 문제의 오염된 이야기 속에 묻힌 독특한 결과에 주목하였으며, 미국 휴스턴 갈비스톤연구소(Houston Galveston Institute)의 굴리시안과 앤더슨은 치료과정에서 전문지식에 근거한 전문가의 이야기보다는 내담자가 지금까지 언급하지 않은 이야기를 들으려고 하였다. 한편, 노르웨이의 안데르센은 일방경 뒤에서 전문가끼리만 주고받는 대화를 거부하고 치료사와 가족이 역할을 교환할 수 있도록 하면서 치료사의 대화를 공개하고 함께 관찰함으로써 치료사의 시각을 내담자에게 되돌리는 반영팀을 실천하였다. 이들의 치료는 위계에 근거한 치료체계보다 치료사와 가족의 협력관계에 초점을 맞추었으며, 그러한 관계 속에서 개인이나 가족구조를 '이미 정해진 형태'로 바꾸려는 기존의 경향을 최소화했다는 특징이 있다.

1990년의 또 다른 특징은 지금까지 가족치료를 이끄는 지도적 인물들이 주로 미국인이었던 것과는 달리, 여러 나라에서 다양한 인물이 배출되었다는 점이다. 노르웨이의 안데르센과 호주의 화이트, 뉴질랜드의 엡스턴, 캐나다의 톰, 이탈리아의 보스콜로와 세친 등이 그 예다. 가족치료의 관심영역도 다양화되어서 기존의 가족치료사의 관심영역 이외에 가정폭력, 사회적 맥락, 노화, 종교적인 세계 등으로 넓혀졌다.

또한 치료사들은 각 학파 간의 벽을 허물고 다른 학파들의 의견을 차용하여 자신들의 독특한 접근으로 만드는 데 비교적 적극적이었다. 존슨(S. Johnson)과 그린버그(L. Greenberg)는 애착과 관련된 정서반응이라는 개인의 내적인 면과 상호작용의 패턴이라는 대인관계적인 면을 고려한 애착이론, 경험적 접근, 구조적 접근을 통합한 정서중심 가족치료를 개발하였다. 또한 일리노이 대학의 슈워츠 등을 중심으로 구조주의, 경험주의, 보웬 접근 등에 내적인 작업을 포함한 내면가족체계 모델을 선보이기도 했다. 그리고 시카고 노스웨스턴 가족치료연구소에서 개발한 초월적 구조주의 모델은 각 학파의 제한점을 발견하고 그것을 넘어선 것에서 인간 경험을 설명하고자 했고, 그 결과 팽소프(W. Pinsof)를 중심으로 통합적 문제중심치료라는 방법을 개발하게 되었다. 이처럼 두 가지 이상의 다른 접근법을 결합시킨 여러 가지 모델들이 등장하였다.

지금까지 가족치료의 주요 선구자의 흔적을 살펴보았다. 가족을 관계라는 맥락 속에서 이해하려는 것은 가족치료사의 공통적인 생각이다. 그러나 가족 상호작용을 어떻게 이해하며, 어떤 치료적 개입전략을 가지느냐에 따라 여러 접근방법으로 나누어진다. 최근 들어서는 각 접근방법의 이론이나 기법 면에서 공통되는 부분이 많아져서 이전처럼 학파 간의 구분이 뚜렷하지 않은 경향이 있다. 치료사마다 다른 생각에서 출발한 초기와 비교해 보면 현재는 각 접근방법 간에 공통부분을 많이 가지고 있는 셈이지만, 그래도 변화를 이루기 위한 원조방법 등에서 여러 가지 차이가 있다. 우리는 지금부터 다양한 접근방법을 살펴보게 될 것이다. 그러나 여기서 한 가지 명심할 것은 치료에 대한 접근방법 간의 차이는 때로는 실제보다 크게 보이는 경우가 있다는 사실이다.

1960년 이후 의미 있는 유사성에 기초하여 치료사의 스타일과 치료적 위치를 분류하는 과학적 노력이 이루어졌다. 대표적인 것이 1960년대 후반에 정신의학 발전을 위한 모임(GAP)에서 치료사의 유형을 그들이 추구하는 이론적 기초에 근거하여 A~Z까지 분류한 것이다. A 유형은 때때로 가족을 보지만 주로 개인에 초점을 두는 일대일 치료사이며, Z 유형은 오직 가족체계만을 고집하는 치료사다. 연구결과에 의하면 A 유형의 치료사들은 정신분석훈련을 받은 개인치료사로서, 가족치료를 할 때도 여러 명의 가족 중에서 특정 개인만을 치료의 대상으로 삼았다. 이러한 치료사들은 설령 가족 모두와 만난다 할지라도 가족 중 환자 개인에게만 초점을 두려고 한다. 다른 가족원은 개인이 가진 갈등을 명확히 하거나, 개인을 치료하는 데 도움을 얻기 위하여 포함시킬 뿐이다. 따라서 그들이 가장 먼저 하게 되는 임상적 활동은 개인사를 파악하여 진단하는 것이다. 반면 Z 유형의 치료사는 먼저 체계를 생각한다. 이러한 부류의 치료사는 환자를 역기능에 처한 가족의 한 부분으로 보기 때문에, 환자란 가족이 가진 문제의 징후를 나타내는 사람이라고 가정하여 환자라는 용어보다 가족으로부터 '문제시된 환자(identified patient: IP)'로 간주한다. 따라서 그들은 과거보다는 '지금 여기'에서 일어나는 가족관계에 초점

을 두어 문제를 해결하려고 노력한다. N 유형의 치료사들은 개인적 접근
과 체계적 접근 모두에 동등한 타당성을 부여하는 치료사로 개인의 역기
능을 이해하거나 치료하는 데 이 두 가지 방법을 자유롭게 사용하였다.

또한 빌즈와 퍼버(Beels & Ferber, 1969)는 치료사의 유형을 지휘자
(conductors), 반응형 분석자(reactor analysts), 순수체계론자(systems purists)
로 분류하였다. 지휘자 유형의 치료사는 자신이 보다 건전하며 건설적이
라고 생각하는 방법을 치료대상인 가족이 실행하도록 촉구한다. 따라서
이들의 개입은 적극적이며 가족에게 무엇이 최선인가에 대한 나름대로
의 명백하고 확고한 견해를 가지고 있다. 따라서 변화를 초래하기 위한
강력한 개입이나 기법을 사용하는 등의 조작적 방법을 다양하게 사용한
다. 반응형 분석자는 가족을 이루고 있는 개인이 성장의 능력을 가지고
있듯이 전체로서의 가족 역시 모두 성장하여 변화할 수 있는 능력을 가
지고 있다고 보았다. 따라서 치료사가 가진 가치관을 가족에게 부여하기
보다는 가족 스스로가 자신의 가능성에 대한 통찰을 가질 수 있도록 돕
는 것을 치료의 목표로 한다. 이 같은 입장을 추구하는 치료사는 가족의
행동에 반응하면서 그들 행동에 대한 치료사 자신의 정서적 반응을 음미
하면서 가족정서체계 속에 자신을 몰입시키려고 한다. 그러나 이 같은
입장의 치료사는 가족과 매우 가까운 관계를 유지하려는 입장에 있기 때
문에 자칫 가족에게 휘말릴 수 있는 위험이 내포되어 있다. 따라서 이들
은 공동치료사를 두거나 일방경을 사용하여 관찰자를 한 사람 이상 두어
서 이와 같은 위험을 경감시키려고 노력한다. 순수체계론자는 가족의 규
칙, 즉 가족의 행동을 규정하는 암묵의 습관 등의 가족체계 특정의 가치
를 변화시키는 데 관심을 가진다. 이것은 일반적으로 체계와 하위체계의
움직임, 가족 내의 동맹, 연합, 위계를 재구조화하는 것에 의해서 이루어
진다.

최근에는 후기 구조주의의 영향으로 지금까지의 가족치료 이론이나 실천과는 상당히 다른 유형의 접근방법이 대두되었다. 기존의 체계 이론을 추구하는 가족치료사들은 문제는 개인이 아니라 체계에 있다는 점을 강조하여 가족체계가 가진 문제를 변화시켜 개인의 증상을 해결하려 하였다. 그러나 일부의 치료사는 체계가 문제를 만드는 것이 아니라, 문제가 체계를 만든다고 생각하면서 문제를 중심으로 한 치료체계를 성립시켰다(McNamee, 1992). 지극히 당연한 것처럼 보이지만, 이것은 치료사의 위치라는 점에서는 대단한 인식의 변화다. 문제가 체계를 만든다는 견해는 치료사를 체계의 외부에 두지 않고 치료사가 가족과 함께 하나의 체계를 이룬다고 보는 것이다. 즉, 체계의 범주를 가족체계에서 치료사와 가족에 의해 성립된 체계로 확대시킨 것이다. 이와 같이 체계범주를 확대하면 종래의 체계 이론이나 기법이 그대로 적용될 수 없다. 이러한 관점에 따르면 삶의 전문가는 내담자 자신이므로 치료사는 알지 못하기 때문에 이해하고 싶다는 보다 적극적인 자세를 가지고 현재 체계 속에 자신을 포함시켜야 한다. 또한 체계 속에서 설명되는 문제는 실제로 존재하는 것이 아니라, 언어나 의미에 의하여 문제로 구성되는 것이다. 따라서 치료사는 문제를 해결하려는 노력을 하는 것이 아니라 문제와 문제의 영향을 분리함으로써 문제를 다른 측면에서 정의하여 새로운 영역을 확대해 나가야 한다. 다시 말하면 치료적 노력은 문제를 해결하려는 것이 아니라, 문제를 해소하는 것이다. 1990년 이후 이처럼 치료사와 내담자의 협력(collaboration)에 기반을 둔 새로운 접근의 시도가 가족치료 분야에서 일어나고 있다. 이와 같은 접근을 혁신적인 접근이라고 본다면, 기존의 접근방법을 상대적으로 전통적인 접근이라고 표현할 수 있다.

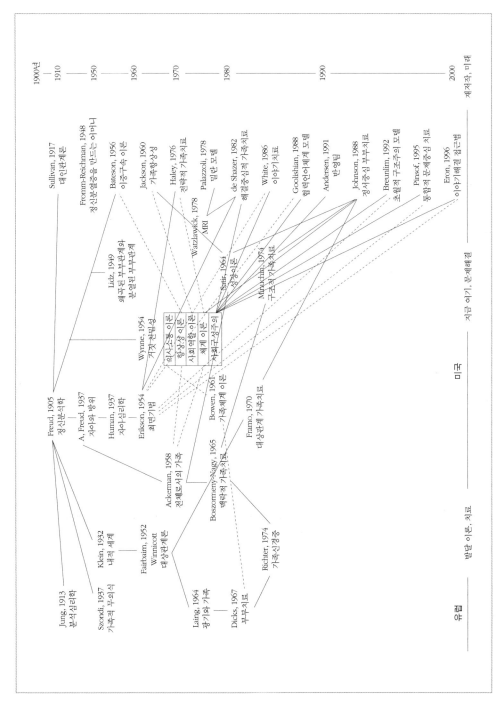

[그림 1-4] 가족치료의 발전과정

용어 설명

거짓 상보성pseudo-mutuality　　거짓 상보성과 거짓 적대감(pseudo-hostility)의 개념
은 윈 등이 조현병 환자와 그 가족을 연구하는 과정에서 명료화된 개념이
다. 그에 의하면 인간에게는 자신의 정체감을 유지하려는 욕구와 다른 사
람과의 관계를 유지하려는 두 가지 상반된 욕구가 있다. 이것을 가족이라
는 측면에서 본다면 자아정체감을 유지하려고 하는 욕구는 가족체계로부
터의 분리, 독립을 의미하며 다른 사람과의 관계를 유지하려는 욕구는 가
족에 대한 친밀함을 의미한다. 건강한 가족은 그와 같은 상반된 욕구를 잘
다루지만 역기능적 가족은 균형을 유지하는 데 실패한다. 즉, 2개의 욕구
중 한쪽만을 강조하여 다른 쪽을 은폐함으로써 갈등상황을 회피하려고 한
다. 거짓 상보성이란 개인이 가족과 화합해야 한다고 생각하여 자아정체감
의 획득을 희생해 가면서 가족이 보이는 일종의 표면적인 제휴를 의미한
다. 반대로 거짓 적대감은 가족갈등이 극심한 것처럼 보이지만 사실 그것
은 단순히 표면적인 현상에 지나지 않는다는 것을 의미한다.

고무울타리rubber fence　　윈은 가족관계 속에서 거짓 상보성을 유지하려고 끊임없
이 노력하게 되면, 가족원은 자신이 소속된 가족이 자기충족이 가능한 참
된 사회체계인 것처럼 행동한다고 지적하였다. 이때 자기충족이나 조화가
있는 가족이라는 신화를 유지하기 위해서 가족은 고무울타리를 형성한다.
고무울타리란 경계가 불안정하여 가족은 가족체계에 위협이라고 간주되
는 사람을 배제하여 추방하지만, 반대로 치료사와 같이 가족원은 아니지만
가족체계에 협조적인 사람은 가족체계 내부에 넣는 것이다. 즉, 가족을 둘
러싼 경계가 편의에 따라 넓어지기도 하고 축소되기도 하는 것이다.

기만mystification　　막스(K. Marx)는 기만을 어떤 사회경제적 단계가 다른 단계를
착취할 때 사용되는 수단으로 정의했으나, 일반적으로는 혼란되어 있는 상
태나 연막을 친 듯한 느낌의 상태를 의미한다. 즉, 개인에게 자립성이나 자

아정체감에 대한 확신을 주지 않거나 다른 사람이 전혀 다른 견해를 피력하여 가족이 안정감을 강하게 느낄 수 있는 수단으로 자주 사용된다. 가족치료에서는 래잉이 조현병 환자의 가족체계 속에서 생기는 특정의 과정을 표현하기 위해 사용하였다. 그는 조현병 환자가 있는 가족에게 특징적인 기만적 의사소통이 피해자인 IP와 가해자인 부모로 나누는 선형적 인과관계를 가정하였다. 이처럼 치료사가 IP를 피해자로 보면서 가족치료를 진행하면 가족체계의 변화에 대한 시도는 어렵다.

부부왜곡 marital skew　　리츠는 부부 중 한쪽이 상당히 의존적이어서 상대적으로 강한 다른 배우자의 보호를 받는 경향을 부부왜곡이라고 불렀다. 이것은 '약자'인 배우자가 '강자'인 배우자의 지배나 불합리성을 받아들이는 것처럼 보이는, 즉 표면적인 조화와 거짓 상보성을 띤 부부관계다. 부부분열과는 대조적으로 부부 중 한쪽은 다른 한쪽의 자기애적인 욕구와 싸우는 것이 아니라, 그것을 만족시켜 줄 수 있는 것처럼 보인다.

이중구속 double bind　　베이트슨의 의사소통 연구에서 만들어진 개념으로, 어떤 사람이 타인에게 논리적으로 서로 모순되며 일치하지 않은 두 가지 메시지를 동시에 전달하는 역기능적 의사소통을 의미한다. 이때 요구를 받은 사람은 어느 쪽으로 반응해도 관계상의 위협을 느낀다.

제 **2** 부

가족치료의
과정과 사정

FAMILY THERAPY

단기간 동안 빠르게 성장해 온 가족치료 분야는 더 이상 어떤 접근에 대한 충분한 전문성을 갖춘 치료사들만의 전유물이 아니다. 오히려 이미 개인상담을 하던 치료사들이 가족을 단위로 하는 치료경험을 하면서 가족치료에 관심을 가지게 되었다. 따라서 치료사가 가족치료의 다양한 모델에 대한 지식을 충분히 가지고 있느냐와는 별개로 치료단위로서 가족을 잘 다룰 수 있는 실천적 요소를 갖출 필요가 있다. 그리고 윤리적인 문제를 비롯한 치료과정에 대한 세심한 이해도 가족치료 실천에 중요한 변수다. 동시에 가족을 하나의 치료단위로서 사정할 수 있는지의 여부도 중요하다. 가족을 전체로 바라보는 치료적 개입이나 사정방법은 가족치료의 첫걸음이 될 수 있기 때문이다.

제 **2** 장

가족치료의 과정

이 장에서는 개인치료와 달리 복수의 가족을 만나는 가족치료의 특징을 고려하여 치료장면에서 여러 명의 사람을 함께 만나게 됨으로써 치료사들이 겪게 되는 문제들에 관해 언급하려고 한다. 구체적으로는 면담 이전 과정, 초기 과정, 중기 과정, 종결 과정으로 나누어 살펴볼 것이다. 또한, 가족역동을 이해하는 사정의 다양한 방법에 대해서도 언급할 것이다.

1. 면담 이전 과정

가족치료사는 면담에 앞서서 앞으로 치료를 어떻게 이끌어 갈 것인가에 대한 자신 나름의 큰 그림을 가지고 있어야 한다. 또한, 가족치료를

실시하기 전에 윤리적인 부분도 충분히 숙지할 필요가 있다. 이 두 가지
는 개인상담의 경우에도 중요한 부분이지만, 복수의 내담자를 동시에 만
나는 가족치료사에게는 충분한 고려가 더욱 필요하다. 가족치료를 실시
하기 이전에 내담자에 대한 자신의 견해를 점검해 보고, 자신이 가족 전
체를 한 단위로 다루는 가족치료사라는 점을 충분히 인식할 필요가 있
다. 또한 가족치료에 참여하는 가족의 범위, 이런 부분과 관련이 있는 치
료적 견해에 대한 충분한 검토를 하는 것도 바람직하다.

1) 가족체계의 명료화

치료를 받기 위해 오는 내담자들 중에는 치료기관에서 어떤 형태의 치
료를 받아야 하는지에 대한 자신의 의견을 분명하게 가지고 있는 경우도
있다. 이것은 전문가의 입장에서 보면 왜곡된 이해에서 비롯된 경우라고
생각할 수도 있으나, 치료 초기에는 치료사가 현재 무엇이 일어나고 있
는지를 망각하지 않는 범위 내에서 가족의 관점을 따라가는 것이 좋다.
예를 들어, "우리 아이에게 필요한 건 자신감이라고 생각해요. 그러니까,
선생님이 이 아이가 자신감을 가질 수 있도록 해 주세요."라고 강한 어조
로 요구하는 어머니가 있다고 하자. 이러한 요구의 이면에는 치료과정을
통제하고 싶어 하는 어머니의 의도가 담겨 있을 수도 있으므로 치료사가
지나치게 수동적인 태도를 취하며 그대로 받아들인다면 치료는 성공할
가능성이 낮아질 것이다. 반면, 처음부터 가족의 견해를 부정하고 정면
으로 대립하면 그들은 더 이상 치료를 받으러 오지 않을 것이다. 그러므
로 처음에는 가족의 의견을 따라가다가 시간이 지나 가족과 치료사 사이
에 라포나 신뢰감이 형성되면 가족에게 가족체계를 이해시키는 것이 중
요하다. 즉, "어머님은 자신감 있는 아이로 키우고 싶으시니까, 자녀에게

그 부분을 자주 언급하게 되고 아이는 어머니의 말씀으로 인해 위축되어 점점 자신감을 상실하는 것 같군요."라는 순환적 관점으로 가족역동을 언급한다. 이때 충분한 관계형성이 되어 가족들이 치료사의 말을 따를 수 있게 되어도 치료사는 가족의 유형에 따라서 '한 단계 낮은 자세(one down position)' 또는 역설적인 방법을 사용하는 것이 유용하다. 치료사는 가족들의 문제를 체계적으로 이해하려고 노력할 뿐 아니라, 가족들도 문제를 바라보는 관점을 바꾸도록 도와야 한다. 이와 같은 가족들의 문제에 관한 새로운 이해는 가족에게 융통성을 가르쳐 주며, 치료가 진전됨에 따라 문제해결능력을 높여 준다는 측면에서 중요한 가치가 있다.

그러나 대부분의 가족들은 가족치료가 무엇을 하는 것인지에 대한 분명한 이해가 없이 치료에 참여하므로 치료과정에서 어떻게 행동해야 하는지를 몰라서 불안해하며 때로는 방어적이거나 치료를 거부하기도 한다. 따라서 치료사는 첫 만남에서 가족치료의 목적과 과정을 설명함으로써 가족이 가지고 있는 두려움을 없애 주고 가족을 안심시키는 것이 중요하다.

치료에 참여하는 가족들은 가족체계에 관한 개념에 관해 치료과정에서 자주 듣게 된다. 초기 과정에서는 가족치료와 개인치료의 차이에 대한 가족원들의 이해를 돕기 위해 가족체계의 개념을 사용한다. 치료의 중기에는 이것이 증상이나 가족 문제를 재명명하기 위하여 사용된다. 종결 과정에서 가족체계의 개념은 가족 내에서 무엇이 변했는지를 명료화하는 데 사용될 수도 있다. 가족들에게 가족체계 개념을 쉽게 이해하도록 여러 가지 은유로 표현하기도 하는데, 많은 치료사들은 모빌이라는 은유를 즐겨 사용한다. 서로 개별적인 것처럼 보이는 각각의 형상 중 하나가 흔들리면 다른 형상들도 그 의지와는 상관없이 모두 흔들리는 모빌의 속성이 체계로서의 가족을 설명하는 데 적합하기 때문이다.

2) 치료에 참가하는 가족의 범위

가족치료의 경우에는 그들이 문제라고 생각하는 가족원 이외의 모든 가족이 치료에 참여하는 이유를 이해시키는 것이 중요하다. 일반적으로 치료사들은 가족 전원이 치료를 받으러 올 때 어떤 이점이 있는지를 설명해 줌으로써 가족들을 이해시킨다. 이런 설명은 가족이 문제를 어떻게 이해하느냐에 대한 이해가 부족할 때 설득력이 있다. 이와 같은 경우에는 가족 내에서 중요한 위치를 차지하는 가족원, 예를 들어 부모 등의 의사가 중요하다. 가족이 서로 연결되어 있으므로 문제의 해결을 위해서는 가족 모두가 참여할 필요가 있다는 것을 부모가 이해한다면, 가족 전원이 면담을 받으러 오는 것에 대한 저항이 쉽게 해결될 수 있다. 때로는 건강하게 잘 기능하고 있는 가족원이 치료과정에 도움을 줄 수 있으며 이를 통해 치료가 성공적으로 끝날 수 있을 것이라는 사실을 가족들에게 이해시켜서 가족들이 가진 부담을 줄여 줄 수도 있다.

치료에 소극적으로 참여하거나 참가를 거부하는 현상은 치료 초기에서 자주 일어나며 때로는 이로 인해 치료를 도중에 중단하기도 한다. 그리고 참가를 거부하는 가족이 한 사람 또는 그 이상인 경우도 있다. 치료사는 여러 가지 선택을 할 수 있으나 참석을 원하지 않는 가족원의 거부는 가족 문제와 연결되어 있을 것이라는 점에 유의하지 않으면 안 된다.

면담에 참석하지 못하는 가족원이 있을 경우에는 참석하지 못하는 그 가족원이 비협조적이기 때문인지 아니면 다른 여러 가지 이유로 참석하지 못하는 것인지를 구분할 필요가 있다. 어떤 이유로 참석하지 않느냐에 따라 다른 전략을 세우는 것이 중요하다. 어떤 가족원이 비협조적이기 때문에 면담에 참석하지 않는 것이라면, 다음의 여러 가지 방법을 사용하여 비협조적인 가족원이 변화될 수 있도록 한다.

첫째, 치료사가 '당신 가족을 도와 달라'고 개인적으로 참가를 요청한다.

　둘째, 먼저 다른 가족과 치료를 시작하여 어떻게 하면 비협조적인 가족원을 변화시킬 수 있을지에 대해 집중적으로 이야기한다.

　셋째, 협조적인 가족을 선택하여 비협조적인 가족원에게 가족치료에 대해 설명할 수 있는 기술과 협조를 요청하는 방법 등을 교육시킨다.

　거리상 참석하기 어려운 가족이 있는 경우에는 자칫 그가 희생양이 될 수도 있고, 귀찮은 역할을 떠맡게 될 수도 있는 등의 문제점이 생길 수 있다. 치료사는 이와 같은 경우가 생기지 않도록 면담 시 참석하기 어려운 가족을 위한 여러 가지 배려를 해야 한다. 예를 들어, 면담 시 참석하지 못한 아버지의 상징적인 자리로 빈 의자를 준비해 두고 면담과정에서 "만약 이 자리에 아버지가 계시다면 그는 지금 뭐라고 말씀하실까요?" 라고 물어서 이 자리에 함께한다는 느낌을 줄 수도 있다. 때로는 상담내용을 녹음하거나 비디오테이프에 녹화하여 보내거나 그렇지 못할 경우에는 편지나 전화 등으로 전할 수 있도록 한다.

　호소 문제가 자녀 또는 부부관계에 관한 것인데 한쪽이 참여를 거부하면, 그것은 부부 또는 부모로서 기능하는 데 중대한 문제가 있음을 시사할 가능성이 있다. 따라서 치료사는 첫 면담부터 참여하지 않는 한쪽과 직접 의사소통을 하는 것이 좋은데, 이때도 한 단계 낮은 자세를 취하는 것이 바람직하다. 즉, 치료사가 참가하지 않은 가족원에게 치료를 보다 효과적으로 하기 위해서는 그의 참여가 필요하다고 전하는 것이다. 즉, 참여하지 않은 아버지에게 보내는 치료사의 메시지는 '당신의 자녀를 효과적으로 돕기 위해서는 당신의 도움이 반드시 필요하다'는 것이다. 이것은 전문가인 치료사가 명령하거나 그 사람이 문제의 일부라고 말하는 것보다 훨씬 설득력이 있으며, 받아들이기 쉽다.

때로는 사춘기의 자녀가 가족치료의 면담을 거부하거나, 또는 부모가
문제는 IP에게 있으므로 다른 자녀를 포함시킬 필요가 없다면서 다른 자
녀를 데리고 오지 않으려 한다. 이러한 두 가지 상황에 대한 접근방법에
는 다소 차이가 있다. 치료를 거부하는 자녀의 경우에는 접근방법이 비
교적 간단하다. 이때 치료사는 부모 자신이 자녀를 치료에 참여시키는
것이 바람직하다고 판단하면 아이가 싫어해도 학교에 보내야 하는 것과
마찬가지로 치료를 받으러 올 수 있도록 자녀를 도와줘야 한다고 이해시
킨다. 치료사는 면담과정을 통해 자녀와 충분한 이야기할 수 있는 이점
등에 관해 부모들과 논의할 수도 있다. 그러나 부모가 다른 자녀의 참여
를 부담스럽게 여기면 상황이라면 다양한 경우를 예상해 보는 것이 필요
하다. 예를 들어, 그들은 문제가 IP에게 있다고 보기 때문에 다른 자녀가
참석하는 것을 피하고 싶어 하는지도 모르며, 다른 사람을 치료에 참가
시켜 자신들이 가지고 있는 가설이 흔들릴 것을 두려워하는지도 모른다.
대부분의 부모들은 특정 자녀를 참가시키는 것을 거부할 때 나름대로의
이유를 말한다. 이처럼 부모가 다른 자녀를 데리고 오는 것에 반대할 때
는 원론적으로 접근하는 것이 바람직하다. 즉, 적어도 초기면담에서는
가족 전원을 만나는 것이 유용하다는 것과 그 면담 이후 누가 출석할 것
인가 등의 치료과정에 대해 그 자리에서 가족이 함께 이야기를 나눌 수
있다는 것을 알린다. 그리고 가족 전원을 만났을 때 치료사는 가족을 지
속적으로 만나서 이해하고 싶다는 점을 알려야 한다. 또한 치료사는 가
족이 말하고 싶지 않은 정보를 무리하게 말하도록 강요하지는 않을 것이
라는 점도 강조해야 한다.

　　어린 자녀를 치료과정에 참석시킬 것인가의 여부를 결정하는 것도 중
요하다. 어린 자녀는 의외로 좋은 정보의 제공자가 될 수 있기 때문에 기
본적으로 그들을 가족치료과정에 참석시키는 것은 긍정적이다. 어린 자

녀들은 모든 것을 솔직하게 말하기 때문에 가족구조를 파악할 수 있는
뜻하지 않은 정보를 제공하기도 한다. 그러나 이와 같은 이점이 있는 반
면에 어린 자녀를 가족치료에 참석시키는 데는 여러 가지 문제가 뒤따른
다. 그중에서도 가장 큰 어려움은 어린 자녀와의 의사소통 문제다. 따라
서 치료사가 어린 자녀와 효과적으로 의사소통을 하여 아동이 자신의 내
적 세계에서 무엇이 일어나고 있는가를 표현할 수 있도록 돕는 기술을
가지고 있어야 한다. 놀이나 이미지를 활용한 접근은 어린 자녀와 함께
가족치료를 실시할 때 도움이 된다.

　어린 자녀가 면담에 참석한다면 이름이나 나이를 물음으로써 면담의
초반부터 적극적으로 면담상황에 끌어들여야 한다. 특히, 나이가 어린 경
우에는 언어적 또는 비언어적으로 참여에 대한 치료사의 흥미를 분명히
나타내지 않으면 안 된다. 이러한 방법을 통하여 어린 자녀가 치료사가
자신의 수준으로 다가갈 수 있는 사람이며, 자신의 기분을 받아들일 수
있다는 것을 느낄 수 있도록 해야 한다. 부모의 입장에서 보아도, 자신의
자녀에 대해 친절한 사람에게는 호감을 갖기가 쉬우므로 이런 면에서도
치료사는 어린 자녀와 좋은 관계를 유지할 필요가 있다. 또한 치료사가
직접적으로 부모와 자녀의 상호작용 유형을 관찰할 수 있으며, 반대로 부
모에게 치료사가 어린 자녀와 상호작용을 하는 장면을 보여 줌으로써 좋
은 모델이 될 수도 있다. 그러나 이와 같은 자녀와의 긴밀한 접촉이 부모
의 권리에 상처를 주지 않도록 부모의 권위를 항상 인정하고 존중해야 한
다. 이처럼 가족치료에 자녀를 포함하면 면담의 내용은 물론 가족의 교류
패턴과 현재의 대인관계를 파악하는 데도 도움이 된다.

3) 가족치료의 윤리 문제

치료사가 내담자에게 보다 효과적인 서비스를 하기 위해서는 조력자로서 전문지식과 역량을 갖추는 것뿐 아니라, 실제 치료장면에서 접하게 되는 윤리적인 문제에 대한 고려를 하지 않으면 안 된다. 한국의 경우에는 상담영역에서의 윤리적 문제를 다루기 시작한 것이 얼마 되지 않았기 때문에 아직 충분히 논의가 이루어지지 못하고 있는 실정이다. 따라서 여기서는 미국 부부가족치료학회(American Association for Marriage and Family Therapy: AAMFT)와 미국 상담학회의 분과학회인 결혼 및 가족상담자 국제회의(International Association of Marriage and Family Counselors: IAMFC)의 윤리강령을 기초로 가족치료사의 윤리적인 면을 정리해 보려고 한다. 치료사 윤리의 주요 현안으로는 비밀보장, 사전 동의, 치료사의 가치와 윤리, 다중관계, 치료사의 역량과 전문적 책임을 언급하고 있다(강진령 외, 2009). 내담자는 치료과정과 관련한 자기결정권이 있다. 그리고 내담자는 치료를 시작하기 전에 자신의 권리와 책임에 대하여 충분한 고지를 받은 후 이에 동의하는 절차를 거쳐야 한다. 그 밖에 치료사가 자신의 능력 밖에 있는 문제를 진단하거나 개입하지 않는 전문성을 갖추는 것, 훈련생이나 연구대상을 이용하여 자신의 이익을 추구하지 않을 것 등에 대한 조항이 있다.

여기서는 가족치료라는 독특한 상황 속에서 일어날 수 있는 몇 가지의 상황에 대한 윤리적인 부분을 다루고자 한다.

(1) 역량

가족치료는 한 개인의 문제가 아니라, 가족 전체를 치료의 단위로 보기 때문에 때로는 가족 상호관계의 역동에 개입해야 한다. 따라서 치료사는 상담 전반에 대한 충분한 지식과 기술은 물론 가족역동을 사정·이해하고 그것에 개입할 수 있는 충분한 지식을 갖출 필요가 있다. 가족이라는 친숙한 영역을 다루다 보니 충분한 훈련과정을 거치지 않은 사람들이 저마다 전문성을 주장할 수 있다. 따라서 각 학회마다 자격증제도를 도입하여 치료사들의 전문성을 향상하는 데 노력하고 있다. 자격증의 유무를 떠나 가족치료사로서 역량을 갖추려면 맥컬럼(McCollum, 1990)이 언급한 다음의 단계를 거치는 것이 바람직하다. 그는 개인치료의 훈련을 받은 치료사들이 가족치료를 하기까지는 다음의 3단계를 거쳐야 한다고 보았다. 첫 번째 단계는 가족단위의 내담자들과 함께 작업을 할 때 필요한 기술을 획득하는 데 초점을 두는 것이다. 두 번째 단계는 그들의 치료에 체계론적 이론을 접목시키는 것이다. 마지막 단계는 '치료사로서 자신을 돌아보는' 단계로서 치료관계를 통해 자신들의 원가족과의 경험이 현재 만나고 있는 내담자 가족과의 작업에 어떤 영향을 주는지를 탐색하는 단계다(Patterson et al., 2009).

　다른 심리치료에 비해 가족치료에서는 치료사가 비교적 적극적인 역할을 하고 있다. 기존의 역기능적인 가족체계를 파괴하거나 가족기능을 변화시키기 위한 치료목표를 달성하기 위하여 적극적으로 전략을 세우기도 한다. 이와 같이 적극적으로 가족의 변용을 이끌어 내려면 무엇보다 치료사의 성격이 중요한 요인이 된다. 대부분의 초창기 가족치료사는 강력하고 카리스마적 인물이며 자신의 성격을 최대한 활용하였다. 가족치료의 여러 접근방법 중에 어떤 것은 특정의 성격이나 기질을 가진 치료사에게는 적용되기 어려울지 모른다. 또한 특정한 기법을 습득하기는 어렵지만 다른 기법은 쉽게 습득하는 치료사도 있다. 그러나 저자의 경험에 의하면 처음에는 다양한 기법을 폭넓게 배우는 것이 바람직하다고 생각한다.

가족원이 치료사에게 투사하는 감정을 전이라고 하는데, 치료사는 이와 같은 전이에 대한 고려가 있어야 한다. 그러나 개인치료와는 달리 가족치료에서는 적극적이며 자발적으로 자신을 표현하도록 촉진하기 때문에 가족원의 개인적 투사는 개인치료에서처럼 자주 일어나지는 않는다. 오히려 가족치료에서 유의해야 하는 것은 치료사가 가족에게 투사하는 역전이의 문제다. 치료사는 다양한 가족원과 만나기 때문에 어떤 가족원에 대한 역전이가 발생할 수 있다. 예를 들어, 자신의 권위적인 아버지와의 문제가 충분히 해결되지 못한 치료사라면 치료과정 중에 보이는 아버지의 권위적인 태도가 불편할 것이다. 따라서 치료사는 의식하지 못한 채, 어머니와 연합하여 아버지를 공격할지도 모른다. 따라서 치료사는 가족에 대한 피상적인 이해와 자신의 미해결 문제에서 벗어나는 것이 필요하다. 보웬의 경우에는 훈련생에게 자신의 가계도를 철저히 이해하도록 함으로써 치료사로서 각자의 가족 문제를 해결하도록 도왔다.

(2) 치료계약

치료사는 치료를 희망하는 가족과 특정의 계약을 맺는 것이 바람직하다. 이 계약에는 예정된 면담의 횟수와 간격, 면담의 시간, 누가 참석할 것인가, 치료목표, 치료비 등이 포함된다. 비교적 단기치료에 주력하는 치료사는 치료목표를 구체화하는 계약서를 작성하기도 한다. 그러나 이러한 계약서는 보편적인 양식이 존재하는 것은 아니다. 어떤 치료사는 명료한 계약서를 선호하지만, 어떤 치료사는 덜 구조화된 계약서를 만드는 등 다양하다. 따라서 치료사는 자신의 치료과정에 무엇이 중요한지 판단해서 자신에게 맞는 치료계약서를 만드는 것이 바람직하다.

치료계약에서는 면담 중에 이루어진 내용에 대한 비밀보장, 면담에 불참하는 경우와 같은 예외적 상황 등을 다루는 것도 치료적으로 유용하다. 그러나 가족과 치료사가 만나서 만들어 내는 변화를 분명하게 서술하는 것이 중요하다. 이것을 가족에게 명확히 이해시키지 못하면 치료가 성공할 확률도 낮다.

사전에 치료면담의 횟수를 정하는 것은 여러 가지로 이점이 있다. 면담의 횟수는 원하는 변화를 가져오기 위해서 치료사가 필요하다고 생각하는 기간에 따라 정할 수 있다. 그리고 그 기간 안에서 가족원과 치료사가 해야 할 역할을 정한다. 이처럼 계약으로 시간을 제약하면 가족은 치료가 어느 정도 진행될 것이라는 예상을 할 수 있다는 장점이 있다. 종결이 있다는 사실을 아는 것은 가족을 치료에 몰입하게 하는 이점이 있다.

사전에 알리지 않고 상담약속을 파기한 경우에 그 비용을 가족에게 부과시킨다는 것을 가족에게 이해시키는 것도 중요하다. 왜냐하면 그러한 계약을 함으로써 면담이 중요한 것이라는 사실을 가족에게 일깨워 주며, 가족에게 책임감을 부여하기 때문이다. 같은 맥락에서 치료사가 약속을 어기는 것은 가능한 한 지양해야 한다.

가족이 약속을 지키지 않을 때 치료사가 연락을 하는 것은 가족의 행동에 대한 관심을 표명하는 것이므로 바람직하다. 두 번 이상 연달아 약속을 지키지 않는 경우에는 치료사가 치료에 대한 가족의 관심이 저하된 것은 아닌지에 대해서 염려한다는 의견을 전하는 것이 좋다. 치료사가 가족과의 신뢰감이 무너질지 모른다는 우려 때문에 약속을 파기하는 것에 대한 언급을 피하면, 가족이 무책임한 행동을 하도록 부추기는 결과가 될 수도 있으므로 주의해야 한다. 치료사가 가족들의 상담약속 불이행을 다룸으로써 정해진 규칙에 성실해야 한다는 것을 주지시킬 수 있는 부수적인 효과를 얻을 수도 있다.

상담이 시작되기 전에 치료에 대한 내담자의 동의를 구하고 계약을 하는 것은 윤리적으로 중요하다. 특히, 가족치료의 경우에는 이러한 동의를 얻어야 하는 대상이 여러 명이라는 점에서 치료사는 더욱 세심한 주의를 기울일 필요가 있다. 치료에 대한 적절한 동의를 할 수 없는 미성년의 내담자의 경우에는 그를 대신할 권한이 있는 사람에게 동의를 구해야 한다. 최근처럼 부모들이 이혼을 해도 자녀를 공동으로 양육하는 경우에는 누구에게 동의를 얻어야 하는지를 결정하기가 어려워진다. 예를 들어, 이혼한 후 일주일에 한 번씩 만나는 엄마가 아이를 상담에 데려온 경우에는 아이의 아빠에게도 상담에 관한 동의를 얻어야 하는지 신중하게 판단해야 한다. 치료사는 부적절한 사람이나 법적 권리가 없는 사람의 동의를 통해 이루어진 동의는 효력이 없음을 알아야 한다. 어린 내담자의 경우 부모에게 동의를 얻었다고 하더라도 전문용어가 아니라 그들이 이해할 수 있는 시각적인 자료나 이미지를 활용하여 앞으로 무엇을 할 것인가를 알리는 것이 바람직하다.

(3) 개인면담의 수락 여부

가족치료의 면담과정에서는 가족들 사이에서 이익이 상충되는 경우가 종종 생긴다. 이런 경우에는 가족 전원과의 면담이 어려워서 일시적으로 일부의 가족원과 개인상담을 해야 할 수도 있다. 이처럼 본의 아닌 이중관계로 인해 자칫 치료사로서 중립적인 자세를 유지하기 어려울 수도 있다. 때로는 개인상담에서 다뤘던 문제를 가족치료 면담에서 언급하게 되어 비밀보장을 하지 못하는 경우도 생기므로 가족치료 시 일부 가족원과의 개인면담은 신중하게 진행되어야 한다. 가족치료와 개인면담을 동시에 진행할 경우에는 이중관계가 맺어질 개연성이 크기 때문에 다중관계에 대한 치료사로서의 생각을 미리 정리해 두는 것이 필요하다.

다중관계를 지나치게 엄격하게 다루는 경직된 태도와 지나치게 유연한 태도 사이에 중용의 자세를 가지면서 사례의 맥락에서 치료사로서 태도를 결정하는 것이 바람직하다.

가족 중 한 명이 개인면담을 요청할 경우에는 먼저 그러한 제의를 한 가족원의 의도와 그에 대한 나머지 가족원의 생각이나 의견을 확인한다. 만일 다른 가족들도 개인면담을 원하는 의도에 부정적이지 않다면, 가족치료사는 개인면담을 실시할 수 있다. 이때 치료사가 고려해야 할 조건은 다음과 같다.

첫째, 개인면담이 전체 가족치료에 미칠 영향을 고려한다.

둘째, 개인면담의 내용을 전체 가족에게 알려도 좋은지, 필요할 경우에는 전체 가족면담에서 참고할 수 있는지의 여부를 확인한다.

셋째, 가족이 전체 가족면담과 개인면담의 비용을 함께 부담할 수 있는지의 여부를 확인한다.

넷째, 치료사가 개인면담의 목적과 의도를 모든 가족과 나눌 수 있는지의 여부를 확인한다.

개인면담을 반대하는 가족이 있을 때, 그것의 해결은 치료사가 아닌 가족에게 맡기는 것이 좋다. 치료사는 이와 같은 문제해결과정을 살펴봄으로써 가족들 간의 역동과 조직력에 대한 정보를 얻을 수 있을 것이다.

경우에 따라서는 치료사가 먼저 개인면담을 요청할 때도 있다. 이러한 경우는 약속을 하기 전에 개인면담이 필요하다고 생각되는 치료사의 견해를 말하고, 다른 가족들이 반감이나 의혹을 갖지 않도록 배려해야 한다. 어떤 치료사의 경우에는 특정 가족원과의 유대를 증진시키기 위해 개인면담을 하는 경우가 있는데, 개인면담은 어디까지나 전체 가족치료의 효율성을 높이기 위해서 이루어져야 한다.

(4) 비밀보장

윤리적인 문제 중 비밀보장과 관련된 것은 충분히 고려되어야 한다. 비밀보장은 어떤 종류의 전문적 치료관계이건 가장 중요한 원칙이다. 치료과정에서 알게 된 내담자의 정보는 내담자의 사전 동의 없이 노출되어서는 안 된다. 단, 비밀보장에 대한 예외의 상황으로 내담자가 자신 또는 타인을 신체적으로 해할 우려가 있는 경우, 학대나 유기와 연루되었다고 주장하는 경우, 법원으로부터 공개 명령을 받았을 경우 등이 있다(강진령 외, 2009).

이 같은 윤리강령을 염두에 두지 않더라도 개방성을 촉진하는 가족치료에서는 비밀보장은 세심하게 다뤄져야 한다. 왜냐하면 가족 전원을 만난다는 전제하에 이루어지는 가족치료의 경우에는 때로 치료사가 어떤 정보에 대해 가족들에게 비밀로 해야 하는 상황이 생기기 때문이다. 일반적으로 치료사는 가족들에게 자유롭고 솔직한 의사소통의 모델이 되어야 하므로 이와 같은 비밀보장은 치료사에게 어려운 문제다.

가족치료에서는 치료 중에 분명히 드러난 정보는 자연히 가족 전원에게 알려진다. 이와 같은 특성 때문에 어떤 가족원은 자신이 면담에 참여하지 못하게 될 때, 면담에서 무엇이 일어났고 누가 어떤 발언을 했는지를 궁금해하는 경우도 있다. 이 점에 대해서는 치료 초기에 명확히 해 두는 것이 도움이 된다. 특히 가족치료 이전에는 정보를 공유하기 어려웠던 가족이나 서로 간의 효과적인 의사소통 경험이 없었던 가족을 치료하는 경우에는 더욱 필요하다.

치료사가 자신에게만 관심을 기울이기를 바라는 가족원이 면담 이외의 정보를 제공하려고 하는 경우도 있다. 즉, 치료사에게 개인적으로 전화를 하거나 면담 후에 치료사를 밖으로 끌고 가 단둘이 이야기하기를 요구하는 것이다. 어떤 가족원은 다른 가족 앞에서 혼자만 이야기하고 싶다고 당당하게 말하기도 한다. 치료사는 이러한 행동의 의미를 신중하게 고려해야만 한다. 이러한 문제는 전체가 함께 하는 면담에서 다루는 것이 좋다. 예를 들어 "지난주에 어머니께서 나가시면서 제게 아이의 이상한 버릇에 대하여 말씀하셨는데, 저는 그것을 통해 어머니가 아이에 대해 얼마나 많은 관심을 가지고 계신지 알 수 있었어요. 오늘은 그런 어머니의 걱정에 대해 이야기해 볼까요?"라고 말하는 것이다. 이처럼 개인이 한 이야기를 가족 전체에서 표현하는 것은 그와 같은 행위에 대하여 긍정적 의미를 부여하면서도 그것이 미치는 바람직하지 않는 영향은 차단할 수 있기 때문이다. 때로는 치료사가 가족의 하위체계와 면담을 하거나 면담시간의 일부분에 그들과 만나게 되는 경우가 있다. 이때 면담한 가족이 지금 나눈 이야기의 내용을 다른 가족들에게 알리지 않도록 요구할 때가 많다. 이 같은 경우를 대비하여 치료계약을 맺을 때, 필요하다면 특정 가족과 치료사만의 비밀이 있을 수 있으며, 그 내용은 다른 가족들에게 말하지 않을 것이라는 점을 명확히 해 두고, 가족의 동의를 얻는 것이 바람직하다.

4) 공동치료

가족치료는 발전 초창기부터 복수의 치료사가 가족들과 직접 만나는 공동치료를 선호하는 경향이 있었다. 이 같은 공동치료의 이점은 다음과 같다.

첫째, 가족 안에서 무엇이 일어나고 있는가를 보다 잘 관찰할 수 있다. 한 사람의 치료사가 면담에서 생기는 모든 언어적 또는 비언어적 흐름을 아는 것은 불가능하다. 그러나 복수의 치료사라면 놓치는 것이 적을 것이다.

둘째, 필요한 경우에는 치료사가 서로 피드백을 줄 수 있다. 치료사가 가족에게 휘말리거나 가족체계에 대처할 때 객관성을 상실하는 경우, 다른 한 명의 치료사가 이러한 흐름을 파악하여 공동치료사에게 알려 줄 수 있다.

셋째, 치료사들의 상호작용이나 의사소통은 가족들에게 모델이 될 수도 있다. 공동치료사의 성별이 남녀로 나뉘어 있다면 부부나 부모로서의 좋은 관계의 모델을 보여 줄 수 있다.

넷째, 필요에 따라서는 두 치료사의 의견이 대립되었다고 알리면서 서로 상반된 행동지침을 가족에게 제시하는 역설적 방법을 사용하기가 편하다.

다섯째, 치료사에게도 귀중한 경험학습이 될 수 있다. 공동치료를 통하여 상대방의 치료사에게 배울 수 있다. 특히, 경험이 부족한 치료사라면 많은 경험을 가진 치료사와 공동치료를 하면서 여러 가지 치료적 기법을 배울 수 있다.

그러므로 가족이라는 큰 규모의 면담을 진행하려면 필요에 따라 치료 과정을 통제하거나 반대로 다수의 가족들과 접촉을 가지기 위해서 두 사람 또는 그 이상의 치료사가 참여하기도 한다. 그러나 공동치료에 관한 문제점도 적지 않다. 두 명 이상의 치료사가 참여할 경우 비용 문제가 발생하며, 때로는 과정이 지나치게 복잡해지기도 한다. 공동치료사들 사이에는 유사한 이론적 지향, 비슷한 기술, 공동작업을 하기 위한 관계형성이 필요하므로 계획을 충분히 세우는 것이 필요하다.

가족치료 초창기에는 한 사람 또는 그 이상의 치료사가 치료를 관찰할 수 있도록 만들어진 일방경이 가족치료사 사이에 폭넓게 사용되고 있었다. 이것은 치료사가 가족을 이해하여 다양한 개입방법을 만들어 내는 데 도움이 된다. 특히 언어적 또는 비언어적인 일이 동시에 일어나서 관여하는 과정이 복잡할 때 유용하다. 또한 가족치료 훈련 시에 슈퍼바이저가 일방경을 통한 관찰을 활용하는 경우도 많다. 이를 통하여 훈련생의 임상활동을 관찰할 수 있으며, 필요한 경우 인터폰을 사용하여 치료에 개입할 수도 있다. 가족을 만나는 치료사와 관찰자 사이의 인터폰에 의한 의사소통은 치료적으로 사용되기도 한다. 텔레비전 모니터는 특히 치료장면을 여러 명이 관찰하거나 치료실에서 떨어진 장소에서 관찰할 때 자주 사용된다. 그러나 사회구성주의가 확산되면서 이러한 관찰의 방법은 치료과정에 직접 참여하는 반영팀이라는 또 다른 형태로 자리매김하고 있다.

비디오테이프의 녹화도 슈퍼비전과 면담의 검토에 유용하며 치료사가 활동 중의 자기 자신을 볼 수 있다는 이점이 있다. 이러한 방법에 의해 자신이 치료하는 가족에 대해서는 물론 자신의 치료방법에 관하여 많은 것을 배울 수 있다. 그러나 비디오테이프는 슈퍼바이저나 다른 관찰자가 치료에 참석하기 어려운 경우 사용되기도 하지만, 이와 같은 비디오 녹화는 현장관찰을 대신할 수는 없다. 이상적으로는 면담의 현장관찰을 주된 방법으로 하되, 그 후에 다시 보기 위해 비디오 녹화를 병행하는 것이 좋다. 물론 비디오테이프의 재생은 자신의 치료방법을 검토하는 데만 국한하여 사용되어야 한다.

어떤 형태이든 간에 관찰이나 녹화를 하는 경우에는 먼저 가족에게 설명을 하고 동의를 얻어야 한다. 경우에 따라서 면담과정을 녹화할 때는 가족에게 동의서를 작성하도록 하는 것이 바람직하다. 일반적으로 관찰실에서 관찰하는 것에 대해서는 동의서는 필요하지 않다고 생각하지 않지만, 최소한 누군가 보고 있다는 것에 대해서는 가족에게 알려야 한다. 만약, 가족이 그들을 만나기를 원하면 만나는 것도 허용해야 한다. 경험에 의하면 한 명의 치료사만이 아니라 가족을 잘 돕기 위한 팀이 있다고

설명하면 관찰을 반대하는 가족은 거의 없다. 만약 비디오테이프의 녹화
를 거부하는 가족이 있다면, 치료면담은 기록으로 남겨야 하므로 이때는
평소보다 더 자세히 기록하는 것이 바람직하다.

2. 초기 과정

　치료사가 가족을 돕기 위하여 가장 먼저 접촉을 하게 되는 사람은 도
움을 원하는 가족이거나 가족을 치료사에게 의뢰한 전문가일 것이다. 그
들이 누구든지 치료사는 이들과 관계를 맺게 된다. 이때 접촉하는 사람
이 가족에게 도움을 주고자 하는 전문가라면 대응은 비교적 쉽다. 다만
치료사는 의뢰한 전문가를 치료과정의 전체 흐름 속에서 어떤 위치에 놓
을 것인지를 결정해야 한다. 그러나 처음으로 접촉하는 사람이 가족일
경우에는 고려해야 할 여러 가지 문제가 있다. 초기과정에서 치료사가
가족과 처음 접촉할 때 예상되는 상황은 다음과 같다.

1) 전화에 의한 접수면담

　가족들과의 첫 접촉은 대부분 가족 중 어느 한 사람이 기관에 전화를
함으로써 이루어진다. 이때 가족들은 그들의 선에서는 모든 노력을 다했
으나 도움이 되지 않았다는 지친 마음에서 치료를 받기로 결심했다는 점
을 이해할 필요가 있다. 이런 맥락에서 본다면 초기의 전화면담은 중요
하므로 전화접수 면담은 훈련받은 전문가가 담당하는 것이 이상적이다.
특히, 가족치료처럼 전화면접 시 가족이 모두 참여할 수 있도록 격려해
야 하는 경우에는 더욱 중요하다. 또한 전화를 통한 면접은 길지 않지만,

내담자와 관계를 잘 맺는 것이 중요하다. 예를 들어, 전화를 건 사람이 IP에게만 초점을 맞추면 그것이 전화를 건 자신에게 어떻게 영향을 미치고 있는지를 되돌아볼 수 있는 질문이 유용하다. 가족 모두에게 문제가 있다고 언급하기보다는 가족 모두가 함께 해결을 향해 가는 것의 이점을 알려 주는 것이 바람직하다. 그러나 모든 치료사들이 첫 회기부터 반드시 가족 전체를 만나는 것은 아니다. 개인이나 가족 중 몇 명과 먼저 만나는 경우도 많다. 자녀의 문제로 전화를 건 어머니는 자신이 먼저 면담을 한 후에 가족을 데려오고 싶어 하는 경우도 종종 있다. 치료사가 이를 수락하면, 다른 가족들은 치료사와 어머니 사이에 이미 연합이 형성되었다는 선입견을 가질 위험이 따른다. 따라서 치료사는 어머니에게 자신의 경험에 의하면 가족치료에서는 가족 모두의 신뢰가 필요하기 때문에 첫 면담에는 가족 전원이 참석하면 도움이 될 것이라고 전한다. 이러한 언급은 치료를 받으러 오는 가족의 입장에서도 치료사의 전문성을 신뢰하는 계기가 될 것이다. 치료사는 첫 면담이 시작되면 전화를 걸었던 가족에게 "일전에 전화로 저와 나누었던 이야기를 다시 한 번 해 주시겠어요?"라고 요구함으로써 전화면담 시 나누었던 이야기를 가족 모두가 공유하도록 한다. 이러한 과정을 통해 처음 참석하는 가족이 이전에 치료사와 나눈 대화에 대한 염려를 줄일 수 있다. 그리고 이것은 문제를 가족이 함께 이해하는 것이 유익하다는 것을 알려 주는 기회가 되기도 한다.

2) 첫 면담

(1) 가족과 관계형성

관계형성은 치료사와 가족이 서로를 심리적으로 감지하기 시작하는 복잡한 과정이다. 전문가의 도움을 받은 경험이 있는 가족은 과거의 치료경험을 토대로 하여 치료사와의 사이에서도 이전의 다른 전문가와 맺었던 것과 유사한 관계가 이루어지기를 기대할지도 모른다. 이 경우 치료사가 가족에게 이번의 치료에서는 새로운 종류의 관계가 필요하다는 것을 일깨워 주지 못하면 가족치료는 성공할 수 없을 것이다. 로저스(C. Rogers)는 치료사의 필요충분조건으로 수용, 공감적 이해, 진실성을 제시했는데, 미누친에 의하면 이러한 것들은 가족치료의 초기 과정에서 더욱 중요하다. 초기 치료관계에서는 가족 문제를 노출하도록 돕기 위하여 치료사가 수용하는 자세를 가짐으로써 가족이 안전하다고 느끼게 하는 것이 필요하다. 그러나 가족은 이러한 공감 이외에 보다 명확한 안내와 충고를 기대하기 때문에 치료사는 동시에 치료에 관한 전문적 역량을 보여줄 필요도 있다. 치료사의 자기 확신은 가족이 치료사를 신뢰하는 데 결정적인 역할을 할 수 있다.

라포를 확립하는 것은 중요한 치료과정이다. 따라서 초기면담의 중요한 목적은 라포의 형성이며, 이것은 치료과정 전체를 통해 지속된다. 라포는 부분적으로나마 서로 이해하며 조화를 이루어 일치된 상태라고 정의할 수 있다. 즉, 공감적 관계를 가지며 서로에게 따뜻한 기분을 가지게 하는 것인데, 이를 실행하는 방법은 접근에 따라 다르다. 구조적 가족치료에서는 라포 확립을 합류라고 불렀는데, 이것은 가족치료사가 가족이나 가족체계와 직접적인 관계를 맺고자 할 때 사용되는 기법이다. 가족치료사는 가족체계에 합류하기 위해서 가족의 조직과 유형을 받아들이고 거기에 융해될 수 있어야 한다. 예를 들어, 권위적인 아버지가 있는 가족과 면담할 경우에는 먼저 아버지에게 질문을 하거나 또는 다른 가족에게 질문할 때도 아버지의 동의를 얻어서 질문을 하는 등 가족치료사가 그 가족이 가지고 있는 질서 속으로 들어가는 것을 의미한다. 일반적으로 라포를 형성하는 데는 언어적 또는 비언어적 방법이 있는데 가족치료

사는 이 두 가지 방법을 병행하지 않으면 안 된다. 그러나 때로는 비언어
적 의사소통이 중요한 수단이 되기도 한다. 예를 들어, 가족과 만나서 반
갑다고 언어로 표현할 뿐만 아니라 동시에 비언어적 표현을 사용하는 것
은 가족과의 관계형성에 도움이 된다.

편안함을 주는 물리적 환경은 라포를 확립하는 데 도움이 된다. 또한
치료사의 복장은 독특한 메시지를 전달하는 것이므로 주의할 필요가 있
다. 그러나 비언어적 요소에서 무엇보다 중요한 것은 치료사의 행동이
다. 치료사가 가족의 행동에 자신의 행동을 조화시키는 것이 라포의 형
성에 도움이 되기도 한다. 예를 들면, 치료사가 자신의 행동을 가족의 자
세나 움직임, 언어사용, 속도나 크기에 맞출 수 있다. 그렇다고 해서 치
료사의 태도를 가족들의 행동에 지나치게 맞출 필요는 없다. 오히려 이
런 과도한 배려는 상대로 하여금 침범당하고 있다는 피해의식을 갖게 만
들 수도 있다. 특히 가족치료의 경우에는 치료사가 모든 가족의 행동에
자신의 행동을 일일이 맞추는 것은 어렵기 때문에 가족의 공통된 행동을
찾아내는 것이 유익하다. 때로는 가족과 만날 때 가족원 각각의 행동에
차례로 합류하는 것도 가능하다.

치료사의 언어적 의사소통이 바람직한가의 여부에 따라 라포형성에
도움이 되기도 하고 때로는 저해요인이 되기도 한다. 그러므로 치료사는
면담하는 가족이 사용하는 어휘에 주의를 기울일 필요가 있다. 어떤 특
정 집단에서 선호하는 어휘는 다른 집단과 다르기 때문에 가족치료사는
가족이 자주 사용하는 언어나 표현을 사용하는 것이 바람직하다. 만약
치료사가 가족에게 익숙하지 못한 언어를 반복하여 사용한다면 라포형
성에 도움이 되지 않을 것이다. 같은 맥락에서 라포를 형성하는 또 다른
방법으로는 가족과 만나게 되는 초기 과정에는 가족이 보는 관점을 무시
하지 말고 그것을 받아들이는 것, 치료사 자신은 상대적으로 낮은 위치

에 서는 것, 치료사가 가족과 공통으로 가지고 있는 경험이나 관심을 이
야기하는 것 등이 있다. 치료사는 어려운 시기에 있는 가족들의 말을 공
감하면서 존중하는 자세로 들어 주는 사람이라는 것을 깨닫게 하는 것이
중요하다. 이 같은 자각은 사람들과의 관계에서 고립되어 외롭다고 느끼
는 가족들에게 소속감과 지지를 제공하여 치료관계를 형성하는 데 도움
이 된다.

(2) 문제의 명료화

가족과 치료사의 첫 만남에서는 서로가 긴장할 수 있기 때문에 일상적
인 대화를 함으로써 가족이 느끼는 불안감을 해소하려고 한다. 이때 사
교적인 대화를 길게 할 필요는 없다. 어떤 시점이 되면 '여기에 왜 왔는
가'를 질문하여 이전의 사소한 이야기로부터 가족치료를 받으러 온 상황
에 대한 화제로 초점을 전환시켜야 한다. 가족은 치료사가 이렇게 물어
보는 것을 가족의 문제가 무엇인지 말해야 한다는 신호로 받아들일 수
있다. 어쩌면 가족은 그들이 가족치료를 받으러 온 이유가 무엇인지, 그
리고 어떤 문제를 겪고 있는지에 대한 질문을 기대하고 있을지도 모른
다. 그런데 가족들은 자신들의 문제가 무엇이며, 이 상담에서 어떤 것을
원하는지 분명하게 그려 내지 못하는 경우도 많다.

첫 면담의 목적은 가족과 함께 제시된 문제가 무엇인지에 대한 가설
을 세우는 것이다. 치료사는 가족치료를 원하는 가족과 처음 만났을 때
가족치료에 대해 정확히 이해할 수 있도록 설명해 주는 것이 필요하다.
일반적으로 가족치료는 함께 생활하는 가족 전원과 만나는 것으로 시작
되는데, 가족들은 왜 가족 전원이 참여해야 하는지 이해하지 못하는 경
우가 많다. 따라서 가족을 처음 만나면, 가족이 함께 치료에 참석하는 것
의 이점을 설명하는 것이 필요하다. 즉, 개인이 가지고 있는 문제는 개인

이 속한 가족이라는 맥락 속에서 보다 잘 이해할 수 있다는 것을 설명한
다. 그리고 한 사람의 가족원의 행동은 필연적으로 다른 가족에게 영향을
주므로 다른 가족이 문제해결의 일부가 될 수 있다는 점을 이해시켜야
한다.

시작이 반이라는 속담이 있듯이 문제가 무엇인지 잘 정리되면 반은 해
결된 셈이다. 이처럼 현존하는 문제를 명료화하는 것은 임상적으로 중요
한 작업이다. 치료사는 가족원으로부터 여러 가지 문제에 대하여 듣게
되지만 동시에 언급되지 않는 문제도 파악해야 한다. 역기능적이고 혼란
스러운 문제를 명료하게 기술하게 하는 것이 치료적 개입의 첫 관문이
다. 문제를 명료화함으로써 가족은 자신들이 문제에 어떻게 개입되었는
지 이해할 수 있다. 그리고 초기에는 치료사가 해결하기 쉬운 문제에 개
입함으로써 가족들은 이전에 느껴 보지 못했던 성취감을 경험할 수 있
다. 문제를 명료화하는 과정을 통해 가족이나 부부는 파괴적인 과정에
적절히 대처해 주는 치료사의 유능한 능력과 역량을 신뢰할 수도 있다.
동시에 가족원 각자에게 무엇이 문제이고, 무엇이 변해야 하는지를 표현
할 기회를 주어야 한다. 문제를 명료화하는 과정에서 고려해야 하는 것
은 '왜 지금 왔느냐' 하는 것이다. 가족이 치료를 받기 위해 왔다는 사실
은 그들이 문제해결을 시도하고 있음을 나타내는 중요한 정보다.

가족이 문제를 이야기하는 동안 치료사는 누가 먼저 이야기하는가, 가
족이 호소 문제 이외의 다른 것에 관해서도 이야기하는가, 특정 가족원
이 이야기를 방해하는가, 가족 중 연합을 이루는 가족이 있는가, 가족 중
누가 힘을 가지고 있는가, IP는 누구인가 등에 관하여 파악하지 않으면
안 된다.

가족치료사의 질문은 두 가지 목적을 만족시켜야 한다. 즉, 가족과 함
께 이야기를 계속하면서 동시에 가족구조와 기능과 증상에 관한 가설을

검토할 수 있어야 한다. 경험이 많은 가족치료사는 가족의 구조와 기능을 파악하는 데 시간을 많이 들이지 않아도 좋으나, 초보 가족치료사라면 이러한 과정에 1회기 이상의 시간을 할애하게 될 것이다.

가족마다 각자 치료의 태도, 기대치, 그리고 동기가 다를 수도 있다. 그들은 치료에 참여하는 표면적인 이유와 드러나지 않는 이유를 가지는데, 이것이 다른 가족과 완전히 일치하는 경우는 극히 드물다. 이런 정보들은 첫 면담과정 또는 그 이후의 과정에서도 잘 드러나지 않는 경우도 많다. 따라서 치료사는 내담자를 처음 만나는 순간부터 다음과 같은 질문들을 염두에 두는 것이 바람직하다.

"가족들이 어떤 문제를 어떻게 말하고 있는가? 이것이 응급상황인가? 아니면 만성적인 어려움인가?"

"가족들은 이 상황에 어떻게 반응하고 있는가? 지금까지 어떻게 다뤄 왔는가?"

"가족들이 지금 이 시점에서 치료를 결심한 이유는 무엇인가? 가족 중에 누가 가족을 치료로 이끌었는가?"

"가족들은 과거에 상담경험이 있는가?"

치료사가 위의 질문에 답을 얻으려고 노력할 때 문제는 보다 명료해질 것이다.

(3) 구조화하기

치료사는 내담자와 처음 만났을 때 치료의 과정과 내용에 관한 기본규칙(언어적이고 비언어적으로)을 정하고 의사소통을 해야 할 필요가 있다. 치료사들은 누가 진정한 내담자인지(개인, 부부, 가족)를 자신뿐 아니라 내담자들이 명확히 알도록 하는 것이 바람직하다.

치료사는 치료과정에서 내담자들에게 그들의 걱정에 대해 안전하게 이야기하기 위해 시간, 장소, 상황을 포함하는 구조를 제공하는 안내자의 역할을 해야 한다. 즉, 치료회기를 위한 시간을 정하고, 내담자와의 관계에서 전문적 입장을 유지하고, 치료 중에 제공하기로 약속한 정보를 이행하고, 치료시간을 함께 구조화함으로써 치료적 관계를 강화해야 한다.

또한 복수의 가족을 만나는 가족치료사의 경우에는 각 사람이 번갈아 말하고 듣는 의사소통 규칙과 같은 치료의 형식에 대해서도 책임이 있다. 이것은 안전한 환경을 제시하는 것이 되며, 이를 통해 가족들은 효과적인 의사소통 기술을 발달시킬 수 있다.

(4) 치료목표의 설정

치료목표를 명확히 하면 치료의 진전이 빨라질 수 있지만, 목표가 불분명하면 결과의 성공 여부를 판단하기 어려워진다. 목표를 구체화함으로써 자칫 가족이 가질 수 있는 치료에 대한 환상에서도 벗어날 수 있다. 그러나 이 같은 치료목표는 치료가 진행되면서 수정될 수 있다는 사실 또한 염두에 두어야 한다. 처음에는 가족에게 변화의 가능성이 전혀 없는 것처럼 보였으나, 회기를 거듭할수록 변화가 일어나는 경우에는 이미 설정된 목표를 변경해야 한다.

목표는 어떤 치료에서나 중요하지만, 가족치료처럼 많은 사람이 관여되었을 경우는 더욱 그렇다. 가족들은 저마다 다른 치료의 목표를 기대하는 경우도 많으므로 첫 면담에서는 목표를 충분히 검토해야 한다. 치료사와 가족이 목표에 도달했는지 여부를 알 수 있는 형태로 목표를 설정하려는 노력이 필요하다. 그러나 합의해 가면서 목표를 만드는 과정은 그렇게 간단하지 않으며, 특히 가족원들의 목표가 서로 일치하지 않을 경우는 더욱 그러하다.

치료목표를 확립하는 것은 가족뿐 아니라 치료사에게도 중요하다. 목표를 설정해 놓으면 치료개입의 영향에 대한 피드백을 얻는 데 도움이 될 뿐 아니라 효과적이고 바람직한 변화는 무엇이며 이것을 수행하기 위해서는 시간이 얼마나 걸릴지에 대한 명확한 이해를 얻을 수 있다. 명확한 목표를 만드는 지름길은 가족이 치료를 통해 달성하고 싶은 상태를 명확히 표현하도록 하는 것이다. 그러나 가족이 바람직한 상태를 언어화하여 명확한 목표를 만드는 작업은 그렇게 쉬운 작업이 아니다. 어떤 가족은 구체적인 목표를 정하지 못하거나 의견충돌을 겪는다. 이런 경우 치료사는 앞으로 가족 전원이 3회 정도 만나면서 구체적인 목표와 나아갈 최선의 방향을 정하자고 제안할 수 있다.

또한 목표를 상황에 따라 단기목표와 장기목표로 구분하는 것이 효과적이다. 가족치료의 경우에는 목표를 설정하는 데 다양한 가족원이 관련되어 있으므로 첫 단계에서 최종 목표를 수립하는 것은 사실 불가능하다. 따라서 목표를 몇 단계로 나누어 단계적으로 최종 목표에 달성하도록 하는 것이 바람직하다. 이때 장기목표와 단기목표를 가족에게 명확히 구분할 필요는 없지만 중간목표를 설정하고 점검함으로써 가족이 목표에 도달할 수 있는 가능성을 탐색하는 것은 바람직하다.

(5) 면담을 통한 가족이해

가족의 역사를 얼마나 중시하며 그에 대한 정보를 어느 정도 수집할 것인가는 가족치료사가 추구하는 이론에 따라서 다르다. 그러나 가족이 어떻게 현재의 상태에 이르게 되었는지를 이해하는 정도의 가족역사를 파악하는 것은 바람직하다. 가족의 역사를 알기 위해 부모의 출생과 그들의 어린 시절에 대해 이야기를 나누는 방법은 자주 쓰인다. 만약 부모가 주저한다면 치료사는 어떻게 현재 가족이 형성되었는지에 관심이 있으며, 그 배경에 대해 이해하고 싶다는 설명을 덧붙일 필요가 있다.

일반적으로 많은 가족치료사는 첫 면담에서 가족역사를 파악하거나 보다 많은 정보를 얻기 위해 간편하면서도 다양한 정보를 얻을 수 있는 가계도를 선호한다. 가계도란 3세대 이상에 걸친 가족원에 관한 정보와 그들 간의 관계를 도식화한 것이기 때문에 복잡한 가족 유형의 형태를 한눈에 볼 수 있는 이점이 있어서 치료현장에서 자주 사용된다.

가족사정의 주요한 목적은 현재 가족의 기능을 이해하는 것이다. 가족이 어떻게 기능하고 있는가를 알기 위해서는 가족에게 직접 물어보기보다는 치료사가 가족들의 상호작용을 관찰하여 그것을 토대로 추론하는 경우가 많다. 밀란 접근의 경우에는 접수면담과 같은 이전에 얻은 정보 등을 토대로 가설을 세운 후 치료를 시작하였다. 그들은 가설이란 추론한 사실을 확인하기 위하여 탐색해 가는 기초과정이며 치료과정에서는 이러한 추론을 검증해 나간다고 보았다. 그러나 이때 만들어진 가설은 증상을 처방하거나 원인과 결과를 나타내는 선형적인 것이 되어서는 안된다. 가설을 설정할 때, 하나가 다른 하나에 영향을 미치면 도미노 현상처럼 체계 전체에 영향이 파급된다는 체계론적 입장을 고수하지 않으면 안 된다. 예를 들어, 어떤 청소년이 식욕부진증이라는 것만으로는 충분한 가설이 될 수 없다. 가족원 간의 관계를 염두에 두고 그러한 관계가 이떻게 서로 결합하여 전체로서 하나의 가족체계를 구성하고 있는지를 생각하지 않으면 안 된다. 이같이 가족의 관계를 이해하는 데는 순환적 질문 기법이 바람직하다. 순환적인 질문이란 가족 중 한 명에게 다른 두 명의 가족들의 상호작용이나 관계에 대해 설명하도록 하는 것이다. 이 같은 질문을 반복하다 보면 가족 간의 차이를 알 수 있으며, 가족기능을 파악하는 데도 도움이 된다.

(6) 초기면담의 종료

초기면담이 종료될 때, 가족은 다음에 무엇이 일어날지를 아는 것이 중요하다. 가족치료사는 치료과정을 계속할지에 대한 가족들의 의향을 묻고 가족들이 앞으로 면담을 계속하기를 원할 때, 다음의 면담 일정을 정하게 된다. 이때 앞으로의 면담에 어떤 가족원이 참가할 것인가는 치료사에게 중요한 문제다. 만약 중요한 인물이 초기면담에 참석하지 않았다면 치료사는 그 가족원에게 다음 면담에 함께 올 것을 권하거나 어떻게 접근하면 좋을지를 다른 가족과 함께 이야기하지 않으면 안 된다. 경우에 따라서는 함께 살고 있지 않은 확대가족을 면담에 참여시키는 것이 도움이 될 수도 있다.

3. 중기 과정

1) 사례개념화

치료의 중기 과정에서 치료사는 치료의 어떤 부분에 초점을 맞추어 과정을 진행할 것인가에 대하여 분명한 치료계획을 세워야 한다. 치료계획은 사례개념화와 밀접한 관련이 있다. 사례개념화는 일반적으로 초기 과정에서 이루어지는 것이 바람직하다. 그러나 현실적으로는 가족과의 관계형성이 충분히 이루어진 중기에 접어든 이후에서야 가능한 경우가 대부분이다.

Nichols와 Everett(1986)은 개념화와 치료에 대한 체계적 사고를 기초로 한 통합적 접근을 강조하면서 다음과 같은 사항을 고려하는 것이 중요하다고 언급하였다(Patterson et al., 2009). 즉, 가족치료사는 개인과 함께 작업할 때에도 문제에 대한 다양한 관점을 가지면서 관계적, 문화적 맥락을 포함한 다차원적인 측면을 이해해야 한다.

(1) 개인체계(생물학적/심리학적)

가족치료사는 제시된 문제를 이해하기 위해 가족관계의 역사를 살펴보는 것과 동시에 개인적인 요인도 파악해야 한다. 다음은 체계 안에서 개인을 사정할 때 사용할 수 있는 질문들이다.

- 특정한 정신건강 진단기준에 부합하는 가족원이 있는가?
- 가족에게 영향을 미치는 의학적 문제를 갖고 있는 가족원이 있는가?
- 제시된 문제에 기여하는 가족원의 감정표현 방식은 어떠한가?

(2) 상호작용 체계

모든 가족 내에는 하위체계, 경계, 개인과 하위체계의 위계를 포함하는 구조가 존재한다(Minuchin, 1974). 가족 내의 친밀감과 거리감을 조절하는 경계선, 체계 내 권력을 나타내는 위계구조는 가족의 상호작용 패턴과 가족 내 정서적 환경을 파악하는 단서가 된다. 다음은 상호작용 체계를 개념화할 때 사용할 수 있는 질문들이다.

- 가족이 밀착되어 있는가? 또는 유리되어 있는가?
- 위계구조는 타당한가? 또는 부적절한가?
- 부부와 가족의 규칙과 역할이 불분명한가? 또는 지나치게 엄격한가?
- 가족 간에 어떤 관계 패턴이 있는가? 특히, 부모와 자녀 간의 삼각관계 또는 부부관계에 쫓고 쫓기는 패턴이 있는가?

(3) 세대 간 체계

세대 간 체계는 확대가족체계를 탐색함으로써 가장 잘 이해할 수 있다 (Bowen, 1978). 가족의 역사를 이해하는 것이 현재 드러난 어려움의 원인을 과거에서 찾는다는 의미는 아니다. 단지 3세대 이상에 걸친 패턴, 정서, 행동과 관련된 사항을 파악함으로써 현재를 이해할 수 있다. 다음은 세대 간 체계에 대해 사용할 수 있는 질문들이다.

- 각 부모/배우자의 원가족 내 역할은 어떠한가?
- 다세대 가족 내 존재하는 패턴은 무엇인가?
- 세대를 통해 전수되어 온 신념이 있는가?

(4) 지역사회 체계

다세대 가족 내 상호작용을 고려하는 것 외에도, 지역사회 내 가족과 사회체계 간 상호작용을 고려하는 것도 중요하다. 지역사회 체계는 앞으로의 연계를 만들거나 강화함으로써 지지의 원천이 될 수 있다. 다음은 지역사회 체계에 대해 사용할 수 있는 질문들이다.

- 가족원들은 현재 그들 삶에 작용하는 지역사회 체계를 어떻게 보는가?
- 내담자와 지역사회 체계 간에는 현재 어떤 패턴이 존재하는가?
- 어떤 지역사회 체계가 내담자의 삶을 향상시킬 수 있는가?

치료사는 이처럼 다양한 관점으로 탐색하면서 사례개념화를 하고, 치료계획을 구체화한다.

2) 치료동맹

효과적인 치료동맹을 유지하는 데 중요한 네 가지 태도로 침착함, 호기심, 공감, 존중을 들고 있다(Nichols, 2010). 치료사의 침착함을 지닌 안정된 태도는 불안이 고조된 가족관계를 해결하는 데 도움이 된다. 가족 문제를 해결하는 치료사로서 한발 뒤에서 가족의 문제해결을 방해하는 요소가 어디에 있는지를 파악하는 것이 필요하다.

따라서 중기 과정에서는 치료사가 개입 시에 비교적 덜 적극적인 역할을 하고 가족들 간에 활발한 교류가 일어나도록 격려해야 한다. 치료사는 조금 뒤로 물러나 가족들의 상호작용을 관찰하면서 가족 간의 교류가 활발하게 일어날 수 있도록 도와야 한다.

중기 과정에서 치료사는 지시적인 역할을 되도록 자제하면서 가족이 자신들의 자원에 의존할 수 있게 격려해야 한다. 가족원이 서로 대화하거나 치료사와 함께 대화하는 것을 번갈아 하게 함으로써 불안 수준은 조절된다. 어느 경우든 치료사는 가족원이 단지 비난하는 수준을 넘어 자신이 느끼는 것과 원하는 것을 직접적으로 이야기할 수 있고 비생산적인 상호작용 속에서 자신이 어떤 역할을 하고 있는지 깨닫는 법을 배울 수 있도록 도와야 한다.

3) 치료개입을 위한 기술

체계의 변화를 추구하기 위해서는 가족으로 하여금 특정 행동을 증진하는 기술을 습득하게 할 필요가 있다. 여기서는 가족의 기존 패턴과는 다른 행동 패턴을 만들어 내기 위해 도움이 되는 몇 가지 기법을 소개하고자 한다.

(1) 질문사용

치료의 중기 과정에서는 내담자의 지각이나 욕구에 초점을 둔 질문을 할 필요가 있다. 어떤 질문을 하고 그 영향은 어떠한지를 분명히 하기 위해 톰(K. Tomm)은 치료를 위한 노출과 이해를 위해 사용할 수 있는 선형질문, 순환질문, 전략질문, 반영질문이라는 4개의 질문 유형을 언급했다 (Patterson et al., 2009 재인용).

선형질문은 탐색적이며 원인과 결과를 분명히 한다. 예를 들어, "원인을 제공하는 것은 어머니군요?"와 같은 표현이 이에 해당하는데, 이렇게 수집한 정보는 문제를 설명하는 데 도움이 된다.

순환질문은 탐색적이며, 치료사의 호기심에서 우러나오는 것이다. 누가 혹은 무엇이 변해야 하는지를 파악하기보다는 이러한 질문을 함으로

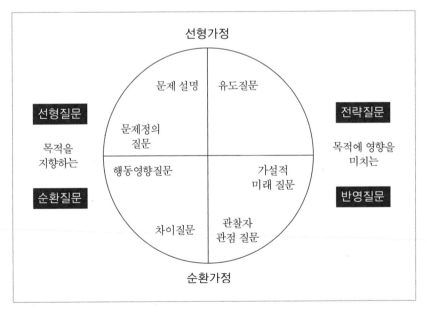

[그림 2-1] 질문유형

출처: Patterson et al., 2009 재인용.

써 얻게 되는 정보는 문제가 가족보다 더 큰 체계와 관련되어 있음을 보여 준다. 예를 들어, 치료사는 "남편이 술을 마시지 않는 날은 어떤 차이가 있나요?" 또는 "가족 중에 누가 가장 먼저 남편이 술을 마셨다는 사실을 알아차리나요? 그다음엔 어떤 일이 벌어지나요?"라고 질문할 수 있다. 순환질문은 관계 패턴을 파악하는 데 도움이 된다.

전략질문 또는 영향질문은 도전적이지만 새로운 가능성을 제기한다. 예를 들어, "당신과 남편이 아이의 거짓말을 눈감아 주었다면 어떤 일이 일어났을까요?"라고 질문할 수 있다. 부모들은 이런 질문을 통해 자녀에 대한 자신의 행동반응을 나열함으로써 현재 일어나고 있는 상호작용의 부정적 순환고리를 깨달을 수 있다. 전략질문은 목적을 담고 있어서 가족이 현재 문제에 반응하는 방식을 변화시키고자 하는 의도가 있을 때 주로 사용된다.

반영질문은 치료사가 내담자의 변화를 위한 내적 자원을 갖고 있으며, 그것에 다가갈 수 있다는 가정하에 하기 때문에 가족 내의 변화를 수월하게 한다. 예를 들어, "아들이 다시 학교생활을 잘 하기 시작하면 당신의 삶은 어떻게 달라질까요?"와 같이 내담자가 이전 반응과는 다른 새로운 반응을 찾을 수 있도록 돕는 질문이다. 이것은 정확한 행동변화에 초점을 맞추기보다는 대안을 향해 문을 열어 주는 것이다.

(2) 문제의 재정의

치료사는 가족이 호소 문제에 대해 집착할 경우, 생활의 다른 측면으로 방향을 전환시켜 줄 수 있어야 한다. 재정의는 치료에 제시된 증상을 재해석하는 것이다. 이것은 내담자가 그들 문제를 또 다른 관점에서 보도록 하며, 따라서 새로운 반응이 나타날 가능성을 열어 두는 것이다. 예를 들어, 어떤 어머니가 초등학교 2학년 자녀가 요즘 들어 거짓말을 자주

한다고 호소한다. 치료사는 어머니에게 "대단한데요. 아이는 어른들이 뭘 좋아하고 싫어하는지를 알고 있군요. 누가 아이에게 알려 줬나요? 현재 아이의 어려움은 단지 자신이 알고 있는 것을 행동에 옮기지 못하는 것에서 오는 것이군요."라고 재정의한다. 이 같은 재정의를 통해 어머니는 자녀에 대한 무기력함에서 벗어나 이미 훈육자로서 아이에게 옳고 그름을 알려 줬다는 자부심을 가지게 된다. 이를 통해 어머니는 자녀에게 반응하는 방식을 바꿀 수 있다.

가족은 가정 내의 문제를 일으키는 것은 증상을 보이는 가족원의 탓이라고 하며 그를 관심의 초점으로 삼으려 할 것이다. 가족치료사는 특정 가족원에게 집중된 가족들의 관심을 가족체계로 돌리기 위해 그 가족원의 증상을 재정의할 수 있다. 이처럼 가족치료사가 자주 쓰는 개입방법은 재정의, 재명명, 긍정적 의미부여라고 불리는 역설적 방법이다. 학파에 따라 다르게 불리나, 기본적으로 이 세 가지 개념은 같은 것이다.

문제를 보고 있는 가족의 시각을 바꿈으로써 새로운 해결책을 찾아내려고 하는 것인데 이것은 짧은 언급이나 긴 문장으로 진술된다. 임상적 경험에 의하면 긴 문장보다는 짧게 언급하는 것이 가족에게 보다 설득력이 있다. 재정의를 할 때는 가족이 이러한 새로운 시각의 개념을 믿고 따를 수 있도록 새로운 시각에 대한 논리적인 근거를 정확히 제시하는 것이 바람직하다. 재정의 맥락에서 증상에 새로운 이름을 붙이게 되는 것을 재명명이라고 한다. 가족원의 특정 행동과 성격특성은 재명명에 의해 새롭게 이름이 붙여지는데 가족은 이러한 과정을 통하여 스스로 재조명해 볼 수 있다. 예를 들어, 아이가 우는 것은 감정의 표현이라고 재명명할 수 있는데 가족은 이러한 재명명의 과정 속에서 긍정적인 요소를 발견하게 될 것이다. 그러므로 재명명을 사용할 경우에는 부정적인 표현보다는 긍정적인 표현을 사용하는 것이 중요하다. 또한 긍정적 의미부여는 밀란 모델에서 자주 쓰이는 것으로 증상에 긍정적인 의미를 붙인다는 보다 적극적인 표현이다.

(3) 보상

가족치료사는 가족에게 심리적으로 매우 중요한 사람이며, 치료사의 칭찬은 가족을 변화시키는 데 도움이 된다. 특히 아동이 함께 참석하는 가족의 경우에는 더욱 그렇다. 해결중심적 가족치료에서는 개입 시 다른 것보다 내담자가 가진 강점을 부각하는 데 많은 관심을 가진다. 치료에 임하는 가족은 대부분 전문가로부터 자신들의 결함을 지적받게 될 것이라는 예상을 가지게 되는데, 의외의 칭찬은 이들의 자존감을 높인다. 더 나아가 변화하고자 하는 동기를 자극하게 된다. 따라서 가족원이 성공적으로 과제를 수행할 때 치료사는 칭찬 등의 보상을 아끼지 말아야 한다. 이러한 보상에 치료사의 감정이 포함되면 더욱 효과적이다. 어떤 기술을 가르쳐야 하는 상황에서는 원하는 수준에 접근할 때까지 "잘하는데? 그래, 바로 그거야." 등의 잦은 보상을 제공하는 것이 좋다.

(4) 경험적 개입

가족치료사는 치료의 초기 과정에서 가족구조를 이해하거나 증상을 재구조화하기 위하여 가족조각 기법이나 사이코드라마와 같은 역할극을 활용하는 경우가 있다. 치료 중반에는 옛날 행동과 새롭게 바뀐 행동, 또는 그 행동의 결과를 경험해 보기 위해 사용하기도 한다.

이러한 경험적 기법을 활용한 면담을 할 때는 다음의 세 가지 규칙을 기억해야 한다.

첫째, 역할극을 하는 면담 초기에 이러한 사실을 가족에게 미리 알려야 한다.

둘째, 가족에게 역할극에 참여할 것인지 물어보기보다는 가족이 자연스럽게 그러한 역할을 할 수 있도록 유도한다.

셋째, 역할극에서 수행하게 되는 역할을 자세하게 설명해 줌으로써 가족이 무엇을 해야 하는지 정확하게 파악할 수 있게 해야 한다. 이때 치료사가 직접 시범을 보여 주면 가족은 쉽게 이해할 수 있다. 역할극은 때로는 강력한 교육적 도구가 될 수 있다. 예를 들어, 부모의 양육행동을 관찰한 결과 자녀의 행동을 제한하기 어려워하는 부모라는 것을 파악했다면 치료과정에서 역할극을 직접 해 보도록 한다. 즉, 역할극을 통해 잘못한 자녀에게 타임아웃(이 장 말미의 '용어 설명' 참조) 방법을 실시하도록하여 그 자리에서 부모에게 직접적인 조언을 해 줄 수 있다.

(5) 직면

직면은 심리치료에서 가장 큰 효과를 나타내기도 하며, 때로는 정반대로 치료를 파국으로 이끌 가능성도 있다. 그러므로 치료사와 내담자의 관계가 적절한 충격과 완충 상태를 제공해 줄 수 있을 만큼 발전한 후에 직면을 사용하는 것이 치료적으로 바람직할 것이다. 이러한 배려가 결여된 채 사용되는 직면은 가족에게 상처만 주게 된다. 따라서 직면은 적절한 시기에 사용하는 것이 중요하다. 아무리 중립적 입장에서 직면을 시키더라도 가족은 치료사가 누군가의 편에 서 있다고 지각하기 쉽고 상처를 받아 방어적인 태도로 바뀌는 경우도 있다. 직면은 치료사가 상황을 지각한 뒤 적절한 방식으로 사용해야 효과적이다. 일반적으로 직면하게 되는 문제가 덜 심각하다면 직접적인 방법을 사용하지만, 심각한 문제라면 유머나 은유와 같은 간접적인 방법을 사용하게 된다. 초보 치료사들은 종종 적대적이고 불쾌한 반응을 공격적인 직면으로 가족에게 그대로 노출하기도 한다. 이처럼 가족이 의식하지 못하는 좌절, 분노, 짜증과 같은 감정을 겉으로 노출시킨다면, 가족은 적대감을 느끼게 되며 치료를 받으러 오지 않을 수 있다. 이것은 가족을 돕겠다는 치료사의 의도가 담긴 공격적이지 않은 직면과는 큰 차이가 있다.

(6) 위계구조의 변화

위계란 가족 내 조직된 리더십 방식을 말한다. 치료사는 치료과정을 통해 부모와 자녀가 동등한 권력을 가진 수평위계에 해당하는지 아니면 자녀가 부모보다 더 큰 힘을 갖고 있는 부적절한 위계에 해당하는지를 파악할 수 있다. 일반적인 예는 부모화된 자녀의 경우다. 자녀가 부부 하위체계의 일부가 되어, 부모의 정서적 안녕을 돌보는 과도한 책임을 갖는다. 이 경우 치료사가 위계구조를 바꿀 때, 대개 한 부모나 부모 모두가 가족 내에서 보다 강력한 리더십을 갖도록 격려한다. 또한 부모화되어 왔던 자녀가 형제자매 하위체계에 재구조화되도록 돕는다.

(7) 과제

치료사에 따라 가족에게 어떤 과제를 수행하도록 요구하기도 하는데, 가족들에게 과제를 제공할 경우 다음의 사항을 고려해야 한다.

첫째, 가족이 제공하는 과제를 수행할 수 있는지의 여부를 파악해야 한다.

둘째, 제공하는 과제가 왜 중요하며, 그 과제를 수행해서 얻을 수 있는 것이 무엇인지를 가족에게 설명한다.

셋째, 과제수행에 관련된 방법을 구체적으로 설명해 주어야 한다. 과제에 대한 구체적인 설명이 수반될 때 가족이 과제를 실천할 확률도 높아진다.

면담이 시작되면 지난 회기의 면담에서 제시했던 과제의 수행 여부를 확인하는 경우가 종종 있다. 이처럼 면담을 진행하는 초반부에 과제를 확인하는 목적은 다음과 같다.

첫째, 면담을 보다 용이하게 해 준다.

둘째, 과제의 중요성을 강조하고, 치료사에 대한 신뢰를 유지하는 데 도움이 된다.

셋째, 각 회기가 연계되어 있어서, 각각의 회기가 서로 관련된 활동으로 이어지도록 하는 데 도움이 된다. 과제를 확인하는 형태는 단순히 과제의 실행 여부를 언급하는 것에서부터 실행한 과제의 결과를 토대로 면담을 진행시키는 것에 이르기까지 다양하다. 예를 들어, 어떤 가족에게 다음 면담까지 가계도를 그려 오라는 과제를 준 후 그다음 면담에서는 가계도를 그리면서 각 가족원의 느낌과 생각에 대해 서로 이야기하도록 요구하면 이 두 회기는 연결되는 것이다.

가족이 과제를 이행하지 않을 때는 다음의 두 가지의 해석이 가능하다.

첫째, 치료에 대한 저항이 있는 경우다. 이와 같은 이유로 과제를 수행하지 않았다고 생각되면 가족은 변화에 대한 두려움을 가지고 있다고 판단되기 때문에 치료계획을 다시 세우는 것이 필요하다.

둘째, 가족이 과제의 필요성을 이해하지 못했을 경우다. 이때는 과제의 필요성에 대해 다시 한 번 충분히 설득하는 것이 필요하다.

4) 면담에서 다루어야 할 특별한 가족 문제

가족치료사는 가족이 무엇에 주의를 기울이고 있는지를 알고 있어야 할 뿐만 아니라, 가족이 쉽게 토론의 주제를 따라갈 수 있도록 면담을 구성하여 여러 화제를 적절히 전환시켜 줄 수 있어야 한다. 적절한 화제의 전환은 면담을 더욱 부드럽게 해 주고 치료사와 가족 간의 교류를 유연하게 만들며 잠재적인 이해를 고양시켜 준다.

(1) 가족의 슬픔에 대한 처리

해결되지 않은 슬픔은 가족 전체나 가족원 각각의 발달에 정서적 제동을 걸어 성장의 저해요소가 되기도 한다. 상실에는 여러 가지 종류가 있다. 가장 보편적인 것이 물리적인 죽음이다. 그러나 그 밖에도 학자가 되길 기대했던 아들이 운동선수가 되어 부모의 이상이 좌절될 때, 이혼 등으로 인해 인간관계의 상실을 겪을 때, 승진이나 학업적 성취에 실패했을 때, 자녀가 반대를 무릅쓰고 결혼했을 때 등등 인간 경험의 많은 부분이 상실에 해당한다. 상실경험과 관련된 시기를 파악하는 것도 중요하다. 따라서 접수면담 때, 지난 1년간 경험한 중요한 상실이나 실망을 파악하는 것이 일반적이다. 왜냐하면 가족의 현재 문제가 특정 시기의 상실과 관련이 있을 수 있기 때문이다. 죽음에 대하여 개방적으로 언급하는 가족은 다른 영역에 있어서도 기능을 잘 발휘한다는 연구결과도 있다 (Griffin, 1993 재인용). 해결하지 못한 상실에 대한 확인과 해결책을 도모하는 방법으로는 다음과 같은 것이 있다.

첫째, 상실에 대해 반복적 · 직접적으로 질문한다. 이것은 가족이 상실에 대해 집착하고 있는 감정을 표현하고 노출시켜서 정서표현이나 통찰에 있어 가족의 역기능적인 규칙을 변화시키기 위해서다. 또한 언급할 때 '사라지다'라는 애매한 표현보다는 '죽음'과 같은 직접적인 단어를 사용하는 것이 좋다.

둘째, 상실과 관련된 민감한 주제를 어떻게 이야기해 나가는가를 가족에게 보여 준다. 이로 인해 가족은 죽음에 대한 이야기에 덜 민감해질 수 있으며 그러한 문제에 아무런 동요도 없이 직면할 수 있다는 것을 경험하게 된다.

셋째, 가족이 상실을 공유하는 경험을 통해 현재 존재하거나 또는 앞으로 나타나게 될 상실을 다루는 데 있어서 가족이 서로 어떻게 도움을 줄 수 있는가를 깨닫게 해 준다.

(2) 치료동기의 저하

가족은 치료에 대해 언제나 높은 기대와 동기를 가지고 있는 것은 아니다. 일반적으로 많은 기대를 걸고 치료에 임했던 가족은 치료가 진행됨에 따라 치료에 대한 동기가 낮아지는 경우가 있다.

가족에게 치료의 동기를 부여하는 방법은 여러 가지가 있다. 치료사가 낙관적인 태도를 보이면서 치료가 성공리에 종결되면 사태가 어떻게 될 것인가를 설명하거나 그러한 상황을 확신하는 언어를 면담 중에 언급하는 것이 효과적이다. 보다 곤란한 가족에게는 전략적인 방법이 필요할 것이다. 직접적 방법이 설득력이 없다고 판단되는 경우에는 은유적 방법을 사용할 수도 있다. 고속도로의 분기점에 선 사람의 이야기를 하면서 그들이 느끼는 새로운 곳으로 향하는 것에 대한 흥분, 도전, 행복한 결과를 강조하여, 치료를 하는 것을 모험에 비유하는 것이 그 예다. 또 다른 역설적인 방법은 예를 들면 가족이 희망하고 있는 변화는 가능성이 있지만, 그러한 변화를 가족이 진정으로 원하고 있는지가 불분명하므로 치료를 계속하는 것이 망설여진다고 가족에게 말한다. 때로는 그렇기 때문에 당분간 현재의 상태를 그대로 유지하는 것이 좋겠다고 충고한다. 이러한 도전에 의해 가족은 치료를 계속하겠다는 반응을 보일지도 모른다. 만약 가족이 진정으로 변화를 바란다면 그와 같은 개입은 그들의 행동을 불러일으키는 자극이 될 것이다. 또한 만약 변화를 희망하지 않는다면 가족은 치료사가 말한 것을 긍정할 것이다. 어느 쪽이라도 가족은 아무런 실패감도 없이 치료를 종결할 수 있으며, 치료사는 가족에게 그들이 언젠가 도움을 필요로 할 때 원조를 요청할 수 있는 여지를 부여할 수 있는 이점이 있다.

(3) 불안의 유발

불안은 면담이 진행되는 동안 계속 일어나기 때문에 치료사의 통제 밖에 있지만 치료사는 불안을 일으키는 단서를 적절히 다룰 수 있어야 한다. 치료사가 불안을 다루는 방법은 여러 가지다. 때로는 치료적 변화를 얻어내는 계기가 되도록 가족의 불안을 오히려 의도적으로 자극하는 경우도 있다. 그와는 달리 파괴적인 행동을 일으킬 만한 불안심리에 대해서는 불안을 감소시키는 방향으로 정보를 재구성한다. 변화를 일으키는 계기가 될 만한 불안이 존재하지 않는다면 치료적 발전이 일어나지 않을 가능성도 높다. 따라서 때로는 인위적으로 위기를 유발하는 경우도 있다. 즉, 변화를 일으킬 수 있는 불편감이나 긴장이 없어졌을 때 치료사는 역동적인 긴장이 다시 일어나도록 일탈을 증폭시켜 위기감을 조성할 필요가 있는지 검토해 볼 필요가 있다.

위기를 유발하는 방법에는 여러 가지가 있다. 예를 들어, 대화를 하면서 말투나 그 내용 때문에 자녀의 자존감을 저하시키는 부모가 있다면, 치료사는 자녀에게 "너는 엄마가 한 말이나 말하는 태도에 대해서 어떻게 느꼈니? 내가 네 입장이라면 난 아마 마음이 상해서 화가 났을 것 같은데……."라고 말하면서 자녀의 입장을 지지한다. 가족치료사는 가족의 상호작용 역동에 민감해야 한다. 이 예에서처럼 자녀를 지지할 때는 부모로 하여금 그들 또한 필요에 따라서는 치료사와 동맹을 맺을 수 있다고 느끼게 하는 것이 중요하다. 이와 같은 확신은 부모가 부적절하게 자신의 입장을 방어하지 않고 생산적으로 대화가 진행될 수 있도록 돕는다.

(4) 위기의 처리

위기가 치료적 변화에 있어 생산적이지 못한 경우에 치료사는 갈등하는 가족에 개입하여 삼각관계를 만들거나 과거의 위기를 언급함으로써 현재의 위기를 분산시킬 수 있다.

치료사가 삼각관계를 형성한다는 것은 가족 모두가 상대방의 방해를 받지 않고 보다 자유롭게 이야기하도록 치료사가 각자의 입장을 이해하고 들어 줄 수 있음을 확신시키는 것이다. 치료사는 두 사람의 직접적인 상호작용을 차단하여 파괴적인 분위기가 고조되는 것을 막을 수 있다. 때로는 과거의 위기상황을 언급할 수도 있다. 사람들은 현재 겪고 있는 어려움으로 인하여 예전에 자신들이 어떤 위기상황을 견뎌 내었다는 사실을 잊어버리기도 한다. 과거의 위기에 대해 '이처럼 나빴던……'이라는 부정적 표현보다는 '이와 비슷했던 어려움을……'이라고 질문하는 것이 바람직하다. 그리고 그 당시 가족이 어떻게 대처했는지, 도움을 준 사람은 없는지 등 위기극복에 대한 방법을 질문함으로써 가족 스스로가 위기에 대처하는 계획을 세울 수 있도록 돕는다. 이는 가족에게 지금부터 부딪치게 되는 현재와 미래의 위기들이 가족의 약점 때문에 야기되는 것이 아니라 준비부족에 의한 것이라고 인식하는 데 도움이 된다.

(5) 부모역할에 대한 조언

면담장면에서 가족이 역기능적인 가족구조나 문제증상을 유지시키는 역할을 할 때 치료사가 개입하는 것이 필요하다. 개입을 해야 될지의 여부 또는 언제가 적절한 때인가를 판단하는 데 있어서는 치료사의 경험에 기초한다.

가족생활주기의 관점에서 보면, 충성심이 보다 중요하게 다루어지는 시기가 있다. 그 대표적인 예가 사춘기의 자녀가 있는 단계다. 이때 치료사는 집 밖으로 떠도는 사춘기의 자녀를 이해하지 못하는 부모에게 자녀가 권위나 충성심을 부정하고 싶어 하는 것은 이 시기의 당연한 발달과제라는 사실을 이해시키는 것이 중요하다. 이러한 과정에서 효과적인 부모역할을 촉진하게 될 것이다. 가족건강에 있어서 부모의 하위체계의 결속은 매우 중요하다. 부모가 동맹을 형성하기 위해서는 부모 양쪽의 협상적 기준을 수립하도록 의견을 나누게 하고, 합의된 결정을 만들어 낼 수 있도록 유도한다.

부모가 자녀를 체벌하거나 무시하는 것은 잘못된 부모역할에 대한 지각 때문인 경우가 많다. 따라서 치료사는 가족에게 올바른 부모역할에 대한 정보를 제공한다. 예를 들면, 자녀가 알아야 할 것을 끊임없는 인내심을 가지고 가르쳐야 한다는 것, 체벌보다는 타임아웃 방법을 사용하는 것이 바람직하다는 것, 가능하면 자녀와 많은 시간을 같이 보내라는 것을 알려 주는 것이다. 또한 다른 사람에게 폐를 끼칠 가능성이 있는 아동의 면담과정에서는 어떤 파괴적인 행동이 나타나기 전에 새로운 행동을 하도록 도와야 한다. 이때 부모가 직접 아동에게 개입하도록 유도함으로써 부모의 양육태도를 관찰할 수 있고, 바람직한 측면으로 피드백을 제공할 수 있다. 또한 타임아웃이나 적절한 의사소통과 같은 바람직한 훈육방법을 제시하기도 한다.

4. 종결 과정

개인치료의 종결 과정에서는 치료사와의 관계를 되돌아보며 이별을 준비하는 데 초점을 둔다. 가족치료 역시 가족이 해 왔던 일에 초점을 두고 지금까지 성취한 것을 되짚어 보게 된다. 가족치료의 접근방법에 따라서는 종결 시 가족들이 해결해야 할 과제에 대한 이해와 상관없이 종결을 하는 경우도 있다. 그러나 가족이 함께 잘 지내는 방법에 대해 배운 것을 확인하면서 종결하는 것이 바람직하다고 생각한다. 치료사는 가족이 치료과정에 지나치게 얽매이지 않고 상호 의존관계를 사회의 네트워크로 넓혀 갈 수 있도록 유도해야 한다. 그러므로 종결에 대한 치료사의 세심한 치료적 배려가 필요하다.

1) 종결에 대한 계약

면담이 한정된 계약이라면 가족은 치료를 시작하는 시점부터 종결을 준비하는 셈이다. 계약이 한정되어 있다는 사실로 인해 가족은 치료가 일정한 기간 동안만 가능하며 그 후에는 치료사의 원조 없이 자신의 생활을 계속해야 한다는 불안감을 가질 수도 있다. 그러나 어디까지나 계약은 유연성을 가져야 한다. 즉, 면담의 빈도는 가족에게 변화가 일어난 문제의 강도가 소멸됨에 따라서 감소할 수 있는 것이다. 치료사 중에는 시작할 때 함께 정한 치료가 종결되는 시점에서 재계약의 가능성이 있다고 알려 주는 경우가 있다. 이런 방법에는 유연성과 자유로움이라는 측면에서는 이점이 있지만, 처음부터 계약을 갱신할 수 있다는 사실을 알려 주면 한정된 기간이 갖는 많은 이점을 놓치게 될 수도 있다. 따라서 치료를 종결할지에 대해 미리 가족과 합의를 한 후, 가족이 연장을 원할 경우에는 계획에 대해 다시 논의하는 유연성을 가지는 것이 바람직하다. 이때 가족에게 더 이상의 연장은 필요하지 않다는 확신을 주는 경우와 몇 회의 면담을 추가로 실시하는 경우를 생각할 수 있다. 또는 다른 치료를 제안할 수도 있을 것이다.

계약과정에서 기간을 한정하지 않은 경우에는 종결과정에 대한 준비가 더욱 중요하다. 한정된 계약을 한 가족은 처음부터 치료가 언제 끝날 것인가를 알고 종결에 대한 준비를 한다. 그러나 종결을 한정하지 않은 계약에서는 어떤 시점에서 종결이란 주제를 다룰 수 있다.

2) 치료를 종결시키는 지표

가족치료의 종결은 치료사의 계획된 진행에 의해 이루어지기도 하지만 때로는 가족이 먼저 그 같은 의사를 표현하기도 한다. 그렇다면 치료사는 무엇을 지표로 종결을 결정해야 하는가?

종결 과정을 위해서는 다음과 같은 사항을 점검해야 한다.

첫째, 제시된 문제가 개선되었는가?

둘째, 가족이 목표를 달성한 것에 만족하는가? 또는 자신들에 대해 더 알고 싶어 하며 가족관계 개선에 관심을 갖는가?

셋째, 가족은 자신들이 지금까지 도움이 되지 않는 방법을 사용했다는 사실을 이해하는가? 또한 비슷한 문제에 어떻게 대처해야 하는지 알고 있는가?

넷째, 사소한 문제가 재발하는 이유는 가족역동에서 충분한 해결책이 도출되지 않기 때문인가? 혹은 치료사의 도움 없이 가족이 이러한 문제를 재조정할 수 있는가?

다섯째, 가족원이 가족이라는 맥락에서 관계를 발전시키고 개선해 왔는가?

이 같은 점검을 통해 다음과 같은 사항이 이루어졌다고 판단되면 종결을 결정한다.

첫째, 치료 초기에 설정한 목표가 달성되었을 경우 치료의 종결을 준비한다. 합의된 목표에 근접해 있다고 생각되는 시점에서 가족과 함께 치료 중에 일어난 변화에 대해 돌이켜 보는 것도 좋다. 만약 가족이 상황의 변화를 느끼고 있다면 그들로 하여금 진행되고 있는 변화에 대해 검토하도록 요청하는 것이 좋다. 가족이 변화의 정도를 이해하고 있거나 자신들의 문제해결능력이 개선되었다는 사실을 알 때 종결은 보다 쉬워진다.

둘째, 최초에 설정한 특정 목표는 충분히 달성되지 않았지만, 치료가 더 이상 필요하지 않다고 판단될 정도로 가족기능에 변화가 있는 경우다. 즉, 가족이 지금 남아 있는 어떤 문제에 대처할 수 있는 자원을 스스로 가지고 있는 경우다.

셋째, 더 이상 외부로부터의 자원이 필요하지 않다고 판단되는 경우다. 예를 들어, 자녀의 문제행동이 계속 남아 있을지라도 자녀양육에 대해 부모 양측이 더욱 긴밀하게 협력할 것이고 자녀의 문제행동에 적절하게 대처할 수 있을 것이라고 판단되는 경우도 있다. 이러한 판단이 있으면 종결을 하게 된다.

넷째, 치료사가 공정한 시도를 해 왔음에도 불구하고 치료의 효과가 없다는 것을 알았을 경우다. 예상되는 실패의 원인은 여러 가지가 있을 수 있다. 즉, 가족이 달성하고자 하는 것이 비현실적이거나 감추어져서 보이지 않았거나 진정으로 그들이 기대하는 것에 대해 가족 안에서 합의되지 않았기 때문이다.

다섯째, 가족이 치료에 대한 동기를 상실했거나 결여되었을 때 치료의 종결을 결정하는 것이 바람직하다. 이것은 어떤 의미에서는 치료의 실패처럼 보이지만, 다른 고려를 할 수도 있다. 이 경우 치료사는 치료가 목표달성에 실패했다고 일률적으로 생각하지 않는 것이 중요하다. 오히려 가족이 변화를 희망하지 않는가, 아니면 어떤 가족원은 바라는데 다른 가족원이 바라지 않는가를 고려하는 것이 현명하다. 이것은 미묘한 문제다. 왜냐하면 치료사가 치료의 실패를 가족의 동기부족에 귀속시켜 모든 책임을 가족에게 전가하는 경우가 종종 있기 때문이다. 그러나 치료사가 가장 중요한 원인을 제공하는 경우도 있다. 즉, 도움을 필요로 하는 가족을 치료의 성공으로 이끄는 데 필요한 기술이나 경험이 치료사에게 부족한 것이 실패의 원인이 될 수도 있다. 때로는 불충분한 동기부여, 변화에 대한 불안감 등이 효과적인 치료를 방해하는 문제가 될 수도 있다. 그러므로 치료사가 가족에게 치료에 대한 동기가 부족하다고 판단할 때는 이와 같은 가정에 대한 충분한 고려를 한 후, 신중하게 대처하는 것이 바람직하다. 가족의 동기부족과 치료사의 한계라는 두 가지 어려움 사이에서 고민하는 치료사는 경험이 풍부한 동료에게 자문을 구하는 것이 필요하다.

한편, 가족이 치료를 그만두고 싶다는 의사를 밝힐 때도 치료사는 일정한 순서를 거쳐서 종결하는 것이 바람직하다. 먼저 치료사는 이 치료에서 아직 해결해야 하는 문제는 어떤 것인지, 어떤 목표가 달성되지 않았는지를 검토해야 한다. 그리고 치료사 나름대로 가족이 왜 치료를 종결하고 싶어 하는지를 판단해야 한다. 때로는 가족에게서 만약 치료가 현 단계에서 중단될 경우 심각하게 악화될 위험성을 나타내는 징후를 발견할 수도 있다. 이것을 판단기준으로 하여 치료사는 다음과 같은 치료계획을 세울 수 있을 것이다. 가족과 함께 치료를 종결하고 싶다는 가족의 동기를 찾는다. 이것은 모든 경우에 필요하다. 이러한 절차를 거치는 이유는 가족이 가진 동기가 옳은 것인가를 확인하기 위해서다. 가족은 때로는 처음 치료에 왔을 때의 위기가 지나갔기 때문에 치료에 대한 동기가 저하되어 있을 수도 있다. 이 경우는 치료를 중단하는 적절한 이유가 될 수도 있으나, 때로는 그렇지 않은 경우도 있다. 가족과 함께 문제를 고려하여 만약 필요하다면 새로운 치료계약을 맺는다. 치료에 의해서 아직 얻어질 수 있는 이익을 지적하는 것은 치료사에게 도움이 된다. 치료가 현 단계에서 종료되면 상황이 악화될지도 모른다고 예상할 만한 이유가 있으면 가족에게 치료를 계속하도록 적극적으로 촉구할 필요가 있다. 경우에 따라서는 치료를 계속함으로써 얻을 수 있는 이익을 가족 이외의 사람에게 알리면서 도움을 요청할 수도 있다.

그러나 치료사가 종결 여부에 대한 가족의 결정을 존중할 것임을 알리는 것이 무엇보다도 중요하다. 종결이 불가피하다는 증거가 있거나 치료를 종결하고 싶다는 가족의 욕구가 치료를 계속하고 싶다는 치료사의 의지보다 강하면 치료는 종결하는 것이 좋다. 왜냐하면 치료사가 치료를 계속하는 것이 가족에게 도움이 된다는 확신을 가졌다 할지라도 이러한 상황에서는 치료의 결과로서 그 이상의 변화가 일어날 가능성이 희박하기 때문이다.

3) 치료종결방법

치료 모델에 따라 종결과정에 도입 단계, 요약 단계, 장기적 목표 나누기 단계, 추후면담 단계의 4단계를 둘 수 있다(Epstein & Bishop, 1981).

첫째, 도입 단계에서는 치료사가 왜 종결의 문제를 제기했는지를 설명한다. 이것은 치료가 시작되었을 때 기대했던 것이 달성되었기 때문일 수도 있으며 예정된 면담횟수가 다 되었거나 진전이 전혀 없기 때문일 수도 있다.

둘째, 요약 단계에서는 면담 중에 일어난 것을 정리함으로써 치료에 관여된 모든 사람에게 성취된 변화와 가족현상을 되돌아볼 기회를 준다.

셋째, 장기적 목표 나누기 단계에서는 가족이 목표에 도달했는지를 어떻게 판단했는지에 대해 서로 이야기해야 한다. 치료는 지속되는 과정으로서 가족의 성장과 발전의 부분이 된다. 그러므로 가족이 앞으로 직면할 수 있는 어려움을 예상해 보고, 가족의 능력과 심리적 자원으로 그와 같은 곤란을 극복할 수 있는지에 대해 이야기를 나누는 것이 중요하다.

넷째, 추후면담 단계는 치료효과의 지속성을 확인하는 것이다. 가족은 대체로 계속하여 치료면담에 참가하는 것을 꺼리기 때문에 종결하는 경우에도 현재의 상황과 가족의 장래를 낙관적으로 보고 싶어 한다. 왜냐하면 가족을 변화시킬 수 있는 유일한 수단이 가족치료만은 아니라고 생각하기 때문이다. 실제로 가족은 치료사의 원조 없이 변화하여 자신들의 곤란에서 벗어나 어려움을 극복하는 경우가 많다. 따라서 치료의 종결 과정에서 가족은 긍정적인 평가를 받아야만 한다고 생각한다. 그러므로 치료사는 지속적이고 긍정적인 변화를 위한 가족들의 능력을 확신한다고 전하는 것이 필요하다. 전해야 하는 메시지의 예를 들면 다음과 같다. "잘하셨습니다. 이제는 여러분이 먼저 변화가 필요하다고 느낄 때 어떻게 시작해야 할지를 알고 있다고 믿습니다." 치료사는 자신의 도움이 가족행동의 변화에 긍정적으로 작용했다고 확신할지라도 그러한 변화가 전적으로 자신만의 성과라고 생각해서는 안 된다.

마지막 면담에서는 가족이 계속하여 이용할 수 있는 자원을 남기는 것이 도움이 된다. 예를 들면 정기적으로 또는 중요한 결정을 내릴 때는 가족회의를 통해 서로 의논한다는 것을 계획하는 직접적인 과제를 실행해 보도록 하는 것이다. 다른 방법은 상징적 또는 은유적 과제로, 가족이 일종의 의식을 치르게 하는 것이다. 그 같은 예로 치료의 종결 시에 가족이 함께 가족의 변화를 상징하는 선언문을 작성하거나 변화된 행동을 면담 과정에서 직접 경험하는 것을 들 수 있다. 이러한 과제나 의식은 치료를 시작하던 과정에 기반을 둔다. 이것은 면담을 종료하더라도 치료사는 심리적으로 가족과 함께 하고 있다는 것을 알리는 수단이다.

　때로 치료의 종결은 가족원에게 있어서 중대한 정서적 의미를 가지게 된다. 이것은 의식적으로나 무의식적으로 옛날의 분리나 상실을 상기시키는 것인지도 모른다. 치료사가 어떻게 다루느냐에 따라 때로는 가족이 거부로 받아들여 사랑하는 사람의 죽음처럼 느낄 수도 있다. 그와는 반대로 가족의 새로운 성취를 축하하는 것으로 받아들일 수도 있다. 그러므로 치료사는 어떤 경우에는 종결이 가족에게 곤란한 것으로 받아들여질 수 있다는 사실을 이해하고 주의를 기울여야 한다. 한 가지 방법은 종결을 계획하는 시점보다 훨씬 이른 시기에 가족에게 왜 종결을 계획하는지의 이유를 전달하는 것이다. 이처럼 치료사는 종결에서 발생하는 여러 가지 정서적 반응에도 대처할 준비를 하는 것이 필요하다.

　가족이 얼마나 잘 지내고 있는지에 대한 단순한 정보를 얻을 목적으로 추후면담을 결정하는 것은 바람직하지 않다. 때로는 치료사는 종결을 결정하면서 수 주일 또는 수개월이 지난 후 진전이 유지되고 있는지를 전화나 면담을 통하여 확인하고 싶어진다. 그러나 이것은 가족에게 치료사가 아직 도움을 줄 수 있다는 여지를 남기는 한편, 가족에게 아직 여러 가지 문제가 남아 있을 수 있다는 메시지로도 작용할 위험이 있다. 가족이 처음에 합의한 목표에 도달했다고 생각되면 치료사는 가족의 능력을 높이 평가하고 치료가 종결되었다는 것을 분명히 하는 것이 좋다. "만약 우리가 필요하다면 언제든 찾아와도 좋습니다. 그러나 우리는 실제로 그런 일은 일어나지 않으리라는 것을 믿습니다."라고 전하는 것이다. 그런데 이렇게 말하면 추후면담을 통한 정보를 얻을 수 없게 된다. 사실 치료사가 치료기간 중 가족에게 생긴 변화가 지속되고 있는지를 아는 것은 중요한 일이다. 이러한 딜레마를 해결하기 위해서는 추후면담을 치료기관의 방침으로 정해 놓는 것이 바람직하다. 예를 들어, 치료가 종료되면 이미 정해진 3개월 후나 6개월 후에 추후면담을 하는 것이다. 이 경우 치료를 종료할 때 치료사는 가족에게 몇 개월 후 추후면담이 어떤 이유로 있을 것인가를 알려 주는 것이 중요하다. "여러분에게 더 이상의 치료는 필요가 없습니다. 그러나 면담한 모든 가족을 6개월 후 만나는 것은 저희 기관의 방침입니다. 어떻게 지내고 있는지, 어떤 진전을 보이는지를 알고 싶기 때문입니다."라고 한다면 치료사의 욕구를 충족시킬 수 있을 것이다. 추후면담의 형식으로는 전화, 편지, 면담 등이 있으나 일반적으로 전화가 많이 사용된다.

용어 설명

공동치료conjoint therapy　　기존의 개인심리치료는 주로 한 명의 내담자와 치료사의 관계에 의존한다. 그러나 휘태커와 같은 가족치료사들은 복수의 치료사가 가족을 만나는 치료 형태, 즉 공동치료를 시도하였다. 이러한 공동치료는 내담자와 치료사 모두에게 여러 가지 이점이 있다. 예를 들어, 훈련이 필요한 치료사가 경험이 많은 치료사와 함께 참여함으로써 치료기법을 배울 수 있으며 가족들에게는 내담자에게 어떻게 대해야 하는지를 알려 주는 모델링의 역할을 할 수도 있다.

역전이counter transference　　프로이트에 의해 정신분석치료에 도입된 개념이다. 환자가 치료사에 대해 향하는 특수한 감정이나 태도를 전이라고 부른다. 마찬가지로 치료사가 무의식적으로 환자에 대해 개인적인 감정을 향하거나 사적인 반응을 하는 경우도 있다. 이것을 역전이 또는 대항전이라고 부른다. 프로이트는 '치료사는 자신의 내부에 있는 역전이에 주의하면서 이것을 극복하지 않으면 안 된다.'고 강조하였다.

일방경one way mirrow   이것은 말 그대로 한쪽에서는 보이고. 다른 한쪽에서는 보이지 않도록 되어 있는 거울이다. 치료 장면에서는 치료실과 관찰실 사이에 이 같은 거울을 설치하여 치료팀이나 슈퍼바이저가 치료과정을 함께 진행하면서 치료에 개입하거나 지도감독을 하게 된다. 구성주의의 관점을 가진 치료사들은 치료팀이 내담자를 관찰한다는 고정관념에서 벗어나 필요에 따라서는 내담자로 온 가족들이 치료팀의 논의과정을 보기도 한다. 이처럼 필요에 따라 보이는 방향을 바꾼다는 의미에서 양방경이라는 표현을 쓰기도 한다.

타임아웃time out   일시적 중단, 잠시 동안의 중지 등의 의미를 가지고 있으나 주로 행동치료에서 바람직하지 못한 행동을 감소시키거나 제거하기 위해 사용하는 기법이다. 주로 부당한 행동을 한 아동을 일시적으로 고립시키는 것이다. 주로 다른 함께 놀던 아이들에게서 잠시 떨어져 있게 하거나 정해진 장소에 머물게 하는 방법이 자주 사용된다.

투사projection   자아에 의해 무의식적으로 내적인 것을 억압하거나 부인하는 방어기제의 하나다. 투사는 내적인 욕구나 감정 속에서 의식적으로 받아들이기 어려울 때 자신에게 속한 것으로 인정하기를 회피하면서 거부하고, 오히려 이러한 욕구나 감정이 외부 또는 다른 사람에게 속하는 것으로 인식하고 그것이 자신을 향해 오는 것으로 지각하는 심리기제다.

제**3**장

가족사정

1. 체계로서의 가족을 사정하기

어려움을 가진 가족을 만날 때 가장 먼저 직면하는 문제는 개인치료와 마찬가지로 도움을 호소하는 가족을 사정하는 것이다. 그런데 가족치료 분야에서는 정신의학 모델에 비해 내담자의 사정이라는 부분에 비중을 덜 두며, 따라서 정신의학 모델처럼 정교한 사정절차를 가지고 있지도 못하다. 대다수의 치료사들은 사정에 관한 훈련과정을 통해 개인을 진단하고 사정하는 데는 익숙하지만, 집단으로서의 가족을 사정하는 것은 익숙하지 않다. 사실 경험이 많은 치료사라고 하더라도 가족들 각자가 복잡한 심리역동적 존재이므로, 이러한 개인들의 집합인 가족의 상호작용을 사정한다는 것은 쉬운 작업은 아니다.

가족치료의 사정과 관련된 여러 가지 딜레마가 있다. 우선 '무엇을 위한 사정인가?'라는 고민을 갖게 된다. 가족을 체계론적 관점에서 본다면 체계 사이에서 일어나는 상호관계의 변화가 문제행동이며, 증상은 체계 사이에 나타나는 상호관계 변화의 표현이다. 인간의 증상은 환경 속에서 전개되기 때문에 항상 환경의 영향을 받고 있다. 따라서 치료사는 한 개인을 둘러싼 심리적 환경을 조정하는 데 초점이 맞추어진 치료처럼 어떤 내담자의 치료적 개선을 촉진하기 위해 내담자와 가족원의 관계에 초점을 두고 가족사정을 해야 하는가 아니면 가족체계적 입장처럼 '하나의 치료단위이자 전체로서의 가족'이라는 개념을 전제로 가족에 관한 모든 정보나 견해를 재구성하는 사정을 할 것인가에 대해 고민하게 된다. 물론 그것은 서로 중복되는 것이므로 어느 한쪽을 선택해야 하는 문제는 아니다. 체계론에 근거한 가족사정과 사회학적 가족사정 사이에는 여러 가지 관점이 존재한다. 그렇기 때문에 가족사정은 다의적이다.

또한 가족사정에는 어떤 도구를 우선적으로 활용할 것인가에 대한 딜레마도 있다. 전문화된 이론에 의해 발전된 사정도구를 통하여 가족을 이해하는 경우도 있으며, 때로는 치료사가 임상현장에서 가족과의 교류를 통해 얻은 경험을 바탕으로 가족을 이해하는 경우도 있다. 임상적 직관으로 얻은 이해를 사정에 어떻게 활용할 것인가의 고민도 있다. 이것 역시 어느 한쪽을 선택하는 문제는 아니라고 생각한다. 그러나 임상현장에서 확인한 가족에 대한 이해를 고려할 때 그와 같은 사정은 사회문화적 배경에 따라 전문가의 가치가 내재된 여러 가지 맥락에서 이루어질 수 있으므로, 치료사의 관점은 여러 관점 중의 하나일 뿐이라는 입장을 가지는 것이 바람직하다. 또한, 가족상담 모델에 따라 사정의 초점이 달라진다. 구조적 가족치료사는 가족 내의 구조에 관심이 있으며, 전략적 접근에서는 가족 내의 권력, 보웬 학파는 자아분화 수준에 초점을 두면서 사정을 진행할 것이다. 그러나 자신들이 추구하는 학파가 강조하는 점이 무엇이든 간에 체계론적 관점을 가진 치료사라면 가족 상호작용을 전체로 보려는 노력이 있어야 한다. 따라서 가족사정은 가족을 하나의 '단위'로 보고 가족 내부 및 외부 체계, 그리고 이들 간의 상호작용을 파악하여 체계로서의 가족을 이해하고 그들에게 맞는 개입을 계획하는 일련의 과정이라고 정리할 수 있다.

가족을 사정하는 데 있어 다음과 같은 목표를 설정하는 것이 바람직하다.

첫째, 가족이 문제를 이해하는 데 도움이 되어야 한다.

둘째, 치료적 개입을 계획하는 데 효과적이어야 한다.

셋째, 가족에게 필요한 자원과 지원체계를 규명할 수 있어야 한다.

넷째, 가족의 취약점과 탄력성을 사정하여 치료계획에 반영해야 한다.

메닝거(K. Menninger)가 사정은 치료과정이기도 하다고 언급한 것에서 알 수 있듯이, 가족사정은 치료적 결정을 위해서 가족을 충분히 알아 갈 수 있는 과정일 뿐만 아니라, 치료의 실제적인 과정이기도 하다. 가족을 사정하는 과정을 통해 가족에 대한 자료를 수집하고 분석하고 종합하는 것은 특정 시기에 제한되는 것이 아니라 상담의 전 과정을 통해 이루어지는 것이 이상적이다. 따라서 가족사정은 각각의 가족원이 어떤 역할을 할지, 그리고 가족 내에서 나타나는 문제들이 어떤 작용을 할지에 대한 정보를 얻기 위해 치료사가 고안하고 선택한 일련의 행위라고 할 수 있다. 가족사정이 치료적인지 아닌지는 치료사의 경향이나 기술에 따라 달라진다고 할 수 있다.

따라서 어떤 도구를 가지고 사정을 하든 간에 다음과 같은 점에 유의해야 한다. 먼저 성공적인 사정을 위해서는 검사자와 내담자 간의 라포 형성이 중요하다. 그러나 다수의 가족을 만나는 가족사정의 경우에는 가족들 모두와 라포를 형성하는 것이 쉽지 않다. 따라서 치료사는 초기

에는 가족을 사정한다는 생각보다는 내가 모르는 가족을 이해하고 싶다
는 자세를 가지면서 가족과 공유하고 있는 경험이나 관심에 대해 이야
기하는 것이 바람직하다. 사정의 주된 목적은 가족의 현재 기능을 이해
하는 것이므로 치료사는 자신과의 상호작용을 통해 가족들이 자주 사용
하는 상호작용의 패턴을 이해하는 것이 바람직하다.

가족관계를 파악하기 위해 일반적으로 다음의 두 가지 방법을 활용한
다. 가족들 간의 실제 상호작용을 관찰하는 것이 가장 일반적이다. 또 다
른 방법은 가족에게 그들의 관계에 대해 질문하여 그것에 대한 가족의
언어적 · 비언어적인 반응을 주의 깊게 관찰하는 것이다. 가능한 한 많은
정보를 얻기 위해서는 두 가지를 병행하는 것이 바람직하다.

대부분의 치료사는 가족구조를 탐색하기 위하여 가족생활의 전형적
인 일상사, 가족 내의 규칙과 같은 사항에 대해서는 그들을 위협하지 않
는 범위 내에서 정해진 질문내용의 순서에 따라 탐색한다. 그러나 가족
사정이 가족들의 대인관계를 파악하는 것이라면 직접적인 질문보다는
간접적인 질문이 보다 효과적이다. 왜냐하면 가족은 자신이 어떻게 기
능하는지를 적절하게 표현하지 못하는 경우가 많기 때문이다.

체계적 질문을 하는 데 도움이 되는 기법으로 밀란 접근의 순환적 질
문 기법을 들 수 있다. 이것은 가족들 간의 관계를 파악하고 그러한 관계
가 서로 어떻게 결합하여 가족체계를 하나의 전체로서 구성하는지를 파
악하는 데 도움이 되는 질문방법이다.

파라졸리(M. Palazzoli) 등(1980)은 면접을 통한 가족사정을 할 때 다음
의 사항에 관하여 유의해야 한다고 강조한다.

첫째, 가족이 그 상황에 대하여 어떻게 느끼고 해석하고 이해하는가
보다는 가족원 간에 발생하는 특정 행동에 대해 질문한다. 예를 들어,
아들이 이유 없이 떼를 쓴다고 호소하는 어머니와 다음과 같은 대화를

할 수 있다.

> 치료사: 승모가 떼를 쓰면서 어머니를 못살게 굴기 시작하면, 아버지
> 는 어떻게 하나요?
> 어머니: 아이 하나 제대로 다루지 못한다고 저를 비난하지요.
> 치료사: 그러면 어머니는 어떻게 하나요?
> 어머니: 애는 나만 키우냐면서, 남편에게 화를 내요.
> 치료사: 그때 누나인 소영이는 뭘 하지요?

둘째, 차이에 대해서는 직접 질문하는 동시에 특정 행동에 대하여 가족원의 순위를 매기도록 함으로써 명료화한다. 예를 들어, 형이 동생을 때리는 경우 다음의 질문을 할 수 있다.

> 치료사: 선호가 동생을 때릴 때, 그걸 말리려고 애를 가장 많이 쓰는
> 사람은 누구인가요? 그다음은 누구죠? 그리고 또 그다음은?

셋째, 관계 패턴의 변화에 대해 질문하는 것이 유익하다. 이사, 질병, 자녀의 입학, 별거, 이혼 등 가족에게 어떤 변화가 있다면 변화 이전과 변화 후 가족들의 행동에 어떤 변화가 있는지 질문한다.

> 치료사: 혜나가 학교를 가지 않은 것은 언제부터인가요?
> 어머니: 새로 간 고등학교의 입학식을 다녀온 다음 날부터예요. 특목
> 고에 갔는데 학업 스트레스 때문에 불안해진 것 같아요.
> 치료사: 그럼 중학교 때까지 혜나는 학교에 다니는 걸 힘들어하지 않
> 았나요?

어머니: 그렇지는 않아요. 공부 욕심이 많은 아이여서 언제나 긴장했
지만, 고등학교 입시가 있어서 다른 걸 생각할 여유가 없었
어요.

치료사: 그럼 혜나의 문제는 지금까지의 문제가 누적된 결과로군요.

넷째, 어떤 특정 상황에 처할 때 가족의 행동이 어떻게 달라지는지를
물을 수 있다. 이때 특정 상황이란 실제 행동만에 국한된 것이 아니며 가
정 내에서 나타나는 그 밖의 상황에 대해서도 질문할 수 있다.

치료사: 혜나가 학교를 그만두겠다고 할 때 누가 가장 당황했나요?

어머니: 애 아빠예요.

치료사: 그럼 남편분의 태도가 달라졌나요? 그런 사실을 혜나도 아나요?

또한, 밀란 접근에서는 중립성이 치료사에게 필수적인 덕목이라고 했
다. 앞에서 언급한 바와 같이, 치료사가 질문을 할 때 상대방과 치료사
사이에는 동맹이 이루어진 것처럼 보이지만, 질문이 다른 가족원에게 옮
겨 가는 순간 그러한 동맹관계도 함께 이동해야 한다. 따라서 치료사는
면담 중에 차례로 모든 가족원과 동맹을 맺게 된다. 그리고 결과적으로
치료사는 모든 가족원과 잠정적 동맹을 맺는 동시에 누구와도 절대적 동
맹을 맺지는 않게 되는 것이다.

가족을 사정할 때 간과할 수 없는 정보 중 하나가 각 가족원의 표정,
자세, 말씨와 같은 가족행동에 관한 관찰이다. 때로는 아동의 바람직하
지 못한 행동에 접근하는 부모의 태도에 차이가 있는지를 관찰함으로써
가족구조를 파악할 수도 있다.

그러나 치료사가 앞에서 언급한 여러 가지 방법으로 가족에 대한 정보

〈표 3-1〉 가족면담 시 활용할 수 있는 순환질문

현재 상황 탐색	과거 상황 탐색	미래 탐색 혹은 대안적 탐색
• 누가 무엇을 하나요? • 그러면 어떤 일이 일어납니까? • 그다음에는 무슨 일이 일어납니까? • 이런 일이 일어날 때 그는 어디에 있나요? • 그는 무엇을 하나요? • 그러면 그들은 무엇을 하나요? • 이런 일을 누가 처음 알아차렸나요? • 그는 어떤 반응을 보이나요? • 그가 그렇게 하지 않을 때 어떤 일이 일어날까요?	• 그때 누가 무엇을 했나요? • 문제를 해결하기 위해 어떤 노력을 했나요?	• 만약 그가 그렇게 행동했다면(혹은 그렇게 하지 않았다면) 어떤 일이 벌어졌을까요?
차이의 탐색	**차이의 탐색**	**차이의 탐색**
• 그것이 항상 이런 방식으로 이루어져 왔나요?	• 그것이 어떻게 달랐나요? • 그것이 언제 달랐나요? • 그때 또 어떤 것들이 달랐나요? • 그것이 지금 이루어지고 있는 것과는 어떻게 달랐나요?	• 만약 그가 이것을 한다면 어떻게 달라질 것 같나요?
동의/비동의	**동의/비동의**	**동의/비동의**
• 이 일이 이렇게 일어나는 것에 대해서 당신에게 동의하는 사람이 누구인가요?	• 누가 당신에게 동의하나요?	• 만약 이런 일이 이루어진다고 할 때, 당신에게 동의할 것 같은 사람은 누구인가요?
설명/의미	**설명/의미**	**설명/의미**
• 이것에 대한 당신의 설명은 무엇인가요? • 당신에게 이것은 무엇을 의미하나요?	• 이런 변화를 당신은 어떻게 설명하나요? • 이런 변화는(혹은 변화하기 어려운 것은) 당신에게 무엇을 의미하나요?	• 당신이 이것이 일어날지도 모른다고 믿는 이유를 저에게 설명해 주세요. • 아내가 그렇게 설명한다면 당신은 어떻게 생각할까요? • 당신에게 이것이 의미하는 것은 무엇일까요?

출처: 김유숙, 전영주, 김수연, 2003 재인용.

를 얻는 것은 과학적인 근거에 의한 것이 아니다. 치료사는 가족의 변화를 다루는 자신만의 스타일을 개발하여 자신에게 익숙한 방법으로 상담을 이끄는 것이 바람직하다. 그것은 바꿔 말하면 어떤 가족에게 보다 적합한 면담 스타일이 있다는 것이다. 그러나 무엇보다 중요한 사실은 사정의 대상이 되는 대상이 가족 안에 있는 개인이 아니라, 가족체계라는 점을 잊어서는 안 된다는 점이다.

2. 면담과정을 통한 가족사정

순환적인 관점에서 본다면 가족 문제를 다루는 데 있어 어떤 원인에 의해 그와 같은 결과가 초래되었는지를 이해하는 것은 의미가 없다. 따라서 치료사는 가족이 현재 나타내는 악순환의 상호작용을 파악하고 어떻게 그와 같은 악순환에서 벗어날 수 있는지를 파악하는 것이 중요하다. 체계론적 관점을 지닌 치료사는 가족원 각각에 대한 정보보다는 그들의 관계 유형과 구조, 그리고 이것을 유지하는 규칙에 주목한다. 이것에 주목하면서 가족 문제를 파악하면 가족들 중 누구도 비난하지 않으면서 가족 문제에 접근할 수 있다. '저 사람이 문제의 원인제공자이므로 저 사람이 변해야 한다.'는 생각에서 벗어나 '가족 전체가 어려움에 빠져 있다. 따라서 우리가 변해야 한다.'는 관점으로 바뀔 수 있다. 여기서는 면담과정을 통해 가족사정을 할 때 도움이 되는 몇 가지 개념을 소개하고자 한다.

1) 가족 전체성과 자기규제

체계론적 관점을 가진 치료사는 한 가족 내에 속한 모든 가족원들은 정서적, 사회적, 물리적으로 서로 연결되어 있어서 개인의 태도와 행동이 다른 가족들의 영향을 받기도 하며 주기도 한다고 본다. 가족은 체계의 항상성을 유지하고자 하는 경향이 있으며, 이것을 유지하기 위한 가족규칙이 존재한다. 그러나 가족은 진공 상태에서 항상성을 유지하는 것이 아니라, 가족 안팎으로 이어지는 끊임없는 변화에 적응하며 균형을 유지하려고 한다. 이러한 가족항상성의 기제는 긍정적 또는 부정적 피드백을 통해 체계의 자기규제를 이룬다.

(1) 가족항상성

모든 체계는 일정한 상태나 바람직한 균형을 유지하려고 노력하는 경향이 있다. 그리고 체계가 어떤 일정한 상태를 유지하는 데는 피드백이 큰 역할을 하는데, 이것은 종종 자동온도장치로 설명한다. 적정하다고 생각하는 실내온도가 있듯이 가족에게도 일반적으로 가족이 원활하게 기능한다고 생각되는 가족목표가 있다. 바람직한 목표를 가진 가족은 가족원이 서로 건전한 성장을 도모하는 상호 교류를 통하여 관계의 균형을 유지한다. 이것은 융통성 있는 경계를 가짐으로써 피드백을 보다 용이하게 해 준다는 것을 의미한다. 그리고 이러한 피드백 과정은 바람직한 균형을 유지할 수 있는 생활주기가 발달해 가도록 돕는다.

예를 들어, 부모는 10대의 자녀들에게 '적어도 9시까지는 집에 돌아와야 한다'는 규칙을 요구한다. 부모는 자녀가 어쩌다가 9시를 조금 넘겨서 들어오면 묵인하지만, 자녀가 계속 어기면 엄격하게 다룰 것이다. 자녀도 부모가 자신이 귀가시간을 지키지 못하는 것에 대해 더 이상 참지 않을 것이라고 판단되면 9시 이전에 들어가려고 노력할 것이다.

이처럼 자신의 행동이 부모가 용인하는 수준을 넘어섰다고 판단하여 이전의 상태로 돌아가는 것이 항상성이다. 즉, 자녀가 부모의 기대를 측정함으로써 항상성을 유지한다. 만약 자녀가 부모의 기대를 깨닫지 못하거나, 더 나아가 부모에 대한 자녀의 적대감이나 분노와 같은 문제가 더해지면 가족의 항상성은 깨어질 것이다. 그런 상황에 이르면 가족은 자녀에게 문제가 있다고 판단하여 전문가의 도움을 청할 것이다. 그러나 어떤 가족의 경우는 이와 같은 유연한 피드백 과정을 가지지 못하고 가족의 기존 관계 유형을 유지하기 위해 가족 내에 증상을 보이는 누군가를 필요로 할 경우도 있다.

이러한 관점에서 본다면 가족항상성(family homeostasis)을 유지하려고 노력하는 것이 언제나 모든 가족원에게 최선의 이익을 제공하는 것은 아니다. 왜냐하면 때로는 가족이 정서적인 균형을 유지하기 위해 어떤 가족원에게 해가 되는 역할을 하게 함으로써 체계에 원치 않는 변화가 생기는 것을 막으려고 노력할 수도 있기 때문이다. 따라서 가족치료사는 어려움을 겪는 가족을 사정할 때 이러한 사실을 명심해야 할 것이다. 예를 들어, 어떤 청소년이 가진 어려움이 가족보다 교사에 의해 먼저 발견되는 경우가 있다. 이러한 경우 대부분의 가족은 청소년이 현재 보이는 어려움이 가족의 평행을 유지하는 데 도움이 되기 때문에 그것을 인식하지 못한다.

항상성 과정을 보다 잘 설명하기 위하여 자녀 앞에서 심하게 싸우며 헤어지겠다고 자주 위협하는 부모를 생각해 보자. 이 경우, 자녀는 부모를 잃게 될까 봐 두려워하며 때로는 부모의 관심을 끌 만한 행동을 함으로써 부모를 잃지 않으려고 노력한다. 즉, 부모가 싸우면 자녀는 부모의 관심을 끌 만한 행동을 한다. 그런데 부모의 관심을 끌기 위해 자녀가 보이는 행동들은 바람직하지 않은 경우가 많다. 이 경우에 부모는 자녀의 문제행동에 관심을 가지며 함께 고치려 노력하면서 그들의 싸움은 잠정적으로 중단한다. 따라서 아이는 부모를 잃게 되는 위협은 덜 느끼며 가족의 기능은 회복된다. 그러나 한편으로는 부모의 관계가 회복되지 않는 한 아이의 문제행동은 계속될 수밖에 없다.

(2) 가족규칙

가족 내에는 여러 가지 규칙이 존재한다. 가족규칙(family rule)이란 오랜 시간에 걸쳐 가족행동을 제한하는 관계상의 합의다. 가족규칙은 가족끼리 합의하에 만들어진 의식적이고 확실히 드러난 규칙부터 가족이 알아차리지 못한 상태에서 암암리에 자리 잡은 암묵적인 규칙까지 다양하다. 그런데 역기능적인 가족의 경우에는 가족규칙이 한정되어 있으며, 역기능의 정도가 심한 가정일수록 적은 수의 규칙에 의해 운영되는 경우가 많다. 바람직한 규칙은 협의와 변화의 가능성을 개방적으로 수용하여 성립된 것이다. 그러나 대부분의 경우 규칙들은 가족을 구속하고 가족들의 행동에 상당한 영향을 미치는데도 실제로는 그것을 알아차리지 못하는 경우가 많다.

가족 내의 규칙 중에는 가족의 체계와 기능을 유지하는 표면화되지 않은 암묵적인 규칙이 있다. 이는 오랜 기간 동안 반복되는 가족교류를 통해 성립되는 것으로 상위규칙(meta-rule)이라고 불린다. 이것은 표면화되지는 않았지만, 일반적 규칙들 위에 작용하면서 강력한 힘을 가진다. 가족들은 종종 상위규칙의 영향을 받으면서도 이를 의식하지 못하기 때문에 이 같은 규칙은 가족들의 반복적인 패턴을 통해 추론할 수밖에 없다. 예를 들어 '엄마는 저녁 식사 후가 가장 기분이 좋으니까, 용돈 이야기는 그때 해야 한다'는 것이다. 또한 권위적인 아버지가 있는 가정에서 서로 합의하지는 않았지만 '아버지 말은 어길 수 없다'고 생각하면서 모든 가족이 아버지의 말에는 무조건 복종해야 한다는 사실을 암암리에 터득하여 행동에 옮기기도 한다. 이처럼 가족규칙은 가족 간의 행동을 유형화하고, 가족생활을 운영하는 데 기틀이 된다. 가족은 서로 조직화되고 반복적인 상호작용 유형으로 행동하게 되는데, 이때 가족규칙이 등대 역할을 하는 셈이다.

가족은 면담과 같은 상황에서 제3자에게 자신의 가족에 관해 언급할 때 여러 가지 방법으로 자신들의 규칙을 강화한다. 예를 들어, 가족들은 치료과정을 통해 치료사가 자신들의 비밀을 너무 많이 알고 있다는 피해의식을 가지게 되면 가족 중 누군가에 의해서 정보가 제공되는 것을 방해하려고 한다. 치료과정에서 흔히 볼 수 있는 장면은 엉뚱한 행동이나 발언으로 치료사와 어떤 가족원과의 대화에 끼어드는 것이다. 특히 자녀가 가족치료에 함께 참여하는 경우, 뜻하지 않은 상황에 자녀가 이상한 행동을 하여 치료를 방해하는 때가 있다. 이러한 자녀의 행동은 치료사의 주의를 끌게 되며, 이로 인해 가족은 자신들의 비밀이 밝혀지는 것을 피할 수 있다는 추론이 가능하다.

따라서 치료사는 사정의 단계에서 가족규칙을 파악하는 것이 도움이 된다. 치료사가 가족규칙을 염두에 두고 치료계획을 세우면 가족기능의 발달을 촉진할 수 있다.

(3) 가족신화

가족은 각 개인 또는 그들 간의 관계에 대한 기대와 공유된 믿음을 가지고 있다. 가족신화(family myth)란 가족들이 가지는 기대와 신념으로, 특히 현실에 대한 왜곡이나 부정의 요소를 갖는 것을 의미한다. 이것의 특징은 모든 가족들이 아무런 의심 없이 공유하는 믿음과 기대라는 점이다. 가족신화가 지배하는 가족의 경우에는 가족들은 심사숙고하지 않은 채 신화를 자동적으로 받아들여서 가족의 상호작용을 유지한다. 가족이 가족신화에 집착하는 경우, 새로운 시도를 하기보다는 오히려 관계가 변화되는 것을 저해하면서 기존의 패턴을 답습하도록 조장한다. 따라서 가족신화는 가족들의 행동을 결정할 뿐 아니라 특정한 가족관계를 나타낸다.

치료사는 가족신화가 가족들에게 불합리하게 작용하더라도 그와 같은 가족신화가 자신들에게 정서적으로 없어서는 안 될 중요한 부분이라고 여기고 있다는 사실을 간과해서는 안 된다. 따라서 가족신화에 민감하지 못한 치료사는 면담과정 동안 이해하기 어려운 장애에 부딪치게 되며, 심한 경우에는 이것을 가족의 저항으로 단정 짓는 오류를 범할 수 있다. 가족을 변화시키기 위해서는 신화를 유지하고 싶어 하는 가족의 욕구를 서서히 경감시켜 가면서, 가족신화 없이도 효율적으로 기능을 할 수 있을 때까지 신화를 둘러싼 변화는 점진적으로 이루어지는 것이 바람직하다.

(4) 가족의식

의식이란 가족문화의 핵심적 요소로서 대부분 세대를 통하여 전수된다. 가족의식(family ritual)에는 역기능적 구조의 가정에서 나타나는 일상적인 상호작용 양상과 설날이나 추석 같은 명절이나 생일날 전형적으로 보여 주는 활동이 포함된다. 가족의식의 질적인 측면을 측정하는 것은 가족치료의 또 다른 중요한 요소다. 특히 폭력적인 가족원이 있는 경우는 오랜 세대에 걸쳐서 파괴적인 가족의식이 전수되는 경우가 있으므로 이러한 점을 파악하는 것은 중요하다.

가족의식을 알아보기란 그렇게 복잡한 것은 아니다. "쉬는 날 가족이 함께 뭔가 하는 일이 있나요?" "생일날 가족은 당신을 위해 어떤 일을 하나요?"라는 간단한 질문을 통하여 가족의식을 파악할 수도 있다. 또는 면담 시 어린 시절의 사진이나 기념이 되는 물건 등을 가져오도록 하여 설명하게 함으로써 파악할 수도 있다. 그러나 때로는 이와 같은 표면적인 의식뿐만 아니라, 혼란스럽거나 포기한 의식에 대한 가족의 반응, 특히 감정적 반응을 파악하는 것이 중요하다.

치료사는 가족사정 단계에서 가족의식을 전반적으로 측정하게 되는데, 대부분의 가족의식은 가족신화를 보존하는 수단이라는 사실을 명심해야 한다.

2) 가족위계와 경계

각각의 하위체계에는 위계가 존재하는데, 위계는 층을 이루는 체계의 배열이다. 위계는 가족 내 구성원이나 하위체계가 갖는 권력과 관련이 있다. 가족에 존재하는 하위체계는 지속적으로 형성되기도 하고, 일시적으로 나타났다 사라지기도 한다. 그런데 모든 가족은 부부 하위체계, 부모 하위체계, 부모-자녀 하위체계, 형제자매 하위체계를 구성하며 정도와 형태에 차이가 있지만 일정한 권력구조를 갖는다. 예를 들어, 부모 하위체계는 부모-자녀 하위체계보다 더 많은 권력을 가지고 있기는 하지만 자녀들의 하위체계도 어떤 방식으로든 부모에게 권력을 행사한다. 권력은 가족들이 갖는 자원에 따라 결정되며, 또한 하위체계 간에 위계질서가 조직화된다.

가족 내에는 개인이나 하위체계 간 그리고 체계 안팎을 구분 짓는 경계가 있다. 이러한 경계들 통해 정보와 에너지, 감정을 교환하게 되는데 이를 위해 투과성이 존재한다. 즉, 경계가 경직되면 투과성이 낮고, 반대로 경계가 느슨하면 투과성이 높아지진다. 경계가 경직되면 체계들이 분리, 고립되어 융통성 있는 의사소통과 필요한 정서적 지원을 하는 데 어려움이 있다. 또한 경계가 너무 느슨하면 하위체계 간 독립성과 자율성이 결핍된 지나친 밀착 상태가 되어 경계를 구분하기 어렵게 된다. 따라서 가족들의 발달 수준이나 외부의 변화에 알맞은 분명한 경계를 유지하는 것이 바람직하다. 이러한 가족경계가 어떻게 수립되었느냐에 따라 가족원들의 인성, 경험, 가치체계 형성이 영향을 받는다.

(1) 가족삼각관계

많은 가족치료사는 가족관계 속에는 삼각관계가 존재한다고 주장하였다. 가족원이 정서적 관계를 맺을 경우, 두 사람으로 구성된 2인 체계는 불안이나 긴장이 유발되는 경우가 많기 때문에 안정을 유지하기가 어렵다(Bowen, 1966). 따라서 두 사람 사이에 수용하기 어려운 문제가 생기면 2인 체계는 긴장을 줄이려는 희망으로 세 번째 요소인 어떤 사람이나 문제를 끌어들여 삼각관계를 형성한다. 가장 보편적으로 인식되는 삼각관계에는 아버지와 어머니와 자녀 세 사람의 삼각관계를 들 수 있다. 때로는 부부와 알코올이라는 문제로 삼각관계를 형성하기도 한다. 또는 치료사가 삼각관계의 대상이 될 수도 있을 것이다. 특히 두 사람이 치료를 받게 되는 부부치료에서는 이러한 현상이 더 자주 일어날 수 있다. 이처럼 삼각관계는 2인 체계 속에서 긴장을 느끼는 사람이 제3의 인물이나 문제에 관심을 가지면서 생겨나게 된다. 그리고 때로는 두 사람 모두가 삼각관계의 제3의 요소가 제공하는 이익을 얻으려고 투쟁하기도 한다.

일반적으로 삼각관계의 개념은 세 사람의 인간관계를 기술하는 방법으로 사용되는데, 때로는 그보다 많은 인간관계에서도 삼각관계가 형성되기도 한다. 둘 이상의 자녀가 하나가 되어 부모의 2인 체계와 삼각관계를 이루는 경우도 있다. 즉, 셋 이상의 사람이나 문제의 연합도 삼각관계가 될 수 있다는 것이다. 왜냐하면, 어떤 가족에서는 한 명 이상의 자녀가 동시에 부부싸움에 관련될 수 있기 때문이다. 한 예로 아버지가 가정을 전혀 돌보지 않는다며 아들과 딸 앞에서 불평을 하는 어머니가 있다고 가정해 보자. 이 어머니는 자신과 자녀들이 생존하기 위해서는 자녀들이 자신과 연합해야 한다는 것을 여러 가지 형태로 암시할 수 있다. 이러한 상황은 네 번째 사람인 아버지에게 대항하기 위해 세 사람의 결속을 강화하게 될 것이다. 그렇다면 이 경우는 적어도 네 사람이 삼각관계의 과정에 관여하고 있는 셈이다.

가족관계 유형에서 잘못된 삼각관계가 존재할 수 있다. 잘못된 삼각관계는 어떤 병리적인 문제를 초래할 수 있는 잠재적 요소를 가지고 있기 때문에 때로는 체계의 갈등과 해체를 초래할 수도 있다. 잘못된 삼각관계의 전형적인 유형은 부모세대와 다른 세대에 속하는 자녀가 만들어 내는 것이다. 세대가 다른 두 사람은 또 다른 가족원 한 명에게 대항하기 위해 연합한다. 예를 들면, 남편과 갈등관계에 있는 어머니가 큰아들에게 아버지의 역할을 기대함으로써 생기는 삼각관계를 생각할 수 있다. 그러나 객관적인 상황에서 본다면 어머니와 아들은 분명히 연합하고 있지만, 그들은 그 같은 사실을 인정하지 않는다. 이처럼 연합한 당사자들이 자신들의 연합을 계속 부정한다면 이와 같은 관계 패턴은 정형화되어 결국 병리적인 상황으로 이어진다.

가족삼각관계에는 제3의 인물이나 대상이 반드시 개입되는 것은 아니다. 그리고 보통 많은 대안들이 삼각관계를 형성하기 위해 사용된다. 따라서 삼각관계가 항상 가족병리의 지표가 되는 것이 아니라는 점을 인식해야 한다. 예를 들어, 긴장된 정서적 관계를 가진 부부는 교회활동과 같은 가족 이외의 활동에 관심을 가질 수 있는데, 이러한 가족 이외의 활동에서 긴장을 해소함으로써 오히려 친밀한 부부관계를 발전시키는 데 도움이 될 수도 있을 것이다. 즉, 긴장을 일으키는 어떤 에너지의 방향을 변화시킴으로써 부부는 보다 정상적인 기능을 유지할 수 있다. 그러므로 어떤 상황에서 삼각관계는 가족의 역기능을 일으킬 수도 있지만 때로는 보다 자유롭고 효과적으로 기능하도록 하는 대안이 될 수도 있다.

(2) 부모화

부모화는 가족을 사정할 때 자주 사용되는 개념이다. 일반적으로 부모화(parentification)란 어떤 자녀가 가족 내에서 부모나 배우자의 역할을 대신 수행하는 것을 의미한다. 이처럼 부모의 권한이 자녀에게 분배되는 것은 대가족, 한부모가족, 맞벌이부부가족에게 있어서는 자연스러운 현상이다. 부모화된 아이는 체계가 잘 기능하지 못하는 가족 안에서 자신의 나이에 걸맞지 않게 지나친 책임감, 능력, 자율성 등을 발전시킬 수가 있다. 그러나 대부분의 경우 한쪽의 부모가 적절한 역할을 하지 못한다고 생각할 때, 부모를 대신하여 이 같은 역할을 수행하는 경우가 많다. 부모의 역할을 대신 수행하는 자녀는 정서적·지적·신체적으로 준비가 되어 있지 않음에도 불구하고 부모의 역할이나 책임을 수행하는 것이다. 이러한 경우에는 자녀들에게 기대되는 역할이 아이로서 가지고 있는 욕구와 상충될 수 있으며, 이러한 역할을 자녀가 가진 능력으로는 달성할 수 없을 때도 있을 것이다. 결과적으로 자녀는 심리적 압박감을 느끼게 되며 다른 측면의 발달과업은 제대로 수행하지 못하게 되는 위험성을 가진다.

부모화를 사정하기 위해서는 자녀가 부적절한 역할수행을 하는 빈도, 기간, 상황, 영향 등에 대해 주의를 기울여야 한다. 심한 경우 부모화는 형제간의 경쟁, 신체적 폭행이 동반되는 경우도 있다.

(3) 격리와 밀착

경계의 개념은 가족이 서로 얼마나 관여하고 있는지를 측정하는 데 유

용한 도구이며, 격리와 밀착은 가족들의 개인적 정체감의 강도와 가족의
친밀함의 수준을 알려주는 중요한 지표다. 그런데 이러한 개념을 이해하
기 위해서는 먼저 경계의 개념을 이해해야 한다. 명료한 경계를 가진 가
족은 정상적인 가족일 것이다. 애매한 경계를 가진 가족은 가족체계에
참가하는 규칙이 애매하기 때문에 가족들은 모든 문제에 관해서 서로가
지나치게 얽혀 필요 이상으로 관여하게 된다. 이러한 가족을 일반적으로
'밀착된 가족'이라고 부른다. 반대로 경계가 경직된 경우 가족원은 제각
기 흩어져 버리는데 이러한 가족을 '격리된 가족'이라고 부른다.

　밀착이 약한 가족들은 종종 침묵하고 위축되어 있으며 서로 고립되어
있고 친밀성이 부족하다. 때로는 진정한 의미에서 정서적으로 친밀하지
않으면서 친하다고 주장하는 거짓 상보성이 중요한 가족신화로 관찰되
어지기도 한다. 정서적으로 서로 상호작용을 하지 않으면 의사소통의 통
로가 막히는 경우가 많다. 격리된 가족은 경계가 경직되거나 부모와 연합
하는 정도가 낮기 때문에 부모에 대한 존중감 역시 낮아지게 된다. 이처
럼 부모와의 밀착 정도가 낮으면 다른 강력한 연합을 추구할 수도 있는
데, 격리된 가정의 청소년들이 유사가족과 같은 비행집단에 빠지는 것이
좋은 예다. 격리는 자신들의 지각을 왜곡시키는 안개와 같으므로 치료사
는 가족의 정서적 분위기를 고양시키면서 이를 신중하게 다루어야 한다.

3) 가족의 사회적 관계망

　가족의 상위체계는 가족체계를 둘러싼 사회적 환경 또는 사회적 관계
망(social network)을 의미한다. 가족체계는 투과적 경계를 갖는 개방체계
이므로 외부와 지속적으로 정보와 에너지, 물질을 교환하는데, 가족체계
가 고립될 때 여러 가지 역기능이 발생할 가능성이 크다. 상위체계는 끊

임없이 가족과 상호작용하며 가족에 중요한 영향을 미치는 사람들, 기관
또는 지역사회를 포함한다. 상위체계는 공식적 관계망과 비공식적 관계
망으로 나눌 수 있는데, 공식적 관계망은 종교기관이나 상담기관, 학교
와 같이 조직화된 관계망을 가리키며, 비공식적 관계망은 친척이나 친구
등 조직화되지 않은 관계망을 의미한다.

 상위체계는 가족에게 사회화의 기회를 제공하며, 사회적 기술을 향상
시키고 대인관계를 넓힐 수 있도록 한다. 그리고 가족에게 새로운 정보
와 지지를 제공하고 위기 시 가족의 자원이 될 수 있다. 그러나 상위체계

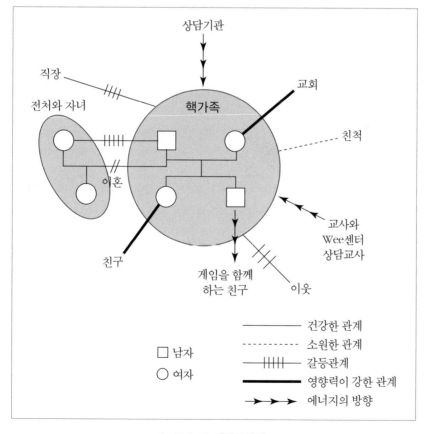

[그림 3-1] 생태도의 예

가 항상 긍정적인 영향만 미치는 것은 아니다. 가족에게 부정적인 영향을 미쳐 가족을 위기에 몰아넣는 경우도 있다. 따라서 치료사는 내담자 가족의 상위체계에 대한 정보를 얻음으로써 가족의 자원과 지원체계를 사정할 수 있다.

이를 위해 유용한 도구로는 하트만 등(A. Hartman & J. Laird, 1983)에 의해 개발된 생태도(ecology map)가 있다. 생태도는 가족을 보다 큰 체계의 관점에서 사정하려고 할 때 유용한 기법으로서, 개인의 문제를 환경적, 지역적, 심리적 상호작용 측면에서 살펴보는 도구라고 할 수 있다.

4) 치료사와 내담자 중심의 체계적/다차원적 사정

가족사정의 중요성에도 불구하고, 다음과 같은 점에서 가족사정은 매우 도전적인 작업이다. 가족사정에서의 첫 번째 도전은 가족의 기능에서 기능적 대 역기능적, 긍정적 대 부정적, 건강가족 대 병리적 가족의 방식을 어떻게 가정할 것인가에 관한 결정이다. 구조주의 관점에서는 최상의 가족기능에 대한 분명하고 가치중립적이며 객관적인 기준을 제시한다. 즉, 전문가 중심의 객관적이며 결정적인 기준에 따라 가족의 기능이 사정된다. 구조주의 접근에서는 가족사정 시 기능적 가족과 역기능적 가족에 대한 명확하고 보편적인 기준을 사용한다. 반면 후기 구조주의 접근에서는 이론이 가족기능에 대한 관찰을 이끌어 나가며 진실이나 객관성 역시 사회적으로 구축되는 것이라고 보는데, 사정을 하는 치료사 역시 관찰대상의 일부로서 기능하고 있음을 인식해야 한다고 주장한다. 따라서 가족사정도 사회 · 문화적 배경에 따라, 전문가의 가치가 내재된 여러 가지 맥락 내에서 이루어지며, 치료사의 관점은 가족의 관점을 포함한 여러 관점 중의 하나일 뿐이라는 입장이다. 이러한 맥락에서 치료사는

〈표 3-2〉 치료사와 내담자 중심의 체계적/다차원적 사정

I. 내담자 체계의 기술

A. 이름, 연령, 가족과 개인의 발달 단계 및 관련 정보에 대해 이야기한다.

B. 가족원과 가족체계의 강점과 자원에 대해 이야기한다.

C. 가계도: 내담자 가족이 추론하는 경향/추세를 토의한다.

II. 내담자 맥락의 기술

A. 상호작용 유형

1. 가족 상호작용에서 추론되는 체계의 규칙과 경계에 대해 토의한다.

2. 가족원의 해석적 틀에 대한 이야기를 한다.

3. 의사소통의 방식에 대한 이야기를 한다.

B. 관여된 다른 체계

1. 상담에 오게 된 방식에 대한 치료사의 관점을 이야기한다.

2. 법원과 관련되어 있다면 그 이유에 대해 이야기한다.

3. 내담자 체계의 가장 큰 관계망을 이야기한다.

C. 생태도

1. 내담자 체계에 관여된 다른 체계를 포함한다.

2. 생태도에서 추론할 수 있는 경향성에 대해 토의한다.

III. 현재 문제에 대한 기술

A. 각 가족원이 정의하는 문제

1. 처음 상담을 요청한 가족원이 보는 문제에 대해 이야기한다.

2. 첫 면담에서 각 가족원이 보는 문제에 대해 이야기한다.

3. 다른 가족원의 문제 기술에 대한 가족원들의 반응을 이야기한다.

B. 시도했던 해결책

1. 문제가 발생했을 때, IP에 대한 가족원들의 반응을 이야기한다.

2. 전문가의 도움을 구했던 다른 시도를 이야기한다.

3. 상담을 받겠다고 결정한 것에 대한 내담자의 이야기를 한다.

C. 현재 문제의 논리

1. 각 가족원의 맥락에서 현재 문제가 '말이 되는(들어맞는)' 방식을 이야기한다.

2. 새로운 맥락으로 변화되어야 하는 유형에 대해 이야기한다.

IV. 분석과정의 반영
A. 과정의 단계마다 치료사가 내담자에게 하는 이야기를 기술한다.
B. 사건의 전개에 대한 치료사의 영향에 대해 토의한다.
C. 사건의 전개에 영향을 미쳤을지 모를 다른 이야기들에 대해 토의한다.

V. 목표설정
A. 내담자가 바라는 방식대로 일이 된다면 무슨 일이 생길지에 관한 내담자의 견해를 이야기한다.
B. 치료사와 내담자의 관점에서 내담자의 욕구에 적절하고 가능한 자원에 대해 이야기한다.
C. 목표 선택에 대한 치료사의 영향에 대해 토의한다.

VI. 개입 실행
A. 현재 문제가 더 이상 논리적이지 않으므로 희망하는 결과에 맞는 새로운 맥락을 함께 창출할 수 있는 행동에 대해 이야기한다.
B. 목표달성을 위한 특정 과제나 개입과 관련하여 내담자와의 치료계약을 이야기한다.
C. 개입과정에 대한 치료사의 생각과 그 영향에 대해 토의한다.

VII. 사정
A. 개입이 실행되었을 때 무슨 일이 일어날지에 대해 토의한다.
B. 과정에서 피드백의 영향에 대해 토의한다.
C. 성공/실패에 대해 치료사와 내담자가 스스로에게 한 이야기에 대해 토의한다.

VIII. 전체적인 분석/사정 과정에 대한 반영
A. 상담에 대한 치료사 자신의 전문성에 대한 영향에 대해 이야기한다.
B. 시간의 영향에 대해 이야기한다.
C. 선택된 개입 접근의 영향에 대해 이야기한다.
D. 치료사/내담자의 특성(성별, 계층, 연령, 문화 등)의 영향에 대해 이야기한다.
E. 가치관과 윤리 문제에 대해 이야기한다.
F. 전체 사례에 대한 간략한 요약/이야기를 한다.

출처: Becvar & Becvar, 2006.

단지 가족의 이야기와 목표, 반응을 끊임없이 요청할 뿐이다. 따라서 이들 전문가들은 사정을 최소화하는 경향이 있다. 가장 이상적인 가족사정 방법은 가족맥락 내에서 여러 가지 방식으로 이루어지는 것이다. 최근 사회구성주의적 인식론을 반영하여 전문가 관점과 내담자 관점을 둘 다 존중하는 체계적 분석/다차원적 사정이 제안되기도 하였다(Becvar & Becvar, 2006). 여기서는 체계적/다차원적 사정과정의 가이드라인을 소개하고자 한다.

3. 평가도구에 의한 가족사정

일반적으로 상담기관에서는 가족상담을 하기 전에 가족이 자기보고식의 질문지 기법을 사용하여 자신의 가족을 사정하도록 한다. 이는 치료사가 가족의 문제를 목록화하고 사정하기 위한 객관적인 도구가 필요하다는 현실적인 필요에 의해서 행해지고 있다. 이처럼 자기보고식의 평가도구가 가진 이점은 다음과 같다.

첫째, 가족의 혼란을 전환하려는 목적으로 분위기를 설정하는 동안 상담효과를 구조화하고 확인하는 것을 도울 수 있다.

둘째, 가족들에게 다른 가족원의 걱정이 무엇인지에 대해 체계적으로 이해할 수 있는 기회를 제공한다.

셋째, 가족 각자가 자기노출을 할 기회가 된다. 일반적으로 사람들은 자신의 걱정에 대해 언어로 표현하는 것보다 특정한 문제나 잠재적인 문제에 대한 체크리스트에 답하는 것이 쉽다고 생각한다. 예를 들어, 장애아동을 가진 부모가 자신이 작성한 리스트를 검토하면서 문제와 관련된 대답에 비해 긍정적 가능성을 묻는 질문에 상대적으로 낮은 점수를 주었다는 것을 발견하고 장애아동과 관련된 새로운 인식을 가질 수 있다. 이러한 통찰은 그 자체로도 치료적 효과를 기대할 수 있다.

가족치료사는 이상적인 가족의 정의를 내리는 것이 불가능하더라도 이와 같은 최적의 가족기능 개념을 가지고 치료에 임하는 것은 바람직하다. 적절한 기준을 가지고 가족을 정확히 사정할 때 자신들이 만나는 가족을 보다 잘 이해할 수 있게 된다. 또한 이러한 사정을 임의적으로 수행하기보다는 치료사의 길잡이가 될 만한 모형을 먼저 정하고 그에 따르는 편이 바람직하다고 생각한다. 다음 내용에서는 현재 가족치료 분야에서 가족체계를 사정하는 데 자주 사용되는 도구로서, 응집력과 적응력으로 가족을 사정하는 순환 모델(circumplex model: Olson et al., 1983), 다각적 요인으로 가족을 사정하는 맥매스터 모델(McMaster model: Epstein, Bishop, & Levin, 1978)을 소개한다. 또한 보드판을 활용하여 가족구조를 사정하는 가족체계 검사(Family System Test: FAST)에 대해서도 기술한다.

1) 순환 모델

올슨(D. H. Olson) 등은 여러 가지 문헌을 연구한 결과 가족행동의 두 가지 측면인 응집력과 적응력이 근본적으로 중요하다는 사실을 밝혀내고 가족사정에 이 두 차원을 사용하였다(Olson et al., 1983). 그들은 이러한 차원으로 가족을 사정하는 순환 모델을 발표하여 그 후 몇 차례의 수정을 거쳐 가족응집성과 적응성 측정척도(Family Adaptability and Cohesion Evaluation Scales: FACES)라는 질문지를 만들었다. 순환 모델의 자기보고식 척도인 FACES의 내용은 다음과 같다. FACES III도 나왔지만, 여기서는 보다 간편하며 쉬운 질문으로 구성된 FACES II의 내용을 소개한다.

*다음은 가족생활에 대한 질문입니다. 해당되는 곳에 표시하십시오.

전혀 그렇지 않다	다소 그렇지 않다	그저 그렇다	다소 그런 편이다	정말 그렇다
1	2	3	4	5

홀수 번호 문항은 응집성에 관한 문항이고, 짝수 번호 문항은 적응성에 관한 문항이다.

문항 번호 3, 9, 15, 19, 24, 25, 28, 29는 역점수를 준다.

척도 내용

1. 우리 가족은 서로 돕는다.
2. 우리 식구는 누구나 쉽게 자기 생각을 가족들에게 이야기한다.
3. 고민이나 비밀이 있으면 식구가 아닌 사람과 이야기하거나 의논하는 편이다.
4. 집안의 중요한 일을 결정할 때는 모든 식구가 참여한다.
5. 우리 식구들은 집에 오면 그날 있었던 일을 서로에게 이야기한다.
6. 우리 형제들은 부모님의 교육이나 생활지도방법에 대해 우리들이 생각하는 것을 말씀드리곤 한다.
7. 집안에 일이 생기면 우리 식구는 함께 일을 처리한다.
8. 문제가 생기면 우리 가족은 함께 의논하고 의논을 통해 만족스러운 해결책을 찾으려고 한다.
9. 우리 식구들은 멋대로 행동하는 경향이 있다.
10. 우리 식구들은 돌아가면서 집안일을 돌본다.
11. 우리 식구는 각자의 친구를 좋은 친구로 인정한다.
12. 우리 집의 규칙은 상황에 맞게 조절된다고 본다.
13. 우리 식구들은 자신의 일을 결정하기 전에 가족들과 먼저 상의하는 편이다.
14. 우리 식구들은 하고 싶은 말이 있으면 스스럼없이 이야기하는 편이다.
15. 우리 가족은 집안을 위해서 무엇을 해야 할지를 모르는 것 같다.
16. 우리 부모님은 우리 형제들의 의견을 존중해 주시는 편이다.
17. 나는 부모님과 형제들에 대해 깊은 애정과 친밀감을 느낀다.

18. 우리 부모님은 상이나 벌을 공정하게 주시는 편이다.

19. 식구가 아닌 사람에게서 더 깊은 친밀감과 편안함을 느낀다.

20. 우리 식구는 문제나 고민거리가 생기면 새로운 해결방법을 찾아보려고 한다.

21. 우리 가족은 가족이 내린 결정을 잘 따른다.

22. 우리 식구는 집안일을 나누어서 하며, 자기가 맡은 일에 대해 책임감을 갖고 있는 편이다.

23. 우리 식구는 함께 여가 시간을 보내는 것을 좋아한다.

24. 우리 가족의 규칙은 바꾸기가 힘들다.

25. 우리 가족은 집에서 서로 대하기 싫어한다.

26. 우리 식구는 어떤 문제가 생기면 그 문제에 대해 서로 상의하는 편이다.

27. 우리 가족은 서로의 친구에 대해 잘 알고 있다.

28. 우리 가족은 마음속에 있는 생각을 이야기하는 것을 서로 꺼리는 것 같다.

29. 가족 전체가 합심하여 행동하기보다는 몇몇 가족원끼리만 짝을 지어 행동하는 편이다.

30. 우리 가족은 취미활동을 같이 하는 편이다.

FACES는 문항이 많지 않은 데 비해 신뢰도와 타당도가 높아 자주 사용되고 있는 척도다. 또한 이 척도는 각 문항이 '현재의 가족을 어떻게 인식하고 있는가'(현실 가족), 그리고 '가족이 어떻게 바뀌었으면 좋겠다고 생각하는가'(이상적 가족)에 대해 각각 답하도록 구성되어 있다. 이러한 두 가지 질문을 통하여 현실 가족에 대한 인식과 이상적 가족에 대한 인식의 차이를 파악할 수 있다. 올슨 등은 가족이 모델의 어떤 위치에 해당하는지보다는 가족의 응집력과 적응력의 정도에 대해 가족이 어떻게 인식하고 있는가를 더 중요하게 보았다. 따라서 가족치료사들은 이 모델을 가족사정 외에 치료수단으로도 사용할 수 있다는 점에서 높이 평가하고 있다.

[그림 3-2]에서처럼 이 모델은 기능적 가족과 역기능적 가족을 사정할 때 사용된다. 적응력과 응집력은 각각 4개의 수준으로 구성되어 있어서

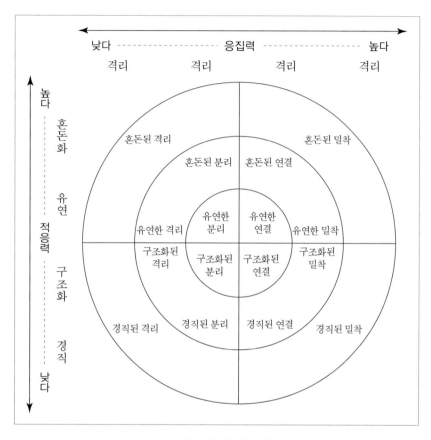

[그림 3-2] 가족기능의 순환 모델

출처: Olson et al., 1983.

이 모델을 사용하면 16개의 가족을 구분해 낼 수 있다. 적응성이란 가족의 변화를 허용하는 정도, 균형을 유지하려고 하는 정도를 말한다. 즉, 가정생활의 압박이나 갈등에 대해 그들의 규칙, 역할, 구조 등을 유연하게 변화시키면서 유지할 수 있는 가족의 능력을 의미한다.

　가족이 만족할 만한 기능을 수행하기 위해서는 균형을 유지하려는 힘과 변화하는 능력이라는 두 가지 요소가 필요하며, 이 둘은 적절하게 균형을 이루어야 한다. 혼돈된 가족은 가족생활의 문제와 관련된 아무런 구조도 가지고 있지 않다. 그러나 유연한 가족은 규칙이나 역할의 변화를 인정함으로써 문제를 해결하는 능력을 가지고 있다. 구조화된 가족은 유연한 가족보다는 역할이나 규칙의 변화가 덜 일어난다. 경직된 가족은 역할이나 규칙의 변화에 저항적이며 현상을 유지하는 데 모든 노력을 기울이는 경향이 있다.

응집력은 가족원 사이의 정서적 결합의 정도를 나타내는 것이다. 즉, 가족원들에게 부여된 개인적 자율성과 가족이 함께하는 정도와 관련되어 있다. 응집력 역시 중용의 위치에 있는 것이 중요한데, 어디가 최상인가 하는 것은 가족이 속한 문화에 따라 다르게 설정되었다. 격리된 가족은 낮은 응집력을 가지고 있다. 가족원은 최대한의 자율성을 즐기며 가족 안에서 자신을 동일시하려는 노력은 보이지 않는다. 분리된 가족은 개인의 자율성을 특히 중요시한다. 그러나 그들은 가족의 통합과 정체성도 함께 지니고 있다. 연결된 가족은 친밀함에 가치를 두고 그것을 즐긴다. 또한 연결된 가족은 각 가족원의 자율성의 발달을 인정하고 돕는 경향이 있다. 융해된 가족은 가족의 친밀성에 지나친 가치를 부여한다. 자립을 방해하는 희생적인 가족의 결합은 대부분 융해된 가족의 잘못된 가족규칙에서 기인한다.

순환 모델에서는 중간 범위의 가족이 적응성이나 응집력에서 적절한 점수를 나타낸다고 보았다. 적절한 점수를 나타내는 가족은 건강가족의 특성을 가진다고 보았다. 두 차원의 극단적인 점수를 나타내는 가족은 역기능적 특징을 보인다고 주장했다. 그러나 올슨 등은 극단적인 점수를 보이는 가족 모두가 역기능적이라고 생각하지는 않았으며, 마찬가지로 중간 범위에 해당하는 가족에는 역기능적 측면이 전혀 없다고 간주하지도 않았다. 단지 중간 범위의 가족이 다른 가족에 비해 상대적으로 건강한 기능을 보이는 경향이 있다고 지적했을 뿐이다.

2) 가족체계 검사

가족체계 검사(Family System Test: FAST)는 스위스 대학의 게링(T. Gehring)이 개발한 것으로 81개의 정방형이 그려진 보드판 위에 남녀의 인형을 배치하는 기법을 사용해 가족구조를 사정하는 도구다. 구조적 가족체계 이론에 근거하여 만들어진 것으로서 주로 가족의 응집력과 위계와 같은 가족관계를 파악하는 데 활용된다. 이 검사를 위해서는 81개의 사각형(5×5cm)이 그려진 판(45×45cm), 도식적인 남성과 여성 인물모형(8cm), 높이가 다른 세 가지(1.5cm, 3cm, 4.5cm) 원통 모양의 블록이 필요하다. FAST는 양적인 분석과 질적인 분석이 모두 가능하며, 가족원에 대한 개인검사나 가족 모두가 참여하는 집단검사 시에도 활용될 수 있다(Gehring, 1994). 실시하기 전에 내담자들에게 가족관계를 묘사하도록 하는데, 이는 주관적인 지각을 반영하는 것으로 '맞거나' '틀린' 답이 없다는 점을 이해시키는 것이 중요하다.

몇 개의 인물모형을 서로 가깝거나 멀리 배치하는 것을 통해 가족원들 간에 나타나는 응집력의 정도를 파악할 수 있다. 검사를 실시하면서 내담자에게 판 위의 모든 사각형을 자유롭게 사용하며 다양한 크기의 블록으로 인물모형의 높이를 조정할 수 있다고 지시한다. 이것은 내담자에게 가족 내의 응집력과 위계에 대한 지각을 이끌어 내기 위한 것이다. 검사방법은 현재 그들의 가족관계를 나타내는 전형적인 표상을 파악한 후 그들이 원하는 가족구조를 판 위에 인물모형과 블록을 배치함으로써 나타내게 하여 이상적인 표상도 파악할 수 있다. 필요하다면 중요한 갈등을 겪고 있는 가족을 나타내 보라고 요청하여 갈등표상도 표현하도록 한다. 이렇게 표현된 다양한 가족관계는 반구조화된 추후면담을 통해 보다 깊게 심도 있게 탐색될 수 있다.

채점에 대해 간략하게 요약하면, 응집력 점수는 인물모형 간의 거리에서 산출되며 위계 점수는 인물모형의 높낮이 차이에서 채점된다. 하위체계뿐만 아니라 하나의 단위로서의 가족을 계산하는 데 응집력과 위계 점수를 활용할 수 있다. 채점에는 산술적 평가와 범주적 평가가 있다. 인접한 사각형 위에 있는 인물모형 간의 거리와 대각선으로 대칭된 사각형 사이의 거리를 구분하기 위해 피타고라스 공식이 사용된다. 인물모형 간의 거리는 1로 채점되고 대각선으로 인접한 사각형 위에서는 1.4로 채점되며 판 위에서 가능한 쌍 간의 최대한 거리는 11.3이다. 점수가 높을수록 지각된 가족 관계에서 응집력이 증가함을 나타낸다. 위계점수를 나타내 주는 차이를 크게 하기 위해 블록을 사용하여 인물모형의 높이를 조정하는데, 이때 사용된 블록의 수와 크기를 산출한다. 가족 내의 응집력과 위계평가는 '낮음' '중간' '높음'이라는 3개의 범주로 구분된다. 모든 인물이 인접한 사각형 위에 놓였을 때 '높음'이라고 평가되고 인물모형이 3×3 사각형 범위 내에 위치했을 때 '중간'이며 하나 이상의 인물모형이 3×3 밖에 있으면 가족 응집력은 '낮음'이라고 평가한다.

또한 표상을 배치할 때 내담자의 언어적·비언어적 행동이 드러나게 되며 이 과정을 관찰함으로써 임상적인 가설을 일반화할 수 있다. 검사 행동을 해석하기 위해서는 어떤 순서로 어떤 인물모형이 배치되었는지, 그리고 그것으로 인해 어떤 후속 변화가 일어났는지를 기록하는 것이 중요하며, 이것은 응답자가 중심인물로 생각하는 가족원이 누구인지 혹은 가족 내의 위치가 어떻게 명확하게 결정되는지에 관한 단서를 제공한다. 예를 들어, 가족원의 생략(아버지) 또는 가족 이외의 인물을 포함시키는 것(친구, 친지)은 한부모가족에게서 종종 나타난다. 가족표상에 관한 해석은 양적-구조적 및 질적-주관적 측면을 고려해야 한다.

FAST는 6세 정도의 아동에게 사용할 수 있는, 경제적이며 가족들 사이

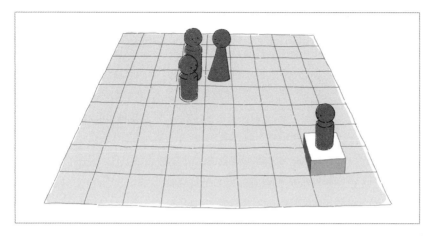

[그림 3-3] FAST의 예

에서 가족관계에 대한 반영과정을 촉발할 수 있는 유용한 도구이지만, 가족들이 잘 기능하고 있는 가족관계를 임의로 왜곡하여 치료사에게 제시할 수도 있다는 제한점이 있다. 따라서 가족사정은 표상에만 근거해서는 안 될 것이며 다양한 체계수준에서 내적, 외적 스트레스도 고려해야 한다.

3) 맥매스터 모델

캐나다의 맥매스터 대학교 정신과에 재직하던 엡스티인 등에 의해 개발된 맥매스터 모델은 가족기능을 사정하는 데 뛰어난 개념적 준거틀을 제공했다는 평가를 받고 있다. 여기서는 맥매스터 모델에서 제시한 문제해결, 의사소통, 가족의 역할, 정서적 반응성, 정서적 관여, 행동통제의 여섯 가지 가족기능을 정리해 보았다.

맥매스터 모델의 척도인 가족사정척도(Family Assessment Device: FAD)는 원래 53문항이지만, 여기서는 정수경(1993)이 한국 문화에 맞게 수정한 척도를 제시하고자 한다.

*다음은 귀하의 가족을 나타낸 질문입니다. 해당되는 곳에 표시하십시오.

매우 그렇다			전혀 그렇지 않다
1	2	3	4

우리 가족은

1. 서로를 잘 이해하지 못하기 때문에 우리가 해야 할 일을 계획하지 못한다.
2. 누군가가 기분이 나쁘면 왜 그런지를 안다.
3. 위기가 닥치면 서로에게 도와 달라고 부탁할 수가 있다.
4. 갑자기 큰일을 맞게 되면 어떻게 할 바를 모른다.
5. 서로에 대한 애정표현을 하지 않으려고 한다.
6. 슬픈 일이 있어도 서로에게 그런 얘기를 하지 않는다.
7. 자신에게 중요한 일일 때만 서로에게 관심을 가진다.
8. 집에서 할 일이 충분히 나뉘어 있지 않다.
9. 규칙을 어겨도 그냥 지나간다.
10. 빗대서 말하기보다는 직접 솔직하게 얘기한다.
11. 감정적으로 반응하지 않는 식구들이 있다.
12. 우리가 두려워하는 일이나 걱정에 대해 얘기하기를 꺼린다.
13. 각자의 역할을 다하지 못한다.
14. 집단문제를 해결하려고 애쓴 후에 그것이 잘 되었는지 아닌지에 대해 얘기하
    곤 한다.
15. 지나치게 자기중심적이다.
16. 서로에게 감정을 표현할 수가 있다.
17. 화장실을 사용하는 방식이 정해져 있지 않다.
18. 서로에 대한 사랑을 표현하지 않는다.
19. 우리에게 관계있는 일에만 서로 관여하게 된다.
20. 식구들이 개인적인 관심사를 알아볼 시간이 별로 없다.
21. 개인적으로 얻는 것이 있다고 생각할 때 서로에게 관심을 보인다.
22. (나쁜) 감정 문제가 나타나면 거의 풀고 지나간다.
23. 다정다감한 편은 아니다.
24. 어떤 이득이 있을 때에만 서로에게 관심을 보인다.
25. 서로에게 솔직하다.
26. 어떤 규칙이나 기준을 고집하지 않는다.

27. 어떤 일을 부탁하고 나서 나중에 다시 일러줘야 한다.
28. 집에서 지켜야 할 약속들을 어기면 어떻게 되는지 잘 모른다.
29. 함께 있으면 잘 지내지를 못한다.
30. 가족으로서 각자가 해야 할 일에 대해 불만을 가지고 있다.
31. 비록 좋자고 하는 것이지만 서로의 생활에 너무 많이 개입한다.
32. 서로를 믿는다.
33. 누가 해 놓은 일이 마음에 들지 않으면 그 사람에게 말한다.
34. 문제를 해결하려고 할 때 여러 가지 방법을 생각해 본다(정수경, 1993).

(1) 문제해결

　가족 문제는 가족의 통합과 기능을 위협하는 것이며, 모든 가족은 유사한 범위 내에서 그와 관련된 어려움을 갖게 된다. 다만 잘 기능하는 가족은 문제를 해결할 능력이 있으며, 역기능적 가족은 문제에 잘 대처하지 못한다. 즉, 문제를 해결하는 데 어려움이 있는 가족은 잘 기능하지 못하는 가족이라고 볼 수 있다. 따라서 문제해결은 가족이 효과적인 가족기능을 유지하면서 가족의 문제를 해결하는 능력이다. 일반적으로 가족에게 미해결 문제가 적을수록 그 가족은 건강한 가족이라고 할 수 있다. 또한 건강한 가족은 가족원이 새로운 문제상황에 직면하게 되면 문제에 체계적으로 접근하며, 그 문제를 해결하려는 노력을 보인다.

　가족치료사는 문제를 해결해 나가는 과정에는 모든 사람에게 과제가 있다는 점을 알리는 것이 중요하다. 가족의 과제는 기본과제, 발달과제, 위기과제로 나누고 있다. 기본과제는 의식주의 해결처럼 사회에서 생활하기 위한 기본적인 과제를 의미한다. 발달과제는 가족생활주기의 단계가 진행됨에 따라 각 가족원이 건강하게 발달하기 위하여 달성해야 하는 과제다. 예를 들면, 건강하게 자라기 위해서 요구되는 부모의 배려는 자녀가 영유아기인지, 청소년기인지에 따라 다르다. 잘 기능하는 가족은 서로 무엇을 필요로 하는지에 민감하며 그 같은 배려는 생활주기에 맞추어 조정된다. 때로는 발달과제가 가족의 능력과 자원의 한계를 넘어선 경우가 있다. 이것은 가족의 죽음, 질병, 실업, 자연재해, 다른 문화권으로 이주하는 것처럼 예기치 못한 갑작스러운 사건에 대처하는 위기과제다. 어떤 가족은 이러한 사건들이 쉽게 대처할 수 있는 것인 반면, 또 다른 가족에게는 심각한 위기를 초래하는 상황일 수도 있다. 따라서 가족이 스트레스에 대처하면서 위기를 예방하는 능력은 가족기능을 판단하는 좋은 지표가 된다.

(2) 의사소통

의사소통 기능이란 가족 내에서 정보가 어떻게 교환되는가를 나타내는 것으로, 주로 언어에 의한 것에 국한되고 있다. 그러나 실제의 의사소통에서는 목소리의 억양, 얼굴의 표정, 시선, 신체언어, 어휘의 선택에서 나타나는 상위의사소통을 포함한 비언어적 의사소통이 중요하다. 맥매스터 모델의 척도인 FAD에는 비언어적 의사소통에 관한 문항이 없는데, 비언어적 의사소통의 중요성을 경시한 것이 아니라 그에 대한 구체적인 자료를 수집하기가 어렵다고 판단했기 때문에 문항에서 배제한 것으로 보인다.

의사소통을 결정하는 중요한 요소는 의사소통을 하는 사람이 의견을 얼마나 솔직하고 명료하게 전하는가, 의사소통의 양은 충분한가, 의사를 전달하고자 하는 사람이 존재하는가, 마음이 얼마나 열렸는가 등이다.

또한 의사소통에는 보고 수준과 요구 수준이 있다. 예를 들면 '피곤하다'라는 말은 두 가지 수준을 모두 포함한다. 피곤한 신체 상태를 보고하는 수준과 피곤하니까 나를 위해서 뭔가를 해 달라는 요구 수준을 동시에 포함하는 것이다. 그러나 요구 수준의 의사소통에 지나치게 집착하면 명확한 의사소통을 하는 데 걸림돌이 되기도 한다. 이처럼 애매하거나 직접적이지 않은 숨겨진 의사소통보다는 명료한 의사소통이 바람직하다. 때로는 이중구속과 같은 숨겨진 의사소통이 가족원들에게 혼란을 주어 가족의 불안을 가중시킬 가능성도 높다. 또한 제3자를 통한 의사소통보다는 대화하고자 하는 사람과 직접 의사소통을 하는 것이 바람직하다. 간접적인 의사소통은 전달하는 과정에서 왜곡될 우려가 있을 뿐 아니라 대화를 하는 두 사람 간에 끼어 있는 제3의 인물이 어려운 입장에 처하게 되는 경우도 있다. 마지막으로 가족원끼리 필요한 정보를 충분히 전달하고 있는지를 살펴보는 것도 치료사에게 필요한 부분이다.

(3) 가족역할

가족역할이란 각각의 가족원이 가족기능을 충족시키기 위해 반복적으로 수행하는 행동 유형이라고 정의된다. 과제달성을 하기 위해서는 역할이 적절하게 분배되어 있어야 하며, 가족원은 분배된 역할에서 요구하는 활동을 실행할 필요가 있다. 그러나 역할분담의 형태는 여러 가지다. 즉, 적절할 수도 있고 부적절할 수도 있으며, 공공연하게 이루어질 때도 있고 암암리에 이루어질 수도 있다. 문제는 분담된 역할이 가족원에게 적절하게 나누어져 있는지 아니면 이미 과중한 부담을 가지고 있는 가족원에게 또다시 어떤 역할이 부과되었는지 하는 것이다. 건강한 가족일수록 가족기능이 대부분의 가족을 충족시킬 수 있으며 역할의 분담과 책임도 명백하다.

가족역할은 가족원이 건강하게 기능하기 위한 필수적 기능과 그 밖의 가족기능으로 구별된다. 필수적 기능이란 물질적인 자원을 마련하는 것, 가족을 양육하고 격려하는 것, 배우자끼리 성적으로 만족하는 것, 생활하기 위한 기본적인 기술을 획득하여 가족을 유지하는 것이다. 이때 생활하기 위한 기술이란 어린 자녀의 학교생활을 돌보거나 청소년이 자신의 장래를 설계할 수 있도록 하는 것과 같이 가족원 모두의 개인적 성장을 돕는 것을 의미한다. 또한 가족이라는 체계를 유지하기 위하여 어떤 가족원이 지도력을 발휘할 수 있는 상황을 만들 것, 의사결정을 할 수 있게 할 것, 가족 간의 경계가 확립되고 유지되도록 하는 것을 의미한다.

그 밖의 가족기능이란 특정 가족원에게 두드러지게 나타나는 기능이다. 예를 들어, 가족원 중 한 명이 우상화되거나 반대로 희생양이 되는 것이다. 이처럼 가족이 가진 특별한 역할은 개인이나 가족의 병리를 반영하는 경우가 있으므로, 치료사가 가족을 이해할 때 도움이 된다.

(4) 정서적 반응성

정서적 반응성은 가족이 주어진 자극에 따라 적절한 내용과 양으로 반응할 수 있는 능력을 의미한다. 내용 면에서 두 가지 질문을 할 수 있다.

첫째, 가족원이 일상적인 정서생활에서 광범위하게 경험하고 반응하는가?

둘째, 경험되는 정서는 상황적 맥락의 자극에 부합되는 것인가?

효과적인 정서생활을 하는 가족의 경우는 질적 또는 양적인 면에서 모두 적절한 정서적 경험을 할 수 있다. 의사소통의 차원이 가족원이 경험하고 있는 감정을 어떻게 전달하는가의 문제를 다루는 것이라면, 정서적 반응성이란 가족원이 경험하는 정서를 의미한다. 반응은 안정감과 위기감으로 구분된다. 안정감은 애정, 안도감, 즐거움과 같은 정서를 말하며, 위기감은 두려움, 비애, 분노, 우울과 같은 정서를 말한다. 적절한 수준의 정서적 반응이 무엇이며 어떻게 정서를 표현하는지는 문화적인 특성에 따라 다르다.

기능적인 가족은 적절한 강도와 지속성을 가지고 다양한 정서로 반응할 수 있는 능력을 가지고 있다. 반대로 역기능적인 가족은 반응하는 정서의 범주가 한정되어 있거나 반응의 질이나 양적인 면에서 부적절하다.

(5) 정서적 상호작용

정서적 상호작용이란 가족 서로에 대한 관심이나 배려의 양과 질의 문제로 가족 전체가 각 개인의 관심사, 활동, 가치관에 얼마나 관심을 보이는가를 의미한다. 맥매스터 모델에서는 정서적 상호작용의 정도에 따라 다음의 다섯 가지로 분류하고 있다.

첫째, 서로 전혀 상호작용하지 않는 수준으로 가족원은 서로에게 소원하거나 무관심하여 정서적 욕구가 충족되지 못한다.

둘째, 감정이 배제된 상호작용으로 가족원 간의 상호작용은 의무감이나 다른 가족의 통제가 필요하거나 단순한 호기심이 있을 때만 이루어진다.

셋째, 자기도취적 상호작용으로 다른 사람에 대한 관심이 주로 자기중심적일 때 일어난다. 즉, 어떤 가족원이 다른 사람의 일을 진심으로 걱정하거나 보살피는 마음보다는 자신의 존재가치를 유지하기 위해서 다른 가족과 상호작용한다.

넷째, 공감적 상호작용의 단계다. 이는 어떤 문제에 상호작용할 때 상대방이 무엇을 필요로 하는가를 진정으로 이해하고 그 사람과 관계하는 바람직한 상호작용을 보인다.

다섯째, 공생적 상호작용으로 지나치게 관심을 가져서 가족원의 발달장애를 초래하는 것이다.

가족기능을 판단하기 위해서는 정서적 상호작용의 형태를 보는 것이 필요하다. 효과적이지 못한 상호작용은 양극에 해당하는 상호작용의 결핍과 공생적 상호작용에 해당하는 형태다.

(6) 행동통제

가족들은 지금의 상태를 유지하거나 어떤 새로운 상황에 적응하기 위해 다른 가족원에게 영향을 주기도 한다. 이때 가족원의 행동을 통제하는 방법이 필요하다.

맥매스터 모델에서는 행동통제를 경직, 유연, 방임, 혼돈의 네 유형으로 분류하여 다음과 같이 설명한다.

첫째, 경직된 통제는 어떤 일을 수행하기 전에 어떠한 통제가 이루어질 것인가를 예측하기는 쉽지만, 가족은 건설적이지 못하고 적응력도 낮다. 이것은 일상생활이나 역할을 현재의 상태로 유지하는 데는 도움이 되지만, 어떤 가족원이 새로운 발달과제에 직면하여 변화를 필요로 하는 상황에 적응해야 하는 경우에는 바람직하지 못하다.

둘째, 유연한 통제는 예측 가능하며 건설적이고 환경변화에 적절하게 적응할 수 있다. 다소 지지적이며 교육적인 성격을 가지고 있기 때문에 가족원이 그들의 이상이나 규칙을 함께 공유하는 것을 촉진하기 쉽다. 따라서 과제를 달성하기 쉽다.

셋째, 방임적 통제는 어느 정도 예측이 가능하지만 건설적이지 않다. 어떤 일을 준비하거나 실행할 때 힘은 약하고 우유부단하여 의사소통과 역할분담에 문제가 생긴다. 이러한 무질서한 가족 속에서 자란 자녀들은 정서적으로 불안정하며 다른 사람의 주의를 끌려 하는 경향이 두드러지는 반면, 충동을 억제하거나 통제하는 힘은 미약하다.

넷째, 혼돈된 통제는 예측할 수 없으며 건설적이지 못하다. 때로는 엄격하게 통제하기도 하고 또는 자유방임적인 태도를 취할 때도 있기 때문에 그다음에 어떤 것이 일어날지 예측할 수 없다. 사건의 변화는 가족을 둘러싼 상황이나 필요에 의한 것이라기보다는 어떤 가족원의 기분이나 감정에 의해서 일어나는 경우가 많다.

4. 가계도에 의한 가족사정

가계도(genogram)는 치료사들이 주로 가족치료 초반에 가족을 사정하기 위해 자주 사용하는 사정기법이다. 가계도는 원래 보웬 접근을 지향하는 치료사들이 확대가족을 포함한 가족의 정보를 얻기 위해서 사용한 것이었다. 가계도의 구조는 상대적으로 간단하다. 가계도란 3세대 이상에 걸친 가족원에 관한 정보와 그들 간의 관계를 도표로 나타내는 방법이다(McGoldrick et al., 2008). 가계도는 가족에 관한 정보가 도식화되어 있기 때문에 복잡한 가족 유형을 한눈에 볼 수 있는 이점이 있다. 다시 말하면, 3세대 이상의 가족에 관한 정보가 도식화되어 있는 가계도를 통해 치료사는 각각의 가족원과 전체 가족 속에서 반복되어 나타나는 유형이나 사건들을 검토할 수 있다. 또한 가족관계나 기능의 유형을 도식화함으로써 원가족과 어떤 삼각관계를 형성하고 있는지 체계적으로 파악할 수 있다.

이처럼 가계도를 활용한 면담은 체계적인 질문을 하기가 쉬워서 치료사에게는 좋은 정보를 제공하는 한편, 이를 통해 가족들도 체계적인 관점으로 문제를 볼 수 있다. 즉, 가계도는 가족이 자신들의 관계를 새롭게 볼 수 있도록 도와주기 때문에 치료적 효과도 크다. 이것은 가족 스스로가 공간과 시간을 넘나들면서 가족 문제를 추적하도록 돕는 체계적 관점을 만들어 내어 현재의 가족이 보이는 문제와 행동에 대해 다양한 관점에서 볼 수 있게 한다.

전형적으로, 가계도는 첫 면담에서 대부분이 완성되고 새로운 정보가 나타날 때마다 수정된다. 그러므로 가족에게 이전 세대부터의 주제, 신화, 규칙, 정서적으로 부과된 문제 등에 관하여 물어봄으로써 반복되는 유형을 명확히 할 수 있다. 또한 가계도의 가족력을 살펴봄으로써 지금까지 가족 내에서 일어났던 일들의 관련성을 알 수 있게 된다.

1) 실시방법

가계도의 작성은 치료사가 가계도의 이론적 근거를 설명하면서 시작된다. 즉, 치료사는 가족배경이 현재의 가족 문제에 어떻게 영향을 미치는지 좀 더 잘 이해하기 위해서는 가계도를 통해 가족의 기원에 대한 정보를 얻는 것이 중요하다는 것을 가족에게 설명함으로써 시작한다. 또한 시간이 어느 정도 걸리는지, 그리고 어떤 사건의 순서로 그려 가는지에 대해서도 설명할 필요가 있다. 치료사는 누가 먼저 시작할 것인지를 지적하지 않지만 임상적 경험에 의하면 상담에 그다지 많은 관심을 보이지 않는 가족이 먼저 시작하는 것이 바람직하다.

가계도 작성과정은 가족구조를 상세하게 기록하는 것으로 구성된다. 가족구조를 도식화하는 것은 가족 전체가 개입한다는 자세를 유지하도록 만든다.

가계도를 그리는 동안 몇 가지 유의할 점이 있다.

첫째, 치료사는 모든 가족들이 참여하도록 격려하며 개입을 유지하는 것이 필요하다. 즉, 어떤 가족원과 어느 정도 이야기한 후에, 가족들에게 덧붙일 것이 있는지를 확인하거나, 동의하는지의 여부를 물어볼 수 있다. 가족과의 면담은 다음 사항에 유의하는 것이 바람직하다.

- 현재 드러난 문제로부터 지금까지 가족이 안고 있는 문제의 배경에 관한 질문으로 넓혀 나간다.
- 간단하고 무난한 질문에서 위협적인 질문으로 넓혀 나간다.

• 명백한 사항에서 역할이나 관계를 판단하여 가족 패턴에 대한 가설
　을 세울 수 있는 질문으로 넓혀 나간다.

　둘째, 치료사는 가계도를 그리는 경험이 가족에게 부담스럽지 않도록
배려해야 한다. 가계도 작성은 가족과의 관계가 충분히 이루어지지 않은
상담의 초반부에 주로 활용되기 때문에, 치료사의 능력에 따라 재미있고
순조롭게 진행할 수 있다. 약간의 유머는 힘들고 재미없는 질문과 대답
을 피하고 싶을 때 도움을 준다.

　셋째, 가계도를 통해 치료사의 전문성을 발휘할 수 있어야 한다. 가계
도를 작성한 후 치료사는 가족에게 자신들의 생각을 서로 나누도록 이끌
어 가는 것이 중요하다. 일반적으로 가족은 자신의 가족에 대해 객관적
으로 파악하고 싶다는 의지가 강하다. 따라서 가계도를 통한 치료사의
전문적인 분석은 가족이 자신의 가족에 대한 통찰을 가지게 하는 데 도
움을 준다.

(1) 가족구조의 도식화

　가계도는 각 가족이 한 세대에서 다음 세대까지 생물적, 법적으로 어
떻게 관련되는지를 도표로 표시하는 것이다. 그것은 사람을 나타내는 기
호와 관계를 묘사하는 선으로 구성된 지도와 같은 것이다.

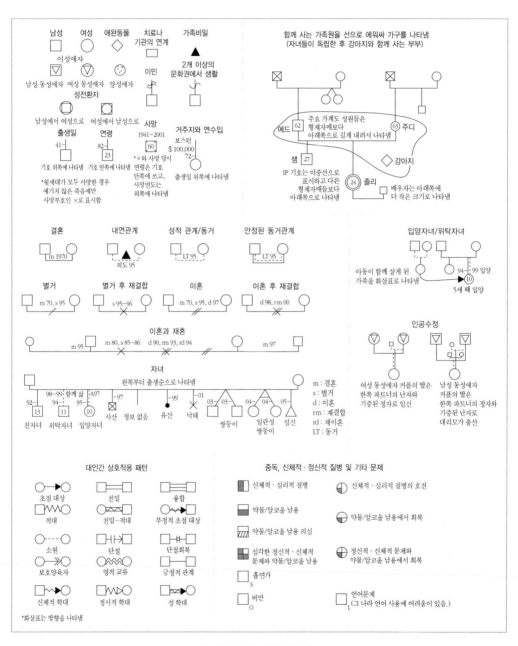

[그림 3-4] 가계도의 예

출처: McGoldrick et al., 2008.

(2) 가족에 관한 정보의 기록

가계도의 뼈대인 가족구조를 도식화하게 되면 다음에는 가족의 이력, 가족의 역할, 가족생활의 중요한 가족사건 등에 관한 정보를 덧붙인다. 가계도를 통해 세부적인 사항을 수집할 수 있다. 가능한 한 여러 세대에 걸쳐 결혼일, 죽음, 생일, 가족원의 나이 등을 적도록 한다. 그러나 면담의 초기 단계에서 주로 가계도 작성을 사용하기 때문에, 지나친 정보수집은 바람직하지 않다는 견해도 있다. 따라서 실제로는 이혼, 결혼, 죽음 같은 중요한 사건이 일어난 날과 나이 등을 구체적으로 기입하는 것은 핵가족과 그 윗세대에 한하는 것이 일반적이다.

가계도에 기록되어야 할 사항은 다음과 같다.

- 가족원의 이름, 별명, 가족애칭(공주, 우리 집 외교사절)
- 출생, 사망, 질병, 결혼에 관한 정보, 그 밖의 중요한 정보의 날짜(승진, 졸업)
- 가족원의 종교
- 확대가족과의 접촉횟수와 접촉방법(우편, 전화, 방문)
- 가족의 기본적인 표현방식
- 가족끼리의 친밀 또는 소원의 정도
- 정서적 단절의 유무(정서적 단절이 있다면 계기와 시기를 기록한다)

(3) 가족관계의 도식화

가계도에 의한 가장 유용한 정보는 가족구조가 아니라, 구조를 구성하고 있는 관계의 본질이다. 치료사는 가족이 자신들의 가정생활에 영향을 미치는 근본적인 요소를 생각해 보도록 도와야 한다. 예를 들어 부부가 그들 부모의 결혼생활 모델을 관찰한 바를 이해하기 위해 다음과 같은 질문을 할 수 있다. "당신의 부모는 어떻게 애정표현을 했나요?" "그들의 사회적 삶은 어땠나요?" "그들은 서로 의견차이가 있을 때, 어떻게 대처했나요?" "당신은 부모님 중 어느 분과 더 많은 시간을 함께 보냈나요?" "불편한 감정을 서로에게 어떻게 표현했나요?" 등의 질문을 통하여 관계를 추론한다. 특히, 가까운 부모에 대한 질문은 중요하다. 왜냐하면, 가까운 부모로부터 발달된 관계양식은 가정생활을 유지해 나가는 데모델이 되기 때문이다.

이 단계는 지금까지와는 달리 추론에 근거한 작업이다. 이것은 가족의 보고와 치료사의 직접적 관찰에 근거하여 각 가족원의 관계를 [그림 3-4]에 제시된 기호를 활용하여 도식화한다. 가족원인 두 사람의 다양한 관계를 각각 다른 선으로 나타낸다.

2) 가계도의 해석

가족 내의 상호작용과 인간관계는 그 유형이 반복적으로 되풀이되거나 바뀐다. 가계도는 이러한 유형의 반복을 예측 가능하게 한다. 가족구조의 어느 부분을 담당하는지에 따라 그 개인의 기능이나 인간관계의 유형, 다음 세대에서 형성될 가족 유형까지 영향을 받을 수 있다. 한 세대에서 일어난 일은 다음 세대에서도 되풀이된다. 즉, 비록 실제의 행동은 여러 가지로 표현된다 하더라도 같은 문제가 여러 세대에 걸쳐 나타나는 경향이 있다. 가계도에서는 한 세대에서 다음 세대로 계속되거나 혹은 바뀌는 가족의 구조, 관계, 기능의 유형을 찾아볼 수 있다.

여기서는 가계도를 해석할 때 고려해야 할 몇 가지 요소들을 제시하고자 한다.

(1) 가족의 구조

① 가족의 구성

가계도에서 가장 먼저 주목해야 할 사항은 가족의 구조다. 가계도의 골격을 통하여 이 가족이 확대가족, 핵가족, 한부모가족, 재혼가족 중 어느 것에 해당하는지를 파악할 수 있다. 그러나 이와 같은 표면적인 가족구성에 대한 이해에서 머무르지 않고, 동시에 각 가족구성이 안고 있는 문제점도 파악하려고 노력해야 한다. 예를 들어 한부모가족이라면 일반적으로 고독, 경제적 문제, 자녀양육의 어려움이 자주 언급되므로 이것에 대한 탐색이 필요하다. 그리고 한쪽 부모의 상실로 자녀가 받은 심리적 충격에 대해서도 파악할 필요가 있다. 그리고 이들 가족이 3세대가 함께 사는 확대가족이라면 누가 부모의 역할을 하는지에 대한 질문을 통하여 경계, 연합, 갈등의 문제를 파악해야 한다.

② 형제순위

출산이나 양육태도의 변화로 형제순위, 성별, 연령차이에 대한 가치관이 다양해졌으나, 아직은 토만(W. Toman)의 가설이 설득력을 가지고 있다. 그는 형제순위는 원가족 내에서 경험하는 감정이나 역할에 영향을 준다고 주장하였다. 그는 일반적으로 맏이는 지나치게 책임감이 강하며 부모역할을 하는 경향이 있지만, 막내는 어린애 같고 제멋대로인 특성을 가지고 있다고 보았다. 또한 외동아이의 경우는 사회성을 빨리 습득하여 또래들과 적극적인 교류를 하려 하지 않는다. 이들은 부모의 관심을 한 몸에 받는다는 점에서 막내보다는 맏이의 특징과 유사하다 (McGoldrick et al., 2008).

형제의 성별도 중요한 요인이다. 형제관계가 미래의 인간관계의 모델이 되므로 여자형제 속에서만 자란 여자아이나 남자형제 속에서 자란 남자아이는 성장하여 배우자를 이해하는 데 어려움이 따를 수 있다.

그리고 형제간의 연령차이가 크지 않을수록 생활경험을 많이 공유한다. 일반적으로 6살 이상의 터울이 있는 형제는 별개의 발달 단계를 경험하는 것이므로 실질적으로는 외동아이인 셈이다.

가족에게 중요한 사건이 일어난 시기에 태어난 자녀에게는 형제순위에 따른 전형적인 기대 이상의 특별한 기대가 덧붙여지는 경우도 있다. 또한 자녀에게 특별한 성격이 있으면 가정 내의 형제 유형에 변화가 생기는 경우도 있다. 즉, 둘째에게 뛰어난 재능이 있거나, 맏이가 허약하다면 둘째에게 맏이의 역할이 맡겨진다. 그리고 성역할에 대한 부모의 태도와 신념은 자녀들에게 거는 기대에 영향을 미친다.

(2) 가족생활주기의 적합성

이것은 한 가족이 적응하고 있는 생활주기의 변천에 관하여 이해하는 것이다. 가족은 결혼, 자녀출산, 자녀양육, 자녀독립, 은퇴 등의 각 분기점을 거쳐서 발달해 나가는데, 각각의 분기점을 통과하는 시기에 관해서는 대부분 기준을 가지고 있다. 가계도상에 기재된 연령과 시기를 고려하여 보면 생활주기 사건이 표준범위 내에서 일어나고 있는지의 여부를 파악할 수 있다. 표준에서 벗어난다면 가족이 그러한 생활주기 단계에 적응하기 위해 어떤 곤란을 경험했는가를 탐색해야 한다.

각 단계별로 특징과 해결해야 할 과제를 정리하면 다음과 같다.

① 소속되지 않은 어른의 단계

이 단계는 자신이 태어난 원가족과 앞으로 자신이 만들어 갈 생식가족 중간에 있으며, 원가족에서는 분리했으나 아직 다른 가족을 구성하지 않은 단계다. 이 단계에 속한 개인은 원가족으로부터 자신이 분화했다는 의식을 가지는 것이 중요하며, 더 나아가 적절한 직장을 찾는 동시에 동료와 친밀한 관계를 형성해 가는 능력을 몸에 익혀야 한다.

② 결혼에 의한 가족결합 단계

이 과정에서 두 사람은 서로에 대한 헌신이 필요하며, 그 결과 새로운 부부체계가 형성된다. 이 단계의 개인에게는 확대가족이나 친구 사이에서 생기는 관계를 적절히 조절하는 것이 필요하며, 결혼을 계기로 원가족과의 관계를 재구성해야 한다.

③ 어린 자녀가 있는 단계

자녀의 등장은 가족체계에 상당히 많은 변화를 요구한다. 이미 존재하는 부부체계에 새로운 부모자녀체계가 더해지는 것이다. 새로운 세대를 가족체계에 받아들이는 것뿐만 아니라, 확대가족과의 관계에서도 변화가 일어난다. 이들의 부모는 조부모의 역할을 담당하게 되는데, 이 같은 역할을 어떻게 수행하는가도 중요한 부분이 된다.

④ 청소년기 자녀가 있는 단계

여기서는 부모-자녀 관계에서 자녀가 자립하기 위한 단계적이지만 커다란 변화가 예상된다. 일반적으로 청소년기의 자녀들은 가족체계를 들락거리면서 가족경계를 유연하게 하는 데 역할을 한다. 이상적인 것은 부모세대가 이 같은 자립을 위한 자녀의 발달과제를 수용하면서 지금까지 부모로서 보다 많은 관심을 가졌던 자신들의 관점을 부부에게로 전환하는 것이다.

⑤ 자녀가 집을 떠나는 단계

이 시기는 젊은 세대가 자립하는 시기이므로, 가족원들의 들락거림이 더욱 심해진다. 또한 조부모가 노약하여 질병으로 시달리거나 부모세대에게 의존하게 된다. 자녀들은 사회에서 자립한 성인으로 역할을 하게 되므로 가정에서도 자녀를 평등한 어른으로 인정하는 새로운 부모-자녀 관계를 모색해야 한다. 그리고 자녀가 결혼하여 자녀를 갖게 되면 조부모로서의 역할도 필요하다. 자녀들은 친척과도 관계를 맺지 않으면 안 되는데, 이 시기에는 윗세대의 질병이나 죽음과 직면하지 않으면 안 되는 경우가 생긴다.

⑥ 노후를 맞이하는 단계

부모세대는 조부모세대가 되어 둘만 남게 된다. 그러므로 이들은 새로운 관심이나 사회생활을 만들어 갈 필요가 생겨난다. 동시에 중간세대가 가족 속에서 보다 중심적 역할을 하게 되며 윗세대의 지식과 경험을 존중하며 수용해 가면서도 그들에게 의존하기보다는 오히려 그들을 돌보게 된다. 동시에 이 시기는 배우자, 형제, 동료들의 질병이나 죽음을 경험하는 것이 일반적이다.

(3) 세대를 통해 반복되는 유형

가족 유형은 세대에서 세대로 전달될 가능성이 있으므로 가계도를 통하여 여러 세대에 걸쳐서 반복된 유형을 파악해야 한다. 이러한 유형은 역할이나 관계, 가족구조에서 자주 나타난다.

① 역할 유형

바람직한가의 여부를 떠나서 특정한 가족역할이나 양식, 문제처리 방법은 한 세대에서 다음 세대로 전달된다. 따라서 가족이 호소하는 알코올 문제, 폭력, 자살 등의 문제는 이전 세대에도 일어났던 것일 때가 종종 있다.

② 관계 유형

친밀감, 거리, 갈등 등의 관계 유형 역시 세대를 걸쳐서 나타날 수 있다. 때로는 이러한 관계 유형은 여러 세대를 도식화하지 않으면 놓칠 수 있는 복잡한 유형을 나타내는 경우도 있다. 예를 들어 모자간에 동맹을 맺고, 부자간에는 적대적 관계가 나타나는 가족의 유형이 여러 세대에 걸쳐 반복되는 경우도 있다.

③ 구조 유형의 반복

세대마다 구조가 반복되면 가족 유형이 더욱 견고하게 되는 경우는 자주 있는 일이다. 특히 구조 유형이 바로 전 세대와 동일할 때 그러한 경향이 강하다. 따라서 역할과 관계가 반복되는지를 탐색할 때는 가족구성의 반복도 함께 살펴야 한다. 예를 들어 세 자매 중 막내인 어머니가 세 명의 딸을 가진 경우 어머니는 원가족의 경험 때문에 막내딸과 자신을 지나치게 동일시할 수 있다.

(4) 인생의 중대사와 가족의 역할

인생의 중대사와 가족의 역할변화는 서로 관련되어 있는 경우가 있으므로 가족역사에서 중대한 사건이 언제 일어났는지를 가계도에 기록하게 된다. 그러므로 가족생활에서의 여러 가지 사건과 가족역할 변화 사이의 일치성을 확인해 보는 것은 유용하다. 특히 중요한 가족 생활사건과 가족역할의 장기적 변화와의 관련을 살피는 것이 유용하다. 긴장의

축적, 충격적인 사건의 영향, 사회 · 경제 · 정치에 관한 가족의 경험 등
도 가계도에서 신중히 탐색해야 한다.

(5) 삼각관계 유형

가족에게서 나타나는 관계 유형으로서는 긴밀함, 융합, 적대, 갈등, 소
원, 단절 등의 특징이 있다. 인간의 최소단위는 2인 체계이지만, 때로는
이와 같은 2인 체계의 패턴은 다른 또 한 명의 영향에 의하여 삼각관계로
연결되어 있는 가족체계의 경험이다. 예를 들어 아버지와 어머니의 관계
가 소원하다면, 아버지가 딸과 친밀해질수록 어머니와 딸은 대립관계를
이루는 경향이 있다. 가계도를 통하여 이러한 삼각관계를 파악하는 것이
중요한데, 이것은 몇 세대에 걸쳐서 형성될 수도 있다. 일반적인 것이 조
부모와 손자가 연합하여 부모에게 대항하는 것이다.

(6) 가족의 균형과 불균형

마지막으로 가족구조, 역할, 기능 수준, 자원의 유무에서 균형과 불균
형이라는 문제가 포함되어 있다. 균형과 불균형은 가족체계 전체의 기능
과 관련된 것이다. 가족체계라는 것은 동질적이지 않으며, 같은 가정 내
에서도 대조적 특징들이 존재한다. 잘 기능하는 가족이라면 이러한 특징
이 서로 균형을 이룬다. 두드러진 특징과 대조되는 점을 살펴보면 균형
과 불균형을 잘 알 수 있다. 이러한 대조와 특징이 기능 전체와 어떤 관
계가 있는가, 지금까지 어떤 균형을 유지해 왔는가, 균형유지에 실패하
면 어떤 긴장이 생기는가 등을 파악하는 것이 중요하다.

① 역할

잘 기능하는 가족 내의 가족원들은 보호자, 의존자, 제공자, 대변자 등

의 다양한 역할을 담당한다. 그러나 이러한 역할의 분담은 자연스럽게 이루어지는 것이 아니므로 갈등의 근원이 될 수도 있다. 따라서 한 명의 가족원이 지나치게 많은 역할을 담당하는 가족의 가계도에서는 그러한 문제를 어떻게 해결하고 있는지 탐색하는 것이 바람직하다.

② 기능 수준과 유형

가족원에 따라서 역할을 수행하는 양식이나 수준이 다르다. 그러므로 가족원 각각에 맞는 형태로 기능할 수 있도록 각 유형의 균형유지가 이루어져야 한다. 어떤 새로운 가정이든지, 서로 다른 양식이나 관계방식에 조화가 있어야 하며, '서로 다름'이 보완적일 때 자녀가 올바르게 성장할 수 있다. 예를 들어 자녀가 현실주의적인 법률가 집안인 부계와 예술적 기질을 가진 모계를 자신의 생활에 통합하여 균형을 유지하는 경우가 있다. 그와는 달리 가족 내의 균형유지를 위한 어떤 방법이 가족체계의 기능장애를 초래할 수도 있다. 무책임한 알코올 중독자와 책임감이 강한 상대의 결합이 그 예다. 이때 배우자 양쪽이 서로 균형을 이루고 있지만, 알코올 중독자의 행동은 무책임한 반면 그의 배우자는 과도한 책임을 지려고 한다. 과도하게 책임을 지려는 쪽의 돌보고자 하는 욕구와 알코올 중독자의 보호받으려는 욕구가 그들의 관계를 안정시킨다.

③ 자원의 유무

가족원의 재산, 건강, 기술, 지원체계 등의 자원을 가지고 있는지 또는 없는지의 차이를 살피는 것이 중요하다. 만약 가계도상에서 이와 같은 부분에 극단적인 차이가 나타난다면 그러한 불균형에 가족이 어떻게 대응했는지를 탐색하는 것이 중요하다.

이러한 체계적 접근을 통해 현재의 가족뿐만 아니라 가족역사도 이해할 수 있다. 역사적 관점에서 볼 때, 우리는 사건들 사이에 나타나는 우연의 일치에 대해서도 체계적 견해를 가져야 한다. 가족 내의 다른 부분에서 동시에 일어난 사건을 단지 우연으로 보지 않고 오히려 체계적 방식으로 상호 관련된 것으로 보아야 한다. 가계도에서 드러나는 역사와 관계 유형이 문제를 규정하는 데 중요한 실마리를 제공한다. 즉, 증상이 어떤 관계 유형은 보호하고 다른 관계 유형은 말살시키는 데, 또는 이전 세대에서 물려받은 유산을 보호하는 데 어떤 역할을 하는지가 한눈에 드러난다.

가계도는 치료사가 가족체계에서 주요 삼각관계를 파악하여 그러한 삼각관계의 유형이 한 세대에서 다음 세대로 어떻게 계속되는지 살펴봄으로써 가족의 개입 방법을 세울 수 있도록 해 준다.

사례

결혼한 지 6개월도 안 된 신혼부부가 이혼하고자 상담에 왔다. 부부는 이혼을 결심한 결정적 계기가 있었던 것은 아니나 막연히 '우리 부부는 맞지 않는다'는 걸 알게 되었다고 호소하였다. 다음의 그림은 첫 면담 시 함께 작성한 가계도다. 이것을 토대로 이들 가족의 역동과 현재의 어려움을 추론해 보자. 또한 가계도 작업을 지속해 간다면 앞으로 파악할 수 있는 부분은 무엇인지 살펴보자.

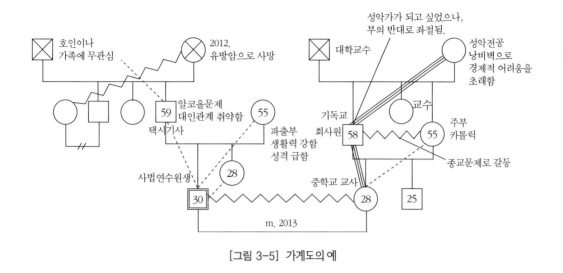

[그림 3-5] 가계도의 예

5. 투사적 기법을 활용한 가족사정

어떤 가족을 사정할 때는 언어적 접근보다 이미지나 놀이와 같은 비언어적 도구가 도움이 되는 경우가 있다. 특히 사정해야 할 가족 중에 어린 아동이 포함되거나 가족이 지나치게 긴장하여 언어적 수준으로 자신을 표현하지 못하는 경우에 도움이 된다. 임상적 경험에 의하면 청소년기의 자녀가 부모와의 언어적 의사소통을 단절하고 있는 경우에도 유용하다. 이것은 덜 구조화되어 있는 비언어적 기법들이 결과보다는 활동 자체에서 즐거움을 주는 특성을 갖고 있는 것과 관련이 있다. 특히 이미지나 놀이와 같은 투사적 기법은 시각적으로 드러나거나 사실을 뛰어넘은 비현실적이거나 창의적인 상상력을 드러낼 수 있다는 점에서 덜 위협적이다. 또한 자신이나 가족에 대해 은유적으로 표현할 수 있는 기회도 제공한다. 투사적 기법은 가족 스스로도 의식하지 못한 무의식 수준의 새로운 경험을 하는 계기가 되기도 한다.

투사적 기법을 활용하여 가족에 관한 정보를 얻으려는 목적은 크게 두 가지로 나눌 수 있다. 첫째, 가족원의 역동적 관계를 가능한 한 객관적으로 파악하려는 것이다. 이러한 목적이라면 사정을 하는 과정에 가족 전원이 참석하는 것이 바람직하다. 둘째, 내담자가 주관적으로 인식하고 있는 가족의 역동관계를 파악하려는 것이다. 이 경우는 진단과정에 가족 전원이 참석할 필요는 없다. 단지 내담자의 주관적 세계는 객관적 세계와 일치하지 않는 경우가 많기 때문에 내담자가 주관적으로 인식하는 가족 패턴과 치료사가 객관적으로 이해하는 것에 차이가 있을 수 있다.

치료사가 투사적 기법을 활용할 때는 내담자의 배경을 알지 못한 채 그들의 투사적 표현을 해석하는 것이 아니다. 작품을 통해 얻은 메시지와 내담자가 (스스로 의도하든 그렇지 않든 간에) 제공한 여러 가지 정보와 피드백에 의하여 얻은 정보를 종합하여 투사적 표현을 해석하는 것이 일반적이다. 즉, 심리치료에서 언어라는 매체의 메시지를 정확히 해석하는 것이 맥락 속에서 일어나는 것처럼 투사적 기법이라는 매체의 메시지도 맥락 속에서 해석되어야만 한다. 투사적 기법의 기호화된 다의적인 메시지를 맥락 속에서 해석하기 위해서는 표현된 작품뿐 아니라 '검사과정 속의 언어표현을 포함한 행동관찰'과 '검사 후의 질문이나 대화'를 포함하여야 하며, 면접을 통한 다른 정보도 필요하다. 이러한 정보를 포함한 전체적인 맥락을 파악해야만 투사적 기법이 전달하려는 메시지를 제대로 해석할 수 있다. 특히 치료사가 투사적 기법을 단순한 진단의 수단이 아니라 치료적으로 활용하려면 이와 같은 여러 가지 정보와의 관계에서 종합적으로 해석된 잠재적 메시지를 내담자에게 적절하게 전달하는 것이 필요하다.

1) 실시방법

(1) 라포의 형성

치료사와 내담자 간에 신뢰관계가 이뤄지지 못하여 라포가 형성되지 못한 채 실시된 검사결과는 내담자의 심리 상태를 반영한 것은 아니다. 따라서 작업을 실시하기 전에 치료사가 내담자와 간단한 이야기를 나누면서 치료사에 대한 경계심이나 긴장을 풀 수 있는 분위기를 만드는 것이 효과적이다. 이러한 조건이 충족되면 내담자는 자신이 생각한 것을 자유롭게 표현할 수 있을 것이다.

(2) 제작과정 중의 행동관찰

투사적 검사를 할 때 "어떻게 해야 하나요?" "동물을 만들어도 되나요?"라는 질문에 대하여 명확하게 설명해 주는 치료사도 있지만 대부분의 경우는 "생각하는 대로 그려 주세요."라고 대답한다. 또한 시간제한이 있는지를 묻는 내담자도 있는데 "시간에 제한은 없어요."라고 대답하고 이와 같은 질문은 기록해 두는 것이 바람직하다.

제작 도중 여러 가지 질문을 하거나 자신의 작품을 설명하는 내담자도 있다. 제작과정에서도 때로는 즐거워하거나 마지못해 참여하는 등 여러 가지 행동을 나타내기도 한다. 이와 같은 행동특징은 만들어진 작품을 해석하는 실마리로서 중요하다. 그러므로 작품의 순서나 무엇을 강조하며, 어떤 것에 정서적인 반응을 보이는지 주목하지 않으면 안 된다.

(3) 제작 후의 질문

투사적 기법을 통하여 어떤 작품을 만든 후 내담자에게 만들어진 작품을 설명하도록 한다. 이때 치료사가 만들어진 작품에 대하여 질문을 함으로써 만들어진 작품에 대하여 더욱 많은 정보를 가지는 것이 바람직하다.

2) 동적가족화

번스와 카우프만(R. Burns & S. Kaufman)에 의해 1972년에 개발된 동적
가족화(Kinetic Family Drawing: KFD)는 현재까지도 꾸준히 사용되고 있
다. 동적가족화는 아동에게 '가족이 뭔가 하고 있는 것'을 그리라고 주문
하여 그림에 움직임을 첨가시킨다. 그림에 첨가된 움직임은 내담자의 자
기개념이 투영된 것일 뿐 아니라, 타인과의 관계에서 내담자가 느끼는
감정을 드러내 주는 수단이 될 수도 있기 때문에 가족집단의 역동을 사
정하는 데 도움이 된다.

그러나 동적가족화는 투사적 기법의 하나이므로 다른 투사적 방법과
마찬가지로 동적가족화를 그린 내담자의 생활사, 가족의 배경, 면접자료
없이는 해석할 수 없다. 따라서 그림을 그린 아동을 둘러싼 환경체계에
대한 고려를 하면서 그림의 특징에 관하여 해석해야 한다. 그리고 동적
가족화를 해석하기에 앞서, 그것을 그린 사람의 문화적 배경이 가족관계
표현에 반영되기 쉽다는 점을 인식하고 염두에 두어야 한다.

(1) 실시방법
내담자에게 도화지와 연필을 건네주면서 "자신을 포함한 가족이 무언
가를 하고 있는 모습을 그려 주세요. 특징적인 부분만 그리는 게 아니라,
사람의 전신을 그려 주세요. 그리고 그들이 무언가 하고 있는 모습을 표
현해 주세요."라고 지시한다.

(2) 해석

그려진 동적가족화를 해석할 때 앞에서 언급한 것처럼 다음의 세 가지 축에서 해석되어야 할 것이다.

첫째, 동적가족화가 의미하는 것을 찾는다.

둘째, 그림을 그리는 과정을 관찰한다.

셋째, 그림을 그린 후의 면접과정(post inquiring)에서 정보를 수집한다.

① 인물의 행동

동적가족화의 인물은 치료사의 지시에 따라 개인과 가족을 그리지만, 때로는 가족 이외에 친인척이나 친구 등을 그리는 경우도 있다. 그림 속의 인물들은 가족과 함께 상호작용하거나 때로는 다른 가족과는 상관없이 단독행동을 하는 경우도 있다. 어느 경우라도 치료사가 인물 간의 구체적 행동을 명확하게 판단할 수 있으면 가족관계를 파악하는 데 상당한 도움이 된다. 예를 들어, 자신이 아버지와 공 던지기를 하는 그림을 그린 아동의 작품을 보면 공이라는 사물을 개입시켜 아버지와 자녀 사이의 경쟁, 갈등, 회피 등을 상징적으로 표현하고 있음을 알 수 있다.

동적가족화에 그려진 각 가족의 행동은 가족 내의 위치와 역할을 반영하기도 한다. 일반적으로 아버지의 행동은 신문을 읽거나 잠을 자는 것과 같이 휴식하는 모습으로 표현된다. 한편, 어머니의 모습은 요리나 빨래와 같은 양육적 행동으로 표현된다. 형제의 경우에는 나이가 들면서 성별에 따라 그림 속 인물의 행동을 묘사하는 것이 달라진다. 대부분 운동이나 게임, 독서나 휴식, 단란과 관계되는 행동을 많이 표현하고 있다. 한편 '일하는 아버지' '집안일을 하는 어머니' '공부하는 우리들' 등의 가정적이라기보다는 사회적인 승인을 얻을 수 있는 노동, 가사, 공부에 중점을 둔 행동이 표현되는 경우도 많다.

동적가족화에 그려진 가족의 행동을 통하여 그리는 사람의 가정 내의 위치나 역할을 추론할 수도 있다.

② 스타일

일반적으로 잘 드러나지 않지만 장애물이나 차단과 같은 표현이 스타일(style)과 관련이 있다. 스타일을 통해 그림을 그린 내담자가 인지하고 있는 가족관계를 자연스럽게 알 수 있다. 그러므로 동적가족화에서 지나치게 인위적으로 보이는 선이나 필요하지 않다고 생각되는 책상이나 의자, 그 밖의 물건에 주목할 필요가 있다. 아주 어린 아동은 동적가족화에서 이 같은 장애물을 자주 표현하지 않지만, 초등학생들의 경우에는 다르다. 다수의 초등학생들의 동적가족화에서 스타일이 나타나는 것을 볼 수 있다. 그러나 이 같은 스타일의 표현은 성인이 되면서 다시 감소하며, 가족이 한 장소에서 어떤 활동을 같이 하는 표현이 더 많아진다.

그렇지만 성인의 경우에도 자기와 다른 가족 간에 또는 다른 가족들끼리 무언가 분명하지 않으면 그 감정 상태가 동적가족화에서 표현된다. 흔한 표현은 가족 사이에 선을 긋는 것인데, 가족의 위나 아래 부분을 선으로 긋기도 한다. 선은 상당히 강조되기도 하고 때로는 교묘하게 은폐되기도 한다. 그와 같은 표현을 번스는 다음과 같이 나누고 있다.

구분화(compartmentalization) 　자기상을 포함한 가족을 아래나 옆선 또는 구획선을 사용하여 나누어 어떤 가족이 고립된 것처럼 그리는 것이다. 이와 같은 구분은 언제나 선으로 나타나는 것은 아니다. 동적가족화에 의하면 기둥, 복도, 방의 칸막이 등이 사용되기 때문에 그것이 구분이라고 깨닫지 못하는 경우도 있다. 드물기는 하지만 도화지를 접어서 각 블럭에 가족을 그리는 구분도 일어난다. 이와 같은 구분은 다른 가족의

회피, 거부, 부인에 대한 기분이나 공포가 있거나 의사소통이 잘 이루어
지지 않는 것을 의미하고 있다.

포위(encapsulation)   이 스타일은 마치 캡슐에 자기 또는 다른 가족이
들어가 있는 것처럼 주위를 둘러싸듯이 그리는 것이다. 이 경우에도 일
반적으로 선으로 표시되고 있으나, 가구나 놀이기구로 가족을 둘러싸는
은폐된 표현방법을 사용하는 경우도 있다. 이것은 불안이나 공포를 가지
고 있는 인물을 격리하고 싶다는 욕구가 작용하는 것이다. 특히 정서적
으로 어려움을 겪는 아이들이 자주 표현하는 방법이다.

가장자리(edging)   가족원을 도화지 주변을 따라가면서 그리는 스타
일이다. 이 가장자리의 방법을 쓰는 성인은 방어적이며 강한 저항을 나
타내는 경향이 있다. 환경에 의존적인 자녀가 이와 같은 스타일을 보이
기도 하지만, 가장자리를 표현하는 아동은 극히 드물다.

그어진 선   도화지의 아래나 윗부분에 선을 긋거나 어떤 특정 인물에
선을 긋는 경우가 있다. 이 스타일은 정서적으로 어려움을 겪는 아동에
게서 자주 보이는 표현인데, 강한 스트레스나 가정 내의 불안이나 공포
가 있다는 것을 나타내는 경우가 많다. 이와 같은 표현은 강한 안정감을
원하는 아동이 자주 표현하는 것이다.

③ 상징
동적가족화에서 상징(symbol)을 이해할 때는 지나친 해석을 하지 않으
려고 노력해야 한다. 상징을 해석할 경우에는 동적가족화 전체의 맥락과
그림을 그린 사람에 관한 자료를 합해서 활용하지 않으면 안 된다.

다음은 비교적 많이 그려지는 사물의 상징을 소개한 것이다.

- TV: 가족의 단란함, 또는 가족 간 의사소통의 매개물
- 부엌: 어머니의 양육에 관한 요구 또는 애정표현
- 신문이나 서적: 지적인 측면, 정보에 대한 관심, 합리화된 자기방어
- 청소기, 빗자루: 집안일과 정리정돈에 대한 관심, 타인에 대한 지배욕, 합리화된 자기주장
- 열(태양, 불 등), 빛(전구, 램프, 조명 등), 불(난방기, 다리미질 등): 따뜻함이나 애정에 대한 욕구. 불에 대한 주제를 가진 사물은 종종 분노나 파괴경향을 나타낸다. 특히, 애정이 충족되지 않았을 경우 이와 같은 파괴경향과 연결된다. 난방기에는 양육에 관한 욕구와 관계가 있다.

[그림 3-6] 동적가족화의 예

• 칼, 바늘: 인물과 직접 관계하고 있을 때는 분노를 표현하는 것이며, 간접적일 때는 수동적 공격이다. 또한 가정 내의 거부적 분위기를 나타내기도 한다.

동적가족화는 내담자가 파악하고 있는 가족의 모습인데, 이것은 가족 역동을 반영하고 있는 것이다. 동적가족화를 해석할 때는 몇 가지 해석 속에서 무엇을 핵심으로 볼 것인가에 관한 임상적 직관이 필요하다. 또한 이러한 직관을 동적가족화 및 그 밖의 방법을 통해 수집된 자료와 함께 활용하여 종합적으로 해석할 필요가 있다.

3) 가족조각

가족과 가족원의 감정적 관여는 종종 다른 사람과의 거리의 개념을 가지고 은유적으로 묘사되기도 한다. 즉, 가족이 서로를 '보다 가깝다'라든지 '보다 멀다'고 표현하기도 한다. 사회과학자들은 가족을 상징하는 이미지를 객관적인 기술로 파악해 보려는 노력을 많이 해 왔다. 홀(Hall)

[그림 3-7] 가족조각(family sculpting) 기법의 예

의 연구를 계기로 공간은 인간관계를 이해하는 데 열쇠가 된다는 사실을
인정하게 되었다. 칸터(D. Kantor)는 거리규제(distance regulation)가 가족구
조를 이해하기 위한 중심적 요소라고 역설하였다(Duhl et al., 1973 재인
용). 즉, 공간과 거리는 사람들이 대인체계를 구별하여 도식화할 수 있는
기본적인 은유라는 것이다. 일상적인 언어 속에서도 거리의 은유개념은
많이 나타나고 있다. 예를 들면 '영희와 진우는 매우 가까운 사이'라든지
'어제 대화로 우리의 틈을 좁혔다'는 식으로 인간관계를 표현하고 있다.
사회과학자들은 가족을 상징하는 것을 배치시킨 객관적 기술을 사용하
여 한 개인이 경험하는 친밀함을 효과적으로 측정할 수 있음을 발견하고
있다. 이러한 발견에 뒤이어, 다양한 감정을 나타내는 인형을 제시하여
한 개인이 인지하고 있는 가족의 친밀함을 표현하거나 개인을 상징하는
물체로 심리적 거리를 표현하는 등의 다양한 시도가 이루어졌다.

4) 이미지를 활용한 가족사정

가족치료사들은 치료의 단위는 어디까지나 가족이라는 점을 강조하
며, 도움을 받으러 온 내담자 역시 가족단위의 서비스를 기대한다. 그러
나 현실적으로는 치료과정에 어린 자녀가 포함될 경우 아동을 소홀히 다
루게 되는 경우가 종종 있다. 아동은 문제행동을 중심으로 언어적 차원에
서 면담을 진행하면 치료과정에 적극적으로 임하지 못한다. 때때로 어른
들이 문제행동에 관해 진지하게 토론하거나 아동에게 해결을 위한 의사
소통을 강요하면서 그들이 표현하고자 하는 것을 차단하면, 아동은 자
신의 능력, 지식, 그리고 창조적인 자원까지 모두 억제해 버리는 경향이
있다(Gil, 1994 재인용). 놀이라는 은유를 활용해 가족을 사정하면 내담자
들은 언어적으로 직면할 때보다 덜 위협을 느끼면서 자신을 드러내는 긍

정적인 부분이 있다.

놀이나 이미지를 활용하여 가족사정을 할 때는 가족치료사들은 다음과 같은 관찰 범주를 이해하면 도움이 된다.

(1) 과제의 완성을 위한 조직화

- 어떤 과제를 조직화하고 있는 가족을 관찰하면 가족구조에 대한 정보를 얻는다.
- 가족 간에 연합이 이루어질 때 누가 리드하는지, 누가 따라오는지, 누가 따돌리는지, 누가 격려를 하는지, 어떻게 도전에 접근하는지, 어떻게 규칙을 이해하고 있는지, 그리고 공동의 목표를 향해 함께 작업하는 가족의 능력은 어떠한지 등은 명백해진다.
- 누가 포기하는지, 누가 끈기가 있는지, 누가 창의적이고 상상력이 풍부한지, 누가 다른 사람을 돕는지도 분명해진다.
- 간섭하거나 압박하지 않고 지시와 한계를 제공하면서, 그 과제를 이끌어 가는 부모의 능력과 자발성 또한 명백해진다.
- 어떤 이야기, 예술 작품, 모래 시나리오, 놀이 가계도 등의 최종 결과물을 만들어 냈다면, 그것에 대한 소유권과 자부심을 통해 숙달감을 경험할 수 있다.

(2) 은유

치료사는 가족에 의해 형성된 은유에 관심을 가지는데, 이 은유들은 종종 언어를 통해서는 표현될 수도 전달될 수도 없는 다량의 정보를 가족들에게 알려 준다.

예를 들어, 가족놀이 가계도에서 자신을 소화전으로 표현했던 어머니는 자신이 항상 집에서 불을 끄고 있는 것처럼 아이들과의 싸움을 계속했

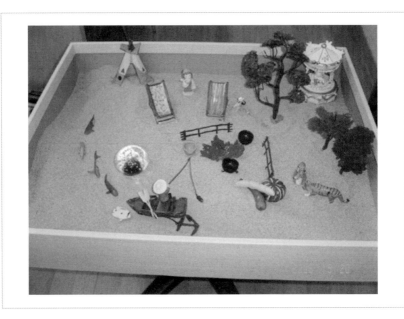

[그림 3-8] 은유로 표현한 작품의 예

다. 그녀 자신은 소화전에 저장되어 있는 물이 양육을 할 때 필요한 긍정
적인 것이라고 생각했지만, 어떻게 하면 그 물이 천천히 흘러나오게 할 수
있는지를 몰랐다. 어머니는 비상시에는 물이 지나치게 많이 쏟아져서 주
위 사람들이 압박감을 느끼거나 무기력해진다고 말했다. 그리고 자신이
원하는 것은 물보다는 위기에 대응할 수 있는 정도의 불이라고 덧붙였다.

(3) 접촉의 수준

치료사는 가족원들이 말하는 것(혹은 서로 말하지 않는 것)을 지켜보고,
서로에 대해 만들어 내는 진술 유형(긍정적, 부정적, 혹은 중립적인)에 주목
해서 정서적 접촉의 수준에 대한 정보를 수집하고, 가족원들이 신체적인
움직임과 공간의 협상, 재료의 공유 등을 필요로 하는 과제를 수행함으
로써 신체적 접촉의 수준을 관찰할 수 있다.

(4) 통찰의 수준

우측-반구 활동(상상, 상징, 예술)에 참여하도록 요청했을 때 종종 좌측-반구 활동(분석적, 인지적, 합리적)이 유발되기도 한다. 그리고 내담자들이 놀이나 이미지를 통한 가족사정의 작업에 참여할 때, 그들은 종종 그들이 완료한 작업에 대해 자발적인 통찰을 갖게 된다. 때로는 이 같은 통찰은 놀이활동을 하는 도중에 일어날 수 있다.

사람들이 자신들의 은유로부터 끌어낸 통찰은 목표를 촉진하거나 행동적 변화를 고무시키기 위해 치료언어로 통합된다. 예를 들어, 어떤 아버지가 인형을 집어 들고, 이 인형이 목소리를 잃었기 때문에 입이 없는 것을 가져왔다고 설명했다. 치료사는 가족원들에게 목소리를 잃은 사람과 관계를 맺는 것에 대해 파악해 나갔다. 즉, 가족들에게 각자의 인형을 선택하도록 한 후 아버지의 인형이 목소리를 가지고 있었을 때는 어땠는지, 아버지 인형이 목소리를 어떻게 사용했는지, 그리고 무엇에 관해 말했었는지, 다른 인형들은 그것을 어떻게 느꼈는지 등에 대해 질문을 했다. 이런 과정을 통해 아버지는 목소리를 되찾기를 얼마나 갈망했는지와 그가 목소리를 가지고 있었을 때 자기 자신을 얼마나 다르게 보았었는지에 대해 이야기하면서 눈물을 흘렸다. 다음 회기에서 그는 매우 커다란 입을 가진 인형을 선택했고 목소리 내는 일을 적당히 부드럽게 잘 해내었으며, 가족들도 이런 연습을 즐겼다. 아버지는 자신의 의견을 말하기 시작했으며, 그의 침묵과 비참여에 대해 가족이 반복했던 습관은 사라졌다.

가족역동을 사정하기 위한 여러 가지 놀이 기법들이 있는데 이것들은 가족원 간에 지각과 생각, 느낌을 더 증가시킬 수 있도록 도와준다. 이미지나 놀이 기법들은 언어적인 의사소통을 통해 사용할 수 있는 것보다 더 깊은 수준의 의사소통에 접근할 수 있는 잠재력을 가지고 있기 때문

에, 놀이 기법들이 특히 가족의 기능에 대해 알 수 있는 유용한 기법이
다. 그리고 가와이 하야오 등(河合隼雄, 岩井實, 福島章, 1984)은 상징 언어
들이 덜 경계적이고 보다 실제적이며 포용력이 크다고 주장했다.

용어 설명

가족규칙family rules   잭슨에 의하면 가족은 규칙에 지배되는 체계다. 가족원들은
조직화되고 반복적인 방법으로 행동하므로 그러한 행동의 유형화를 가족
생활을 지배하는 원리로 인식할 가능성이 있다. 잭슨은 반복적인 가족기능
을 만들어 내는, 가족이 공유하는 규범이나 가치관의 기제를 가족규칙이라
고 정의했다. 그런데 드러난 규칙과는 달리 내재된 가족규칙도 있다. 예를
들어, 의견의 불일치가 가족의 안정을 위협한다고 생각하는 가족은 어떤
희생을 감수하더라도 겉으로는 조화를 이룬 것처럼 행동한다. 이 같은 내
재된 불문율의 가족규칙은 치료사가 쉽게 파악하기 어렵다.

가족신화family myths   가족원 모두에게 받아들여지고 지지되는 가족의 믿음으로
서 특정의 정형화된 관계나 기능을 의미한다. 페레이라(A. Ferreira)는 가
족신화란 가족의 살아 있는 동화집이며, 가족 어느 누구도 그것을 없애거
나 버리려고 하지 않는다고 보았다. 한 가지 예를 들어 보자. 결혼은 서로
에 대한 기대로 시작된다. 그러나 많은 부부는 이러한 기대는 반드시 충족
되지 않으며, 오히려 기대에서 멀어져 간다고 느낀다. 이는 '부부끼리는
비밀이 있어서는 안 된다'거나 '부부싸움은 불화의 증거이므로 이상적인
부부는 싸워서는 안 된다' 등의 경직된 기대에서 비롯되는 경우가 많다.
이와 같은 비합리적인 생각을 가족신화라고 하며, 좋은 의미에서든 나쁜
의미에서든 가족신화가 결혼생활을 지배하는 것으로 보이는 경우는 매우
흔하다. 한마디로 말하면 신화는 독특한 주제나 암묵의 규칙이 공유된 명

백한 환상이다.

응집력cohesiveness   집단구성원들이 집단에 계속 소속해 있도록 작용하는 친밀도를 의미하나, 가족치료에서는 가족 간의 정서적 친밀함이나 결속을 나타내는 용어다. 가족사정에서는 응집력과 함께 적응력(adaptability)도 잘 기능하는 가족의 지표로 언급된다. 적응력은 일정한 조건이나 구조 등에 맞추어 응하거나 알맞게 되는 능력을 의미하지만, 가족치료에서는 가족의 변화에 따라 역할관계, 관계규칙 등을 융통성 있게 변화시킬 수 있는 가족의 능력으로 쓰인다.

제 **3** 부

초기 가족치료

FAMILY THERAPY

　　가족치료가 등장하기 전까지 심리적 문제의 해결을 돕는 치료사의 치료대상은 개인이었다. 치료대상이 개인에서 '전체로서의 가족'으로 전환된 것은 그 당시로서는 획기적인 변화였다. 초기 가족치료는 사이버네틱스와 체계 이론이라는 이론적 토대를 바탕으로 태동하였다. 체계 이론은 1980년대까지 그것이 가족치료에 미친 영향을 능가할 만한 다른 이론은 없다고 해도 과언이 아닐 만큼 가족치료의 발전에 지대한 영향을 미쳤다. 그러나 체계 이론은 한 개인이 맥락과의 상호작용을 통해 삶을 어떻게 형성해 가는지는 제시했지만, 사람들은 사회적 맥락을 통해 가치나 신념을 형성하며 그것이 그들의 행동에 미치는 영향이 크다는 점은 설명해 주지 못했다는 한계점을 가지고 있다.

제**4**장

초기 가족치료에 영향을 준 이론

1. 사이버네틱스

가족의 상호작용을 설명하는 가장 최초의 이론적 모델은 사이버네틱스(cybernetics)다. 이 용어는 배의 조타수를 의미하는 그리스어 단어인 kyberneties에서 유래한 것이다. 1946년에 열린 메이시 학술회의에서는 원인과 그 결과라는 과정에 따라 작동하는 기계와 달리, 살아 있는 유기체는 인과적으로 연결된 요소들 간의 순환적인 상호작용에 의해 작동한다고 보는 관점이 부각되었다. 이 같은 인식론에 MIT의 수학자인 와이너(N. Weiner)는 사이버네틱스라는 이름을 붙였다(Nichols, 2010 재인용). 사이버네틱스 이론은 일반체계 이론과 비슷한 개념이지만 피드백 회로(feedback loops) 또는 환류작용이라고 불리는 제어체계를 포함하고 있다. 이 제어체계는 유기체가 환경과 상호작용하면서 스스로를 교정하는

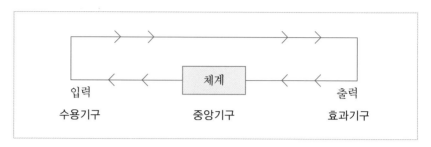

[그림 4-1] 제어체계

데 필요한 정보를 제공하는 기능을 가지고 있으며 수용기구, 중앙기구, 효과기구로 구성되어 있다. 이 세 가지 기구가 하나의 피드백 과정을 형성한다. 수용기구는 환경으로부터 체계에 정보가 들어가는 과정을 담당하고 있으며 이러한 과정을 입력(input)이라고 한다. 효과기구는 체계에서 환경으로 정보를 내보내는 과정을 담당하며 이러한 과정을 출력(output)이라고 한다. 그런데 환경으로 나간 정보는 [그림 4-1]과 같이 다시 체계 안으로 들어올 수 있다.

이처럼 어떤 체계 자체가 환경에 적응을 하거나 체계의 행동을 바꾸기 위한 행동 상태를 나타내는 정보를 피드백 회로라고 한다.

환경으로부터 들어오는 정보는 체계 내의 활동에 따라서 두 가지 패턴으로 나타난다. 즉, 피드백이란 같은 방향에서도 정반대 방향에서도 일어날 수 있을 것이다. 같은 방향에서 일어나는 정적 피드백(positive feedback)은 일탈을 증폭시키며, 반대 방향에서 일어나는 부적 피드백(negative feedback)은 일탈을 경감시킨다. 정적 피드백은 어떤 일정의 범위 안에서 일어나는 데 반하여, 부적 피드백은 그 범위의 한계점에서 일어나기 쉽다. 예를 들어 부부싸움을 할 때, 정적 피드백에 의해 싸움의 강도가 더욱 심해진 부부는 싸움이 신체적 폭력을 초래할 만큼 심각한 지경에 이르게 되면 스스로 싸움을 그만두는 것을 볼 수 있다. 이처럼 싸움을 그만둔다는 부적 피드백은 제어체계의 한계지점에서 일어난다. 제어체계를 보다 쉽게 이해하기 위해 집 안의 온도를 일정한 상태로 유지하는 데 사용되는 자동온도조절장치를 예로 들어 보자. 온도를 23도에 맞추면 자동온도조절장치는 실내의 온도를 피드백 받아서, 실내의 온도가 23도보다 높으면 난방은 자동적으로 꺼지고, 반대로 온도가 낮으면 자동적으로 켜지도록 고안되어 있다. 여기서 수용기구에 해당하는 온도계는 유지해야 하는 실내의 온도를 항상 측정한다. 그리고 연료에 불을 점화시키거나 끄는 장치가 중앙기구에 해당한다. 실내의 온도가 정해 놓은 수준보다 낮아지면 효과기구를 통해 온도를 유지해야 하는 공간에 열을 내는 체계로 설계되어 있다. 실내온도가 설정해 놓은 온도보다 높아지면 그 반대의 과정을 통해 불이 꺼진다. 이 과정에서 항상성(homeostasis)이 나타난다. 항상성은 원래 살아 있는 생물체가 균형 또는 안정을 유지하려는 노력을 의미하는 생물학적 용어로서, 가족을 포함한 생물체는 항상성을 유지하려고 노력하는 경향이 있다. 항상성의 고전적인 예는 인간이 체온을 36.5도로 유지하기 위해 더운 한여름에는 땀을 내며, 추운 한겨울에는 소름이 돋아 열을 내는 것이다. 이처럼 어떤 일정한 상태를 유지하는 데는 피드백 과정이 큰 역할을 한다.

　사이버네틱스와 제어체계 이론은 유기체는 기계와 달리 순환적인 배열이라는 피드백 회로에 의해 작동된다고 설명했다. 이 같은 개념은 초기에는 가족을 치료하기 위한 매력적인 인식론적 모델처럼 여겨졌으나, 인간을 하나의 블랙박스로 본 지나치게 기계론적인 관점이라는 점에서 가족기능을 충분히 설명하는 데 적절한 이론이라고는 말하기 어렵다.

2. 일반체계 이론

1940년대의 수학, 물리학, 공학 등이 포함된 학제간 연구에서는 기계와 살아 있는 유기체의 구조와 기능을 이해하기 위한 모델에 초점을 맞추고 있었다. 이러한 연구에 따르면, 유기체 또는 살아 있는 체계의 특성은 본질적으로 그 내부의 부분들이 갖고 있는 개별적 특성의 총합이 아니라 전체로서의 유기체가 새롭게 획득한 고유의 특성이다. 이러한 특성은 부분들 간의 상호작용으로부터 발생하며, 체계가 각각의 요소로 변형되면 사라진다(Nichols, 2010). 이것이 체계 이론이며, 이것에 따르면 어려움이 있는 한 개인을 치료하는 것은 도움이 되지 않는다. 체계 이론은 그 당시 치료사들에게 '전체로서의 가족'이 치료의 대상이라는 시각으로 전환할 수 있게 했다.

1930년대 초 생물학자인 베르탈란피(L. von Bertalanffy)는 체계적 사고의 개념과 생물학의 살아 있는 체계에 관한 보편적 이론을 중심으로 인간의 마음을 지구의 생태권 개념과 결합하려는 시도를 하였다. 그는 원래 내분비체계를 연구했는데, 후에 보다 복잡한 사회체계에 자신의 이론을 적용하면서 일반체계 이론으로 발전시켰다. 이 같은 일반체계 이론이 정신의학에 미친 가장 큰 공헌은 신체를 다루는 생물학적 접근과 인간의 내면을 다루는 심리학적 접근을 통합하여 이해할 수 있도록 한 것이다.

베르탈란피는 체계란 서로 영향을 주고받는 요소의 복합체(von Bertalanffy, 1968)라고 보았다. 예를 들면, 인간의 신체를 체계로 볼 때, 단지 세포라는 요소들을 한꺼번에 모았다는 것만으로는 아무런 의미가 없다. 상호작용이 이루어지지 않는 것은 체계가 아니므로 체계 이론에서는 전체가 부분들의 합보다 크다는 가정을 전제로 한다. 상호작용을 하는 세포가 모여서 하나의 기관이라는 상위의 체계를 만든다. 거꾸로 말하면 세포는 기관체계의 요소다. 기관이 여러 개가 모이면 거기서 또 다른 상호작용이 생기며 그것이 기능체계를 만들어 낸다. 이렇게 본다면 각 기관과 기능은 신체의 요소가 되는 것이다. 이러한 세포-기관-기능-신체 사이에는 분명한 계층이 있으며 각각은 그 상위 수준체계의 요소가 된다. 예를 들면 기관은 세포들로 구성되었으므로 세포를 하위체계로 가지는 동시에 기능이라는 보다 상위체계의 요소로 존재한다. 따라서 전체이며 동시에 부분이라는 양면성을 가지고 있다.

1) 환원주의와 이질동형주의

체계 이론이 정신의학에 미친 가장 큰 공헌은 신체를 다루는 생물학적 접근과 인간의 내면을 다루는 심리학적 접근을 통합하여 이해할 수 있도록 했다는 점이다. 이것은 전혀 다른 분야도 구조상으로 동일성을 가지며, 요소 간의 상호작용도 같은 법칙에 따라야 한다는 이질동형성의 법칙에 입각하였기 때문이다. 우리가 사물을 이해하는 방법은 환원주의(reductionism)와 이질동형주의(isomorphism)로 나누어 볼 수 있다. 환원주의란 복잡한 존재를 보다 단순한 차원의 존재로 환원하여 복잡한 존재를 이해하려는 인식론이다. 행동주의적 이론에 입각하여 인간을 이해하려는 것이 그 좋은 예다. 이와는 달리 이질동형주의란 연구대상이 되는 존재를 그것을 둘러싸고 있는 환경과의 관계를 고려하면서 이해하는 인식론이다. 복잡하거나 전혀 다른 체계라도 이 이론에 따르면 개념화하거나 하나로 묶을 수 있다. 예를 들면 일정한 방향으로 움직이는 시계추, 높은 데서 낮은 데로 흐르는 물, 일방적으로 자녀에게 명령하는 아버지는 전혀 다른 차원의 대상이지만 이질동형주의에서는 하나로 묶일 수 있는 것이다.

2) 체계의 계층성

우리는 상당히 많은 수준의 체계가 존재한다는 사실을 이해해야 한다. 인간체계를 예로 들어 보자. 우리 인간은 여러 개의 하위체계로 구성된 살아 있는 체계다. 즉, 인간은 신경체계, 소화체계, 순환체계, 골격체계, 호흡체계, 생식체계로 구성되어 있다. 앞에서 언급한 것처럼 각각의 체계는 다른 하위체계로 구성된다. 순환체계를 예로 들면, [그림 4-2]와 같이 순환체계는 정맥, 동맥, 심장으로 구성된다. 각각의 하위체계는 또 다른 하위체계로 구성되는데, 예를 들어 심장은 세포들로 구성된다. 신체가 건강하려면 모든 하위체계가 효과적이고 협동적인 방법으로 기능을 해야 한다. 만약 심장이 잘 기능하지 못하면 다른 하위체계들이나 인간은 즉각 영향을 받게 된다. 인간이 여러 하위체계로 구성되어 있는 살아 있는 체계인 것과 마찬가지로 각 개인은 보다 큰 체계의 하위체계다.

3) 열린 체계와 닫힌 체계

모든 체계의 주위를 둘러싸고 경계를 만드는 것을 경계선이라고 한다. 생물체계는 간단히 확인할 수 있는 피부 등의 물리적 경계를 가지고 있다. 그러나 눈에 보이는 물리적 경계와는 달리 정서적, 심리적 체계의 경계처럼 눈에 보이지 않는 경계도 상당히 중요한 역할을 한다. 이러한 경계가 감정교류, 친밀감, 공동 활동을 좌우한다. 하나의 하위체계와 다른 하위체계의 경계는 하나의 하위체계 내의 개인 간의 교류에 비하면 감정교류가 제한된다는 특징을 가지고 있다.

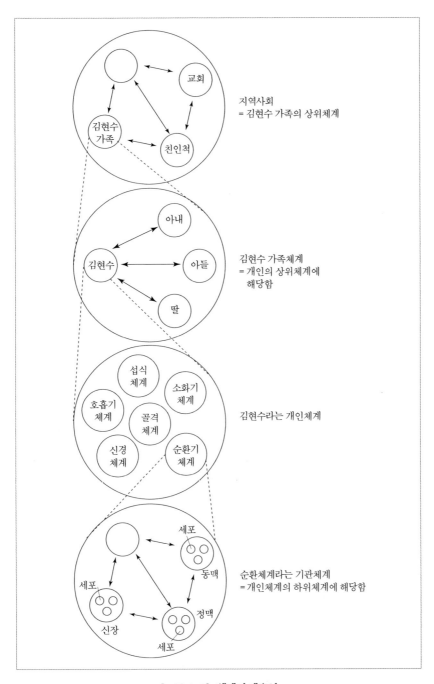

[그림 4-2] 체계의 계층성

체계는 [그림 4-3]과 같이 열린 체계(open system)와 닫힌 체계(closed
system)의 두 가지를 생각할 수 있다.

다른 체계와 서로 상호작용을 하면서 기능하고 있는 것을 열린 체계라
고 부르며, 반면 닫힌 체계라는 것은 환경과 교환이 없고 자신의 경계 안
에서만 작용하는 것이다. 열린 체계와 닫힌 체계를 보다 잘 이해하려면
우리는 물리학의 열역학 개념에서 빌려온 엔트로피(entropy)와 네겐트로
피(negentropy)에 대해 알아야 할 것이다. 엔트로피란 물체의 한 부분이
뜨거워지면 열이 전체로 확산되어 그 물체 전체를 뜨겁게 한다는 것이
다. 이처럼 불가항력적으로 균형 상태를 향하는 경향을 엔트로피라고 하
는데, 일반체계 이론에서는 체계가 서서히 무질서와 혼돈된 상태로 변해
가는 것을 의미한다. 완전한 엔트로피 상태는 닫힌 체계 속에서만 가능
한 것이다. 열린 체계에서는 환경체계와 에너지나 정보의 교환을 하면서
엔트로피를 지연시킨다. 이처럼 엔트로피와 반대의 경향을 네겐트로피

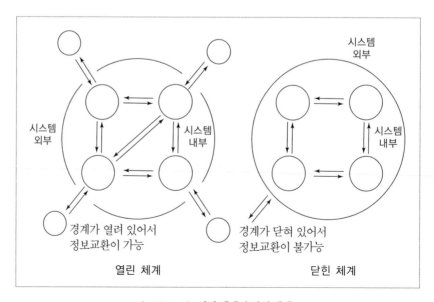

[그림 4-3] 열린 체계와 닫힌 체계

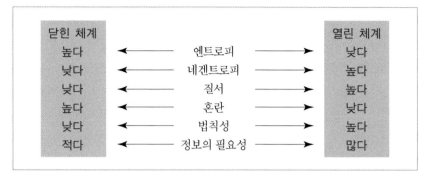

닫힌 체계		열린 체계
높다	← 엔트로피 →	낮다
낮다	← 네겐트로피 →	높다
낮다	← 질서 →	높다
높다	← 혼란 →	낮다
낮다	← 법칙성 →	높다
적다	← 정보의 필요성 →	많다

[그림 4-4] 열린 체계와 닫힌 체계의 특성

출처: 遊佐安一郎, 1984.

라고 부른다. 네겐트로피가 증대되면 체계 속에서 질서와 법칙성이 유지되며, 정보를 보다 많이 필요로 한다는 것을 의미한다. 따라서 여기서 말하는 네겐트로피가 증대된 상태라는 것은 체계의 유연성이 있음을 의미한다. 이와 같은 개념을 도식화하면 [그림 4-4]와 같다.

열린 체계와 닫힌 체계로 인간의 체계를 이해한다면 살아 있는 생물체인 인간은 열린 체계라는 사실을 알 수 있을 것이다. 그런데 어떤 가족체계가 열린 체계가 아니라 닫힌 체계로 운영될 경우, 그 가족체계는 혼란이 일어나 체계로서의 기능을 다하지 못할 것이라는 사실을 추론할 수 있다.

가족은 기본적으로 개방적 체계다. 가족경계의 투과성이 적절한 경우에는 가족원이 가족 밖의 친구와 종교기관이나 지역사회와 접촉할 수 있다. 따라서 자녀는 다양한 친구를 사귈 수 있으며, 종교와 매체를 통해 새로운 사고를 접하기도 한다. 그리고 이렇게 접촉된 새로운 사고와 가치가 가족 내에 들어오는 것도 허용된다. 반면 가족의 경계가 엄격할 경우(즉, 가족이 닫힌 체계일 경우), 가족은 자칫 고립되어 문제가 발생했을 경우(질병이나 가정폭력 등) 적절한 외부지원을 받을 수 없다. 그러나 가족체계의 경계가 엄격하더라도 자기주장이 강한 사람은 가족 내의 고정된 사고방식에 도전하고 기존의 경계를 무시하거나 거부한다. 가족에게는 이러한 가족원이 가족항상성을 위협하는 존재가 된다. 종종 매우 감성적이거나 창의적, 도전적인 사람은 자신의 경험을 제한하는 가족의 경계를 벗어나 다른 세계에서의 성취를 이루고자 하는데, 이런 사람에게는 엄격한 가족경계가 위협이 된다.

4) 선형적 인과관계와 순환적 인과관계

[그림 4-5]의 왼쪽과 같이 하나 혹은 복수의 원인에서 특정한 결과가 도출되며, 원인 및 결과의 흐름이 한쪽 방향으로만 이루어지는 것을 선형적 인과관계(linear causality)라고 부른다. 이와는 달리 [그림 4-5]의 오른쪽과 같이 모든 요인들이 서로 영향을 주고받으면서 원인인 동시에 결과가 되는 것을 순환적 인과관계(circular causality)라고 한다. 외부와 여러 가지 영향을 주고받는 것이 가능한 체계는 순환적 인과관계에 따라 작용하며, 특히 대인관계는 모두 이와 같은 상호작용관계에 가깝다고 볼 수 있다.

체계 이론을 생각할 때는 가족 내에서 일어난 과정을 선형적인 인과관계가 아니라 순환적인 인과관계로 이해할 필요가 있다. 따라서 가족치료사는 가족 문제의 형성에 있어서 선형적 인과관계와 순환적 인과관계 사이의 차이를 인식하고 패러다임의 전환을 추구하여야 한다. 선형적 인과관계는 어떤 원인에 의해 정해진 결과가 일어나는 것이다. 이것은 A → X의 도식으로 설명될 수 있다. 어떤 병원균(A)에 의해서 어떤 질병(X)이 발생되는 경우가 그 예다. 이것은 어떤 현상을 파헤쳐 가면 그것을 어떤 요소로 환원하는 것이 가능하다는 과학적 환원주의 사고 모델에 해당한다.

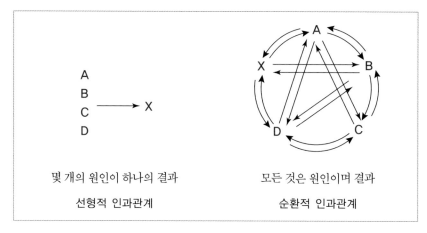

[그림 4-5] 선형적 인과관계와 순환적 인과관계

이 경우 어떤 현상을 이해하려고 할 때, '왜'라는 물음이 중요하며, 결과보다는 원인을 거슬러 찾아가는 방향으로 문제를 탐구하게 된다.

한편, 원인(A)에 의하여 결과(X)가 일어나고 있는데, 그 결과(X)가 다시 원인(A)이 되어 어떤 결과를 불러일으키는 경우도 있다. 그러한 인과관계에 관한 사고 모델을 순환적 인과관계 모델이라고 부르며 이것은 A·X의 도식으로 설명될 수 있다. 여기서 간단한 예를 하나 들기로 한다. 어떤 알코올 중독자의 부인이 남편이 너무 술을 많이 마셔서 집안이 언제나 시끄럽다고 호소한다. 이것을 선형적 인과관계로 도식화하면 다음과 같다.

남편이 술을 마신다. ──────────→ 아내가 잔소리를 한다.

이 도식은 완전한 것 같지만 사실은 완전하다고 보기 어렵다. 만약 알코올 중독자인 남편이 아내의 심한 잔소리를 참지 못하기 때문에 술을 마시며, 술을 마심으로써 아내에 대한 분노가 누그러진다고 주장한다면 위의 도식과는 다른 도식을 그려야 할 것이다.

아내가 잔소리를 한다. ⎯⎯⎯⎯⎯⟶ 남편이 술을 마신다.

이처럼 살아 있는 생물체인 인간의 경우, 어떤 사람의 행동과 다른 사람의 반응 사이의 관계를 선형적 인과관계로 바라보는 데는 한계가 있다.

순환적인 인과관계로 이 문제를 이해한다면 좀 더 분명하게 이해할 수 있을 것이다. 즉, 아내는 남편에게 술을 그만 마시라고 잔소리를 하고 남편은 그런 아내의 잔소리에 화가 나서 술을 마신다. 이와 같은 사실을 도식화하면 다음과 같다.

물론 가족치료사는 문제의 본질을 보다 정확히 이해하기 위해 순환적 인과관계를 이용하여 문제를 개념화할 필요가 있다. 이러한 관점에서 앞에서 언급한 예를 살펴보면 남편과 아내의 행동은 서로 문제행동을 유지하는 역할을 하고 있다. 따라서 이 경우 술을 마신다거나 잔소리를 한다는 것은 근본적인 문제가 아니며, 실제로는 관계를 통제하는 것과 관련된 권력투쟁을 해결하지 못한 것이 문제라고 볼 수 있다.

순환적인 인과관계의 관점에서 보면 문제를 나타내고 있는 사람을 환자라고 단정 짓지 않고, 가족으로부터 환자라고 지목을 당한 사람이라는 의미의 IP(identified patient)라고 부른다는 사실은 이미 언급한 바 있다. 또한, 순환적 인과관계는 두 사람의 관계에만 적용할 수 있는 개념은 아니다. 가족의 역기능적 상황도 순환적 인과관계로 다룰 수 있다.

상습적인 가출을 반복하는 여중생의 예를 들어 보자. 이 여학생의 어머니는 1남 1녀의 단란한 가정을 이루고 있지만 중년에 접어들면서 언제나 가족에게 소외당한다고 느끼고 있다. 특히 사회활동에 몰두하는 남편과의 사이가 소원하다고 느끼면서 자신의 삶은 불행하다고 생각한다. 따라서 고등학생인 아들에게 남편이 해야 할 많은 부분을 기대하고 어떤 의미에서는 남편의 대리적 인물로 생각하여 애착을 느낀다.

이러한 역동관계에서 사랑을 받고 싶다는 욕구가 강한 딸은 어머니가 자신을 항상 무시하고 거부한다고 느끼고 강한 반발심에 가출을 하여 많은 문제를 일으킨다. 한편, 어머니와 지나치게 밀착된 아들은 또래의 아이들이 모두 성취한 자립을 두려워하지만 겉으로는 어머니가 자신을 필요로 하기 때문에 집에 남아 있어야 한다고 자신을 합리화한다.

어머니는 자신의 자녀들이 다른 집 아이들과는 달리 여러 가지 문제를 가지고 있다고 느껴 우울해지며, 아이들이 이처럼 정상적으로 행동하지 못하는 것은 모두 남편 때문이라고 생각하고 남편을 비난한다. 이 같은 비난을 받는 남편은 화를 내며 가족과의 거리를 더욱 멀리하여 결국 그들 부부관계는 소원해진다.

부모가 서로 멀어지고 반목하는 행동에 대해 아들과 딸은 서로 다른 방법으로 대응한다. 아들은 또래의 친구들을 멀리하며 가능한 한 오랜 시간 어머니와 함께 하려 한다. 반면 딸은 정서적인 안정을 가정 밖에서 찾으려 하기 때문에 가출의 빈도는 더욱 잦아진다.

이와 같은 사례의 경우 어머니가 자녀들을 희생자로 만들었다고 비난하면서 자녀들이 나타내는 문제의 원인을 제공한 사람이 어머니 또는 아버지라고 단정하는 사람은 없을 것이다. 모든 가족의 행동은 다른 가족에게 영향을 미치는 순환적 인과관계를 형성하고 있으므로 사실에 접근하는 지름길은 순환적 입장에서 이 가족의 문제를 파악하는 것이다. 따라서 가족의 문제를 이해할 때 중요한 점은 원인과 결과를 밝혀내는 것이 아니다. 순환적 인과관계에서는 원인이 곧 결과가 되며, 결과가 원인이

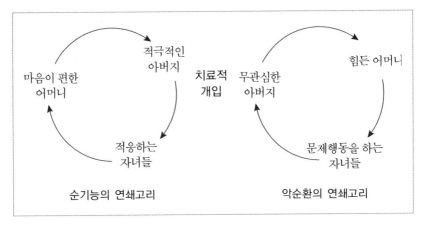

[그림 4-6] 가족관계의 연쇄고리

된다. 따라서 가족은 생활 속에서 서로 영향을 주고받는다.

　순환적인 관점을 추구하는 치료사가 치료에서 관심을 가지는 부분은 문제나 문제의 원인이 아니라, 가족 속에서 일어나는 관계의 연쇄고리다. 따라서 어려움을 겪는 가족의 악순환적 인과관계를 파악하고 어떻게 하면 최소한의 노력으로 새로운 연쇄고리를 만들어 낼 수 있는가가 주된 관심의 부분이다. 앞의 예를 도식화하면 [그림 4-6]과 같다. 이 경우 가족치료사는 가정에 무관심한 아버지가 좀 더 가정에 관심을 가질 수 있도록 개입할 것이다. 이러한 아버지의 변화가 힘든 어머니, 문제행동을 하는 자녀라는 기존의 악순환의 연쇄고리를 끊고, 밝은 어머니, 적응하는 자녀라는 새로운 긍정적인 연쇄고리를 만들게 된다고 본다. 즉, 가족치료의 개입은 가족사정에 의해 바람직하지 못한 가족의 연쇄고리라고 판단된 악순환의 연쇄고리를 끊어서 순기능의 연쇄고리를 새롭게 만들어 주고 그러한 악순환이 반복되지 않도록 도와주는 과정이라고 할 수 있다.

5) 형태유지와 형태변화

생물체계에는 체계 내외에 생기는 끊임없는 변화에도 불구하고 안정 상태를 유지하려고 하는 경향이 있다. 변화가 일어나면 곧 변화를 억누르는 방향으로 작용하는 부적 피드백이 작용하고 그 결과로 변화가 억제되어 체계가 일정 상태를 유지한다. 그러한 움직임이 어느 정도의 기간 동안 반복되지만 어느 시점에 이르면 변화를 증폭하는 정적 피드백이 일어나 변화의 폭이 더욱 커지고 결국 지금과는 다른 차원의 커다란 질적 변화가 일어난다. 전자의 변화하지 않는 것에 익숙해져서 체계의 동일성을 유지하려는 경향을 형태유지(morphostasis)의 힘(또는 일차 변화)이라고 부르며, 후자의 체계가 상당히 변화하여 다음 단계로의 발달이나 이행을 불러일으키는 경향을 형태변화(morphogenesis)의 힘(또는 이차 변화)이라고 부른다. [그림 4-7]과 같이 이러한 2개의 힘을 잘 나누어 사용하여 어떤 때는 변화를 최소화하며 어떤 때는 체계가 필요로 하는 재편, 재조직을 시도함으로써 가족은 보다 고차원의 체계로의 변화

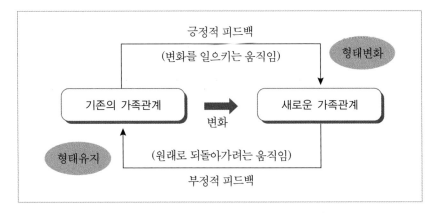

[그림 4-7] 가족체계의 변화

출처: 中釜洋子 등, 2008.

를 달성해 간다.

3. 가족체계에서 본 문제행동

가족체계에서 본 문제행동이라고 간단히 말하고 있지만 우리는 문제행동 그 자체를 보고 있는 것이 아니다. 사실은 문제의 증상을 보고 있는 것이다. 증상이란 문제행동의 표현이다. 어떤 사물을 표현하는 말이 사물 자체가 아니듯이 증상도 문제행동 그 자체라고 할 수 없다. 체계론적으로는 체계 사이에서 일어나는 상호관계의 변화가 문제행동이며, 증상은 체계 사이에 나타나는 상호관계 변화의 표현이다.

문제행동은 체계 사이에 또는 요소와 체계 간에 작용하는 상호관계의 변화와 관련이 있다는 입장에서 문제행동을 생각해 보기로 하자. 자신의 경계 안에서만 작용하는 닫힌 체계와는 달리, 열린 체계는 다른 체계 간 또는 요소와 체계 간의 에너지에 의해 기능한다. 이때 이들 사이에는 유동적인 평형 상태가 존재하게 된다. 물론 여기서 일어나는 상호관계는 언제나 변화하는데, 만약 이러한 변화가 체계 전체가 통제하고 있는 범위를 넘어서면 문제가 발생한다. 이 경우 상호관계는 에너지와 정보의 교환, 즉 의사소통이라고 정의된다. 따라서 치료를 통해 치유한다는 것은 변화된 의사소통을 원래의 자리로 되돌리고 새로운 평형 상태를 추구하는 것이라고 볼 수 있다.

인간의 문제행동은 환경 속에서 전개되기 때문에 항상 환경에 영향을 받고 있다. 그런데 앞에서 언급한 것처럼 인간은 열린 체계이므로 환경의 어디까지를 경계의 범위로 하는가는 중요한 문제다. 다시 말하면 문제를 나타내는 개인이 소속된 체계의 어디까지를 치료대상으로 삼을 것인가 하는 문제다. 예를 들어 등교거부라는 문제행동의 경우를 생각해 보자. 개인체계에 경계를 그으면 우울증, 조현병, 허약한 신체의 표현으로 생각할 수 있을 것이다. 성격의 수준에서 생각하면 '제멋대로'라고 할 수 있는데, 이 이면에는 제멋대로 하도록 조장하는 사람이 있다는 사실을 포함한다. 따라서 이러한 관점에서 본다면 개인체계를 넘어서 대인관계라는 환경을 고려하지 않을 수 없다. 앞에서도 언급한 것처럼 가족치료가 체계 사이에 존재하는 상호관계의 표현이라고 생각하여 체계의 범위를 넓히면 학교체계를 고려할 수 있을 것이다. 이 아동이 학교에 다니기 어려운 교육환경인가, 또는 아이에게 집단 따돌림이 있는가 등을 파악하려고 할 것이다. 그리고 좀 더 넓히면 오늘날의 한국교육은 너무 황폐화되었다고 통탄할 수도 있다. 더 넓히면 모든 것이 하나님의 뜻이라고 말할지도 모른다.

가족치료가 기존의 심리치료와 가장 다른 점은 이 중에서 어떤 것이 진실인가를 밝히려 하지 않는다는 것이다. 왜냐하면 위에서 언급한 모든 것이 정답일 수 있기 때문이다. 이 아이는 우울 상태이고, 과보호되어 제멋대로이며, 부모의 부부관계에 문제가 있고, 학교에서는 집단 따돌림이 있으며, 한국의 교육은 잘못되어 있고 모든 것은 하나님의 섭리인지도 모른다. 그러므로 체계의 변화를 어디에서 구하는가는 상당히 임의적이며 그것을 규정하는 것은 가족치료사에게 달려 있는 셈이다. 치료라는 관점에서 본다면 현대 교육과 하나님의 뜻이라는 두 개의 체계 접근은 가족치료사가 직접 다루는 데는 한계가 있다. 이러한 문제는 교육행정 전문가나 종교인에게 맡기는 것이 좋을 것이다. 그러나 학교체계는 가족치료사가 다룰 수 있는 영역이다. 예를 들면, 전학이나 반을 바꾸도록 돕는 것이 여기에 속한다. 성격의 문제에서도 제멋대로 하도록 조장하는 사람을 고려한다면 아무래도 가족체계를 고려하지 않을 수 없을 것이다.

따라서 이 경우 가족치료에서는 개인, 가족, 학교의 3개 체계에 대한 접근이 용이할 것이다.

지금까지 문제행동은 개인의 문제가 아니라 가족 또는 보다 넓은 맥락 속에서 이해되어야 한다고 강조하였다. 때로는 적극적으로 문제행동을 구조의 신호로도 볼 수 있다. 왜냐하면 가족을 하나의 체계로 생각하면 이러한 체계는 여러 가지 기능을 하면서 체계로서의 균형을 유지하려는 자기조정능력을 가지고 있는데, 자신들의 조정능력으로는 균형을 이루지 못하겠다고 판단될 때, 외부의 원조를 요청하는 것이 여러 가지 문제행동이라고 보기 때문이다. 발생하는 과정, 즉 서로가 서로에게 영향을 주고받는 과정이다.

일반체계 이론은 가족을 다음과 같이 이해하도록 이끌었다(Barker, 1986).

첫째, 가족은 각 부분의 특성을 합한 것 이상의 특성을 지닌 체계다.

둘째, 이러한 가족체계의 움직임은 어떤 일반적 규칙에 의해 지배되고 있다.

셋째, 모든 가족체계는 경계를 가지고 있다. 이와 같은 경계의 특성은 가족체계가 어떻게 기능하는가를 이해하는 데 중요하다.

넷째, 가족체계의 한 부분의 변화는 가족체계 전체의 변화를 초래할 수 있다.

다섯째, 가족체계는 완전하지 않으므로 항상 비교적 안정된 상태를 유지하려는 경향이 있다. 따라서 성장이나 진화가 가능하여 여러 가지 방법으로 변화를 일으키거나 촉진시킬 수 있다.

여섯째, 가족체계의 기능 중에서 체계 간의 의사소통이나 피드백 기능이 특히 중요하다.

일곱째, 가족 안에서 개인의 행동은 선형적 인과관계보다는 순환적 인과관계로 보는 것이 바람직하다.

여덟째, 다른 열린 체계와 마찬가지로 가족체계는 목적을 가지고 있는 것처럼 보인다.

아홉째, 가족체계는 각각의 하위체계에 의해서 구성되지만, 동시에 보다 큰 상위체계의 일부분이다.

용어 설명

사이버네틱스cybernetics   인공두뇌학이라고도 해석하는데 이것은 그리스어의 kybernetes(사공)라는 단어에서 만들어진 용어다. 이 용어의 창시자인 와이너는 사이버네틱스를 의사소통과 제어기제에 관한 과학이라고 규정하였다. 여기서 기초로 하는 전제는 제어, 규제, 정보교환 등의 기능이 기계, 생물체, 사회구조라는 차이에 관계없이 같은 원리에 따른다고 간주되는 것이다.

순환적 인과관계circular causality   모든 요인들이 서로 영향을 주고받으면서 원인인 동시에 결과가 되는, 상호작용 중심의 역동적 인과관계다. 베이트슨은 모든 생물계는 원시동물부터 사회체계에 이르기까지 순환적인 인과고리의 연결로 구성된다고 주장하였다. 이러한 주장에 따르면 체계의 어떤 부분도 다른 어떤 부분을 일방적으로 조절하는 것은 불가능하다. 베이트슨은 어떤 사건이 한 방향의 선형적인 인과관계(linear causality)에서 일어난 것처럼 인식되어도 이것을 한 차원 높은 곳에서 본다면 순환적 인과관계의 일부에 지나지 않는다고 생각하였다. 그러므로 그는 원인이 곧 결과가 된다는 선형적 인과관계는 있을 수 없으며 그것은 인식론적 오류라고 보았다.

엔트로피entropy   엔트로피와 네겐트로피는 원래는 열역학의 용어다. 물체의 일부가 뜨거워지면 열은 전체로 확산되며 이와 같은 불가역적으로 균형상태를 향하는 경향을 엔트로피라고 부른다. 엔트로피는 무질서이며 명확한 형식의 결여된 혼돈의 상태를 초래하게 된다. 네겐트로피(negentropy)는 엔트로피의 반대되는 개념이다.

열린 체계open systems   물리학에서 빌려온 용어로 체계는 항상 외계의 물질이나 에너지가 들어오고 나가는 어느 정도 개방적이라는 사실을 의미한다. 가족치료에서는 닫힌 체계와 열린 체계라는 단어가 비유적으로 사용된다. 가족이 새로운 정보에 어느 정도 개방적이며, 그로 인한 변화에 대하여 어느 정도의 감수성을 가지고 있는가에 따라 개방적 또는 폐쇄적으로 나뉜다. 닫힌 체계(closed system)는 열린 체계에 대비되는 개념으로 외부와의 정보교환을 거부하여 치료에 대한 권유나 원조를 하기 어려운 상태를 의미한다.

일반체계 이론general systems theory   이론생물학자 베르탈란피가 생물학적, 경제학적, 물리적 체계 내의 사물 또는 개인의 관계를 정의하기 위해 발전시킨 이론이다. 이 이론은 다른 분야에도 구조상으로 얼마나 동일성이 있으며, 요소 간의 상호작용도 같은 법칙에 따른다는 이질동형성의 인식을 기초로 하고 있다. 이 이론은 헤일리, 베이트슨 등에 의해서 가족치료에 도입되었으며, 이들은 이론이나 기법의 발전에 막대한 영향을 주었다.

이질동형성isomorph   우리는 이전에 사물을 이해하는 방식으로 환원주의(reductionism)를 많이 사용하였으나, 최근 체계 이론의 발전과 함께 사물을 보는 관점으로 이질동형성이 강조되고 있다. 이것에 의하면 전혀 다른 차원처럼 느껴진 인간과 동물, 식물이 하나의 체계로 묶일 수 있게 되었다. 즉, 일방적으로 영향을 주는 체계, 서로 영향을 주는 체계 등의 구조를 같은 것으로 본다면, 다양한 차원이 하나로 묶일 수 있을 것이다. 그러나 가족치료에서의 이질동형성은 일정의 형식적 관계를 반복하는 가족체계 내의 교류를 의미한다.

피드백 회로feedback loops   어떤 부분이나 사건의 영향이 다른 부분이나 사건을 통과하여 본래의 자리로 돌아오는 일련의 과정을 의미한다. 피드백 회로는 부적 피드백과 정적 피드백을 가지고 있다. 부적 피드백의 기능은 현상을 유지하고 항상성을 지니기 위하여 일탈을 방지하도록 하는 것이며, 정적 피드백은 일탈을 증폭시키는 것이다.

하위체계subsystem   가족체계의 기본적 구조단위다. 가족체계는 부부, 부모자녀, 형제 등의 여러 종류의 하위체계로 분화되어 있어서 가족성원은 각각 여러 하위체계에 속하게 된다. 이를 통해 개인은 여러 가지 역할을 수행할 수 있다. 모든 하위체계는 자신만의 독특한 기능을 가지고 있기 때문에 각 하위체계의 경계가 명확하지 않으면 안 된다. 경계가 명확하지 않으면 왜곡된 삼각관계나 부모화 등의 역기능적 결과를 초래할 수 있다.

항상성homeostasis   평형에 의해 균형을 유지하려는 상태를 의미하는데, 잭슨의 가족모델에서는 가족들이 이미 자신들에게 익숙한 평형을 유지하려고 증상행동의 특성을 강조한다고 보았다. 증상이 그동안 그렇게 사는 것에 익숙했던 가족들의 입장에서 보면 반드시 부정적인 것만은 아닌 것이다.

환자로 지목된 사람identified patient: IP   이 용어는 치료를 필요로 하는 가족원을 의미한다. 그러나 사티어는 환자로 지목된 사람은 가족으로부터 문제라고 불리는 경우가 많다고 지적하였다. 가족치료에서는 IP라는 약자를 쓰는데, 이것은 어떤 사람이 환자라는 꼬리표를 달게 되는 데는 가족이 어떤 역할을 하고 있다는 것을 암시한다고 볼 수 있다. 따라서 이 용어를 사용할 때는 환자로 지목된 사람에게 초점을 맞추는 것이 아니라, 그렇게 인식하고 있는 가족관계를 염두에 둘 필요가 있다.

제**5**장
다세대 정서중심 가족치료

다세대 정서중심 가족치료는 정신분석적 원리 및 실제에서 직접적으로 영향을 받은 보웬(M. Bowen)에 의해 개발되어 보웬 가족치료라고도 불린다. 초기 가족치료사들은 대부분 핵가족에 초점을 맞추면서 핵가족 내의 상호작용을 변화시키는 데 관심을 가졌다. 그러나 보웬은 현재 핵가족에서 드러내는 문제가 어디에서 유래한 것인지에 관심을 가지면서 보다 넓은 가족관계에서 그것의 답을 찾으려고 애썼다. 그는 인간이 진화의 산물이며, 다른 생명체의 행동과 마찬가지로 인간의 행동 역시 자연법칙의 지배를 받고 있다는 가정에 바탕을 둔다. 따라서 가족은 정서적 단위이며, 가족원은 다양한 수준에서 영향을 받고 반응하는 정서적 자극의 복합체이므로 정서적 장(emotional field)으로 설명될 수 있다고 보았다. 즉, 가족들의 기능은 가족의 정서적 분위기 또는 장을 형성한 후 각 개인의 정서기능에 영향을 준다(Kerr & Bowen, 1988). 따라서 장이란 반응하는 정서적 자극의 복합체다. 사람들은 부모에 의해 해결되지 못한 정서적 욕구를 충족하려는 경향이 있다. 그러므로 우리가 관계를 맺게 되는 새로운 모든 사람들과도 과거의 유형을 반복하면서 정서적 욕구에 따라 반응한다. 그런데 사람들은 때로 가족 상호작용의 어떤 부분에 압도되어 그 이면에 있는 규칙적인 과정이나 유형에 대해서는 생각하지 못한다. 이 같은 특성을 고려하여 보웬은 가족을 자연체계로 보려면 가족 개개인의 다양한 행동이나 말에 휘말리는 것을 피하기 위해 심리적으로 한 걸음 뒤로 물러서는 것이 필요하다고 강조했다. 보웬은 가족에서 조금 떨어져 있을 때 비로소 모든 가족의 배경에서 작동하는 기본적인 관계과정을 관찰할 수 있다고 주장하였다. 특히, 그는 가족관계의 규칙과 그를 통한 예측에 관심을 가졌다.

다세대 정서중심 가족치료, 즉 보웬 가족치료는 그 밖의 여러 가지 접근에 비해 문제를 보다 포괄적으로 이해하려고 했다. 또한 모든 이론에 관심을 가지면서 치료를 위한 보다 포괄적인 이론의 기초를 구축하려고 시도했다. 그러므로 보웬 가족치료는 그 밖의 어떤 가족치료 접근보다도 인간의 행동과 문제에 대하여 폭넓게 정의하고 설명하려는 경향을 보였다. 이론 정립 못지않게 치료기법의 개발이 중요하다는 것을 인식한 보웬은 치료가 인간행동에 관한 정신의학적 직관이나 임상적 판단에서 벗어나 보다 객관적이고 예측이 가능한 과정이 되어야 한다고 주장하였다.

보웬 가족치료는 체계 이론을 지향하는 대다수의 가족치료 접근과 분명한 차이가 있었다. 즉, 의미 있는 변화가 반드시 전체 가족에게서 나타나는 것은 아니라는 전제를 가졌다. 보웬은 나머지 가족원에게 영향을 미칠 수 있는 한 사람의 변화에 의해서 전체의 변화가 시작될 수도 있다고 생각하였다. 그러나 그는 가족이 체계라는 견해에는 동의하여, 가족을 정서와 인간관계 체계의 결합체라고 보았다. 한 예로 보웬의 '분화되지 않은 가족자아집합체'의 개념은 후에 핵가족의 정서체계라는 용어로 바뀌어 사용되고 있다. 그는 대부분의 경우 가족 문제는 가족원이 자신의 원가족에서 심리적으로 분리되지 못하는 데 기인한다고 보았다. 부모의 어느 한쪽이나 양쪽 모두가 자신의 원가족의 부모 문제에 강하게 휘말려 있으면 그로 인하여 부부관계가 악화되는 경우가 많다. 다시 말하면 이러한 부모는 원가족의 자아집합체 또는 정서체계의 일부인 셈이다. 그러므로 치료목표는 가족원을 이러한 자아집합체로부터 분리시켜 독립적 · 자율적으로 기능할 수 있도록 돕는 것이다.

1. 주요 인물

보웬은 테네시에서 결속력이 강한 대가족의 장남으로 태어났으며, 의과대학을 졸업한 후 5년 동안 군복무생활을 하였다. 그는 군복무생활을 통하여 정신적 어려움을 겪는 많은 사람을 만나게 되었으며, 그 같은 경험과 자신의 원가족 경험에 의해 정신의학에 관심을 갖게 되었다. 정신분석훈련을 받은 그는 조현병에 정신분석적 개념을 적용하고자 시도하였다. 그리고 점차 조현병 환자 개인에 대한 관심에서 환자와 어머니의 관계로 자신의 관심 영역을 넓혔다. 이것에 관한 연구는 보웬이 1946년부터 1954년까지 몸담았던 메닝거 연구소(Menninger Institute)에서 시작되었다. 그는 자신의 연구에서 조현병 환자가 어머니에게 정서적으로 지나친 애착을 보인다는 사실을 발견하고 모자공생관계의 가설을 세웠다. 그 후 국립정신건강연구소로 옮긴 보웬은 모자공생관계에 관한 연구를 통하여 이성과 자기통제 능력의 상실이 애착의 병리적 형태로 표현되는

'불안한 애착(anxious attachment)'의 개념에 관심을 두었다(Bowen, 1966). 즉, 증상을 초래하는 부모의 자아가 분화되지 못하여 부부 중 한 사람은 지나친 적합감, 한 사람은 지나친 부적합감을 가지게 되면 정서적 이혼의 상태에 놓이게 되어 책임회피와 의사결정의 포기로 이어진다는 것이다. 보웬은 이 시기부터 가족을 하나의 유기체라고 생각하고 가족을 치료에 참여시키기 시작했는데, 이것이 가족치료의 시작이었다.

보웬의 제자 중 가장 두드러진 활동을 한 인물로는 궤린(P. Guerin)을 들 수 있다. 보웬에게서 훈련을 받은 궤린은 카터(B. Carter), 맥골드릭(M. McGoldrick) 등을 훈련시켰으며, 이들은 다시 가족학습센터를 설립하였다. 그 밖에도 보웬의 영향을 받은 제자 중에는 현재 활발하게 활동하는 사람이 많다. 카터는 부부치료 및 재혼부부의 치료에 관심을 가진 활동적인 임상가이며, 맥골드릭은 여러 인종으로 구성된 미국 사회에 대두되는 문제인 가족 간의 민족적 차이에 초점을 둔 지도자적 인물로 『민족성과 가족치료(Ethnicity and Family Therapy)』라는 획기적인 저서를 남겼다. 페미니스트인 이들은 보웬의 일부 이론이 가부장적이라면서 비판했지만, 뉴저지 다문화 가족연구소(Multi-cultural family Institute of New Jersey)를 설립하여 보웬 이론을 확장시키기 위해 노력했다. 또 한 사람의 제자인 커(M. Kerr)는 보웬의 이론을 가장 잘 설명하고 있는 인물로 평가받고 있으며, 그는 현재 조지타운 가족센터(Georgetown Family Center)의 책임자다.

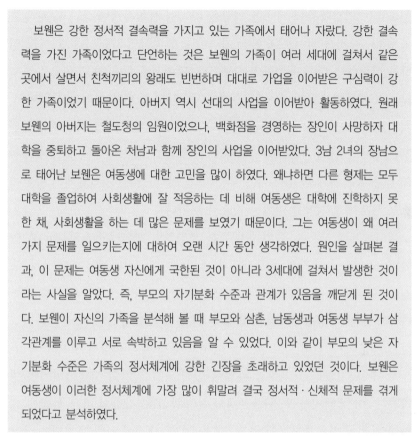

보웬은 강한 정서적 결속력을 가지고 있는 가족에서 태어나 자랐다. 강한 결속력을 가진 가족이었다고 단언하는 것은 보웬의 가족이 여러 세대에 걸쳐서 같은 곳에서 살면서 친척끼리의 왕래도 빈번하며 대대로 가업을 이어받은 구심력이 강한 가족이었기 때문이다. 아버지 역시 선대의 사업을 이어받아 활동하였다. 원래 보웬의 아버지는 철도청의 임원이었으나, 백화점을 경영하는 장인이 사망하자 대학을 중퇴하고 돌아온 처남과 함께 장인의 사업을 이어받았다. 3남 2녀의 장남으로 태어난 보웬은 여동생에 대한 고민을 많이 하였다. 왜냐하면 다른 형제는 모두 대학을 졸업하여 사회생활에 잘 적응하는 데 비해 여동생은 대학에 진학하지 못한 채, 사회생활을 하는 데 많은 문제를 보였기 때문이다. 그는 여동생이 왜 여러 가지 문제를 일으키는지에 대하여 오랜 시간 동안 생각하였다. 원인을 살펴본 결과, 이 문제는 여동생 자신에게 국한된 것이 아니라 3세대에 걸쳐서 발생한 것이라는 사실을 알았다. 즉, 부모의 자기분화 수준과 관계가 있음을 깨닫게 된 것이다. 보웬이 자신의 가족을 분석해 볼 때 부모와 삼촌, 남동생과 여동생 부부가 삼각관계를 이루고 서로 속박하고 있음을 알 수 있었다. 이와 같이 부모의 낮은 자기분화 수준은 가족의 정서체계에 강한 긴장을 초래하고 있었던 것이다. 보웬은 여동생이 이러한 정서체계에 가장 많이 휘말려 결국 정서적 · 신체적 문제를 겪게 되었다고 분석하였다.

2. 주요 개념

대부분의 초기 가족치료사는 이론보다는 치료기법에 더욱 많은 관심을 기울였으나, 보웬은 예외였다. 그는 치료의 근원으로서의 가족에 전념하였으며, 치료기법보다는 이론에 보다 많은 관심을 두었다.

보웬은 인간의 기능과 행동에 중요한 영향을 주는 정서체계에 덧붙여 감정체계와 지적체계라는 두 개의 체계를 개념화했다. 감정체계(feeling system)는 인간행동에 지대한 영향을 미치며 사회과정에 보다 많은 영향을 준다. 감정은 정서보다 훨씬 지적이고 인지적인 부분이다. 정서의 영향은 사람들과 다른 유기체가 주어진 상황에서 무엇을 하고 무엇을 하지 않는지 관찰함으로써 추론될 수 있으며, 감정은 보다 상위의 개념이다. 지적체계(intellectual system)는 인간의 신경계 중에서 가장 최근에 진화된 부분이며, 인간의 '사고하는 두뇌'라고 불린다. 지적체계는 인간이 자신의 삶을 독특하게 만들어 가는 부분이다. 정서, 감정, 지적체계는 상보적으로 서로에게 영향을 미치는 것으로 보인다.

정서체계의 작용은 두 가지 대등한 생명력인 개별성(individuality)과 연합성(togetherness) 간의 상호작용과 관련이 있다. 집단에서의 안정성, 응집성, 협력의 수준은 개별성과 연합성의 상호작용으로부터 영향을 받는다. 각 개인은 생명에너지의 똑같은 양에 투자하여 그것을 유지하려고 하기 때문에 두 힘이 서로 균형을 이루고 있을 때가 이상적이다.

각 개인은 [그림 5-1]처럼 관계에 있어 똑같은 양의 생명에너지를 투자한다. 이 에너지의 투자는 관계의 동등함 또는 각각의 다른 사람에 대한 긍정적이거나 부정적인 사고, 감정, 정서, 행동에 의해 유지되는 균형을 가져온다.

이러한 연합성의 불균형이 일어나는 현상을 융해(fusion)나 미분화(un-

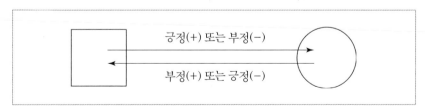

[그림 5-1] 동등한 에너지의 유지

출처: Kerr & Bowen, 1988.

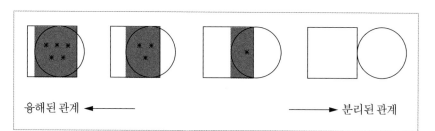

융해된 관계 ◄────────   ────────► 분리된 관계

[그림 5-2] 관계의 분화 수준

differentiation)라고 부른다. 자율적으로 기능하는 능력인 분화는 사람이 극단적인 반응에 사로잡히지 않도록 돕는다. 보웬의 개념은 모자공생관계에서 분화되지 않은 가족자아집합체와 융해·분화의 개념으로 발전하였다.

1963년 보웬은 자신의 가족체계 이론을 구성하는 여섯 가지 개념을 완성하였다. 그 여섯 가지는 자기분화(differentiation of self), 삼각관계(triangles), 핵가족의 정서 체계(nuclear family emotional system), 가족투사과정(family projection process), 다세대 전수과정(multigenerational transmission process), 형제순위(sibling position)다. 그는 1975년에 정서적 단절(emotional cutoff)과 사회적 정서과정(social emotional process)의 개념을 추가하였다. 이러한 여덟 가지 개념은 각각 독립된 것이 아니라, 서로 맞물려 있는 개념이다(Kerr & Bowen, 1988).

1) 자기분화

보웬 이론의 중심개념인 자기분화는 정신 내적 측면과 대인관계에 관련된 개념이다. 정신 내적 측면에서의 자기분화란 지적 기능이 정서적 기능에서 얼마나 분화되어 있는가를 의미한다. 또한 대인관계적 측면에서의 자기분화가 잘 이루어지지 못한 사람은 확고한 자아를 발달시키지 못하고 거짓자아가 발달하게 되므로 자신의 일관된 신념을 가지고 자주적이며 독립적인 행동을 하지 못한다. 다시 말해서, 정신 내적인 분화는 감정과 사고를 분리시키는 능력이다. 그러므로 분화된 사람은 사고와 감정 사이에서 균형을 이룰 수 있으며 자제력이 있고 객관적이다. 반면, 분화되지 못한 사람은 자율성이 부족하며, 다른 사람과 융해되려는 경향이 있다. 정서와 지성 사이의 융해가 클수록 다른 사람의 정서적 반응에 융해되기 쉽다. 정서적 융해는 분리와 반대되는 개념이다. 융해된 사람은 확고한 신념과 확신을 고수하지 못하며, 이성적 사고가 아닌 감정에 바탕을 둔 의사결정을 한다.

　자기분화는 모든 사람을 하나의 연속선상에서 범주화하는 방법으로 사용될 수 있다. 이는 개인의 자아가 가족자아집합체에서 얼마나 분화되어 있는가를 사정하기 위한 이론적 척도다. 그러나 이 척도에는 정상이라는 개념은 없다. 왜냐하면 만약 자기분화의 정도가 낮더라도 일상생활

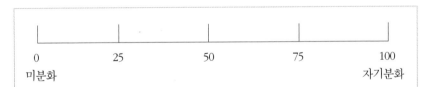

- 0~25: 가족 및 다른 사람에게 정서적으로 융해되어 자기 자신의 사고보다 감정에 지배되는 생활을 한다. 이런 사람은 융통성이 적고, 적응력이 부족하며, 정서적으로 의존적이다.
- 25~50: 여전히 다른 사람의 정서적 체계와 반응에 유도된다. 이런 사람은 목표지향적 행동을 하고 있으나, 이것은 다른 사람의 인정을 받기 위해 행동하는 것이다.
- 50~75: 스트레스가 발생해도 감정에 지배되지 않을 만큼 사고가 충분히 발달되어 있으며 잘 발달된 자의식을 가지고 있다.
- 75~100: 감정과 사고가 잘 분리되어 있으나, 실제로는 이런 사람은 드물다.

[그림 5-3] 자기분화의 이론적 척도

2. 주요 개념 **237**

에서 정서적 평형을 누리고 아무 증상이 없이 살아간다면, 이는 다른 기준에서는 정상에 속할 수 있기 때문이다. 그러나 대부분의 경우 사람은 스트레스를 많이 받을 때 상처받으며, 증상을 드러내기 쉽다.

보웬은 75 정도의 분화 수준이 일반적으로 가장 높으며, 자기분화 수준이 60 이상이 되는 사람은 소수에 지나지 않는다고 보았다(Goldenberg & Goldenberg, 2000 재인용).

2) 삼각관계

일반적으로 가족치료사들은 삼자관계가 양자관계보다 안정된 관계라고 보고 있다. 그것은 양자관계는 극도로 소원해지거나 지나치게 친밀해질 위험성을 내포하고 있기 때문이다. 사람들은 이때 이러한 불안을 피하기 위하여 다른 사물이나 인물을 끌어들이는 경우가 많다. 따라서 삼각관계(triangulation)는 세 사람 사이의 관계가 역동적 균형을 가지고 있음을 의미하는 것으로서 두 사람이 자신들의 정서적 문제에 또 다른 한 사람을 끌어들이는 형태를 기술하는 개념이다. 예를 들어, 부부의 긴장 속으로 자녀를 끌어들이는 방법은 다음과 같다. 남편과의 관계가 원만하지 못한 어머니가 장녀에게 아버지에 대해 불평함으로써 방관자인 장녀를 부부의 긴장 상황 속에 끌어들인다. 장녀가 어머니의 편을 들면서 공감하면, 어머니와 장녀 사이에는 '함께'라는 것에 기초한 친밀함이 형성되고, 장녀는 아버지와 어머니 사이에 발생하는 문제에 대해 아버지를 비난한다. 삼각관계가 일어나는 주된 요인은 자기분화 수준과 경험하는 긴장 정도다. 즉, 자기분화 수준이 낮아서 긴장이 심할수록 삼각관계가 형성되기 쉽다. 삼각관계의 일반적인 예는 부부가 그들의 문제를 해결하지 않은 채, 자녀를 끌어들이고 그 자녀에게 초점을 맞추면서 긴장을 완화시키는 것이다. 즉, 부부가 자신들의 문제로 반목하면서도 자녀에게 관심을 기울이며 그와 관련하여 많은 대화를 하는 것이다. 긴장이 심화되면 이 같은 삼각관계는 부모 한 사람과 자녀 사이의 강한 애착관계를 유발한다. 만약 삼각관계에 휘말리는 자녀가 상처받기 쉬운 성향을 갖고 있다면 여러 가지 문제증상을 보이게 될 것이다.

때때로 가족 내의 풀리지 않는 긴장은 일련의 중복된 삼각관계를 초래한다. 긴장이 더해지면 제3의 인물은 떠나고 네 번째 사람을 끌어들일 수도 있다. 때로는 가족 안에서 더 이상 삼각관계를 만들 수 있는 인물을 찾을 수 없을 때는 가족 이외의 사람과 삼각관계를 형성하기도 한다. 그러나 만약 가족 이외의 인물이 치료사라면 그는 정서적 삼각관계에 연루되지 않으면서 두 사람과 접촉할 수 있다. 이렇게 중립적이고 객관적인 관계를 의미하는 치료적인 삼각관계는 가족의 관계를 개선할 수 있다. 보웬 가족치료에서는 이와 같은 '탈삼각관계'를 치료의 목표로 삼고 있다. 치료사는 가족이 가진 문제를 직접 다루지 않고 바람직하지 않은 삼각관계의 과정을 지적한다. 치료과정을 통하여 가족으로 하여금 삼각관계가 가족 문제의 병리적 측면을 지속시키는 데 얼마나 큰 영향을 미치고 있는지를 깨닫게 하여 가족이 자신들의 삼각관계에서 벗어날 수 있도록 도우며, 궁극적으로는 가족체계의 바람직한 변화를 이끌어 낼 수 있다.

3) 핵가족의 정서체계

이 개념은 한 세대의 가족 내에서 보이는 정서적 기능을 설명한 것으로 가족 간의 분화가 잘 이루어지지 않을 때 나타난다. 보웬은 초기에는 가족 내 정서적 융해를 설명하기 위하여 분화되지 않은 가족자아집합체라는 용어를 사용하였다. 핵가족 내에서 한 가족원이 다른 가족원들에 비해 신체적이거나 정서적으로, 사회적으로 역기능의 증상을 나타낸다는 것은 각각의 핵가족 전체 구성원들의 분화되지 않은 기능들을 이 가족원이 모두 흡수한다는 것을 의미한다. 예를 들어, 부부가 갈등하고 있으면 그것은 가족 내의 불안으로 이어진다. 만약 어린 자녀가 신체적, 정서적, 사회적인 문제를 나타낸다면 그것은 그 자녀가 가족 내의 불안을 모두 흡수했기 때문이다. 분화가 잘 이루어지지 않은 가족은 가족원의 관계에서 일어나는 갈등이나 어느 한 가족원에게 일어난 역기능으로 인해 가족 전체가 높은 불안 수준을 가지게 된다. 이 같은 가족 내에서는 가족원들이 만성적인 역기능을 나타낸다. 그러나 분화가 잘 이루어진 가족이라면 가족원들 사이의 관계에서 역기능이 나타나거나 가족 중 한 명이 역기능적 증상을 보일지라도 나머지 가족들이 그러한 역기능의 원인을 적절하게 다룰 수 있다.

4) 가족투사과정

　부모가 자신의 미분화를 자녀에게 전달함으로써 미분화는 세대를 걸쳐서 진행된다. 이때 투사의 대상이 된 자녀는 최소한의 자기분화 수준을 유지한 채, 부모와 밀착관계를 가지게 된다. 자기분화 수준이 낮은 부모는 삼각관계를 통해 미분화에서 오는 불안을 회피하려고 한다. 이러한 삼각관계에서 볼 수 있는 공통적인 현상은 어머니가 특정 자녀와 공생적 관계를 형성하여 미분화의 산물인 자기 문제를 투사시킨다는 점이다. 보웬에 의하면 투사는 어느 가족에서든 나타나는 일반적 현상이지만, 분화 수준이 낮은 가정일수록 투사하는 경향이 심하다. 가족투사과정은 다음 세대를 희생시키면서까지 이전 세대의 미분화에서 발생한 불안을 경감시키려고 한다. 원가족과의 분화가 이루어지지 못한 부모는 자신의 부모와 정서적 단절이 생기면, 현재의 가족생활에서 융해를 이루어 안정을 찾으려 한다. 즉, 자기분화가 낮은 사람의 결합일수록 두 사람의 자아가 융해되어 공동자아를 형성한다. 문제는 새롭게 형성된 이와 같은 융해는 불안정하며, 때로는 융해가 반대로 부부간의 정서적 거리감을 증가시켜서 자녀에게 문제를 투사하는 등의 여러 가지 부적응을 초래할 위험성이 있다는 것이다.

5) 다세대 전수과정

다세대 전수과정은 정서체계에 근간을 두고 있으며 한 세대로부터 다음 세대로 계승된 정서, 감정, 그리고 주관적으로 결정된 태도, 가치와 신념을 포함한다. 이러한 전수는 주로 관계를 통해 일어난다. 보웬의 다세대 전수의 개념은 하나의 핵가족 안에서 혹은 그 가족원에게 발생한 정서적 장애가 여러 세대에 걸쳐 이어지고 때로는 더욱 심화된다는 것을

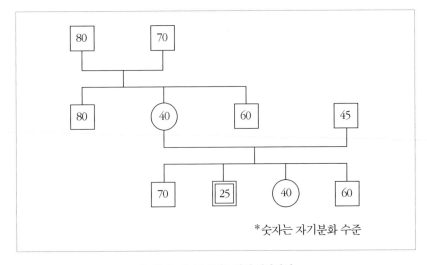

*숫자는 자기분화 수준

[그림 5-4] 자아미분화의 전달과정

의미한다. [그림 5-4]와 같이 자기분화의 수준이 낮은 사람이 자신과 비슷한 분화 수준을 가진 사람과 결혼하면 다음 세대인 자녀에게 그들이 가진 미분화의 특징을 투사하게 되어, 자녀의 자아를 더욱 심각한 미분화 상태에 놓이게 한다. 다세대 전수과정의 결과로 발생하는 개인과 핵가족의 두드러진 적응력 손상의 결과 중 하나가 조현병이다. 가족의 정서체계의 혼란이 여러 세대에 걸쳐 계속되면, 3세대 또는 그 이상의 세대에 가서 조현병이나 정서적 질환이 발생된다. 이처럼 다세대 전수과정은 개인의 자기분화 수준이 대대로 전달되는 것을 나타낸다. 이렇게 볼 때 조현병이나 역기능의 문제는 개인의 질병이 아니라 가족체계에서 누적된 자아의 미분화, 즉 융해의 결과인 셈이다.

6) 형제순위

보웬은 토만(W. Toman)의 영향을 받아 자녀의 형제순위가 가족역할에 미치는 영향에 대하여 자신의 견해를 정리하였다. 토만은 환경이 다른 가정에서 태어났음에도 불구하고 동일한 형제순위의 사람들은 비슷한 성격을 가지고 있다는 사실을 발견하였다. 이러한 사실은 한 개인이 가족체계 내에서 어떤 기능적 위치에 있는가를 추론할 수 있는 근거가 된다. 왜냐하면 가족체계 내의 정서적 세력이 각 형제순위에 따라 특정한 방식으로 기능하기 때문이다. 토만은 생물학적 형제순위만을 염두에 두었으나, 보웬은 기능적인 형제순위까지 확대하여 이러한 개념을 적용하였다. 예를 들면, 기대를 걸었던 장남이 사고로 사망하면 부모들은 그다음 순위의 자녀와 삼각관계를 형성하면서 장남의 역할을 기대할 가능성이 높다는 것이다.

형제순위의 개념은 특정 자녀가 어떻게 가족투사과정의 대상으로 선

택되느냐를 이해하는 데 새로운 견해를 제공하였다. 더불어 개인이 결혼
생활에 어떻게 적응할 것인가를 예측 가능하게 하였다.

7) 정서적 단절

정서적 단절은 한 개인과 원가족 간의 미분화와 그것과 관련된 정서적
긴장을 설명한 것으로, 극심한 정서적 분리의 양상을 의미한다. 정서적
단절은 세대 간의 잠재된 융해의 문제를 반영하는 것이다. 따라서 세대
간의 정서적 융해가 심할수록 정서적 단절의 가능성 또한 높다. 융해가
심한 사람은 가족과의 정서적 접촉을 회피함으로써 문제를 해결하려고
한다. 그러나 고립된 소외에서 오는 불안으로 다른 사람과 관계를 맺으면
또 다른 융해를 초래한다. 집에서 벗어나고 싶어서 충동적으로 결혼한 사
람은 정서적 단절의 좋은 예인데, 이러한 사람은 결혼을 통해 원가족에서
벗어나더라도 진정한 독립을 얻은 것은 아니다. 왜냐하면 융해가 심한 사
람은 결혼을 해도 새로운 가족과 다시 융해하면서 원가족의 미해결 문제
를 재연하기 때문이다.

8) 사회적 정서과정

개인에게 거짓연대감을 갖게 하는 사회적 작용을 나타내는 개념으로,
이러한 작용은 융해를 조장하며 자기분화를 저해한다. 즉, 환경이 가족
에게 영향을 미치는 것처럼, 사회 내의 정서적 과정은 가족 내의 정서적
과정에 영향을 미친다. 보웬에 의하면 가족은 만성적으로 불안에 휩싸이
면 이러한 불안을 감정적으로 억제하지 못하여 지적으로 행동할 수 없게
된다. 그 결과 증상이 형성되며 가족의 기능에 퇴행이 일어난다는 것이

다. 그러므로 사회적 퇴행은 불안으로 인해 사회적 문제해결능력이 약화
되는 정서적 과정이다.

3. 치료적 개입

보웬은 불안이 정서적 융해의 산물이며, 지속적인 변화를 위해서는 차
분하고 안정된 분위기에서 이해와 자기분화를 이루어야 한다고 보았다.
보웬 이론에 근거한 치료사들은 불안을 감소시킴으로써 정서적 역기능
을 줄일 수 있다고 생각하였다. 이때 치료사는 자신들의 정서적인 반응
을 드러내지 않고 가족 내의 정서를 다루어야 한다.

보웬 가족치료의 치료과정은 점진적으로 이루어진다. 자기분화는 개
인과 전체 체계를 변형시키기 위한 매개물이다. 따라서 치료과정을 통하
여 개인의 자기분화가 성취되면 가족체계가 변화하고 이것은 다시 더 높
은 수준의 자기분화를 초래하는 순환성을 가진다.

치료는 반드시 가족 전체를 단위로 하는 것은 아니며, 단지 전체 가족
을 고려하는 자각을 필요로 한다. 보웬 가족치료에서는 핵가족에 대해
아는 것만으로는 문제를 이해하거나 변화를 가져오는 데 불충분하다고
생각하여, 가계도 등의 방법을 통해 확대가족을 이해하려고 하였다. 보
웬은 자기분화과정의 일부분은 확대가족의 모든 가족원과 개인적 관계
를 발달시키는 데 있다고 보았다. 중요한 관계의 수가 많아짐에 따라 개
인은 자신의 정서적 에너지를 분산시킬 수 있어서 한두 사람과의 정서적
융해를 피할 수 있는 이점이 있는 것이다.

앞에서도 언급한 것처럼, 보웬은 가족 내의 한 사람이 높은 자기분화
를 성취한다면 다른 가족도 그렇게 될 수 있다는 기본전제를 가지고 있

다. 보웬은 개인에게 삼각관계에 대하여 설명하고 거기에서 벗어나도록 원가족과의 상호작용을 재조명함으로써 자기분화를 발달시켰다. 이것은 결국 개인이 속한 전체 가족에게 치료적으로 긍정적인 영향을 미치게 되는 것이다.

1) 치료목표

보웬은 행동장애를 증가된 불안의 산물로 보았다. 그의 견해에 따르면, 이들은 고립되고 분화되지 못했으며 가장 상처받기 쉬운 개인이 증상을 일으키거나 혹은 갈등의 중심이 되기 쉽다고 보았다. 다시 말하면, 행동장애는 한 세대에서 다른 세대로 전수된 정서적 융해의 결과이다. 따라서 치료목표는 이와 같이 다세대에 걸쳐 삼각관계를 이루고 있는 사람을 거기서 해방시키는 것, 즉 탈삼각관계를 이루는 것이 된다. 요약하면, 보웬 가족치료의 치료목표는 불안을 감소시키고, 자기분화를 증가시키는 것이다. 그들은 증상을 덜 강조하며, 문제는 개인이 아니라 체계에 내재하고 있다고 간주하여, 개인의 변화는 다른 사람과의 관계 변화를 통하여 이루어질 수 있다고 보았다. 체계를 변화시키고, 가족원의 높은 분화 수준을 성취하기 위해서는 가족 내의 가장 중요한 삼각관계에서 변화가 일어나야 한다. 치료사는 가족의 변화를 초래하기 위하여 치료사 자신과 가족의 주요 인물 두 사람과 함께 새로운 삼각관계를 만들기도 한다.

이상적인 발달은 원가족과 자율적인 분화가 잘 이루어져 있고, 불안이 낮고, 부모가 그들의 원가족과 좋은 정서적 접촉을 할 때 일어난다. 이전 세대와의 분화가 잘된 사람은 원가족과 밀착 또는 격리된 사람보다 훨씬 안정적이다. 자기분화는 보웬 가족치료에서 치료목표인 동시에 성장목표이다. 다시 말하면, 분화되지 않은 가족자아집합체에서 자신을 분리 ·

독립시켜 정체감을 형성하고, 충동적·정서적 사고와 행동에서 자유를
획득해 나갈 수 있도록 돕는 것이 치료의 목표다.

2) 치료사의 역할

앞에서도 언급한 것처럼 보웬 가족치료에서는 가족원 중 한 사람을 선
정하여 일정 기간 동안 그 사람을 치료함으로써 그 사람이 전체 가족체
계를 변화시킬 수 있다고 생각하였기 때문에 어떤 의미에서는 치료대상
의 폭이 상당히 넓었다. 예를 들면, 이미 고인이 된 조부모도 치료대상의
범위 속에 포함될 수 있다. 그러나 보웬 가족치료에서는 가족이 어떻게
기능하는가에 대한 이해가 치료대상의 범위와 치료의 기술적 측면보다
훨씬 중요하다고 보았다. 치료과정에서는 주로 질문하기의 기법이 사용
되었다. 이때 질문은 가족원이 자신의 딜레마를 인식하고, 잘못된 관계
에서 자신의 역할을 수정하기 위한 방법을 유도하기 위한 것이다. 보웬
은 독특한 치료기법을 가지고 있지 않았고, 질문을 통하여 가족을 이해
시키려 하였다. 그는 치료사의 객관성과 정서적 중립성을 강조하면서,
치료사는 '코치'나 '의논상대'라고 보았다. 그는 가족이 자신의 능력과
기능을 최대로 발휘할 수 있도록 돕는 활동적인 전문가, 즉 '코치'라는
용어를 애용했다.

3) 치료기법

(1) 가족사정

보웬은 가족의 문제가 다세대에 걸친 갈등의 산물이라고 보았다. 따라
서 문제를 유발한 정서체계를 파악하는 것이 중요하므로 현재의 증상과

관련된 개인, 핵가족, 확대가족에 걸친 폭넓은 관점을 파악하려고 했다. 따라서 가족정서체계의 치료과정은 가족사정에서 시작된다. 증상을 보이는 가족을 평가하는 것은 가족원들과의 첫 면담에서부터 시작된다.

가족사정의 대상에는 가족원, 남편과 아내, 전체 핵가족 또는 핵가족과 확대가족의 결합 형태가 포함될 수 있다. 그러나 일반적으로 가족사정을 위한 면담은 남편과 아내 모두 또는 두 사람 중 한 명에게만 실시한다. 평가에 앞서서 치료사는 가족 중 누구와 만나서 정보를 얻을 것인지를 결정한다. 평가는 치료목표를 명료화하여 치료적 개입을 도우며, 가족의 변화를 위해 가족의 자원이나 사회적 환경을 활용할 수 있다.

커와 보웬(Kerr & Bowen, 1988)에 의하면 가족사정을 다음의 범위 안에서 이루어지는 것이 바람직하다(김혜숙, 2008 재인용).

- 내담자가 의뢰한 경우
  - 가족들이 방문하게 된 경위나 배경(가족들이 자발적인가 또는 기관의 의뢰인가? 상담기관 방문이 처음인가? 치료를 시도해 본 일이 있는가? 어떤 경로로 왔는가? 치료를 강력하게 원하는 가족과 내키지 않아 하는 가족은 누구인가? 지금 방문한 이유는 무엇인가?)
- 문제나 증상에 대한 호소
  - 가족의 문제가 누구에게서 발생했다고 보는가? 어떤 증상이 어느 정도의 빈도로 발생하는가? 언제부터 지속되었는가? 드러난 증상은 신체적, 정서적, 사회적인가? 증상과 가족의 관계는 어떠한가?
  - 가족들은 문제를 어떻게 보는가?
  - 누가 문제증상으로 인해 가장 스트레스를 받으며, 누가 덜 받는가?
  - 무엇이 문제를 심각한 수준으로 이끄는가?
  - 가족들이 문제를 해결하기 위해 시도한 방법은 무엇인가?

−가족들이 원하는 것은 무엇이며, 도울 수 있는 것은 무엇인가?

• 핵가족의 역사와 기능, 정서적 과정

  −부부는 어떻게 결혼했는가?(만남의 배경, 결혼동기, 호감도, 결혼과정, 신혼기의 상황은 어떠했는가?)

  −결혼 전에는 각자가 어디에서 무엇을 했는가?(각각의 성장환경과 경제력 정도, 질병의 유무, 과거 결혼과 자녀의 유무, 성취감의 정도)

  −결혼생활에서 자녀의 출생과 가족들의 갈등이나 적응 정도는 어떠한가?

  −자녀 출생 시 가정의 환경, 자녀양육에 대한 갈등이나 대처방식, 자녀의 성장과정과 위기는 있었는가?(자녀의 가출이나 증상의 유무, 자녀의 학력 정도, 자녀의 성공 정도)

  −부부의 결혼생활에 대해 어떻게 보고 있는가?(부부의 갈등이나 위기는 어떤 것이 있는가? 가족 스트레스의 요인들은 무엇인가?)

  −부부간의 정서적 교류와 의사소통방식, 개인의 증상이나 불안 수준, 감정반응 정도, 긍정적인 사회관계망은 어떠한가?

  −잦은 이사, 직업의 변화, 경제의 위기, 배우자와의 별거나 이혼, 사별 경험은 있는가?

  −배우자의 신념이나 가치관, 종교관은 어떠한가?

• 원가족의 역사, 융해와 자기분화

  −배우자들이 성장한 원가족 부모들의 결혼이나 이혼, 부모의 성격이나 환경, 직업, 신체 또는 정신적 건강, 교육력, 경제적인 위기상황, 부모의 사망원인, 자녀에 대한 관심이나 지지도, 기대감, 형제자매와의 관계, 형제자매의 죽음, 이복형제의 유무 여부

• 원가족의 안정성과 보존성

  −원가족 중에 정신질환자나 알코올 중독자, 범법행위를 한 사람이

있는가? 배우자 각각의 원가족은 평균적인 기능 수준을 유지하고
있는가?

- 부모나 친인척 중에 도움을 주는 사람은 누구인가? 힘들 때 누구
를 찾아가는가?

- 부모의 친인척 중에서 정서적 또는 경제적으로 도움을 받을 수 있
는 관계망이 충분한가?

• 원가족으로부터의 정서적 단절 정도

- 원가족 안에는 삼각관계가 존재하는가?

- 원가족 중에 누구와의 관계를 정서적으로 단절해 버렸는가?(어떤
사건이나 상황에서 단절이 일어났는가?)

- 원가족과 단절된 사람 중에 누가 원가족에 대한 책임회피나 알코
올이나 약물에 대한 의존이나 사회적인 단절을 나타내는가?

• 치료를 위한 중요한 방향과 초점

- 치료사는 가족들이 문제에 대해 어떻게 인식하고 있는지, 그리고
문제의 원인에 대해 어떤 가정을 하고 있는지를 파악한다.

- 치료 초기에는 가족원의 불안요인이 되는 사건이나 상황을 감소
시키는 데 초점을 둔다.

- 가족원의 자아분화 수준 향상을 위한 치료방향을 설정한다.

- 원가족 체계가 핵가족의 불안에 직접적인 영향을 미치지 않는다
고 판단되면 초기부터 핵가족의 관계성에 초점을 둔다.

- 핵가족의 정서과정에서 탈삼각관계에 초점을 둔다.

- 부부가 가해자, 피해자의 순환고리를 형성한다면 개별적으로 불
안을 다룬다.

• 치료예후

- 치료 이후 결과에 미치는 영향을 평가하는 것은 중요한 변수로 작

용한다.

- 개인이나 가족들이 가진 스트레스 요인, 감정적인 반응, 핵가족의 적응력을 파악한다.
- 배우자 원가족의 안정성이 기능적이며 원가족의 보존성이 지지적이고 자원이 풍부할 때는 예후에 긍정적 영향을 준다.
- 핵가족의 적응력에 있어 개인의 생물학적, 심리적, 사회적 요인들이 상호작용에 미치는 영향은 중요하다.

이처럼 가족사정을 위한 면담 시에는 개인, 핵가족, 확대가족에 관한 역사적인 사건들을 파악한다.

(2) 가계도

이렇게 얻어진 정보를 바탕으로 가계도(genogram)를 그려서 가족의 정서과정에 기초가 되는 그림을 제공한다. 보웬은 NIMH 시절부터 여러 대에 걸친 가족체계에 관한 주요 정보를 수집하고 조직화시키기 위해 가족도표(family diagram)를 사용하였다. 궤린은 1972년 자신의 저서에서 가족도표를 가계도라고 명명했으며, 그 후 맥골드릭은 가계도를 통해 치료할 수 있는 포괄적인 안내서를 출간하였다.

가계도는 제2부 '가족치료의 과정과 사정'에서 자세히 다뤘기 때문에 여기서는 상세한 설명을 생략한다.

(3) 탈삼각관계

탈삼각관계 과정의 성공은 개인이 다른 사람들에 의해 삼각관계에 끌려 들어가고 다른 사람들을 삼각관계에 끌어들이는 모호하면서도 보다 분명한 방법들을 인식하는 것에 달려 있다. 삼각관계는 언제나 분명한 언어적 메시지에 의해 전달되는 것은 아니다. 경우에 따라서는 얼굴 표정, 목소리의 톤과 같은 비언어적인 수단에 의해 전달되기도 한다. 그러므로 타인들과의 관계과정에서 정서적 중립을 지키는 것이 가능할수록 탈삼각관계 훈련은 보다 효과적이다. 만약 한 개인이 정서적으로 연결되어 있는 삼각관계 속에서 더 많은 중립성이나 이탈을 달성할 수 있고 그러한 중립성에 기초해서 행동할 수 있다면 삼각관계 내의 다른 두 구성원들 간의 긴장은 줄어들게 될 것이다.

효과적인 탈삼각관계를 이루기 위해서는 정서적 중립성에 대한 사고 또는 태도의 방식을 습득하는 것뿐만 아니라 그러한 태도를 효과적으로 전달할 수 있는 능력도 필요하다. 일반적으로 탈삼각관계는 낮거나 적당한 수준의 불안 상태에서 가장 효과적으로 이루어진다.

(4) 코치하기와 나의 자세

코치하기는 가족들이 직접 자신들의 가족 문제를 해결하도록 조언하는 것이다. 이것은 치료사가 어떻게 하라고 요구하는 것이 아니라, 가족들이 자기 가족의 정서적 과정과 그 속에서 자신이 수행할 역할을 이해하도록 과정에 대한 질문을 하는 것이다. 따라서 코치하기의 목적은 이해를 증진시키고 자신에게 초점을 맞추고 주요한 가족원에게 보다 기능적으로 다가가도록 돕는 것이다. 이 같은 기법은 치료사가 코치의 역할을 수행함으로써 내담자의 역할을 대신하거나 가족 간의 삼각관계에 휘말리는 것을 방지할 수 있다는 이점이 있다.

나의 자세(I-position)는 가족원들이 각자의 정서적 충동에 의해 반응하려는 경향에서 벗어나 자신의 견해를 피력하는 방법이다. 즉, 상대방의 행동을 지적하기보다 자신의 감정을 표현하는 것이다. 예를 들어, 어머니가 자녀를 향해 "넌 방도 치우지 않을 정도로 게으르구나."라고 표현하는 것과 "엄마가 네 방까지는 치울 시간이 없으니 네 방은 직접 치워서 엄마를 좀 도와줄래?"라고 말하는 것 사이에는 큰 차이가 있다. 치료사들은 내담자에게 나의 자세를 가질 수 있도록 돕는다. 필요에 따라서는 치료사가 가족과 면담을 할 때도 나의 자세를 보임으로써 가족들을 교육하기도 한다.

가계도genogram　　가족면담을 통해 3세대 이상의 가족의 역사를 도식화하여 원가족의 미해결 문제, 삼각관계, 가족 간의 융해와 단절 등에 대한 정보를 파악할 수 있다. 따라서 치료사는 가계도 작성을 통해 치료전략이나 가설을 설정하는 데 도움이 된다.

가족위치constellation　　토만의 가족위치에 대한 개념은 보웬이 형제순위가 가족에 미치는 영향에 대한 생각을 정리하는 데 상당한 영향을 주었던 것으로 알려지고 있다. 토만에 의하면 가족위치란 형제, 부부, 부모자녀의 관계유형을 의미하며, 이것은 성격과 사회적 행동에 커다란 영향을 준다. 그는 가족에 관한 비교연구에서 대부분의 가족은 자녀의 형제순위가 성격이나 가치관, 사고방식을 형성하는 데 영향을 준다는 사실을 밝혔다.

가족투사과정family projection process　　보웬은 부모의 자기분화 수준이 자녀에게 전해진다고 정의하면서, 부모가 정서적으로 어떻게 기능하는지에 따라서 자녀 각각의 분화 정도가 결정된다고 보았다. 가족투사과정은 어떤 세대의 충족되지 않은 분화에 의해 일어난 불안을 다음 세대의 희생에 의해 융해하려는 움직임이다.

나의 자세I-position　　개인이 자신의 감정에 의해서가 아니라 자신의 지성에 기초한 어떤 입장을 가지는가가 중요하다. 보웬에 의하면 일반적으로 성숙한 인간은 감정과 지성과의 분화가 충분히 이루어져 있지만, 치료에 오게 되는 가족에게는 곤란한 과제다. 따라서 치료사는 상담과정에서 가족이 다른 가족원의 정서적 압력에 직면하더라도 감정과 지성의 분화가 이루어지도록 돕는다.

다세대 전달과정multigenerational transmission process   이 개념은 보웬 학파의 기초개념을 바탕으로 만들어진 것이다. 그는 다세대에 걸친 대가족을 하나의 체계로 보고 핵가족을 그 체계의 하위체계로 생각하였다. 따라서 어떤 세대에서 자기분화가 충분히 이루어지지 않으면 그것은 반드시 다음 세대로 투사되어 다음 세대의 미분화 정도를 심하게 한다.

분화되지 않은 가족자아집합체undifferentiated family ego mass   보웬의 초기개념으로 특히, 조현병 환자의 가족에게서 보이는 감정적으로 붙어 있는 상태를 의미하였다. 현재는 가족 간에 보이는 밀착상태 또는 자기분화가 결여된 상태를 기술하기 위해 사용된다. 보웬에 의하면 인간은 지적 체계와 정서적 체계라는 두 개의 기능을 가지고 있는데 이 두 체계가 기능적으로 분화되지 않으면 행동이나 사고와 같은 지적 체계가 감정에 지배되어 어떤 불안에 대해 감정적으로 반응하게 된다.

사회퇴행societal regression   보웬에 의하면 개인은 거짓연대감을 갖게 하는 사회작용으로 인하여 융해가 조장되며 자기분화가 저해된다. 다시 말하면 가족은 불안상태가 계속되면, 이러한 불안을 억제하려는 감성적인 부분이 활발히 움직여 지적으로 행동할 수 없게 된다. 이와 같은 결과는 증상을 유발시키거나 가족의 기능을 퇴행시키게 된다.

원가족family of origin   말 그대로 사람이 태어난 가족, 즉 자연의 생물학적 가족을 의미한다. 원가족의 개념은 보웬이 자주 사용하였다. 가족치료에서 원가족은 가족성원이 태어난 핵가족에 지나치게 밀착하여 분리할 수 없는 것을 문제시한다. 또는 물리적으로는 분리하는 척해도 눈에 보이지 않는 곳에서 밀착관계가 작용하는 정서적 의미까지 포함한다.

융해fusion   분화되지 못한 체계는 다른 사람과의 관계에서 융해나 자기상실을 초래한다. 보웬은 한 명이 다른 한 명과 정서적으로 상당히 가까워 자신의 감각이나 경계가 다른 사람에게 의존하는 것처럼 보이는 경향을 융해라고 보았다. 융해의 특징은 개인의 지적 · 정서적 체계를 애매하게 하는 것으로 자기분화와 대립된다. 즉, 지적 · 정서적 체계의 융해는 다른 사람과의 개별성이나 자립을 유지하는 능력을 저하시킨다.

자기분화differentiation of self　　자신이 속한 체계에 대하여 얼마나 자유로운가의 수준을 나타내는 용어다. 이 개념은 개인의 지성과 감정의 분화 정도를 나타낼 수 있어 자칫 개인치료적인 색채를 띠고 있다고 생각할지 모른다. 그러나 보웬의 가족치료는 개인치료와 체계론적 가족치료의 교량역할을 하고 있다는 평가를 받고 있다. 따라서 체계의 이해에서 개인의 이해의 방향으로 진행되고 있다고 표현하는 것이 바람직하다.

정서적 차단emotional cut off　　보웬이 자주 사용하는 개념으로 한 개인이 원가족과 심한 정서적 분리를 나타내는 양상을 의미한다. 어떤 의미에서 정서적 차단 그 자체는 세대 간의 지나친 융해를 반영하는 것으로 정서적 접촉을 피함으로써 불안을 감소시킨다. 차단에 인한 고립은 배우자와 같은 원가족 이외의 다른 사람과 강력한 융해를 일으키기 때문에 이러한 양상은 오래 계속될 수 없다. 따라서 가족치료에서는 가족에게 자신의 정서적 차단을 인식시키는 것이 중요하다.

탈삼각관계detriangulation　　보웬이 자신의 치료과정을 설명하기 위하여 만든 용어다. 그에 의하면 체계 내의 두 사람의 관계가 지나치게 밀접하거나 반대로 지나치게 소원하면 체계가 불안정해지는데, 이때 제3자 또는 다른 사물을 두 사람 사이에 넣어서 안정을 시도하는 삼각관계가 형성된다. 치료사는 현재 일어나고 있는 문제를 직접 취급하는 것보다는 이러한 삼자관계의 과정을 지적함으로써 그것이 가족 문제의 역기능적 안정화에 어떤 역할을 수행하고 있는가를 가족 스스로에게 인식시켜 가족체계의 바람직한 변화를 이끌어 낼 수 있다.

제**6**장

전략적 가족치료

전략적 가족치료(Strategic Family Therapy)는 여러 가지 형태가 있지만, 기본적으로 치료사가 가족의 문제를 해결하기 위한 전략을 고안하는 데 주안점을 둔다. 전략적 가족치료사는 행동의 원인보다 행동의 변화에 관심을 가진다(Nichols, 2010). 즉, 문제행동을 변화시키는 해결방법을 기술하는 데 초점을 맞추고 있다. 이처럼 문제행동의 변화라는 조작적인 접근 방법이 긍정적인지에 대한 평가는 다양하나, 문제행동으로 인해 가족 문제가 지속된다는 점은 분명하다. 또한 전략적 가족치료는 모든 가족에게 일률적인 기법이 적용되는 구조적 가족치료의 접근과는 달리 특정 문제의 해결에 초점을 둔다. 전략적 가족치료를 추구하는 모델은 크게 세 가지로 나뉜다. 가장 먼저 전략적 가족치료를 시도한 집단으로는 베이트슨 (G. Bateson)의 영향을 받은 MRI(Mental Research Institute)를 들 수 있다. 여기에는 바츨라비크, 위클랜드, 피쉬(R. Fisch)가 포함된다. 헤일리(J. Haley)

는 초기에는 MRI에서 이들과 함께했으나 이후에는 마다네스(C. Madanes)
와 더불어 또 하나의 독자적인 집단을 형성한다. 마지막으로 밀라노에서
파라졸리(S. Palazzoli)를 중심으로 활동한 밀란 모델을 들 수 있다.

1. 주요 인물

전략적 치료를 언급하려면 베이트슨과 에릭슨(M. Erickson)을 지나칠
수 없다. 이들은 직접 가족치료를 하지는 않았지만, 세 가지 모델에 지대
한 영향을 미쳤다. 베이트슨은 1952년 록펠러 재단으로부터 의사소통의
역설에 관한 연구비를 받으면서 의사소통 이론을 정립했다. 이 연구팀의
연구원들은 베이트슨을 통해 에릭슨의 최면치료 원리를 접하게 되었는
데, 이를 토대로 역설적인 기법 등을 고안해 냈다.

세 가지 모델 중 전략적 가족치료의 시작이라고 말할 수 있는 MRI에
대해서 먼저 언급해 보려고 한다. 1959년 잭슨(D. Jackson)에 의해 설립된
MRI는 의사소통이나 가족, 조현병에 관심이 있는 사람들로 구성되어 초
기 10년 동안은 가족치료훈련과 연구를 주로 하였다. 설립자 잭슨이 젊
은 나이에 세상을 떠난 후 1967년 MRI의 단기치료센터가 세워졌다. 이
시절에 활동한 치료사로는 사티어, 헤일리, 위클랜드, 바츨라비크 등을
들 수 있다. 위클랜드는 MRI에 베이트슨의 사이버네틱스와 에릭슨의 임
상적 기법을 도입하였다. 위클랜드는 가족치료 분야에서는 처음으로 구
조화된 훈련 프로그램을 실시하기도 하였다. 그러나 MRI의 가장 큰 공헌
은 무엇보다도 초기 가족치료를 이해하는 데 도움이 되는 다수의 저서를
남긴 것이라고 생각한다. 마지막까지 MRI에 몸담았던 위클랜드, 바츨라
비크는 심리적 혼란에 개입할 수 있는 문제해결중심의 단기치료기법인

전략적 가족치료를 개발하였다. 그러나 1995년 위클랜드가 사망하면서 MRI는 초기의 명성을 잃어 가고 있다.

헤일리는 임상적 배경이 없이 MRI 연구팀에 합류했기 때문에 여러 이론을 통합한 독자적인 가족치료 모델을 개발할 수 있었다. 그는 베이트슨, 미누친으로부터 심리치료에 대한 이론과 기법을 배웠다. 의사소통과 권력이라는 부분에 많은 관심을 가진 그는 에릭슨의 최면술에서 많은 영향을 받았다. 그는 치료사와 내담자의 관계가 최면치료사와 최면대상자의 관계와 유사하다고 보았다. 따라서 그는 최면치료사가 최면을 잘 걸기 위해서는 강력한 힘을 가져야 하는 것처럼 치료사가 권력을 어떻게 가지며 어떻게 사용하는가가 중요하다고 보았다. 그는 MRI를 떠난 후 필라델피아 아동상담센터에서 미누친과 함께 일했다. 미누친과 함께 활동하면서 전략적 기법을 적용한 구조적 관점에서 가족을 이해할 수 있었다. 1976년 헤일리는 펜실베이니아를 떠나 메릴랜드 의과대학 교수로 일하면서 마다네스와 함께 워싱턴 가족치료 연구소를 설립하였다. 2000년대에 그가 은퇴를 하면서 마다네스가 센터를 이끌어 갔으나 큰 영향력을 발휘하지 못했다.

MRI와 헤일리는 밀란 모델에 영향을 주었다. 밀란 모델은 파라졸리, 보스콜로(L. Boscolo), 세친(G. Cecchin), 프라타(G. Prata) 등이 개발한 것이다. 파라졸리는 이탈리아의 정신분석가인데, 개인치료에 만족하지 못하고 1967년 새로운 치료방법을 시도했다. 그와 동료들은 밀라노의 가족연구센터에서 치료와 연구를 하였으므로, 그들을 밀란 그룹이라고 부른다. 밀란 그룹은 1980년대에 들어서면서 전략적인 것을 지속적으로 고수하는 파라졸리와 가족을 향한 호기심에 비중을 둔 세친을 중심으로 분열되었다. 그 후 세친의 영향으로 밀란 모델을 따랐던 많은 치료사들은 이야기치료로 선회하게 된다.

2. 주요 개념

1) MRI의 의사소통 이론

베이트슨을 중심으로 연구된 의사소통 이론은 MRI와 헤일리의 전략적 접근에 많은 영향을 주었다. 특히, MRI에서는 의사소통의 여러 가지 특성이 가족치료에 많이 적용될 수 있다고 생각하여, 가족치료의 실제와 연결시키려는 노력을 아끼지 않았다. 그들이 주장하는 의사소통의 원리를 요약하면 다음과 같다(Barker, 1986).

(1) 의사소통을 하지 않는 것은 불가능하다

한 사람과 다른 사람 사이에 일어나는 모든 행동은 어떤 메시지를 전달하고 있다. 예를 들어, 주위 사람을 무시한 채 조용히 앉아 있는 사람의 경우 사실은 비언어적인 방법으로 자신은 주위 사람과 말하고 싶지 않다는 것을 전달하고 있는 것이다. 그러므로 의사소통이란 발언하는 내용 이상의 것을 포함하고 있다. 의사소통에는 자세, 음성의 고저 등의 비언어적인 것이 포함되며, 그것은 맥락과 함께 고려되어야 한다.

(2) 의사소통은 내용과 관계의 측면이 있다

인간관계에서 나타나는 많은 문제는 의사소통의 내용과 관계 간의 차이를 구분하지 못하는 데 원인이 있다. 인간의 의사소통에는 상위의사소통(meta-communication)이 있는데, 이것은 '의사소통에 대한 의사소통'을 의미한다.

또한 모든 메시지는 보고(report)와 명령(command)의 기능을 갖는다.

메시지의 보고는 정보를 전달하는 데 반해, 명령은 관계의 정의에 대한 설명이다(Watzlawick et al., 1967). 즉, 의사소통은 단지 어떤 정보를 전달할 뿐만 아니라 의사소통을 하고 있는 사람들의 관계를 규정하기도 한다. 예를 들어, 집에 돌아온 아버지가 "오늘 회의에서 부장에게 들들 볶여 무척 피곤하다."라고 말하면 그것은 직장에서 있었던 일에 대한 보고인 동시에 "피곤하니까 날 위해 어떻게 좀 해 줘."라는 암묵의 명령을 드러내는 것이다. 그런데 우리가 주목해야 할 것은 그러한 암시적인 명령은 모호하다는 사실이다.

이야기를 주고받는 사람들 간의 관계는 명령적 의사소통에 어떻게 반응하는가에 영향을 미칠 것이다. "오늘 회의에서 부장에게 들들 볶여 무척 피곤하다."라는 표현을 통해 회사에서 아버지는 부장보다 한 단계 아래에 있음을 알 수 있다. 그러나 집에서는 자신이 힘이 있다고 생각하는 것이다. 물론, 부인이 남편과 자신의 관계를 어떻게 규정하느냐에 따라 이 메시지에 대한 반응은 다르게 나타날 것이다. 또한 "문 좀 닫아 줄래요?"와 "몇 번 말해야 문을 닫을래?"라는 발언은 모두 문을 닫아 달라는 부탁을 하고 있지만 나타내는 관계는 상당히 다르다.

또한 같은 문장도 어떤 어조로 말하느냐에 따라 다른 관계에 있다는 것을 의미하기도 한다. 때로는 문장에서 어떤 단어를 강조하느냐에 따라 의미가 달라질 수도 있다. 예를 들어, "네가 나쁘다고 생각한다."라는 문장에서 '생각한다'라는 단어를 강조하는 것과 '나쁘다'는 것을 강조할 때를 비교해 보면 쉽게 이해할 수 있을 것이다.

(3) 마침표는 의사소통의 중요한 측면이다

의사소통 이론은 선형적 인과관계를 받아들이지 않으며, 행동의 잠재적인 원인도 추구하지 않는다. 대신 순환적인 인과관계에 근거하여 현재 일어나고 있는 특정 행동을 분석한다.

그런데 현재 일어나고 있는 의사소통이란 끊임없이 계속되는 연속선
상에 있는 것이다. 우리가 대화를 하고 나서 어떤 것이 자극이고 어떤 것
이 반응인지 분석하기 어려울 만큼 의사소통은 계속 이어지고 있다. 상
호작용의 흐름 속에서는 무엇이 자극이며 무엇이 반응인가가 항상 명확
한 것은 아니다.

예를 들어, 남편의 늦은 귀가에 대해 아내가 심하게 잔소리를 하면 남
편은 아내가 잔소리를 하기 때문에 집에 늦게 들어갈지도 모른다. 이 경
우 두 사람은 상대방이 문제의 원인이라고 주장할 것이다. 어떻게 인지
하는가는 행동의 흐름을 어떻게 보는가에 따라 달라진다. 이들 부부는
맞물려 있는 일련의 현상에 대해 자신에게 유리한 곳에서 마침표를 찍고
있기 때문에 상대가 나쁘다고 생각한다. 그리고 이때 부부가 자신들이
어느 곳에서 마침표를 찍었는지에 대하여 서로 말하지 않기 때문에 문제
는 더 복잡하게 얽히게 된다. 즉, 문제에 대한 상위의사소통을 하지 않는
점이 상황을 더욱 어렵게 만들고 있다. 가족은 이처럼 연속적인 흐름인
의사소통을 자신의 입장과 관점에 따라 임의로 끊는다.

의사소통의 연속성을 설명하기 위해 알코올 중독자인 남편과 아내의
예는 자주 사용된다. 알코올 중독자인 남편은 아내가 잔소리를 많이 해
서 술을 마신다고 한다. 그러면 아내는 남편이 술을 마시니까 잔소리를
하게 된다고 반박한다. 이것은 '술을 마셔서 잔소리를 하고, 잔소리를 하
니까 술을 더 마신다'는 순환적 사건에 대해 부부가 각기 다른 곳에 마침
표를 찍고 있는 것이다. 즉, 남편은 '잔소리를 하니까 술을 마신다'에 마
침표를 찍었으며, 아내는 '술을 마시니까 잔소리를 한다'에 마침표를 찍
었다. 이로 인해 연속적인 흐름인 대화는 토막이 나게 되고 서로에게 유
리한 방향에서 그 토막이 이용된다. 이것을 마침표의 원리(principle of

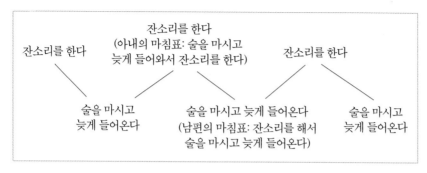

[그림 6-1] **마침표의 원리**

punctuation)라고 한다.

(4) 의사소통은 디지털과 아날로그로 구분할 수 있다

의사소통은 구문론, 의미론, 화용론의 세 가지 측면으로 나누어 생각할 수 있는데, 전략적 모델에서는 화용론에 해당하는 비언어적인 의사소통이 중요하다(Watzlawick et al., 1967).

구문론이란 어떤 의미를 나타내기 위해 약속된 문장이나 순서를 어떻게 표현하느냐 하는 언어의 문법적 규칙으로 규정된다. 가족의 의사소통이라는 관점에서 구문론을 생각해 보면 정보를 전하는 방법과 관련된 현상이다. 따라서 누가 누구와 이야기를 나누는가, 가족 간에 얼마나 많은 대화가 이루어지는가 등에 관심을 가지는 것이다. 이것을 디지털 의사소통(digital communication)이라고도 부르는데, 의사소통에서 디지털 의사소통 못지않게 중요한 것이 아날로그 의사소통(analog communication)이다. 디지털 의사소통에서 메시지는 이야기하거나 말할 때 언어를 통해 전달되는 내용이다. "영호는 교실에 들어간다."나 "첫 수업은 8시에 시작한다."라는 문장에서 메시지의 의미는 언어의 성질과 순서에서 명확히 드러난다. 이것은 그저 메시지의 일부분일 뿐, 메시지를 전하는 강력한 방법은 아니다.

아날로그 의사소통은 제스처, 신체자세, 표정, 음성의 고저, 언어의 배열, 리듬, 억양 등 모든 비언어적인 의사소통을 포함한다. 메시지를 보내는 사람의 의도를 정의한다는 점에서 관계적 의사소통의 양식이라 할 수 있다. 예를 들어, '사랑한다'는 말을 거친 목소리로 주먹을 쥐면서 하는 것과 부드러운 목소리로 선물을 주면서 하는 것은 다른 종류의 관계를 의미한다. 그러므로 언어적 메시지의 의미는 비언어적인 의사소통에 의해 영향을 받고 맥락은 비언어적인 표현에 의해 수정된다는 사실은 아날로그 의사소통이 더 강력한 측면이라는 것을 이해할 수 있을 것이다. 디지털 의사소통을 의미하는 내용과 아날로그 의사소통을 의미하는 과정의 두 수준이 일치하면 구성원들은 서로가 표현하는 것을 잘 파악할 수 있으므로 바람직한 의사소통이다. 그러나 두 수준이 일치하지 않을 때 문제가 발생한다. 아날로그 의사소통에 보다 많은 주의를 기울이기 때문에 혼동된 메시지에 반응하는 것이 일반적이다.

(5) 대칭적 관계와 보완적 관계

대칭적 관계와 보완적 관계의 개념은 베이트슨에 의해 도입되었다. 인류학자인 베이트슨은 뉴기니 원주민 연구에서 개인 또는 집단의 관계가 보완적 또는 대칭적인 것을 발견하였다. 보완적 관계는 의사나 환자, 부모와 자녀, 지배적인 사람과 순종적인 사람이 보이는 관계다. 한편, 대칭적인 관계는 서로 경쟁을 하는 선수와 같은 관계에서 볼 수 있다. 즉, A의 행동에 대하여 B가 비슷한 반응을 일으키는 것에 의해서 변화가 증폭 또는 상승되는 관계를 의미한다. 예를 들면, A가 B에게 불만을 말하면 B가 A에게 보다 강도 높은 불만을 표현한다. 결과적으로 B에 대한 A의 불만은 더욱 증폭된다. 가족치료의 경우 대칭적 관계는 부부간의 세력경쟁에서 자주 보이는 것으로 두 사람의 파트너가 서로 같은 수준에 있는 것을 동의할 수 없을 때, 즉 두 사람이 서로 우세한 입장에 서려고 경쟁하고 상대보다 위에 있을 때만 안심할 수 있을 때 나타난다. 모든 양자관계는 정도의 차이는 있으나 대칭적 또는 보완적이다. 대칭적 상호작용은 두 사람이 같은 선상에 서 있다는 것을 의미한다. 한편 보완적인 상호작용은 불균등을 기초로 생겨나는 것이다. 일반적으로 부부나 다른 한 쌍의 사람은 대칭적 또는 보완적으로 의사소통을 하게 되는데, 이러한 관계는 고정적이지 않고 유동적이다. 또한 이러한 관계는 문화적 차이에 따라 다르게 표현될 수 있다.

(6) 의사소통은 역설적일 수 있다

역설적 의사소통을 한마디로 정의하기는 힘들지만, 일관된 전제하의 정당한 추론에 의해 인도되는 모순이라고 정의할 수 있다(Watzlawick et al., 1967). 역설적 발언의 예로 "나는 오늘밤 당신을 갑자기 방문할 것이다."라고 말하는 것을 들 수 있다. 이러한 발언의 논리적인 허위는 오래전부터 지적되어 왔다. 이것은 우리에게 단순히 단어와 단어가 모여서 의사소통을 이루는 것은 아니라는 사실을 알려 준다. 단어의 합 이상의 것이 존재히는 것이다. 즉, "나는 오늘밤 당신을 갑자기 방문할 것이다."라는 말은 의사소통에 대한 상위의사소통이다. 그러므로 이 문장 자체는 어떤 의미를 가지지 않는다. 갑자기 방문한다는 것은 언어위계의 다른 수준에서 하는 의사소통이다. 이것은 상호작용 이외의 사건을 관찰할 때, 논리적인 발언이 될 수도 있다.

베이트슨은 조현병 환자의 가족에 대한 연구를 통하여 이중구속가설(double bind hypothesis)을 설명하고 있는데, 이것은 도망갈 곳 없는 가족 상황에서 모순된 메시지가 계속 반복적으로 이어지는 경우에 발생한다.

이렇게 되면 메시지를 받는 쪽은 스트레스가 생겨서 그것을 해결하는 방법으로 사고장애나 정서장애를 일으키게 된다는 것이다. 이중구속은 의사소통 중의 어떤 수준에서의 명백한 요구가 다른 수준에서 무시되거나 또는 부인되는 것을 의미한다(Bateson, 1978).

예를 들어, 아이를 원치 않고 사회활동에 열심이던 어머니에게 예정에 없던 아이가 태어났다. 그로 인해 어머니는 자신의 모든 사회적인 활동을 중단할 수밖에 없었기 때문에 자신의 자녀에 대해 양가적 감정을 가지고 있다. 지적인 어머니는 아이에게는 사랑이 필요하다고 생각하여 아이를 향하여 "엄마는 널 사랑해."라고 말하며, 아이가 자신의 곁으로 다가오도록 요구한다. 아이는 당연히 어머니가 전적으로 자기를 사랑한다고 믿으면서 곧바로 어머니에게로 다가간다. 그러면 어머니는 "너 지금 하던 숫자놀이를 다 했니? 그걸 다 해야지."라고 말하며 전혀 다른 태도를 보인다. 이와 같은 경험이 여러 번 반복되면 또다시 어머니가 부를 때 아이는 흔쾌히 달려가는 것을 망설이게 될 것이다. 그러면 어머니는 "엄마는 널 사랑하는데, 넌 엄마를 좋아하지 않는구나."라고 질책한다. 아이는 자기 곁에 오라는 어머니의 요구를 받아들여도 또는 받아들이지 않아도 어머니로부터 "넌 엄마를 귀찮게 하는구나." 또는 "엄마 말을 듣지 않는구나."라는 비난에서 벗어날 수 없다. 이것이 이중구속적 상황이다. 이러한 이중구속적 상황에는 네 가지의 기본요소가 있다.

첫째, 제1의 부정명령이 있다.

둘째, 처음과는 모순되는 다른 제2의 부정명령이 있다.

셋째, 메시지를 받은 사람이 어떤 의견을 말하거나, 그 장면에서 벗어나는 것이 금지되어 있다.

넷째, 메시지를 받는 사람에게 메시지를 구별하는 것이 중요한 의미를 가지는 상황이다(Foley, 1974 재인용).

한 사람이 다른 사람에게 메시지를 보낼 때 그 메시지를 전달받은 사람이 나타낼 수 있는 반응에는 여러 가지가 있을 것이다.

첫째, 전달된 메시지를 수용하는 것이다. 이 경우에는 자신이 메시지를 수용한다는 것을 표현하기 위해 적절한 질문이나 발언으로 반응할 것이다.

둘째, 전달되는 메시지를 거부하는 것이다. 이것을 표현하기 위해 메시지를 받은 사람은 대답하지 않거나 계속 다른 행동을 할지도 모른다. 이것도 물론 의사소통이지만 직접적이지 않아서 불명확하다.

셋째, 병적인 반응이다. 이것은 무관심, 비논리적·모순된 반응을 보이는 것이다. 이러한 반응은 상호작용에서 말이 적고 비꼬는 방법으로 전달된다. 건강 문제로 인해 병적인 반응을 나타내는 경우도 있으나, 일반적으로 이러한 반응은 메시지를 받는 사람이 상대방을 별로 상대할 가치가 없는 인물로 규정하고 있음을 암시한다.

이와 같이 메시지를 전달하는 사람과 전달받는 사람의 관계에 주목한 치료사 중 한 명이 헤일리다. 그는 의사소통이 우위를 차지하기 위한 투쟁이라는 면에 주목하여 사람이 누군가에게 메시지를 전달할 때는 상대를 압도하기 위해 일련의 조작을 하게 된다고 보았다. 아이가 떼를 쓰면서 어머니의 말을 듣지 않는 상황은 위계질서가 불분명하기 때문에 초래되는 현상이다. 그는 위계질서는 과거는 물론 미래를 함께할 사람의 집단에도 존재한다고 보았다. 살아 있는 모든 생물체는 지위 또는 권력구조를 만들어 낸다. 앞에서 언급한 아이와 어머니의 의사소통처럼 위계질서의 혼란이 있는 경우에는 여러 가지 문제행동이 나타나는 경향이 있다. 위계질서에 혼란이 있거나 그것이 애매해지면 때로는 다른 수준에 있는 가족원을 연합하기도 한다(Haley, 1976).

의사소통의 순서는 위계질서와 관련이 있다. 예를 들어, 만약 남편이 아내에게 뭔가를 말하고 아내가 이에 따르는 형태의 의사소통이 반복된다면, 아내는 위계에서 남편보다 아래에 있다고 추론할 수 있다. 만약 이것이 부적절한 위계를 표현하는 것이라면 증상과 관련한 병적 상황을 초래하게 될 것이므로 가족치료사는 치료목표를 사건의 순서를 바꾸는 데 두어야 할 것이다. 다시 말하면, 위계구조 또는 권력구조를 변화시켜야 한다. 그러나 단순히 가족에게 이러한 상황에 대한 통찰을 주는 것만으로는 변화가 일어나기 어렵기 때문에 창조적인 수단을 필요로 하는 경향이 있다.

2) 세 모델의 공통점과 상이점

전략적 가족치료사는 문제의 원인보다는 무엇이 그 문제를 지속시키는가에 관심을 갖는다. 어떤 문제가 시작된 이후에는 그 문제가 환자의 행동과 다른 사람과의 상호작용에서 유지되는 경우가 많다. 전략적 가족치료사는 이와 같은 문제를 지속시키는 행동을 발견하고 수정하려고 노력한다. 그리고 문제를 지속시키는 행동이 변화될 때 그 문제는 해결될 것이라고 생각한다. 이처럼 전략적 가족치료사는 이해보다 변화에 더 관심을 가지고 있다. 다시 말하면, 이론보다는 기법에 많은 관심이 있어서, 문제해결을 위한 새로운 전략을 세우는 데 주력한다. 임상에 비중을 두는 치료사와 마찬가지로 그들의 이론은 상당히 간단하며 실제적이다.

전략적 가족치료에서는 기초적인 세 가지 가정을 가지고 있다.

첫째, 사이버네틱스다. 가족원들이 겪는 어려움은 잘못 시도된 해결의 지속이나 정적인 피드백의 확대에 의해서 생기는 만성적인 문제다.

둘째, 구조적인 것이다. 문제는 가족권력이나 가족경계에 연합이 일어난 결과다.

셋째, 기능적인 것이다. 한 개인이 다른 누군가를 보호하거나 통제할 때 나타난 문제는 전체 가족체계의 기능을 돕게 된다.

MRI 그룹에서는 첫 번째 가정에 의존하여 가족을 보는 반면에, 헤일리나 밀란 모델에서는 이 세 가지 가정을 모두 받아들이고 있다.

예를 들어, 중학교 1학년인 청소년이 갑자기 학교에 가는 것을 거부한다면 MRI에서는 아이가 학교에 가도록 만들기 위해 어떤 시도를 해 보았는지를 부모에게 물을 것이다. 그들의 가설은 부모에 의해 이미 시도된 해결방법은 이 아이가 학교에 가지 않도록 계속 유지하는 데 도움을 주고 있다고 가정하여 그것에 초점을 맞출 것이다.

헤일리 역시 부모가 시도하였던 해결방법에 관심을 갖지만, 부모 사이의 갈등에 이 아이가 어떻게 관여했는지를 파악하며, 더 나아가 부모의 결혼에 대한 정보를 얻으려고 할 것이다. 왜냐하면 헤일리는 아이의 증상을 아버지와 어머니, 그리고 자녀로 구성되는 역기능적인 삼각관계에서 나타나는 행동으로 가정하기 때문이다. 또한 삼각관계는 부모들의 해결되지 않은 갈등에 의해 심화된다고 가정하였다.

MRI 그룹은 내담자가 불만을 표현하지 않는다면 문제가 나타난 것으로 여기지 않는다. 그들은 가족들에게는 자동온도조절장치처럼 일탈의 범위를 지배하는 규칙이 있다고 보았다. 변화의 개념을 일차 변화와 이차 변화로 나누어 보면 일차 변화는 체계 자체는 변화하지 않고 내적 개조만 이루어지는 것을 의미한다. 즉, 문제가 발생하였을 때 상식적 수준의 문제해결을 시도하는 것이다. 한편, 이차 변화는 체계 자체가 변화되어 체계의 수정을 초래하는 것이다. 즉, 이차 변화는 문제해결을 위해 근본원리를 다루며 급진적이고 비논리적이며 조화과정에서 역설적인 요인이 포함된다. MRI의 경우에는 일차 변화에 관심을 두면서 이러한 규칙을 어떻게 변화시킬 수 있는가를 전략의 목표로 삼았다. 따라서 그들의 문제에 대한 접근은 간단하다. 문제를 계속 일어나게 하는 정적인 피드백에 관심을 가지고 이를 둘러싼 상호작용의 주된 규칙이나 특성을 발견한다. 그리고 이러한 피드백 과정이나 규칙을 변화시킬 수 있는 방법을 찾으려 한다. 한마디로 말하면 그들의 주된 관심은 어디까지나 문제에 있다.

MRI 그룹은 앞에서도 말한 바와 같이 문제의 해결을 위해서는 기본적으로 그것과 관련된 행동의 변화가 필요하다고 보았다. 그들은 변화된 행동반응의 결과를 통해 가족이 문제해결전략에 대해 보다 적응적인 태도를 취할 수 있다고 믿었다.

한 가지 예를 들어 보자. 너무 늦게 집에 돌아오는 것 때문에 미소(가명)는 아버지와 다투고 집을 나가 친구 집으로 갔다. 아버지는 이런 미소의 버릇없는 행동을 고치기 위해서는 체벌을 해야 한다고 생각하여 행동에 옮겼다. 그러나 사태는 더욱 나빠질 뿐이었다. 그래서 그다음에 아버지가 선택한 방법은 딸의 문제로 괴로워하고 슬퍼하는 자신의 모습을 아이에게 보이는 것이었다. 아버지가 아이를 걱정하는 태도는 미소를 변화시켰다. 그로 인해 미소는 보다 분별력이 있는 행동을 하게 되었다. 여기서 우리가 알 수 있는 것은 아버지는 자신이 시도한 해결방법이 효과가 없을 때, 다른 방법을 시도해야 한다는 사실을 스스로 깨달았다는 점이다.

이와 같은 맥락에서 MRI 그룹은 가족이 문제에 대해 교육받을 필요가 없다고 보았다. 가족들은 왜 그것이 필요한지 또는 어떻게 그것이 발생하는지 통찰할 필요가 없다. 단지 치료에서 필요한 것은 미소의 아버지가 했던 것처럼 자신이 시도했던 것과는 다른 방법을 생각해 내고 그것을 실행에 옮기는 것이다. 그리고 MRI 그룹은 가족 내에서 주요 인물인 고객을 찾으려 하였다. 고객이란 변화에 대한 동기가 가장 높은 사람을 의미한다. 그들은 이처럼 가족 내에서 변화에 대한 동기가 가장 높은 사람과 함께함으로써 치료의 효과를 높일 수 있다는 것을 알았다.

헤일리는 에릭슨의 최면치료의 원칙과 기법에서 많은 영향을 받았다. 에릭슨의 영향으로 그는 치료사와 환자 사이에는 세력다툼이 발생하며 그 주도권이 누구에게 있느냐에 따라 치료의 성패가 좌우된다(Haley, 1963)고 보았다. 따라서 그는 치료의 실패가 환자의 저항 때문이라고만 설명할 수는 없다고 주장하였다. 헤일리의 전략적 치료에서 첫 면담은 어려운 사건을 해결하기 위해 탐정이 질문하는 것처럼 시작된다. 문제가 무엇이며, 누구에 의해 처음 일어났으며, 언제 일어나기 시작했느냐는 등을 자세히 묻는다. 이와 같은 질문을 하는 이유는 가족 내에서 나타나는 증상이 그 이면의 문제를 억제하려는 행동이며, 이와 관련된 해결책이 역설적으로 문제를 유지시키고 있다고 가정하기 때문이다. 예를 들어, 남편에게 잔소리를 하는 부인이 있다. 이러한 부인의 태도에 남편은 침묵으로 해결하려고 한다. 그러나 침묵은 부인의 잔소리를 더욱 증가시킬 뿐이다. 그러므로 치료사는 부부가 이러한 악순환의 고리를 끊을 수 있는 새로운 방법을 찾아내도록 도와주어야 한다. 이러한 방법으로 재정의가 자주 사용된다. 치료사가 끊임없이 잔소리를 하는 부인에게 '일주일간 말을 하지 않으면 남편의 눈에 부인이 신비롭게 비칠 것' '부인의 잔소리는 애정의 표시'라고 설명하는 것이 재정의에 해당한다. 헤일리는 인식의 변화가 행동의 변화를 초래한다고 생각하여 가족의 문제를 이해하거나 지각하는 방법의 변화를 시도하려 했다. 즉, 사람들이 문제에 대한 다른 경험을 가지지 않는 한 문제를 다르게 볼 수 없다. 이러한 역설적 개입은 치료사가 가족체계보다 한 단계 높은 수준에 있을 때 가능하다.

헤일리는 가족을 순환적 인과관계에서 보았기 때문에 세 명 이상의 사람이 관련된 체계에 관심을 보였다. 특히 가족의 위계구조를 둘러싸고 있는 규칙이 중요한 역할을 한다고 보았다. 그는 대부분의 문제 뒤에는 제대로 기능하지 못하는 가족의 위계구조가 숨어 있는 것을 발견하였다. 이와 같은 역기능적인 결과를 부추기는 가족의 위계나 경계의 문제에 접근하기 위해서는 단계적이며 전략적인 접근이 필요하다. 가족이 건강한 구조에 이르기 위해서는 가족원이 몇 가지 단계를 거쳐야 한다. 치료에 대한 이와 같은 점진적인 접근을 중시하는 관점 때문에 그의 치료를 사전에 계획을 세우는 치료라고 부르기도 한다(Nichols, 2010).

밀란 모델은 주로 조현병과 식욕부진증이 있는 가족을 치료의 대상으로 하였다. 그들은 가족 상호관계에서 힘겨루기를 위해 행해지는 가족게임에 초점을 맞추었다. 증상은 가족을 보호하는 기능이 있다. 그리고 IP는 미묘한 가족연합의 관계를 유지하여 누군가를 보호하기 위해 자신의 증상을 이용하고 있다. 이처럼 문제를 일으키고 유지하는 관계는 일반적으로 세대를 넘는 연합을 포함한다. 그러므로 가족은 세대 간에 명확한 경계를 가지고 있어야 한다(Palazzoli et al., 1978).

밀란 모델에서 초기에 중시하였던 것은 가설설정, 순환적 질문, 중립적 자세다(Palazzoli et al., 1980). 따라서 밀란 모델에서는 면담을 통하여 가족의 여러 세대에 걸친 가족사에 관해서 질문하여, 그것이 어떻게 내담자의 증상에 영향을 미쳤는지에 관한 가설을 입증할 수 있는 증거를 찾으려 하였다. 초기에 중립적이라고 불리는 태도를 유지하기 위한 노력은 후반에 가족에 대한 호기심이라는 자세로 바뀌게 된다. 밀란 모델을 따르는 치료사는 가족이 자신을 점검하고 숨겨진 힘겨루기 게임을 드러내는 데 도움이 될 수 있는 질문을 함으로써 가족이 보다 나은 방법으로 스스로 재조직할 것이라고 믿었다. 그리고 가족게임을 중단시킬 수 있는 효과적인 기법을 발견하는 데 관심을 가졌다. 그들이 개발한 기법은 행동적인 것이 아니라 게임의 노출을 위해 고안된 것으로 문제행동의 동기를 재정의하는 것이다. 그들은 다른 전략적 치료사보다 가족의 인식이나 확신의 변화에 더 흥미를 가졌고 상대적으로 문제에는 적은 관심을 보였다.

3. 치료적 개입

전략적 가족치료의 기법은 간접적이다. 그러므로 직접적 방법이 유효하지 않다고 생각될 때 자주 사용된다. 일반적으로 전략적 가족치료사가 자주 쓰는 기법으로는 재정의(reframing), 역설적 개입(paradoxical intervention), 은유(metaphor), 의식(ritual) 등이 있다. 재정의란 어떤 행동, 관계, 현상을 지금과는 다른 측면에서 보고 그 특징에 새로운 의미를 부여하는 과정이다. 가족치료에서 역설적 개입이란 치료사가 목표의 반대되는 것을 실행하도록 지시하여 보다 효과적인 결과를 초래하려는 시도다. 은유는 직접적인 의사소통이 유효하지 않을 때 그 메시지를 비유로 전달하는 것이다. 의식이란 가족에게 구체적인 행동을 지시하여 변화를 시도하는 방법이다. MRI, 헤일리, 밀란 모델에서 사용하는 기법은 유사한 것이 많지만, 치료과정에서는 각 접근방법마다 차이점을 보이고 있으므로 여기시는 각 모델별로 정리하려고 한다.

예를 들어, 4살인 은영이(가명)는 남동생이 태어나면서 어른들이 자신에 대해서 무관심하다고 느끼기 시작하였다. 그리고 동생이 어른의 사랑을 모두 빼앗아 버릴 것이라는 위협을 느꼈다. 그래서 은영이는 신경질적으로 변했고 떼를 많이 썼다. 그런데 어머니는 은영이의 이러한 행동은 그 아이의 나이에 맞지 않는 것이라고 판단하여, 그런 행동을 야단치고 체벌하면서 고치려 하였다. 어머니의 야단이나 체벌 등이 심할수록 은영이는 갓 태어난 동생 때문에 자신이 야단을 맞고 있다는 확신이 강해졌다. 그래서 다시 못된 행동을 하고 더 심하게 야단을 맞는 악순환이 이어지게 되었고, 결국 은영이는 가족으로부터 고립되고 우울해졌다.

MRI에서는 가족이 치료사에게 호소하는 어려움은 이러한 일상적인 일을 잘못 다루고 있기 때문에 발생하는 것이라고 보았다. 따라서 문제의 해결이란 지금까지 그들이 시도하지 않은 다른 방법을 시도하도록 돕는 것이다. 이 사례의 경우 떼를 쓰고 야단맞고 다시 떼를 쓰는 정적 피드백이 강화되고 있었다. 지금 일어나고 있는 일탈을 증폭시키지 않고 은영이의 행동을 되돌리는 부적 피드백으로는 무엇이 있을까? 치료사는 어머니에게 은영이를 혼내지 않고도 아이가 떼를 쓰지 않게 할 수 있는 방법이 있는지 탐색하여 그러한 방법을 찾아내도록 도왔다. 부모는 은영이를 양육하는 방법이 효과적이지 못하다는 것과 은영이의 어머니 역시 자신의 부모로부터 상처를 받았다는 것을 깨닫게 되었다. 물론 치료적 개입 이후 남동생으로부터 밀려났다고 느끼지 않은 은영이는 더 이상 문제를 일으키지 않았다.

순환적 인과관계를 중시하는 헤일리라면 이러한 사례에서 은영이와 어머니의 관계 외에 은영이와 아버지(또는 동생)의 관계에도 관심을 기울일 것이다. 은영이와 어머니는 언제 싸우며, 아버지는 어머니의 엄격한 태도로부터 은영이를 언제 보호하는지에 주목할 것이다. 그는 이러한 과정을 통해 아버지가 어머니를 심하게 비난할 때, 은영이는 더 심한 체벌을 받는다는 사실을 알게 될 것이다.

또한 헤일리는 이런 가족의 문제를 다루기 위해서 단계적이고 계산된 전략이 필요하다고 보았다. 가족이 역기능적인 구조에서 곧바로 기능적인 구조로 옮길 수는 없다고 생각했기 때문이다. 가족이 건강한 구조를 갖추기 위해서는 몇 단계를 거쳐야만 한다. 마치 팔이 부러지면 완치되기까지 깁스를 하고 그 후에 단계별로 운동을 해야 하는 것처럼 말이다.

앞의 예에서 헤일리는 어머니가 은영이를 잘 다루어 서로에게 좋은 감정을 느끼던 이전 관계를 추구하기 위하여 몇 단계로 나누어 접근할 것이다. 먼저 어머니와 은영이 사이에서 아버지를 제외하고 어머니와 딸이 더 가까워지는 단계를 거치도록 할 것이다. 또는 부모가 이러한 문제를 이야기하는 단계에 도달하기 전에 규칙에 동의하는 단계를 거쳐야 할 수도 있다.

밀란 그룹의 체계적 치료는 이미 시도된 해결방법에는 관심을 보이지 않고, 그 대신에 가족의 현재와 과거의 다양한 관계에 대한 질문을 할 것이다. 이러한 과정을 통하여 그들은 은영이 가족이 어떤 가족게임을 하고 있다는 사실과 세대를 넘어서 형성된 연합관계를 유지하고 있음을 밝혀내고자 할 것이다. 그들은 이와 같은 사례에서 세대를 뛰어넘어 형성된 은영이와 아버지의 연합에 주목하게 될 것이다. 치료사들은 은영이가 아버지를 보호하거나 돕기 위해 증상을 보인다고 추론할 수도 있다. 그리고 이러한 역기능이 있다면, 은영이가 성장해서 가족을 떠날지라도 아버지는 은영이를 통해서 문제를 해결해 왔기 때문에 은영이를 다시 끌어들일 수 있는 가능성이 높다고 볼 수 있다.

1) 치료목표

전략적 가족치료의 목표는 가족이 가지고 있는 문제를 해결하는 것이다. 그러나 MRI, 헤일리, 밀란 모델은 목표를 둘러싸고 몇 가지 의견을 달리하고 있다. 즉, 그들은 무엇이 문제해결인가, 문제를 해결하는 데 어느 정도의 변화가 필요한가 그리고 치료사는 변화를 창출하기 위해 어느 정도의 책임을 져야 하는가에 대해서 서로 다른 의견을 가지고 있다.

MRI 그룹은 치료목표의 설정에 대하여 소극적이었다. 가족이 치료에

서 도움이 필요하다고 언급한 문제에 대해 만족한다면 문제는 해결된 것
이며, 치료사의 역할도 끝났다고 보았다. 설령 치료사가 가족 내에 다른
문제가 있다는 것을 파악하더라도, 가족이 그 문제에 대한 도움을 요청
하지 않는 한 치료사는 그것을 목표로 삼지 않는다. MRI 그룹은 치료사
의 역할이 가족의 성격이나 가족구조를 변화시키는 것이 아니라, 가족이
곤란을 느끼지 않고 활동할 수 있도록 돕는 것이라고 생각하였다. 또한
가족이 지각하고 있는 현실을 변화시키면, 그것에 의해서 다른 행동도
바뀌게 될 것이라고 가정하였다. 그러나 때로는 치료과정에서 현재의 명
확한 행동적 목표를 세우기 위하여 가족이 잘 느끼지 못하는 미미한 원
한이나 불만을 분명히 하도록 강요하기도 한다. 이처럼 MRI 그룹은 치료
가 시작되는 시점에서 가족이 성취할 수 있는 이상적인 목표를 세우도록
하여 가족이 가진 불안감이나 무기력을 감소시키려고 하였다. 요약하면,
MRI 그룹의 접근방법은 직접적이며 목표는 문제에 대한 행동적 반응을
변화시키는 것이다.

헤일리의 관점은 어떤 의미에서 MRI 모델보다 행동적이다. 따라서 그
의 궁극적인 목표는 가족을 구조적으로 재조직하는 데 있었다. 특히 헤
일리는 가족의 위계질서나 경계선의 재구조화를 강조하였다. 이와 같은
점에서는 구조적 가족치료와 다른 점이 없는 것처럼 느껴질 수 있으나,
이러한 목표가 현재의 문제와 직결되어 있다는 점에서 다르다.

예를 들어 설명하겠다. 반항적인 10대 자녀와 부모가 좀 더 나은 관계
를 가지고 싶다면서 치료에 왔다. 헤일리는 가족에게 반항하는 아들로
인한 어려움에 대하여 이야기하도록 할 것이다. 그러나 구조적 가족치료
사라면 부모에게 부부간의 문제에 대해 서로에게 이야기하도록 요구할
것이다. 그리고 구조적 가족치료사는 가족 간의 관계를 통한 변화를 추
구하므로 치료과정 속에서 예상되는 충돌이나 갈등을 피하지 않는다. 그

러나 헤일리의 주된 관심은 전략에 있었다. 전략적 가족치료사는 사람들이 변화하는 동안 생기는 충돌이나 거부를 최소화하기 위해 각 개인보다는 전략적인 부분에 의존한다. 그리고 MRI 그룹과는 달리 치료가 문제해결의 끝이라고 믿지 않는다. 그러므로 가족이 현재 가지고 있는 어려움이 해결되면 반드시 치료가 끝나야 한다고 믿지 않는다. 오히려 치료는 문제를 만들어 낸 구조적 문제가 해결될 때까지 계속되어야 한다고 생각할 것이다. 또한 헤일리는 변화에 대한 책임이 내담자보다는 치료사에게 있다고 믿었다. 헤일리와 함께 치료에 임했던 마다네스는 문제중심적이거나 구조적인 목표를 넘어서서 균형, 조화, 사랑과 같은 성장지향적인 영역을 포함시켰다. 그녀의 치료목표는 삶 속에 조화와 평형을 주는 것이었다.

초기 밀란 모델은 앞에서 언급한 것처럼 MRI와 헤일리의 영향을 강하게 받았다. 밀란 모델은 문제를 유지시키는 데 관련되어 있는 사람들의 네트워크를 확장시켰지만, 기본적인 관심은 가족이 하고 있는 게임을 중단시킬 수 있는 강력한 기법을 찾는 데 있었다. 그들이 개발한 기법은 행동주의적 개입이 아니고, 게임을 유발하는 이상한 행동에 대한 동기를 재구조화하도록 계획되었다는 점에서 다르다. 그러므로 밀란 모델에서는 현재 드러난 문제에는 초점을 덜 맞추었다. 그들의 노력은 대부분 가족체계와 증상이 주는 의미를 밝혀내고 그러한 과정을 통하여 가족의 인식이나 신념을 변화시키기 위한 것이었다. 그러나 접근방법은 어디까지나 조작적이었다. 그들도 헤일리와 마찬가지로 변화에 대한 책임은 치료사에게 있다고 보았다.

밀란 모델은 1980년대 초에 치료목표와 책임의 영역이라는 본질적인 문제를 둘러싸고 의견이 갈라져 분리되었다. 파라졸리는 전략적인 요소를 강조하고 계속해서 밀란 모델을 고수하면서 새로운 전략적 접근을 개발하였다. 그녀의 새로운 치료목표는 가족 모두가 가족원을 혼란시키는 '불순한 게임(dirty game)'을 노출하도록 격려하는 것이었다. 그녀는 이러한 불순한 게임이 더 이상 지속되지 못하도록 하는 것이 치료사의 역할이라고 보았다. 그리고 식욕부진증이나 정신질환으로 고통받는 환자는 자신들의 부모가 벌이는 권력경쟁이라는 불순한 게임에 놓여 있다고 보았다. 궁극적으로는 내담자의 증상이 한쪽 부모를 위해 다른 한쪽을 물리치려는 시도로 이용된다고 믿었다.

2) MRI의 단기 문제해결중심 기법

행동적 변화를 성취하기 위해서 치료사는 바람직하지 않은 정적 피드백을 중단시키려 하거나 문제에 대하여 재정의를 시도하기도 한다.

MRI의 단기치료센터에서는 다음과 같은 6단계의 치료과정을 가지고 가족과 만났다.

첫째, 가족에게 기간 등과 같은 치료계획을 소개한다.

둘째, 주요 문제가 무엇인가를 정의한다.

셋째, 문제를 유지시키는 행동은 무엇인지를 평가한다.

넷째, 치료에 대한 목표를 설정한다.

다섯째, 선택된 행동적 개입을 한다.

여섯째, 결론을 맺는다.

MRI 그룹은 첫 면담이 치료과정 전체의 성공을 예견하는 열쇠가 된다고 보았다. 따라서 첫 면담을 통하여 가족들이 치료에 대한 동기를 얼마나 가지고 있는지를 파악하려고 한다. 즉, 가족체계 속에 있는 사람은 누구이며 그 속에서 현재 어려움을 겪는 사람은 누구인가 등을 파악하는 것이다. MRI 접근을 취하는 가족치료사는 첫 면담이 시작되자마자 치료

가 10회기 안에 끝날 것이라는 식으로 설명함으로써 가족들이 강한 기대
감을 갖도록 한다. 그리고 가족들이 치료를 받겠다고 결정하면 치료사는
그들에게 문제를 구체적인 언어로 분명하게 설명하도록 요구하여 목표
를 정한다. 이러한 과정을 통해 문제가 언제부터 있었고 왜 지금 치료를
받으러 왔는지, 그리고 가족들이 해결을 위해 어떤 노력을 했는지를 분
명히 한다. 이러한 질문은 문제를 명확하게 정의하는 데 도움이 된다.

　MRI 그룹은 가족이 치료에 성공하려면 주된 문제를 잘 정의해야 한다
고 믿는다. '불안하다'와 같은 막연한 표현이 아니라, '아버지의 잔소리
가 나를 우울하게 한다'와 같이 가족 문제의 원인을 언어화한다. 이런 과
정을 통하여 치료사는 '그런 상황을 개선하기 위해 지금 할 수 있는 일은
무엇일까'와 같은 질문을 통해서 확실한 목표를 설정하도록 돕는다. 문
제와 목표가 명확하고 행동적으로 규정되면 그들은 가족이 문제를 해결
하려고 시도했던 방법에 대하여 묻기 시작한다. 왜냐하면 문제를 지속시
키거나 악화시키는 것은 일반적으로 잘못된 해결책에 의한 것이라고 믿
기 때문이다. 따라서 치료과정에서는 문제를 해결하려는 시도에 대한 새
로운 전략을 필요로 한다. 치료사가 변화를 위한 전략을 구상하면 가족
에게 이 전략을 따를 만한 가치가 있다는 사실을 확신시켜야 한다.

　MRI 그룹에서는 이러한 기법으로 문제의 재정의, 증상에 처방하기 등
의 역설적 개입을 자주 사용한다. 역설적 개입이란 가족이 어떤 목표에
도달하기 위해 때로는 표면적으로는 치료목표와 정반대되는 일을 하게
하는 것이다. 바츨라비크는 부모가 지나치게 모든 것을 해 주기 때문에
어려움을 겪는 젊은 부부의 예를 들었다. 남편이 충분한 월급을 받고 있
는데도 불구하고 그들의 부모는 계속 돈을 보내고 지나치게 많은 선물을
주었다. 치료사는 부부에게 부모에게 대항하기보다는 더욱 무기력하고
의존적인 태도를 보이면서 더 많은 금품을 요구하라고 지시하였다. 물

론 이런 행동을 통하여 부모가 무기력한 젊은 부부에게 실망하면서 돕는 것을 포기할 것이라고 기대했던 것이다. 이러한 접근은 성공적이었다 (Watzlawick, 1974). 그는 이 부부가 부모에게 자신들은 앞으로 독립적인 생활을 하겠다고 주장해도 소용없을 것이라고 판단하여 역설적 전략을 사용했던 것이다.

MRI의 치료사들은 가족들과의 권력투쟁을 피하기 위해 지시적인 태도보다는 '한 단계 낮은 자세(one down position)'를 선호했다. 이것은 내담자의 불안이나 저항을 감소시키기 위한 전략적인 접근이었다.

3) 헤일리의 기법

헤일리 역시 치료의 성공을 위해서는 시작이 중요하다고 믿었다. 따라서 초기면담을 치료의 중요한 단계로 보고 많은 비중을 두었다. 그는 첫 면담을 고도로 구조화하여 사회적 단계, 문제 단계, 상호작용의 단계, 목표설정의 단계로 나누었다.

가족은 처음 치료사에게 찾아올 때 종종 불편해하고 방어적인 태도를 취한다. 그러므로 헤일리는 초기면담에는 편안함을 느끼게 해 주는 사회적 단계가 필요하다고 보았다. 가족이 환영받았다는 느낌을 가지게 되면, 치료사는 각 가족원이 어떻게 행동하며 상호작용을 하는지에 대하여 관찰한다.

간략한 사회적 단계를 거친 후에는 치료에 온 이유와 문제에 대하여 질문함으로써 문제 단계로 들어간다. 가능하면 가족 모두에게 각자의 견해를 묻는다. 이는 가족이 IP만의 문제라고 생각한 것이 실제로는 가족 간 상호작용의 산물임을 이해하는 데 도움이 된다.

모든 사람이 자신들의 견해를 밝히면, 가족들에게 지금까지 나온 다양한 견해에 대하여 토론하도록 격려한다. 이 단계를 상호작용의 단계라고 한다. 이때 치료사의 역할은 가능하면 가족이 서로 많은 의견교환을 하도록 돕는 것이다. 이런 과정을 통해 치료사는 가족 안에 존재하는 연속 행동의 유형을 관찰한다.

마지막 단계인 목표설정의 단계에서는 지시가 중요한 역할을 한다. 헤일리는 가족에게 충고하는 것은 거의 도움이 되지 않는다고 보았기 때문에, 효과적인 지시는 충고의 형태가 되어서는 안 된다고 생각하였다. 효과적인 지시를 계획하기 위해서 치료사는 우선 어떤 해결책이 시도되었으며, 그 결과는 어떤지를 파악하고 있어야 한다. 가족이 치료사가 제시하는 과제를 실행에 옮기게 하기 위해서는 그들에게 치료사의 지시를 따르는 것이 유익하다는 사실을 확신시켜야 한다. 에릭슨의 영향을 받은 헤일리는 이러한 치료적 개입의 방법으로 역설적 기법을 많이 사용하였다. 역설적 기법은 내담자들에게 변하지 말 것을 요구하여 저항감을 조장함으로써 오히려 변화를 이끌어 내는 치료기법이다. 무엇을 변화시켜야 하는가에 대한 단서를 제공하는 것이 아니라, 설득과 교묘함을 활용하는 셈이다.

의사소통 가족치료사는 가족에게 메시지를 명료화하도록 요구하고 나서 다음 단계로 문제정의에 대한 변화를 시도한다. 즉, 문제의 책임이 가족 모두에게 있다는 것을 인정하도록 가족을 돕는다. 이러한 과정을 통하여 가족은 문제에 대한 정의를 새롭게 한다. 이들은 문제의 새로운 인식에 대한 접근방법으로 재명명(relabeling)과 증상처방이라는 역설적인 기법을 많이 사용하였다.

재명명은 가족을 위하여 문제를 재구성하는 것이다. 즉, IP에게 초점을 두지 않고 가족이 다른 측면에서 상호작용의 역동성을 볼 수 있도록 돕는 것이다. 예를 들어, 한 남편이 아내의 끊임없는 잔소리에 대해 불평할 경우 치료사는 '잔소리는 남편이 일찍 귀가하기를 바라는 아내의 노력이기도 하고 남편과 더 가까워지고 싶다는 표현이기도 하다'고 설명해 줄 수 있다. 또한 남편이 자신과 거리를 두려 한다고 원망하는 아내에게는 '남편은 오해와 부조화를 피함으로써 원만한 관계를 유지하길 원하는 사람이다'라고 정의해 줄 수 있다. 이러한 재명명 또는 재정의(reframing)는 의사소통 이론의 핵심 기법이다.

증상처방이란 가족이 그 가족 내에서 문제시해 온 행동을 과장하여 계속하도록 하는 것이다. 예를 들면, IP가 아침에 늦게 일어나는 것이 가족의 문제가 되는 경우, 치료사는 IP에게는 그와 같은 행동이 필요하다고 설명한 후 IP에게 몇 시에 자더라도 10시 이전에 일어나서는 안 된다고 지시할 수 있다.

헤일리도 잭슨과 유사한 기법을 사용하였으나, 그는 이와 같은 개입방법을 가족의 역동성보다는 개인의 성격과 행동에 영향을 준 사람이 효과적으로 변화하도록 돕는 데 활용하였다. 그는 가족 상호작용의 변화를 위해서는 역기능적 의사소통의 형태를 바꾸는 것이 필요하다고 보았다. 따라서 면담 초기에 가족의 의사소통이 애매하거나 혼란스러울 때는 명확하게 표현하도록 요구했다. 예를 들면, 표현을 할 때 일인칭을 사용하게 함으로써 자신이 문장의 주인이 되도록 독려하였다. 이는 자신의 생각이나 욕구를 명확히 하도록 돕기 위한 기법의 하나다. 또한 가족관계를 지배하는 암묵적 규칙을 겉으로 표현하기 위해서 면담 중에 가족이 직접 의사소통을 하도록 요구하였다.

이처럼 대부분의 의사소통 가족치료사는 표면화되지 않은 채 가족관계를 좌우하는 규칙을 명확한 규칙으로 바꾸려는 시도를 하였다. 그들은 가족들에게 대화와 타협을 통해 역기능적 규칙을 유지하는 것이 어렵다는 사실을 명백히 인식시키려고 노력하였다(Haley, 1976).

의사소통 가족치료사들이 조현병 환자의 가족 사이에서 이루어지는 의사소통의 유형을 관찰함으로써 그들의 이론을 정립해 나갔다는 사실은 이미 잘 알려진 사실이다. 베이트슨 등은 한 걸음 더 나아가 조현병은 가족 전체의 장애라고 전제하였다. 증상은 한 사람에게서만 나타나지만 전체 가족체계에 영향을 미친다. 더구나 증상은 비언어적 의사소통을 위한 메시지를 전달하는 기능을 한다. 그 메시지는 증상을 가진 사람이 진술한 것이지만, 다른 측면에서는 가족체계에 의해 만들어진 것이기도 하다. 증상의 기본적인 기능은 가족체계 항상성을 유지하는 것이다 (Bateson, 1978).

　가족 안에서는 역설적인 명령이 자주 사용된다. 예를 들어, '자발적으로 해라'와 같은 표현은 한편으로는 상대방에게 자유의지에 따라 행동하라고 권장하면서, 다른 한편으로는 전달자의 명령에 따를 것을 강요하는 것이다. 이와 같은 역설적인 의사소통은 일상생활에서 자주 볼 수 있다. 역설적 의사소통의 정도가 심하지 않을 때는 상대방은 그다지 위협적으로 느끼지 않는다. 그러나 그것이 이중구속의 형태를 보이면 심각한 해악을 초래할 수 있다.

　헤일리는 에릭슨의 치료기법에서 영향을 받아 시련처방에 관한 사례집 『시련치료(Ordeal Therapy)』를 발간했다. 이 책에서는, 예를 들어 내담자에게 어떤 증상이 보이면 그때마다 자신이 싫어하는 사람들에게 선물을 하게 하거나 한밤중에 일어나서 운동을 하라고 권장하였다. 그것은 증상을 갖는 것이 포기하는 것보다 더 힘들면 결국 증상을 포기할 것이라는 전제에 따라 이루어진 치료적 개입이었다. 그러나 현재의 전략적 치료사들은 가족에게 일방적으로 지시하기보다는 인본주의적 자세에 의한 조화를 중시한다.

4) 밀란 모델의 기법

밀란 모델의 치료과정은 팀 접근방법으로 비교적 회기와 회기의 간격
이 길며 형식적이라는 특징을 가지고 있다. 우선 남녀 혼성 치료팀에 의
해 가족이 면담하는 동안 다른 동료들이 치료팀으로서 관찰실에서 치료
상황을 함께 지켜본다. 각 면담의 시간적 간격은 보통 한 달에 한 번 정
도로 비교적 길게 설정했다. 사실 한 달에 한 번이라는 치료간격은 밀란
모델 초기에 많은 가족이 밀라노에 있는 센터까지 오는 거리가 멀어서
어쩔 수 없는 선택이었다. 그런데 치료팀은 가족을 치료하는 동안 경험
적으로 면담과 면담 사이의 간격을 오래 두었을 때가 보다 효과적이라는
사실을 발견하고 이에 대해 치료적인 의미를 부여하게 되었다. 이들은
이러한 역설적인 처방효과는 가족이 이러한 처방을 실행해 보아야 얻어
질 수 있는데, 그러기 위해서는 보다 많은 시간을 필요로 할지도 모른다
고 추론하였다. 또한 면담횟수를 10회로 제한하였다.

그들은 한 회기의 면담을 구조화하여 면담 전 모임(pre-session), 면담
(session), 중간모임(inter-session), 개입(intervention), 면담 후 모임(post-
session)이라는 표준화된 5단계의 과정으로 나누어 진행하였다. 면담 전
모임에서는 치료팀이 가족의 현재 문제에 대한 가설을 세운다. 가족과
만나는 치료사는 가족과의 면담을 통하여 치료팀과 의논된 가설이 타당
한지의 여부와 가설의 수정을 위한 정보를 수집한다. 면담을 한 지 40분
이 경과하면 치료사는 가족을 잠시 치료실에 남겨 두고 관찰실에 와서
치료팀과 가설에 대해 논의하고 어떠한 개입을 할 것인지를 의논한다. 밀
란 모델의 개입의 주된 방법은 긍정적 의미부여와 의식이다. 치료사는 가
족이 기다리는 치료실로 다시 돌아와 가족에게 긍정적 의미부여(positive
connotation)나 의식의 과제를 준다. 면담 후 모임에서는 가족의 반응을

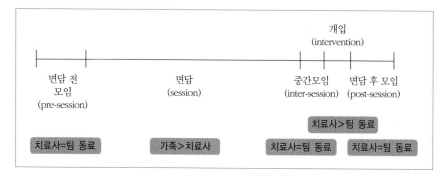

[그림 6-2] 밀란 모델의 기법

분석하고 다음 면담에 대한 계획을 세운다.

첫째, 긍정적 의미부여란 IP의 증상이나 그것에 반응한 가족원의 행동을 긍정적으로 재정의하거나 재해석하는 것이다. 긍정적 의미부여의 가장 큰 기능은 가족의 저항을 불러일으키지 않으면서 가족의 변화능력을 나타내는 것이다. 긍정적 의미부여는 체계 이론에 바탕을 둔 전략적 접근에서 사용하지만, 밀란 그룹은 이것을 창조적으로 적용하였다. 밀란 모델은 긍정적 의미를 단순히 문제행동에 부여한 것이 아니라, 가족의 다른 행동과 관련시켜서 자주 사용하였다.

둘째, 의식이란 가족게임의 규칙을 변경시키기 위해 언어적 의사소통에서 벗어나 어떤 행동을 실행에 옮기도록 하는 방법이다. 예를 들어, 연로한 어머니와 성인인 아들의 지나친 밀착으로 인한 문제가 있는 가족의 경우, 치료사는 아들에게 '저녁 식사 후 한 시간씩 어머니 방에 들어가서 어머니와 이야기를 나눌 것'과 같은 과제를 줄 수 있다. 이는 어머니에 대한 충성심을 극도로 강조함으로써 그것을 유지하기가 부담스러워지도록 하고 경직된 가족규칙을 깨도록 하는 개입이다. 이처럼 가족규칙이나 신화를 과장하거나 또는 그와 상반되는 여러 가지 행동을 하도록 요구하는 개입이 바로 의식이다.

긍정적 의미부여와 의식은 강력하고 자극적인 개입 기법이다. 그러나 이러한 긍정적 의미부여나 의식을 계속 사용하기 위해서는 치료사와 가족 사이의 관계가 매우 중요하다. 초기 밀란 모델은 기본적으로 치료사는 어디까지나 중립적인 입장을 유지해야 한다고 보았다. 중립성이란 치료사가 가족 중 어느 한쪽의 편이 되어서는 안 되며 일정한 거리를 두어야 한다는 것이다. 이처럼 초기 밀란 모델에서는 중립성을 강조하기 때문에 가족은 때로 치료사가 자신에게 무관심하다고 느끼면서 치료를 중단하게 되는 경우가 있었다. 이러한 단점으로 인해 밀란 모델은 점차 치료사가 가족들에게 질문을 할 때 그들의 문제에 대하여 진심 어린 관심을 보여야 한다는 입장으로 바뀌게 되었다.

현재도 자주 활용되고 있는 순환적 질문(circular questioning)은 베이트슨의 '이중적 묘사'의 개념을 변용한 것이다. 순환적 질문은 여러 가지 차이점에 대한 가족의 의견을 이끌어 내는 것을 목표로 하는 질문 기법으로서 전체적 흐름을 고려하면서 자신을 바라볼 수 있도록 돕는다. 치료사로부터 순환적 질문을 받고 치료사에게 반응하는 과정을 통하여 가족은 제한된 선형적 관점에서 벗어나게 된다. 또한 밀란 모델을 따르는 치료사들은 체계적인 가설설정의 중요성을 강조하였다.

가설설정hypothesizing　파라졸리의 밀란 모델에서는 가족치료를 할 때, 이와 같은 가설설정을 중시한다. 가설설정을 할 때, 증상이나 문제행동이 가족체계의 유지나 안정에 긍정적인 역할을 한다는 기본적인 전제를 가지고 가설을 설정하는 경우가 많다. 밀란 모델에서는 면담의 주요기능을 치료계획과 마찬가지로 자신들이 세운 가설을 검증하여 그것을 수정하기 위한 과정이라고 보았다.

마침표의 원리principle of punctuation　순환적 인과관계 속에서는 원인과 결과가 맞물려 있으나 각 가족들은 원인은 다른 가족에게 있다고 호소하는 경향이 많다. 순환적인 인과관계와 관련된 가족들이 마침표를 어디에 찍느냐에 따라 문제규정이 달라지는데, 대부분의 경우는 자신에게 부담이 없는 곳에 마침표를 찍는 경향이 있다.

상위의사소통meta communication　인간의 의사소통에는 언어로 전달되는 내용 메시지 이외에 그 순간의 대인관계에서 다른 차원의 메시지가 전달된다고 많은 학자들이 지적하고 있다. 베이트슨은 이러한 메시지를 관계 메시지라고 부르고 내용 메시지와 구별하였다. 관계 메시지는 표면에 나타나지 않지만, 많은 경우 비언어적인 형태로 전달되는 메시지를 의미한다.

역설paradox　다른 개념과 비교하여 이 용어는 가족치료에서 여러 가지 의미로 사용되므로 맥락이나 상황을 잘 검토하여 이해할 필요가 있다. 의사소통 가족치료, 전략적 가족치료, 체계론적 가족치료의 치료사들은 역설을 사용한 개입을 특히 중시한다. 가족에게 모순된 지시를 줌으로써 직면하고 있는 상황이 논리적으로는 해결하기 어렵다는 것을 이해시켜 변화시키려는 개입이다. 주로 사용되는 개입은 모순된 메시지를 전달하거나, 재명명화를 통해 이루어진다.

재정의reframing　재정의는 가족의 패러다임에 변화를 일으키는 치료적 기법으로 전략적 가족치료에서 자주 사용된다. 재정의는 가족을 위하여 문제를 재구성하는 것으로 초점을 IP에게 두지 않고 가족이 다른 측면에서 상호작용의 역동성을 볼 수 있도록 돕는 것이다. 즉, 일반적으로 부정적으로 보고 있는 증상 또는 행동에 다른 의미를 부여한다. 밀란 접근에서는 긍정적 의미부여(positive connotation)라는 용어를 사용하면서 가족행동에 긍정적 동기가 있다는 부분을 강조하기도 했다.

중립성neutrality   치료사는 정중하지만 무감동적인 태도를 취하여 어떤 가족원과도 동맹이 일어나지 않도록 배려한다는 것이 밀란 모델에서 강조하는 치료사의 태도다. 이러한 치료사의 태도를 중립성이라고 하는데, 이와 같은 중립성은 면담이 끝난 후 가족 누구도 치료사가 자신의 편이었다는 생각이 들지 않도록 하는 것이다.

증상처방prescribing the symptom   문제행동으로 호소되는 행동에 역설적인 개입을 하는 기법으로 주로 MRI에서 자주 사용하였다. 예를 들면, 치료사가 자녀를 과보호하는 어머니에게 "아이를 좀 더 많이 돌봐 주세요."라고 개입하는 것이다. 과보호하는 어머니에게 보다 과보호하라고 말하면 반항하여 하지 않거나 또는 의식적으로 강요된 과보호를 하게 된다. 결과가 어느 쪽이라도 치료적 의미가 있는 셈이다.

제 **7** 장

구조적 가족치료

구조적 가족치료(Structural Family Therapy)는 가족 내의 복잡한 상호작용에 질서와 의미를 부여하는 분명한 틀을 가지고 가족의 문제에 접근한다. 구조적 가족치료사는 개인을 사회적 존재로 파악하여 개인을 둘러싼 구조에 관심을 둔다. 그들은 가족구조가 변하면 가족원들의 지위도 달라지므로 결국 각 개인의 경험도 변할 수밖에 없다는 전제를 가지고 있다. 미누친(S. Minuchin)은 동화 『이상한 나라의 앨리스』를 예로 들면서 개인과 개인을 둘러싼 구조를 설명하였다. 앨리스는 자신이 거인 또는 소인이 되는 이상한 경험을 하지만 실제로는 앨리스 그 자체가 변한 것이 아니다. 걸리버가 소인국에 가면 거인이 되는 것처럼 그녀를 둘러싼 환경의 변화가 앨리스라는 한 개인의 변화를 초래한 것이다.* 따라서 미누친은

---

* 본문 내용과 직접적 관련은 없으나 한 가지 첨언하자면, 『이상한 나라의 앨리스』는 비록 주인공의 꿈을 소재로 하고 있지만 그 꿈 안에서는 앨리스의 몸이 커지기도 하고 작아지기도

환경의 변화는 한 개인의 지각을 변화시킬 만큼 지대한 영향을 미친다고
강조하였다.

1970년대에는 체계론적 관점을 근거로 하는 구조적 가족치료의 영향
이 매우 컸다. 가족규칙, 역할, 연합, 하위체계, 경계선, 전체성 등과 같은
구조적 가족치료의 주요 개념은 이미 널리 알려져 있다. 이러한 개념은
가족구조에서 각 가족원의 위치와 가족관계, 가족기능, 가족 문제 등에
대한 관점을 구조화하는 데 많은 기여를 해 왔다. 구조적 가족치료는 이
론적 우수성뿐 아니라, 실용적인 면에서도 탁월하였다. 구조적 가족치료
의 기법은 가족역동을 관찰하고 가족을 도울 수 있는 기본 이론을 습득
하지 못해서 가족들이 호소하는 내용에 집착하게 되는 초보 치료사들에
게 큰 도움이 되었다. 이 접근은 그들에게 가족 간의 상호작용과정을 분
석하기 위한 청사진과 같은 역할을 했다.

구조적 가족치료의 이론은 구조주의의 이론적 전제를 기반으로 한다.
즉, 체계 전체는 부분 간의 관계를 통해서 적절하게 설명할 수 있다는 것
이다(Minuchin, 1974). 이 같은 개념을 가족체계에 적용하면 구조적 치료
의 주요한 목적은 구조적 변화에 초점을 두는 것이며, 치료사는 가족이
재구조화해 가는 과정에 적극적인 자세로 개입하는 것이다.

1. 주요 인물

구조적 가족치료는 미누친을 주축으로 개발된 치료기법이다. 미누친
은 1950년대 말 아동시설에서 가족을 면담하기 시작하였는데, 그는 임상

한다. 엘리스의 이야기는 소인국에 가서 거인 취급을 받거나 거인국에서 소인이 되는 걸리
버와는 다르지만 이 책에서는 미누친이 기술한 바에 따라 소개하였다.

가로서 어느 누구와도 비교할 수 없는 적극성과 활력을 가지고 있었다. 그는 어려움을 겪는 많은 가족과 만나면서 치료를 받으러 오는 가족에게는 어려움을 극복할 수 있는 대안이 부족하다는 것을 알게 되었다. 따라서 굳어진 습관에서 벗어나고 새로운 구조를 만들 수 있는 기회를 제공하는 치료적 접근방법의 개발이 필요하다고 생각하였다. 이러한 접근방법은 매우 성공적이어서 1970년대에 가족치료 분야에서 크게 각광을 받게 되었다. 특히 미누친은 구조적 가족치료의 이론가라기보다는 임상가로서 잘 알려져 있다. 왜냐하면 그는 가족구조에 관한 주요한 이론을 발전시켰을 뿐만 아니라, 치료기법을 체계화하기 위하여 가족에 대한 진단과 치료를 위한 명확한 지침이 되는 개념을 발전시켰기 때문이다.

미누친은 아르헨티나에서 태어난 유태인이었다. 그는 이스라엘군의 군의관으로 근무한 후 미국에 와서 아동정신과 의사로서 필요한 훈련을 받았다. 훈련을 마친 그는 1952년 다시 이스라엘에 가서 난민 아동을 위해 일했다. 2년 후 다시 미국에 온 그는 정신분석훈련을 받으면서 설리반(H. Sullivan)의 상호관계를 축으로 하는 치료기법을 접하게 되었다. 그 후 비행청소년들을 위한 윌트웍(Wiltwyck) 학교에 근무하면서 가족치료를 시작하였다.

1950년대의 가족치료사는 대부분 중산층의 가족을 대상으로 활동하였다. 미누친은 그들의 접근방법은 빈곤가족에게는 적당하지 않다는 사실을 깨달았다. 대부분의 빈곤가족의 경우에는 많은 문제를 가지고 있으며, 그러한 문제는 복합적이기 때문에 그들을 위한 새로운 개념과 기법이 필요하다고 판단한 것이다. 따라서 그가 개발한 대부분의 기법들은 구체적이고 행동중심적이라는 특징을 갖는데, 실연(enactment)이 대표적인 예가 될 수 있다. 그는 윌트웍 학교에서 빈민 계층의 가족과 만나며 이론과 개념을 계속 발전시켰다. 한편으로는 동료들과 함께 가족치료에 대한 교육과 훈련방법을 개발하는 데 많은 관심을 두었다. 그들은 처음으로 일방경의 사용을 시도하면서 교대로 서로의 치료를 관찰하였다. 미누친은 1962년 MRI에서 헤일리를 만났고 이후 이들은 공동연구를 하여 많은 연구업적을 남김으로써 가족치료 분야에 큰 기여를 하게 되었다.

미누친은 월트윅에서의 성공적인 임상경험을 통해 가족치료 개념과 기법의 효율성에 자신감을 갖게 되었으며, 그 결과로 『빈민가의 가족들(Families of the Slums)』을 출판하게 되었다. 그 당시 가족치료 실무자로서 그의 평판은 대단하였다. 그러한 평판에 힘입어 그는 1965년에 필라델피아 아동상담센터의 책임자가 되었다. 그는 그곳에서 헤일리와 함께 일하면서 구조적 가족치료의 이론과 기법을 발전시켰다. 필라델피아의 흑인 빈민 지역에 위치한 작은 아동상담센터는 미누친의 노력에 힘입어 명성이 높은 아동상담소로 성장했고 그곳에서 1981년까지 많은 치료사를 훈련했다. 그 후 뉴욕에 자신의 가족치료센터를 개설하여 지속적으로 훈련과 교육을 해 왔다. 2005년에 은퇴한 후에도 여전히 활발한 활동을 하고 있다.

헤일리를 비롯하여 몬탈보(B. Montalvo), 로스만(B. Rosman), 아폰테(H. Aponte)도 구조적 가족치료를 개발하는 데 중요한 역할을 한 인물이지만, 미누친이라는 강렬한 빛에 가려서 두각을 보이지 못했다.

가족치료사가 자주 다루는 문제 중의 하나는 부모가 자신들의 갈등에 잘 대처하지 못하고 자녀를 끌어들이는 경우다. 즉, 자신의 갈등을 해결할 수 없는 부모는 자녀에게 관심을 전환하여 그들에 대해 지나친 걱정을 한다. 이것은 부모들 간의 긴장은 풀어 주지만, 자녀를 희생시키며 역기능의 문제를 유발시키는 계기가 되기도 한다.

아버지는 어머니가 자녀에게 지나치게 허용적이라고 비난하고 반대로 어머니는 아버지가 자녀를 너무 엄격하게 다룬다고 비난하는 가족이 있다고 가정하자. 자녀를 양육하는 방법에 대한 이와 같은 서로의 비난은 아이를 위축시킬 것이며 이런 패턴이 반복될수록 자녀는 더욱 자신 없는 태도를 보일 것이다. 자녀와 밀착되어 있는 어머니는 아이의 요구에 대해 지나친 염려를 하며 자녀를 위하여 헌신한다. 한편 격리된 아버지는 반응이 필요할 때조차 반응하지 않으려 한다. 부부는 서로에 대해 비판적인 태도를 취하며 자신의 방식만을 고집한다. 그 결과 어머니와 자녀 사이에는 세대를 초월한 연합이 이루어지고 아버지를 배제하게 된다.

구조적 가족치료사는 부모의 갈등에 휘말려 세대 간의 경계를 뛰어넘은 연합이 이루어진 현재의 구조를 파악하고, 세대 간의 경계를 명확히 하는 구조의 변화를 시도하고자 한다.

2. 주요 개념

구조란 일반적으로 여러 가지 부분이나 요소가 하나의 사물 또는 조직을 이룰 때, 각각의 부분이나 요소가 맞물려 있는 원리 또는 규칙을 의미한다. 보통 구조를 도식화함으로써 어떤 사물이 어떻게 이루어져 있는지를 알 수 있게 된다. 미누친도 치료를 위한 청사진 등의 비유를 사용하면서 가족구조를 도식화하려고 시도하였다.

구조적 가족치료에서 구조란 보이지 않는 일련의 기능적 요구다. 이러한 기능적 요구가 가족원끼리의 상호작용방법과 연속성, 반복, 예측되는 가족행동 등을 조직한다면, 가족은 나름대로 고유한 구조를 가지고 있다고 생각할 수 있다. 그러나 가족구조란 추상적인 개념이므로 이를 이해하기 위해서 가족원 간에 존재하는 인간관계의 규칙을 이해하지 않으면 안 된다. 예를 들면, 누가 안방을 사용하는가, 누가 식탁에서 가장 좋은 자리에 앉는가, 가족원의 연령 등의 구체적 정보로부터 가족의 인간관계의 규칙, 즉 구조를 추리할 수 있다. 그런데 가족체계에서 인간관계의 규칙은 복잡하기 때문에 이 같은 구체적인 정보만으로는 가족규칙을 이해하는 데 한계가 있다. 따라서 가족구조(family structure), 경계선(boundary), 권력(power)과 같은 추상적 개념으로 이해할 필요가 있다.

1) 가족구조

가족은 다양한 하위체계로 구성되어 있다. 하위체계는 세대, 성별, 기능 등에 의해 구성되므로 가족 안에서 한 개인은 여러 하위체계를 경험한다. 가족은 주로 부부 하위체계, 부모 하위체계, 형제 하위체계 등으로 구성되어 있으며, 각각의 하위체계는 저마다 다른 상호작용과 역할이 있다. 또한 이러한 하위체계 속에는 많은 제휴가 일어나며, 그것은 전체 체계의 조직에 의해 영향을 받는다. 그렇다면 이 같은 하위체계는 어떻게 형성되는 것일까? 가족의 상호작용이 지속적으로 반복되면 어떤 패턴이 형성되며 고정화된다. 따라서 가족원들은 그들이 사용할 수 있는 행동범위가 넓어도 이미 패턴으로 굳어진 상호작용을 선택하는 경향이 있다. 예를 들어, 아버지가 집안일에 소홀하기 때문에 어머니와 자녀들 사이에 하위체계가 형성된 경우에는 아버지가 집에 있어도 자녀들은 어떤 일을 의논할 때 자녀들은 곁에 있는 아버지보다 멀리 있는 어머니를 찾게 된다. 이렇게 하여 역기능적 하위체계의 구조화가 일어나는 것이다.

또한, 가족구조는 어떤 구속요인에 의해 형성되기도 한다. 예를 들어, 사춘기의 자녀가 여러 가지 문제행동을 보일 때, 아내는 남편에게 자녀를 키우는 데에 대한 어려움을 호소한다. 이에 대한 남편의 반응은 다양할 것이다. 아내와 한 팀이 되어 부모로서 자녀교육에 관여하면 안정된 부부 하위체계를 유지할 수 있다. 그러나 아내의 무능력 때문이라고 비난하면 아내는 정서적 지지를 다른 곳에서 찾게 되면서 또 다른 하위체계가 형성된다. 어떤 것이건 선택된 유형은 지속되는 경향이 있다.

2) 경계선

가족 안에서 세대, 성별, 기능 등에 의해 형성된 하위체계 사이에는 구성원 간의 접촉을 조절하는 경계선이 있다. 이처럼 경계선은 주로 하위체계 간에 사용되는 용어인데, 이것은 직접 볼 수 있는 것이 아니다. 개인과 하위체계 사이, 또는 가족원과 다른 가족원 사이에 허용할 수 있는 접촉의 양과 종류는 이처럼 보이지 않는 경계선으로 구분된다. 또한 각 하위체계는 독자성, 기능, 관계를 가지고 있는데, 이것은 서로의 관계에 의해 지배된다. 그러므로 경계선이란 가족의 상호작용과정에 가족원 중의 누군가가 어떤 방법으로 참가할 수 있는가에 대한 규약이라고 정리할 수 있다. 하위체계 간의 상호작용은 경계선이 명확한지, 밀착되어 있는지, 분리되어 있는지에 따라서 명료한 경계선(clear boundary), 애매한 경계선(diffused boundary), 경직된 경계선(rigid boundary)의 세 가지로 구분된다. 명료한 경계선을 주로 하는 가족은 정상적인 가족일 것이다. 애매한 경계선을 주로 하는 가족은 가족체계에 참여하는 것에 대한 규칙이 애매하기 때문에 가족원들은 모든 문제에 관해서 서로가 지나치게 얽혀서 필요 이상으로 관여하게 된다. 이러한 가족을 밀착된 가족(enmeshed family)이라고 부른다. 반대로 경계선이 경직된 경우 가족원은 뿔뿔이 흩어져 버리는데, 이러한 가족을 분리된 가족(disengaged family)이라고 부른다. 그러나 일반적으로 위에서 언급한 세 개의 경계선은 가족 내에서 함께 사용되므로 가족원 간에는 밀착된 상태와 격리된 상태의 양면이 모두 나타나는 경우가 있다.

3) 권력

권력의 문제는 위계구조와 관련이 있다. 권력이란 개개인의 가족원이 상호작용과정을 통하여 다른 사람에게 미치는 영향력을 말하는데, 가족이 건강하게 기능하기 위해서는 적절한 위계구조 안에서 권력을 가져야 한다. 권력은 일반적으로 절대적인 권한을 의미하는 것이 아니라 경우에 따라서 달라진다. 또한 권력은 하위체계 간의 제휴와도 관련이 있다. 제휴는 가족의 상호작용과정 중 하나이며, 가족체계의 한 개인이 다른 개인과 협력관계를 가지는 것이다. 제휴에는 연합(coalition)과 동맹(alliance)의 두 가지가 있다. 연합은 두 사람이 제3자에 대항하기 위하여 제휴하는 경우다. 이와는 달리, 동맹은 두 사람이 제3자와는 다른 공동의 목적을 위해 제휴하는 것으로 반드시 제3자와 적대관계를 이루지는 않는다.

4) 구조적 지도

구조적 가족치료사들은 가족의 구조적 문제를 도식화하기 위해 몇 가지 기호를 활용하였다. 그리고 이러한 기호를 통해 가족구조를 간략하게 나타냄으로써 가족을 사정하고 어떻게 변화시켜야 할지를 한눈에 파악했다. 미누친은 가족구조를 명료화하기 위해서 [그림 7-1]과 같은 구조적 지도(structural map)를 사용하고 있다.

김남수(가명) 씨는 어린 시절 남편을 잃고 홀로 자녀를 키운 홀어머니 슬하에서 자란 장남이다. 본인도 50대의 가장이지만, 고생만 하신 어머니에 대한 연민의 정으로 지금도 어머니의 말씀이라면 무조건 복종하고 있다. 김남수와 그의 어머니의 융해된 관계로 인해 그와 아내 사이에는 결혼 초부터 싸움이 끊이지 않았다. 그 집안의 장남인 필호(가명)는 부부

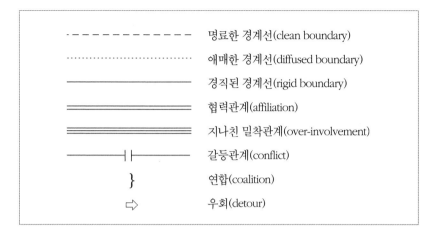

[그림 7-1] 구조적 지도에 사용되는 기호

출처: Minuchin, 1974.

의 갈등에 휘말려 중학교 때부터 엄마의 정서적인 지지자가 되었다. 엄마는 다른 자녀들과는 달리 필호에게는 가정의 어려움도 털어놓을 만큼 비밀이 없다. 상대적으로 관심의 영역에서 벗어난 둘째와 셋째 아이는 한 팀이 되어 서로를 위로하고 있다. 이 가족에 대한 예상되는 치료과정을 구조적 지도로 도식화하면 다음과 같다.

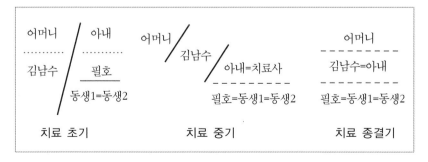

[그림 7-2] 구조적 지도의 예

구조적 가족치료사가 문제시하는 것은 가족의 하위체계의 유형, 바람직하지 않은 하위체계 간의 경계, 가족체계와 그것을 둘러싼 생태학적 맥락과의 경계 등이다. 구조적 가족치료사는 가족과 합류함으로써 치료를 시작한다. 합류를 통하여 가족의 상호작용에 참가하게 될 때 가족기능의 패턴을 관찰할 수 있을 것이다. 가족에 대한 구조적 개입에 앞서 앞에서 말한 구조의 사정과 함께 가족기능의 세 가지 측면을 사정하는 것이 유용하다.

첫째, 가족이 현재 가지고 있는 가족기능과 관련된 패턴의 양적인 문제다. 가족은 여러 가지 사태에 대해 동일한 대처방법만을 고수할 수 없고 여러 가지 대처방법을 가지게 된다.

둘째, 가족의 유연성 또는 경직성이다. 가족생활주기에서 자녀가 성장함에 따라 상황이 변하면 가족은 어느 정도의 범위 안에서 그 기능을 변화시키지 않으면 안 된다.

셋째, 일관성과 비일관성의 문제다. 일관성이란 가족에게 구체적인 변화가 일어날 때, 이 변화가 얼마나 지속되는가를 나타내는 것이다. 때때로 변화는 필요하지만, 가족의 구조와 기능에는 어떤 일관성과 연속성이 있어야 한다.

치료사는 가족체계에 합류하여 그 구조에 대한 사정이 가능하면 가족이 도움을 원하는 증상 또는 문제행동이 가족기능이나 구조와 어떤 관계를 가지고 있는지를 판단하지 않으면 안 된다. 증상이나 문제가 구조와 관련이 있다는 사실을 발견하면 구조를 변화시키기 위한 개입이 필요하다. 개입 기법은 하위체계 간의 경계를 수정하여 가족 내의 연합과 융해의 유형을 변화시키는 것이다. 구조적 가족치료에서는 이러한 문제점을 직접적으로 제시한다.

가족체계는 연속성을 보장할 수 있을 만큼 충분히 안정적이어야 한다.

그러나 변화하는 상황에 적응하기 위해서는 충분한 융통성도 필요하다. 문제행동은 융통성이 없는 가족구조가 상황적 도전에 적절하게 대응할 수 없을 때 발생한다. 가족 또는 가족원 중 한 명이 외부적 스트레스에 직면하여 성숙의 전환점에 이르게 되면 이에 적응하기 위해 구조적 가족치료에서는 한 사람의 증상이 그 사람과 다른 사람과의 관계를 반영할 뿐 아니라, 그 관계는 가족 내의 다른 관계와 기능도 반영한다고 보았다.

3. 치료적 개입

1) 치료목표

구조적 가족치료사는 문제가 역기능적 가족구조에 의해 유지된다고 보았다. 치료는 가족구조를 변화시켜서 가족의 문제를 해결할 수 있도록 하는 것이다. 치료목표는 구조의 변화이며, 문제해결은 체계적 목표의 부산물이다. 구조적 가족치료사는 가족원이 구조를 변화시키는 것을 돕기 위하여 가족체계에 참여한다. 치료사는 경계선을 바꾸거나 하위체계를 재정비하기 위하여 가족원 각각의 행동과 경험을 바꾼다. 문제를 해결하는 것은 가족이 해야 할 부분이다. 치료사는 단지 가족의 기능이 변화하도록 도와줄 뿐이다. 이처럼 구조적 가족치료사는 내담자 가족의 구조를 변화시키고자 한다.

문제행동의 변화와 가족기능의 향상은 서로 연관된 목표다. 문제행동을 변화시키는 가장 효율적인 방법은 그와 같은 문제행동을 유지하는 가족 유형을 변화시키는 것이다. 효과적으로 기능하는 가족은 가족원을 지지하는 체계다. 구조적 가족치료의 목표는 가족이 서로 지지하면서 개인이 문제행동을 해결하고 성장하도록 촉진하는 것이다. 이것은 결국 가족체계의 성장으로 이어지게 될 것이다. 가족목표는 가족이 제시하는 증상과 구조적 역기능의 특성에 의해 파악될 수 있다. 가족체계의 상호교류 규칙을 재구조화하는 것은 구조적 가족치료사가 가진 또 다른 목표다. 가족은 대안적인 방식을 익히고 다른 가족원과 보다 만족스러운 상호작용을 함으로써 미래의 갈등과 스트레스에 바람직하게 대처할 수 있게 된다. 이를 위한 세부적인 치료목표는 하위체계 간의 명확한 경계선 설정, 가족위계질서의 강화, 가족의 실상에 맞는 규칙의 대체다. 새로운 구조의 출현은 전체로서의 가족은 물론, 가족이 문제의 근원이라고 지목한 가족원에게 변화를 주기 위해 의도된 것이다. 이러한 관점에서 볼 때 새로운 구조가 형성되면 부적절한 가족규칙이 새로운 규칙으로 대체되고 가족원들은 고정된 역할과 기능에서 벗어날 수 있게 된다. 그리고 가족 항상성을 유지하기 위한 문제행동이 더 이상 필요하지 않게 되므로 호소 문제도 사라진다. 이와 같은 가족 재구조화의 결과로 또다시 문제행동이 나타날 가능성은 줄어들고, 전체로서의 가족이 그들의 성장잠재력을 증가시킬 수 있는 가능성은 커지는 것이다. 치료사는 가족이 가진 융통성과 변화의 영역을 탐색하고 잠재적인 구조적 대안을 활성화시켜 변화를 촉진한다.

2) 치료사의 역할

가족은 변화를 이끌어 내기 위해 먼저 치료사를 수용하고 치료사의 개입에 반응해야 한다. 일반적으로 치료사의 개입은 스트레스를 증가시키고 가족의 항상성은 균형을 유지하지 못한다. 그러므로 가족 내에서 구조적 변화가 일어날 수밖에 없다. 이처럼 치료사가 가족에 참여하고 적응하는 것은 구조화의 선결조건이다. 치료사가 가족과 합류하기 위해서는 자신이 가족원들을 수용하고 그들의 방식을 존중한다는 것을 전달해야 한다.

구조적 가족치료는 가족이 제시하는 문제를 체계적 관점에서 재명명하여 행동의 변화를 유도한다. 문제를 가지고 오는 가족은 문제를 개인이나 외부의 힘으로 정의하는 경우가 많은데, 구조적 가족치료사는 이것을 가족구조의 기능상 문제라고 재정의한다. 또한 치료사는 같은 문제를 보다 새롭고 건설적인 방향으로 제시해야 한다. 구조적 가족치료에서는 치료면담 중에 실연을 사용하여 재조명이 일어나도록 하는데, 이와 같은 기법은 구조적 가족치료의 중요한 부분이다. 면담이 이루어지고 있는 상황에서 가족교류의 구조를 관찰하여 그 구조가 변화하도록 하는 것이다. 면담에서의 행동, 즉 과정에서의 가족역동은 구조적 가족치료사가 다루어야 하는 중요한 부분이다. 치료사는 가족구조를 찾아내고 이 구조를 변화시키려고 가족들에게 적극적으로 개입한다.

미누친의 가족치료는 상당히 역동적이어서 많은 사람은 그를 '치료의 거장'이라고 부른다. 그는 짧은 면담과정에서 가족의 문제점, 가족 특유의 패턴을 한눈에 파악하여 가족구조를 변화시켰다. 이처럼 짧은 시간에 매혹적인 결과를 초래할 수 있었던 것은 그가 꾸준히 개발해 온 구체적인 치료기법 덕분이라고 생각한다.

3) 치료과정

구조적 가족치료에서는 사정을 위한 면담과정을 별도로 가지지 않는다. 일반적으로 가족구조의 사정은 가설이며, 이러한 가설에 따라 치료의 목표가 설정된다. 치료의 목표를 향해서 치료적 개입이 행해지며 그

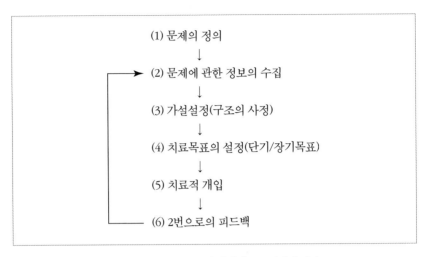

[그림 7-3] 가족구조의 사정과 목표설정의 과정

결과는 다시 가족구조를 사정하기 위한 자료로 활용되는 피드백 과정이
진행된다. 이러한 과정을 정리하면 [그림 7-3]과 같다. 구조적 가족치료
에서는 한 회기의 면담 중에도 이러한 과정을 여러 번 반복하면서 가족
구조의 변화를 시도한다.

이러한 과정에서도 알 수 있듯이 '가족사정-목표설정-치료적 개입'
은 하나의 과정이다. 그러나 이러한 가족사정과 목표설정의 과정을 나누
는 것은 이론적 설명을 보다 쉽게 하기 위해서다. 따라서 실제의 면담과
정에서는 치료사가 전체 과정을 염두에 두고 치료적 개입을 시도하는 것
이 바람직하다.

4) 치료기법

❑ 가족과의 교류 기법
구조적 가족치료의 기법은 가족이 보다 바람직한 교류 유형을 발달시

킬 수 있는 맥락을 만들어 내는 것이 중요하다는 이론에 근거한 것이다.

기법은 목적에 따라 교류와의 합류(joining with the transaction), 교류의 창조(creation of transaction), 교류의 재구조화(restructuring the transaction)의 세 가지 범주로 나눌 수 있다. 교류와의 합류는 치료목표에 도달하려는 치료사가 가족과 나누는 인간적 교류에 관한 기법이다. 교류의 창조는 치료적 효과와 연결될 수 있는 가족원 간의 교류를 치료사가 의도적으로 만들어 내는 기법이다. 교류의 재구조화는 보다 기능적인 가족구조를 이루기 위하여 가족원 간의 교류 유형을 변화시키기 위한 기법으로 정의할 수 있다(Gurman & Kniskern, 1981). 그러나 이러한 세 가지 범주의 기법은 각각 독립된 것이 아니라 서로 보완적인 역할을 한다. 실제로 몇 개의 다른 범주의 기법이 동시에 또는 연속적으로 치료의 목적인 바람직한 가족구조를 창출하기 위해 사용되기도 한다.

① 교류와의 합류

치료사가 교류와의 합류에 실패한다면 가족과의 치료관계는 순조롭게 이루어질 수 없다. 가족과 치료사가 신뢰 속에서 서로 협력하면서 치료를 계속하는 데 있어 합류(joining)는 중요한 요소다. 합류는 치료사가 가족에 대해 인간적인 관여를 하는 것으로 정의된다. 라포와 비슷한 개념인데, 라포가 치료적 관계의 상태를 의미한다면 합류는 치료사의 행동을 표현하는 용어라고 할 수 있다. 합류에서는 치료사의 자연스러우면서도 배려 깊은 공감적 이해가 중요하다. 합류를 촉진하기 위한 기법으로는 추적(tracking), 적응(accommodation), 모방(mimesis)이 있다.

추적　추적은 치료사가 가족의 기존 체계에 순응하는 것이다. 즉, 치료사가 가족이 지금까지 해 온 의사소통이나 행동을 존중하여 가족의 기존 교류의 흐름을 거스르지 않고 뒤따라가는 것이다. 다시 말하면 가족 과정의 흐름에 합류하는 것이다. 추적 기법의 구체적인 실천방법은 치료 사의 지지적 언급, 내용을 명료화하기 위한 질문, 가족이 말한 것을 반복 하기, 흥미를 가지고 열심히 듣는 태도 등이다.

적응   적응은 치료사가 가족과 합류하기 위해서 자신의 행동을 가족 의 교류에 맞추는 것이다. 즉, 치료사는 가족교류의 법칙을 존중하고 그 것에 따르려고 시도한다. 이것은 치료사가 가족이 가지고 있는 기존의 구조를 존중해 주는 것이다. 예를 들어, 가족의 중심인물이 아버지라고 판단한 치료사는 면담과정에서 아버지에게 "제가 아드님께 뭘 물어도 좋을까요?"라고 양해를 구한 후에 가족원과 교류하는 것이 이에 해당한 다. 적응은 특히 치료 초기의 치료관계를 성립하는 데 유용한 기법이다.

모방   모방은 치료사가 가족의 언어적 · 비언어적 행동을 사용하여 합류를 촉진하는 것이다. 즉, 치료사는 가족의 행동 유형, 속도, 감정에 대해 팬터마임을 하는 것처럼 모방한다. 의식적 또는 무의식적으로 흉내 를 내는 대상은 언어사용, 동작, 감정의 표현, 비유적 표현 등 여러 가지 다. 이러한 모방은 대부분 가족이 인식하지 못하는 사이에 자연스럽게 이루어지는데, 이를 통해서 치료사에게 친밀감을 느낄 수 있게 된다.

② 교류의 창조
교류의 창조는 치료적 변화의 정지작업으로서 중요한 기법이다. 치료 를 필요로 하는 시점에 있는 가족들이 주로 사용하는 교류 유형이 역기 능적이라고 전제한다면, 그러한 가족구조에서 보이는 역기능은 구조개 선을 통해서 변화되어야 한다. 그러나 가족원의 입장에서 보면 가족치료

를 받게 된 동기는 어디까지나 가족들이 지목한 IP의 문제이므로 반드시 가족구조에 문제가 있다는 사실을 인정하지는 않는다. 치료사에게는 이처럼 '가족이 가진 기대의 차이에서 어떤 방법으로 치료에 필요한 정보를 끌어내고 그것을 치료에 사용할 수 있는가'라는 점이 중요하다. 가족원은 의미가 있다고 생각하지 않거나 치료의 장면에서 가족원이 자발적으로 나타내지 않는 정보를 수집하기 위한 기법을 교류의 창조라고 부른다. 물론 가족원 간의 교류는 가족이 치료사를 찾아오기 전부터 존재한다. 여기서 교류의 창조란 치료에 유익하다고 생각되는 정보를 얻기 위해 치료사가 의도적·계획적으로 가족 간의 어떤 교류를 촉진시키는 것을 의미한다. 동시에 교류의 창조는 교류의 재구조화를 위한 기초가 된다. 교류의 창조를 위한 기법으로는 구조화, 실연, 가족 내의 과제설정이 있다.

구조화 치료사가 가족교류의 유형에 어떠한 영향을 주기 위해서는 가족에게 관여하는 방법을 의도적으로 구조화하는 것이 중요하다. 구조화는 치료사가 치료목표에 도달하기 위해서 의도적이고 계획적으로 하는 치료적 관여를 의미한다. 따라서 치료사는 가족과 상호작용하는 방법이 항상 가족구조의 개선에 직접 또는 간접적으로 영향을 주어야 한다는 사실을 기억하는 것이 중요하다.

실연 실연은 치료면담 중에 가족이 역기능적인 가족원 간의 교류를 실제로 재현하는 것이다. 이것은 문제를 언어화하여 설명하는 방법과는 달리 행동을 중시하는 것으로 구조적 가족치료의 독특한 기법이다. 가족이 표현하는 설명을 통해 문제를 이해하려는 종래의 방법과는 대조적으로 실연에서는 가족원이 문제를 치료사 앞에서 실연하도록 한다. 가족이 설명을 할 때는 IP가 문제라는 전제 속에서 가족이 인식한 것을 언어화하기 쉬우며, 치료사도 그러한 것을 근거로 해석할 오류가 있다. 그에 비해 실연은 직접적이어서 가족이 실생활에서 나타내고 있는 패턴이 그대로 드러날 가능성이 있으므로 가족구조를 이해하는 데 효과적이다. 또한 실연은 구조적 가족치료사에게 의미가 있는 정보를 제공하는 것 이외에도 몇 가지 이점을 지니고 있다.

첫째, 치료사가 적극적으로 가족의 문제에 관여하게 됨으로써 치료적 관계의 성립에 기여할 가능성이 크다.

둘째, 가족은 자신들이 문제에 관여하는 과정을 재현함으로써 그들 스스로 가족체계라는 맥락 속에서 문제를 관찰할 수 있게 된다. 따라서 문제에 초점을 두었던 기존의 방식이 절대적인 것은 아님을 깨달을 가능성도 높아진다. 실연의 경험을 통해 가족은 IP가 문제의 근원이라는 선입견에서 벗어나 가족 전체의 역기능적 상태를 발견할 수 있다.

셋째, 가족원이 문제에 대해 서로 이야기하는 것이 아니라 실연을 통해 문제를 실제로 경험하면서 서로 관여하기 때문에 오히려 구조개선의 움직임이 일어날 가능성이 높다.

실연 기법은 3단계로 나누어진다. 제1단계는 치료사가 가족원의 교류를 관찰함으로써 어떤 역기능적인 부분에 초점을 맞출 것인가를 결정한다. 제2단계에서는 치료사가 가설로 세운 역기능적인 교류를 중심으로 가족원이 실연하여 역기능적 교류를 둘러싼 상호작용을 분명히 밝힌다. 제3단계에서는 치료사가 주목한 부분에 대하여 지금까지 가족이 사용한 방법과는 다른 교류를 실연하도록 시킨다.

가족 내의 과제설정 가족 내의 과제설정은 치료사가 가족에게 특정의 교류에 관여하는 과제를 내주는 것이다. 과제를 제시할 때는 언제, 어디서, 누구와, 어떻게 교류해야 하는 것인가를 명확히 설명해야 한다. 이러한 과제는 치료장면에서도 요구될 수 있지만 '매일 저녁 7시부터 7시 30분까지'라는 식의 시간을 정해 주는 등의 구체적인 지시가 일반적이다. 이러한 과제는 구조적 가족치료의 목표와 관련된 정보를 수집하고 교류의 개선을 다지는 기초 작업이다. 실연도 과제와 비슷하지만 과제설정에서는 시간, 장소, 교류의 유형이 명시된다는 점이 다르다.

③ 교류의 재구조화

구조적 가족치료는 가족의 교류 유형을 변화시켜서 IP가 더 이상 문제를 나타내지 않는 가족구조를 만들어 내도록 돕는 것이 주된 목적이다. 이러한 목표를 향해 가족원 사이의 교류 유형을 변화시키려는 시도를 하는 기법을 교류의 재구조화라고 부른다.

교류의 재구조화의 기법은 크게 체계의 재편성, 증상의 초점화, 구조의 수정으로 구분된다. 체계의 재편성은 가족원을 바람직한 위치로 움직여서 가족의 교류 유형을 변화시키고 바람직한 구조를 만들려는 기법이다. 증상의 초점화는 증상을 바라보는 가족의 시각을 바꿔서 교류 유형을 변화시키려는 기법이다. 또한 구조의 수정은 구조적 가족치료의 독특한 특징 중 하나로서 가족의 교류 유형에서 보이는 경계선, 제휴, 권력을 직접 움직여서 변화를 초래하는 기법이다.

체계의 재편성　　체계의 재편성은 일차적 환경의 구성원의 배열을 바꾸어 구조를 변화시키는 기법이다.

자신의 원가족과의 분리가 어려운 부인이 자신의 어머니와 함께 살면서 남편과 친밀한 관계를 유지하지 못할 경우, 치료사는 친정어머니를 핵가족에서 배제하여 바람직한 가족의 교류를 만들려고 노력할 것이다.

증상의 초점화　증상의 초점화는 가족이 호소하는 증상에 직접 관여하여 교류 유형을 변화시키려는 기법인데, 이때 증상은 역기능적 가족구조의 반영이라고 본다. 치료사는 증상의 기능을 무력화시켜서 가족의 교류에 증상이 더 이상 필요 없는 상태를 만들어 내도록 한다. 증상의 초점화를 통하여 가족교류의 개선을 시도하기 위한 기법은 전략적 가족치료에서도 자주 사용된다. 그러나 MRI에서 실시하는 증상중심의 치료적 개입의 주된 목적은 증상을 제거하는 것이지만, 구조적 가족치료에서는 증상의 제거뿐만 아니라 가족구조의 변화를 추구한다.

증상의 초점화는 다음과 같은 세 가지 과정으로 이루어진다.

첫째, 증상의 강조다. 이것은 MRI의 증상처방이나 역설적인 방법과 비슷한 것으로, 문제를 드러내는 가족원의 증상은 그를 고통스럽게 하지만 한편으로는 이차적인 이득을 가져온다는 점에 착안한 방법이다. 그 같은 증상은 고통스럽지만 주위 사람의 관심을 끌 수 있으며 동시에 책임회피도 할 수 있는 방법이 되기도 한다. 때로는 증상이 가족에게도 여러 가지 이차적인 이득을 가져오는 경우가 있다. 이러한 이차적 이득이 없어지도록 증상을 과장하는 것이 증상의 강조다.

둘째, 증상의 축소화다. 이는 증상의 강조와는 반대로 IP의 증상을 중시하는 가족의 생각을 변화시키는 기법이다. 이것의 목적은 증상의 강조와 같이 증상중심의 교류 유형을 변화시키는 것이다. 증상을 가족의 다른 문제와 비교하고, 다른 문제를 더욱 중시함으로써 상대적으로 현재의 증상을 경시하도록 한다.

셋째, 새로운 증상의 재정의다. 증상의 재정의는 전략적 가족치료의 재명명과 같은 것으로 증상에 대한 가족의 의미부여, 이른바 증상에 붙이는 라벨을 바꾸는 것이다. 때로는 가족이 증상을 보는 시각이 각자 다를 수 있기 때문에 이러한 시도가 가능하다. 가족원의 상식적인 시각에서는 증상이란 나쁜 것이지만 동시에 이차적 이득도 있다. 이처럼 증상을 재정의하는 목적은 새로운 증상의 이행과 마찬가지로 새로운 교류의 맥락을 창조하는 것이다.

　구조의 수정　　구조의 수정은 구조적 가족치료의 독특한 기법 중 하나로서, 가족체계의 경계선, 제휴, 권력에 직접 관여하여 가족구조를 변화시키는 것이다. 구조적 가족치료를 표방하는 치료사는 기능적 구조를 이루는 것을 목표로 설정하며, 끊임없이 계획적·의도적 치료 개입을 시도한다. 구조의 수정을 위한 기법으로는 구조적 지도, 교류의 분해, 교류유형의 차단, 유형의 강화, 유형의 재조직이 있다.

　첫째, 구조적 지도는 구조적 가족치료에서 자주 사용되는 비언어적 기법이다. 이러한 기법은 때로는 교류의 개선뿐만 아니라 사정의 목적으로도 사용된다. 가족원이 치료장면에서 교류하는 경우 각각 어떤 장소에 위치하는가는 그 가족의 구조를 반영하는 경우가 많다. 실제로 치료사는 가족교류의 내면에서 또는 외면에서 구조적 지도를 사용한다.

　둘째, 교류의 분해는 치료사가 가족이 역기능적인 구조를 지속하지 못하도록 움직이는 기법이다. 가족치료를 필요로 하는 가족은 보통 증상을 중심으로 교류하며 이것이 가족원의 중요한 관여방법이다. 또한 가족이 증상에 대처하는 방법은 지금까지의 가족구조를 반영하고 있다. 따라서 가족이 증상에 대하여 경직된 패턴을 보이거나 IP로 지목된 가족원이 스스로의 힘으로는 빠져나오지 못할 때 유형을 분해해 버림으로써 가족은 새로운 교류 유형을 시도하게 된다. 미누친은 교류의 분해를 스트레스의 증가라고도 불렀다. 두 가지 표현은 같은 맥락으로, 교류의 분해는 기법의 결과에 초점을 둔 것이며, 스트레스의 증가란 개입방법을 표현할 때 사용되는 용어다. 가족이 나타내는 증상 중심의 교류 유형은 가족에게 어느 정도의 스트레스를 경험하게 한다. 이러한 스트레스는 새로운 패턴을 시도할 때의 미지의 결과에 대한 불안이라기보다는 비교적 가벼운 스트레스를 유발하는 기존의 교류 유형에 고착됨으로써 발생하는 것이다. 이러한 해석에 근거할 경우 치료사가 가족의 고착된 교류 유형의 스트레스를 증가시킴으로써 상대적으로 새로운 교류 유형에 대한 불안이나 스트레스를 줄일 수 있다.

셋째, 교류 유형의 차단은 교류의 분해 기법의 하나로 치료사가 가족원의 익숙한 교류 유형을 방해하는 것이다. 교류 유형의 차단은 다시 두 가지로 나뉘는데 그중에서 차이의 강조는 치료사가 가족원 간에 존재하는 태도의 상이점을 강조함으로써 협력체계를 이룬 교류 유형을 분해시키는 것이다. 잠재적 갈등의 표면화는 치료사가 가족원 간의 협력관계 이면에 숨어 있는 갈등을 표면화하도록 자극하는 것이다.

넷째, 유형의 강화는 가족구조의 개선을 목적으로 가족교류의 여러 가지 유형 중 일부분을 강조하는 접근법이다.

다섯째, 유형의 재조직이란, 대부분의 경우 가족교류의 유형 자체는 계속되기 때문에 교류의 재구성이나 수정이 필요하지 않지만, 갈등으로 인해 각각의 유형이 지닌 가능성을 충분히 발휘하지 못하는 경우 체계갈등과 교류하는 유형을 재조직한다. 이를 통해 서로의 갈등을 배제하여 교류 유형이 보다 기능적으로 바뀌도록 하는 기법이다.

구조structure　　구조란 조합, 조직, 체계 등을 의미하지만 주로 부분과 전체 또는 부분 간의 관계를 문제로 삼는다. 가족치료에서는 가족 전체와 그 부분인 가족원의 관계에 초점을 맞추고 있다. 가족원은 각각의 기능을 수행하기 위해서 다른 가족원과 관계를 가진다. 이러한 관계는 그들이 가진 일정한 규칙에 의해서 규정된다.

구조적 지도family map　　미누친은 가족치료의 전반부에는 가족의 상호 교류유형을 파악하는 데 큰 비중을 두었다. 이때 가족구조를 부호로 표현하였는데, 이를 구조적 지도라고 한다. 즉, 면담을 통하여 가족 내의 세력관계나 의사소통방법, 정서 등을 관찰하여 이것을 가설로써 조직적으로 도식화하여 가족의 복잡한 문제를 단순화할 수 있다.

경계선boundaries　　미누친은 경계는 두 개 또는 그 이상의 수의 체계나 하위체계를 나누기 위한 추상적인 개념이라고 설명하고 있다. 가족체계의 경우는 개인으로서의 하위체계, 부부하위체계, 형제하위체계 사이의 여러 가지 관계에 의해서 성립된다. 그에 의하면 경계는 상호작용을 통하여 형성된 규칙에서 파악할 수 있다.

밀착된 상태enmeshed　　자녀가 어릴 때 부모자녀관계는 경계가 애매하고 서로 밀착된 경우가 많다. 이처럼 가족성원 간의 경계가 불명확하여 침투하기 쉽고 유동적인 상태일 때, 가족성원은 다른 가족원의 일부인 것처럼 행동한다. 이것은 물론 위장된 친밀함이다. 미누친은 가족체계가 하위체계 사이에 애매한 경계를 가지고 있는 경우를 밀착된 상태라고 말한다. 또한 세대경계 및 가족성원 간의 경계가 명확하여 서로에게 침투하는 것이 없는 가족도 있다. 이처럼 각 가족 간이나 하위체계 간에 강력한 경계나 벽이 있을 경우, 그 체계는 격리된 상태(disengaged)라고 한다.

불균형기법unbalancing　　미누친에 의한 기법으로 가족성원 또는 하위체계 간의 위계적인 관계를 변화시킬 때 사용된다. 다시 말하면 역기능의 연쇄적인 교류를 막기 위하여 어떤 가족원에게 일시적으로 세력을 더하는 기법이다. 이것은 지금까지 유지된 균형을 깨뜨리고 변화를 유발하는데 이로 인해 체계에 새로운 관점, 역할을 초래한다.

동맹alliance 가족원이 서로와 결합관계를 맺을 때, 제3자와 어떻게 관계를 맺느냐에 의해서 크게 두 가지로 구분된다. 하나는 두 사람이 제3자와 다른 공동의 이익이나 목적 때문에 이해를 같이 하면서 제휴하는 것인데, 이를 동맹이라고 한다. 이것과는 달리 연합(coalition)은 제3자에게 대항하기 위하여 두 사람이 공동전선을 편다는 의미의 결합이다. 헤일리는 이러한 연합은 체계 내의 균형 있는 세력분배를 위해 작용한다고 보았다.

실연enactment 미누친에 의한 구조주의적 가족치료의 주된 기법의 하나다. 치료사가 면담과정에서 가족의 교류패턴을 재연하거나 새로운 상호작용의 연습을 위하여 어떤 말과 행동을 표현하도록 가족에게 권유하는 임상기법이다. 즉, 치료사는 가족이 습관적으로 반복하고 있는 문제행동에 대한 가족의 관여방법을 상담과정에서 실연하도록 지시한다.

재구조화restructuring 구조적 가족치료의 주요기법의 하나로 가족구조의 변화에 의해서 가족을 변용시키는 치료적인 개입방법이다. 체계갈등이란 어떤 체계 또는 체계를 둘러싼 요소 간의 대립에 관련된 문제를 말한다. 체계갈등에 대한 대응방법은 현존하는 구조를 해체하거나 새로운 구조를 구축하는 재구조화의 방향으로 진행된다. 이러한 문제의 치료에 사용되는 재구조화 기법은 기본적으로 체계의 재구성, 증상초점화, 구조적 수정의 세 가지 기법이 있다.

재명명relabeling 구조적 가족치료의 중요한 기법 중 하나다. 가족이 증상이나 행동에 관하여 다른 의미를 가진 것으로 보게 하는 것처럼 이해의 방법을 변화시키는 과정이다. 구조적 가족치료사는 일반적으로 가족이 개인의 증상이라고 보고 있는 것을 대인관계로 재명명하는 경우가 많다. 이러한 재명명은 증상에 부여된 부정적인 의미를 변화시키기 위한 기법으로 사용되는 경우도 많다.

합류joining   치료사가 가족체계 내의 가족 속에 들어가 관계하는 과정을 의미한다. 미누친에 의하면 합류는 기법이라기보다 치료사의 태도이며, 그것에 의해 모든 치료적 교류가 이루어진다고 보았다. 합류는 치료사가 가족을 어떻게 이해하고 있으며, 자신들을 위해 함께 작업하고 있다는 것을 가족에게 알리는 것이다. 여기에는 적응, 모방, 추적 등이 있다. 적응(accommodation)은 치료사가 가족과 관계를 맺기 위해서 가족이 이미 가지고 있는 체계에 순응하는 과정을 말한다. 모방(mimesis)은 치료사가 가족의 행동유형, 속도, 감정을 거울에 비추는 것처럼 모방하는 것을 의미한다. 추적(tracking)은 가족의 의사소통과 행동의 내용을 따라가면서 그것을 지속하도록 격려함으로써 가족과 관계를 맺는 방법이다.

제8장
경험적 가족치료

경험적 가족치료(Experiential Family Therapy)에서는 가족에게 통찰이나 설명을 제공하기보다는 가족의 특유한 갈등과 행동양식에 맞는 경험을 제공하려고 노력한다. 가족이 보이는 역기능의 패턴이 다양한 만큼 가족에게 제공할 수 있는 경험 또한 다양하다. 경험적 가족치료에서 제공하는 경험이란 가족들이 자발적으로 자신을 열어 보일 수 있는 기회, 표현의 자유, 개인의 성장 등을 의미한다. 경험적 가족치료사들은 치료 과정 속에서 경험하는 대인관계 자체가 성장을 촉진하는 주요한 자극이 된다는 믿음을 갖고 있었다. 그러나 어떤 경험을 제공하든지 '지금 여기'에서 치료사와 가족 사이에 일어나는 상황에 초점을 맞춘다. 그들은 가족과 치료사 간의 상호작용은 면담에 참여하는 가족이나 치료사 모두가 성장할 수 있는 계기라고 생각하였다.

경험적 치료는 가족 간의 상호작용의 역동성보다는 정서적 경험을 강조했기 때문에 가족치료의 다른 접근과는 다소 달랐다. 사실 경험적 치료는 개인과 개인의 정서적 경험을 강조하기 때문에 체계에 초점을 맞춘 가족치료 접근과는 약간의 거리가 있었다. 가족치료의 초창기에는 당시 큰 영향력을 갖고 있었던 사티어(V. Satir)와 휘태커(C. Whitaker)에 의해 경험적 가족치료가 대중화되었으나 오늘날에는 그 명성이 다소 퇴색했다. 그러나 1980년대 후반 이후 그린버그(L. Greenberg)와 존슨(S. Johnson)의 정서중심적 부부치료와 슈워츠(R. Schwartz)에 의한 내면가족체계라는 두 개의 새로운 모델에 의해 경험적 접근법은 다시 활기를 띠고 있다. 이들은 개인의 정서적 경험에 초점을 두면서 동시에 가족체계에 대한 심화된 이해를 시도하고 있다(Nichols, 2010).

개인이 경험을 통하여 성장하도록 돕는 경험적 치료의 대표적인 인물로는 휘태커와 사티어가 잘 알려져 있다. 이들은 치료과정에서 내담자의 경험을 중시했고, 가족에 대한 치료사의 개인적 관여가 치료적 변화를 촉진하는 것으로 보았다는 공통점이 있다. 그러나 치료방법에서는 많은 차이를 보였다. 즉, 자신의 치료방법을 상징적 경험주의라고 정의한 휘태커는 개인적 만남을 강조하면서, 치료사는 자신을 이용하여 가족들에게 다가가서 인간 대 인간의 관계를 맺을 수 있도록 도와야 한다고 생각하였다. 한편, 사티어는 치료란 무엇보다 성장과정의 경험이자 연습이라고 주장하며, 치료사는 가족이 성숙한 인간으로 성장할 수 있도록 도와야 한다는 성장 모델을 강조하였다. 그러나 저자의 임상경험을 돌이켜 보면, 이들처럼 전적으로 치료과정에서의 경험만 가지고 가족을 치료할 수 있는 치료사는 그다지 많지 않다고 생각된다. 경험적 치료는 뛰어난 임상적 감각뿐만 아니라 가족을 경험의 세계로 끌어들일 수 있는 재능이 요구되는 것이므로, 휘태커나 사티어처럼 카리스마적 성향을 타고난 인물에 의해서만 가능하다고 볼 수도 있다. 그들의 뒤를 이을 만한 제자들이 배출되지 못한 것이 이를 뒷받침하고 있다.

1. 주요 인물

　경험적 가족치료의 주요 인물로는 단연코 비전통적이며 도발적인 치료를 시도한 휘태커를 들 수 있다. 왜냐하면 그는 치료과정의 경험을 통하여 경직된 가족이 가지고 있는 일종의 가식에서 스스로 벗어나 자유롭게 될 수 있도록 만드는 데 타고난 재능을 지녔기 때문이다. 그는 원래 산부인과의 훈련을 받았던 정신과 의사로 제2차 세계대전 동안에 군에서 정신과 공동치료 팀에서 일한 것을 계기로 정신치료에 관심을 갖게 되었다. 휘태커는 전쟁 후 에모리 대학교 의과대학에서 정신과 과장으로 재직 중이던 1955년에 애틀랜타 정신진료소를 설립하였다. 그곳에서 많은 조현병 환자와 만나면서, 조현병을 성장과정에서 궁지에 몰린 사람이 나름대로 만들어 낸 창조적인 해결책이라고 규정하였다. 그리고 조현병 치료에 있어 치료에 참가하는 모든 사람은 환자인 동시에 치료사가 될 수 있다는 파격적인 입장을 선택하였다. 그는 치료과정 중에 환자와 치료사가 서로 몰입하는 경험을 통하여 양쪽 모두 성장할 수 있다고 생각하였다. 왜냐하면 만약 치료가 환자를 성장시킨다면 치료사 역시 인간적 또는 학문적으로 성장할 것이기 때문이다. 그는 이와 같은 역설적 접근으로 조현병 환자를 치료하던 중, 가족이 조현병의 발생에 있어 중심적인 역할을 한다는 사실을 깨닫게 되었다. 그는 초기입장을 확장시켜 내면세계의 딜레마와 대인관계의 딜레마를 가지고 조현병을 개념화하고 가족을 치료에 참여시키기 시작하였다. 이러한 과정을 통하여 휘태커의 상징적 경험주의 가족치료가 탄생되었다(Whitaker & Keith, 1981). 1965년 이후 휘태커는 위스콘신 의과대학에서 1982년 은퇴할 때까지 교수로 재직하였다.

두 번째 인물로는 사티어를 들 수 있다. 사실, 그녀의 접근방법은 한마디로 설명하기 어렵다. 그녀는 초기에 MRI에서 일했기 때문에 의사소통 가족치료사로도 알려져 있다. 그러나 사티어는 MRI를 떠난 후 인본주의적 개념을 중심으로 한 캘리포니아 빅서의 에살렌 연구소(Esalen Institute)에서 성장 기법을 개발하는 데 주력하였다. 사티어는 인간은 근본적으로 성취에 필요한 잠재력과 생명력을 가지고 태어나므로 적절하게 양육되면 건강한 성인으로 발달할 수 있다고 주장하였다. 그리고 이 같은 주장을 나무의 속성에 비유하여 종자 모델이라고 하였다. 또한 그녀는 자신의 치료적 접근을 가족치료사와 가족이 함께 힘을 모아 가족의 건강한 교류를 촉진하여 성장을 자극하는 것에 목표를 둔 성장 모델이라고 설명하였다. 사티어는 1951년 개인 가족치료연구소에서 가족을 치료하기 시작하였고, 1955년에는 일리노이 정신의학센터에서 가족의 역동성을 가르치는 동시에 조현병 환자의 가족에 대한 연구에 관심을 두기 시작하였다. 그 후 그녀는 잭슨 등을 도와 MRI의 훈련 프로그램의 책임자로 있었다. 그곳에서 최초의 가족치료훈련 프로그램을 고안한 것도 그녀의 업적 중 하나다. 그녀의 치료는 감정표현을 중점으로 하며, 접근방법은 치료과정에서 가족을 연습과 활동에 참여시키는 경험에 바탕을 둔 것이다.

그 밖의 경험적 가족치료사로는 켐플러(W. Kempler), 캔터(D. Kantor), 덜(B. Duhl)을 들 수 있다. 이들은 게슈탈트와 참만남 집단, 표현예술 등의 다양한 기법을 차용하여 가족치료에 적용하고자 노력했다. 예를 들어, 켐플러는 펄스(F. Perls)에게서 받은 게슈탈트 치료 훈련경험을 가족치료에 접목하려고 노력한 치료사다. 그는 가족과 평등한 관계에서 치료를 하면서 가족들에게 '지금 여기'에서의 세계를 경험시키려고 했다. 또한 가족들에게 참여와 자기개방을 기본적인 행동원칙으로 제시하여 가족 문제를 해결하려고 시도하였다. 주로 1950년대에 활동한 캔터는 인간관계에 있어서 공간의 중요성을 인식하면서 인간관계를 이해하기 위한 은유로 공간을 사용하였다. 그는 거리의 규제(distance regulation)가 가족의 체계를 이해하는 중심적 문제라고 역설하였다(Duhl et al., 1973). 공간과 거리는 사람들이 대인체계를 구별하고 도식화하며 이해하기 위한 기본적인 은유라고 보면서 가족 내의 거리감에 관심을 가졌다. 보스턴 가족연구소의 설립자인 덜은 치료기법에 대한 공헌 때문에 경험적 가족치료사로 분류된다. 그녀는 자신의 치료과정에서 비언어적 의사소통인 조각 기법, 인형극 등의 많은 표현 기법을 활용하였다.

1980년대 이후 존슨과 그린버그에 의해 정서중심적 부부치료(Emotionally Focused Couples Therapy: EFT)가 개발되었다. 그들은 펄스, 사티어, MRI의 이론을 도입하여 정서에 초점을 둔 가족치료를 했다. 또한 1990년 후반에는 가족의 정서적 생활의 내면을 다루는 슈워츠의 내면가족체계 치료가 등장했는데, 이것도 경험적 접근에 포함된다. 이것은 내담자들 안에 있는 갈등을 유발하는 내면의 목소리를 의인화하여 다루면서 심리극의 다양한 기법을 활용하였다. 존슨과 그린버그, 그리고 슈워츠의 활동은 그동안 침체해 있던 경험적 가족치료에 활기를 불어넣어 주었다.

휘태커는 어머니가 지배적이며, 아버지와 아들이 복종적인 관계에 있는 가족과 면담을 하였다. 면담이 시작되자마자 어머니는 공책을 꺼내 지난 일주일 동안 아들이 얼마나 많은 잘못을 했는지 적어 왔다면서 하나하나 열거하기 시작하였다. 이때 휘태커는 아들 옆으로 다가가 어머니를 한참 바라보더니, 그녀가 상당히 부드러운 눈빛을 가지고 있다고 칭찬하기 시작하였다. 칭찬을 들은 어머니는 계면쩍

어하면서도, 그 이후 태도가 부드러워졌다. 휘태커는 그들 부부관계의 왜곡에 대
하여 지적하면서 "불꽃같은 어머니가 다른 불꽃을 만나지 않은 것은 참으로 다행
이다. 남편도 행운이다. 부인이 불꽃이고 남편은 물방울이라고 생각되는데, 부부가
함께 물방울이 되는 것은 바람직하지 않기 때문이다."라고 말했다. 면담의 후반부
에서는 아들과 아버지가 적극적으로 참여하고, 어머니는 조용해졌다. 이처럼 이들
가족은 치료과정을 통하여 지금까지와는 다른 경험을 한 것이다. 그러나 이러한
치료과정이 어떤 이론적 배경을 중심으로 이루어졌는지 궁금해하는 팀원들에게
휘태커는 설령 이 가족이 치료과정에서 무엇인가를 느꼈더라도 면담내용에 대한
기억은 없을 것이라고 단언했다. 그리고 자신에 대해서도 '참 좋은 선생'이라는
정도의 기억만 남을 것이라고 설명하였다. 휘태커의 치료는 부조리의 치료로 충
격, 놀람, 혼란을 목표로 하는 것 같다. 그는 자신의 기법은 풍자를 통해 무질서한
상태를 만들어 냄으로써 증상이 스스로 파괴작용을 할 때까지 병리를 증대시키는
것이라고 말하고 있다.

2. 주요 개념

경험적 가족치료사들은 기본적으로 가족 문제의 원인이 정서적 억압
에 있다고 보았다. 한 개인은 성장하면서 자신의 행동을 사회적 맥락에
맞게 통제하도록 요구받는데, 어떤 사람은 부모에 의해 자신의 감정까지
통제당하는 경험을 하면서 양육되기도 한다. 어린 시절에 이처럼 자신의
정서를 있는 그대로 충분히 경험하지 못하고 억압했던 사람은 성인이 된
후에도 어려움을 겪게 된다는 것이다.

'경험적'이라는 표현에서부터 알 수 있듯이, 경험적 가족치료에서는
이론의 역할을 높이 평가하지 않는다. 휘태커는 이론은 초보 치료사에게
는 도움이 되지만, 어느 시점이 지나면 가능한 한 빨리 이론에서 벗어나

'자신'이 되라고 충고할 정도였다. 휘태커는 오직 가족과 깊은 교류를 가짐으로써 가족을 변화시킬 수 있다는 신념을 가지고 치료에 임했다. 경험, 만남, 직면, 직관과정, 성장, 존재, 자발성, 행동, '지금 여기' 등은 경험적 가족치료사가 즐겨 사용하는 개념이다. 경험적 가족치료사는 인위적인 학문적 노력을 거부한다. 휘태커의 주장에 따르면, 치료적 변화를 이끌어 내기 위해서는 지적 반응을 관찰하거나 문제의 근원을 찾아내기보다 경험의 증가를 촉진해야 한다. 치료는 가족과 치료사 사이의 친밀한 관계이며, 개개인의 가족원뿐만 아니라 전체 가족체계의 성장을 촉진시키는 과정이다(Nichols, 2010).

휘태커의 개념은 내면세계에서 대인관계로, 개인에서 가족으로, 심리적인 면에서 체계적인 면으로 발전하였다. 그는 교육이 아니라 경험의 결과에 의해 가족이 변화한다고 보았다. 또한 우리의 경험은 대부분 인식이나 의식 밖에서 발생하기 때문에 비언어적 또는 상징적으로 접근할 수밖에 없다는 기본가정 아래에서 상징적 경험주의 가족치료를 주장하였다. 그는 치료 전반에 걸쳐 듣고, 관찰하고, 그가 경험한 것을 가지고 가족에게 직접적으로 접촉하였다. 휘태커는 자신의 치료에서는 무의식에 의해 치료적 개입이 이루어진다고 말한 바 있다. 실제로 그가 가족과 함께 작업할 때는 아무런 선택도 하지 않는 것 자체가 선택인 것처럼 보이기도 했다. 때로는 그 자신도 왜 그렇게 하는지, 무엇을 말하는지 의식하지 못하는 경우도 있었다. 그러나 그의 치료적 개입은 궁극적으로는 사람이 사건에 일관되게 부여하는 상징적인 의미를 추구하는 것과 관련되어 있다(Whitaker & Keith, 1981).

사티어에 의하면 성장하는 가족의 경우 각 가족원은 서로의 의견을 귀담아듣고 사려 깊게 존중한다. 그리고 그들 모두는 자신이 가치가 있고 사랑을 받고 있다고 느끼며 서로 자유롭게 애정을 주고받는다. 또한 이러한 가족은 융통성과 건설적인 문제해결능력을 가지고 있다. 성장하는 부모는 변화의 불가피성을 깨닫고 그것을 받아들이고 창조적으로 사용하려고 노력한다. 치료사는 인간이 과거에 자신과 다른 사람에 대해 가졌던 또는 다른 사람이 자신에 대해 가졌던 기대, 자각 그리고 열망 등이 현재까지 해결되지 못했거나 충족되지 못한 부분에 초점을 두어야 한다. 치료과정 속에서 이와 같은 미해결 문제를 직접 그리고 지금 여기에서 경험하게 하면서 적절한 개입방법을 사용하여 개인이 성장하고 과거의 상처가 치유되도록 돕는다(Satir, 1972).

1) 경험적 가족치료사의 공통적 개념

경험적 가족치료는 현상학적 기술, 심리극, 참만남, 집단운동 등을 접목한 결과이므로 이 범주에 포함되는 치료사들의 유형도 다양하다. 이들이 표방한 공통적인 개념을 정리해 보면 다음과 같다.

첫째, 과정에 초점을 두고 있다.

경험적 가족치료사들은 선택, 자유의지, 특히 자기결정과 자기달성을 위한 인간능력을 강조하기 때문에 현재의 과정이 치료의 초점이 된다. 그들은 역기능적인 행동이 성장과정 중의 일시적인 실패이며, 단지 개인의 능력과 가능성을 표현하는 데 무엇인가 부족하기 때문에 나타나는 결과라고 생각했다. 그들은 환경요인으로 개인의 충동이 부정되고 감정을 억제하는 것에서 역기능이 생기며, 이로 인해 성장은 지연되었다고 보았다. 따라서 치료사의 역할은 현재의 치료과정을 통해 내담자의 경험을 폭넓게 이해하고, 의식하고 있지 못한 부분을 통합하고, 새로운 의미를 만들도록 돕는 과정이라고 보았다.

둘째, 협력적인 치료관계의 필요성을 강조하였다.

인간은 타인으로부터 가치를 인정받고 싶어 하며, 관계를 통해서 가장 잘 이해될 수 있는 사회적 존재라고 본다. 따라서 치료사의 수용과 공감은 경험에 새로운 의미를 부여하여 힘을 얻게 하는 중요한 요소다. 경험적 가족치료에서는 합리적 사고보다 경험을 더욱 중요시하였다. 그리고 치료사가 먼저 적극적인 자기개방을 함으로써 가족들로 하여금 그들 자신의 감정이나 내면세계에 더욱 가까워지게 할 수 있다고 보았다. 경험적 가족치료사들은 성실함을 바탕으로 가족들과 보다 안전한 관계를 맺으려고 노력했다. 그리고 필요에 따라서는 치료과정에서 자신의 취약한 부분이나 충동 등을 드러냄으로써 가족들과 협력적인 치료관계를 만들고자 하였다.

셋째, 감정에 초점을 둔다.

대부분의 가족치료사들은 가족들이 느끼고 있는 것을 표현하도록 돕지만, 그것이 무의식적 욕구와 감정을 드러내는 것을 의미하지는 않는다. 경험적 가족치료사는 가족들의 경험의 수준을 증가시켜서 정직하고 친밀한 가족 상호작용을 이끌어 내려고 하였다. 따라서 그들은 치료효과를 높이기 위해서는 개인의 경험을 확장할 필요가 있다고 강조하였다. 경험적 치료사들은 가능한 한 많은 가족들이 참여하여 가족원으로서 정서적 표현의 경험을 충분히 가지면 그들의 경험이 확장되며, 궁극적으로는 가족들이 더욱 긴밀하게 연결된다고 믿었다.

2) 사티어의 경험치료

인본주의적 관점을 바탕으로 가족의 정서적 건강을 증진시키기 위해 경험의 심층적 수준을 탐구했던 사티어 역시 다른 경험적 가족치료사와 마찬가지로 행동 이론보다 현상학적 이론의 영향을 많이 받았다. 그러나 이론적 배경은 자아심리학, 행동 이론, 학습 이론, 의사소통 이론, 일반 체계 이론 등 다양한 이론에 기초하고 있다. 사티어의 주요 개념은 가치 체계, 자존감, 가족규칙, 의사소통 유형에서 찾아볼 수 있다. 사티어의 치료는 네 개의 전제를 기초로 한다.

첫째, 모든 행동은 합리적 또는 적절한 동기가 있다. 사람이 이미 학습된 것처럼 행동한다면 그것이 그 상황 속에서 그 사람이 할 수 있는 최선의 행동이다.

둘째, 모든 사람은 치유될 수 있으며, 치유는 치료과정에 내재되어 있다. 내용보다는 과정이 치료에 있어 더욱 중요한 요소라 생각한 그녀의 치료방법은 내담자에 따라 각각 달랐다. 그러나 치료방법은 다를지라도 치료사는 일관된 태도로 바람직한 의사소통을 하는 것이 중요하다.

셋째, 마음과 신체는 체계의 한 부분이다. 따라서 신체적 활력은 정서적 안녕과 연결되어 있다. 그러므로 치료를 할 때는 언어뿐 아니라 신체적 움직임처럼 인간이 가지고 있는 모든 채널을 이용하지 않으면 안 된다.

넷째, 치료과정에서 각 개인의 자존감 향상에 노력하였다. 자존감은 한 개인의 배우자 선택, 부부관계, 부모-자녀 관계, 스트레스에 대한 반응, 대처 능력, 유연성, '다름' 또는 애매함을 처리하는 능력, 성장하고 자유를 향유하는 것 등에 영향을 준다. 사티어는 자존감과 효과적인 의사소통능력은 비례한다는 점을 강조하였다. 따라서 이 두 가지는 치료의 중요한 부분을 차지한다(Woods & Martin, 1984).

사티어는 인간의 역기능을 '가족체계 내에서 가족원이 자신과 다른 가족에 대하여 어떻게 느끼고 반응하는가'라는 정서적 수준과 인간의 잠재적 능력에서 찾으려 했다. 다시 말하면, 사티어는 정직하고 직접적이며 명확히 의사소통하는 방법에 관심을 가지면서 치료목표를 가족들이 그런 의사소통을 할 수 있도록 돕는 데 두었다. 동시에 가족원의 자존감 향상에 필요한 융통성이 있으며 합리적인 가족규칙을 갖도록 도왔다. 이를 위해 조각, 비유, 심리극, 유머, 접촉 등의 기법을 사용했는데, 사티어는 이러한 기법에만 의존하지 않고 내면에서부터 우러나오는 정서적 지지와 따뜻함을 보여 주었다. 이러한 지지에 힘입어 가족들은 직접적이며 정직한 의사소통을 하는 것이 가능해지며 그들 서로의 감정을 나누게 된다. 그녀는 이같이 '지금 여기'에서의 만남을 기반으로 한 직접적인 치료과정을 제공함으로써 가족원의 성장을 촉진할 수 있다고 보았다.

사티어는 가족의 자존감 향상에 많은 관심을 가졌다. 자존감이란 한 개인이 자신에 대하여 가지는 일종의 평가개념으로서 자신의 사고, 가치관 그리고 행동에 많은 영향을 미친다. 우리 내면에는 항상 사랑받고 인정받고자 하는 욕구가 있다. 어린 아동의 경우 이러한 욕구를 충족시켜 줄 수 있는 사람은 부모이며, 점차 가족과 친구 그리고 주위의 사람으로 확대되어 가는데 이 모든 관계는 사랑과 신뢰를 기초로 한다. 어린 시절의 가족구조와 부모-자녀 관계는 특히 자존감의 형성에 큰 영향을 미치는 요인이다. 낮은 자존감은 부모가 자녀에게 적절하게 반응하지 못했거나 자녀 자신이 자존감을 학습하고 발전할 수 있는 기회를 제공받지 못한 결과다. 때로는 자녀에게 그와 같은 기회가 충분히 제공되었지만 결과적으로 낮은 자존감이 형성되기도 한다. 그뿐 아니라 부모가 역기능적 의사소통의 모델이 되고, 의사소통의 내용이 부정적일 경우에도 자녀의 자존감은 손상될 수 있다. 자존감은 인간의 기본욕구다. 왜냐하면 우리가 자신에 대해 가지고 있는 감정은 에너지를 만드는 중요한 요소이며, 이와 같은 에너지는 자기 자신을 사랑하고 감사를 느낄 때 만들어지기 때문이다. 그리고 에너지를 조화롭고 긍정적으로 사용할 때 에너지는 강하고 유용한 것이 되어, 현재 주어진 상황을 창조적이고 현실적으로 잘 극복할 수 있게 한다.

3. 치료적 개입

1) 치료목표

경험적 가족치료사의 목표를 한마디로 정의하면, 가족을 안정된 상황에 머무르게 하는 것이 아니라 성장시키려는 것이다. 감수성, 감정의 표현, 자발성과 창조성, 확실성의 성장이 경험적 가족치료의 전형적인 목표다. 그들은 물론 증상의 감소나 사회적 적응도 중시하였지만, 내면의 경험이나 그러한 경험의 확대를 가족치료의 기본적인 목적으로 삼았다. 치료적 개입은 독자적이고 도전적이며 때로는 상식을 뛰어넘는 특유한 것이다. 치료사는 가족이 자기인식, 자기신뢰, 인간적 성장을 할 수 있도록 돕는다. 만약 이러한 치료적 개입이 성공할 수 있다면 환자와 치료사 모두의 성장이 촉진된다고 믿었다.

휘태커는 가족원에게 가족의 부분으로서 소속감을 가지게 하는 동시에, 독립된 개인으로서 자유를 인식할 수 있도록 원조하려고 노력하였다. 그는 가족이 치료를 받으러 오는 이유는 서로 가까워지는 능력과 개별화하는 능력이 부족하기 때문이라고 생각하였다. 정서적으로 건강해지는 방법은 과거의 경험을 통해 우리 내면의 깊은 곳에 잠재되어 있는 충족되지 못한 욕구와 기대를 드러내는 것이다. 그는 가족이 이러한 것을 경험할 수 있는 잠재력을 충분히 가지고 있다고 판단하였다. 따라서 치료사의 역할은 치료과정을 통하여 이와 같은 잠재력을 쉽게 표현할 수 있도록 도와주는 것이다. 그는 가족의 특징에 따라 자극을 하기도 하고 반대로 따뜻하게 지지하기도 하면서 가족이 충분한 경험을 할 수 있도록 배려하였다.

사티어의 성장 및 의사소통 가족치료 접근에서는 개인으로 하여금 자존감을 높이고 자신의 인생에 대한 선택권을 갖도록 돕는 것, 즉 개인의 성장을 촉진하는 것을 최대의 목표로 삼았다. 한 개인의 성장은 가족체계의 건강과 통합됨으로써 이루어진다. 따라서 이를 위해서는 먼저 가족이 희망을 찾고 미래에 대한 꿈을 갖도록 도와야 한다. 이와 같은 궁극적인 목적을 달성하기 위해 그녀는 가족이 서로 협력하는 과정과 기술을 강화하도록 도왔다. 또한 각 개인은 선택을 할 수 있으며 그 결과를 책임져야 한다는 것을 인식시킴으로써 가족원 개개인과 가족체계의 건강을 증진시키려 하였다. 사티어는 구체적으로 치료를 통해 개인의 낮은 자존감을 회복시켜 자신의 가치를 인정할 수 있는 감정과 자원을 발견하도록 도왔다. 그리고 이를 활용하여 문제상황에 잘 대처할 수 있도록 원조하였다. 그녀는 이러한 치료목표를 달성하기 위하여 가족체계에 다음과 같은 변화가 일어나도록 시도하였다.

첫째, 각 개인은 가족들에게 자신과 타인에 관하여 보고, 듣고, 느끼고, 생각하는 것을 분명히 말할 수 있어야 한다.

둘째, 각 개인은 자신이 타인과 다른 점에 관해 말할 수 있으며 그것은 존중되어야 한다. 또한 어떤 것을 결정할 때는 강요가 아니라 탐색과 협상을 통해서 결정해야 한다.

셋째, 가족은 서로의 차이점을 인식하며, 성장을 위해 이러한 차이점을 활용해야 한다.

2) 사티어 모델의 치료과정

사티어는 가족치료사가 제공해야 하는 것은 인간적인 성숙이라는 일관된 생각을 가지고 있었으나, 그녀의 접근방법은 끊임없이 변했기 때문에 그녀의 치료기법을 요약하기는 그다지 쉬운 일이 아니다. 사티어는 정확하고 민감한 의사소통을 할 수 있는 능력을 지니고 있었다. 그녀는 첫 면담부터 가족의 변화를 시도하였고 가족은 그녀가 이끄는 방향으로 유도되곤 한다. 또한 그녀는 단순히 가족의 자발성과 개인적 노출에만 의존할 만큼 소극적이지 않았다. 그녀는 가족의 의사소통을 명확히 하기 위해 활발하게 개입하면서, 가족의 관심사를 가족의 과거 일에 대한 불만에서 문제해결로 바꾸려 노력하였다. 그런 의미에서 사티어는 교육자였다. 또 모든 가족원의 자존감을 지지하고 그들이 가지고 있는 긍정적 의도를 찾아내어 확대시킴으로써 가족이 더욱 친밀해지도록 도왔다.

한 예로 그녀는 어떤 목사님 가족과 만났다. 고등학교에 다니는 아들이 같은 학년의 여학생 두 명에게 동시에 임신을 시켜서 학교로부터 의뢰된 사례였다. 목사의 아들이 두 명의 소녀를 임신시켰다는 사실 때문에 첫 면담과정에서 아버지, 어머니, 본인 모두 위축되어 치료에 소극적이었다. 이때 사티어는 "대단한 능력을 가지고 있구나. 어떻게 한꺼번에 두 친구에게 아이를 가지게 할 수 있었니?"라고 말문을 연다. 이처럼 그녀는 가족이 보지 못하는 긍정적인 부분을 찾아내어 가족에게 피드백함으로써 새로운 경험의 장으로 들어갈 수 있는 계기를 마련해 주었다.

그녀는 [그림 8-1]과 같이 치료를 시작하면서 가족이 명확한 치료목표를 갖기를 기대하였다. 따라서 가족 개개인에게 어떤 생각을 가지고 있고 치료에서 무엇을 기대하며 왜 여기에 와 있는지 분명히 표현하도록 촉구한다. 그녀는 가족 각자에게 말하게 함으로써 가족원 사이에 개인차가 있음을 깨닫게 하여, 가족이 같은 상황에 놓여 있다 하더라도 견해와 지각이 다를 수 있다는 사실을 받아들이도록 도왔다. 특히 사티어는 의사소통의 불일치에 많은 관심이 있었기 때문에 가족들이 의견의 불일치를 드러낼 수 있도록 각자 생각한 바를 말하게 하였다.

그녀는 모든 가족원들에게 자존감을 심어 줌으로써 그들이 자신의 개
성을 깨닫도록 하였다. 그리고 다른 사람이 대신 대답해 주기를 기다리
지 말고 자신의 견해를 스스로 표현해야 한다고 강조했다. 인본주의에
입각한 따뜻하고 온정적인 태도를 취했던 사티어는 전체 가족의 성장을

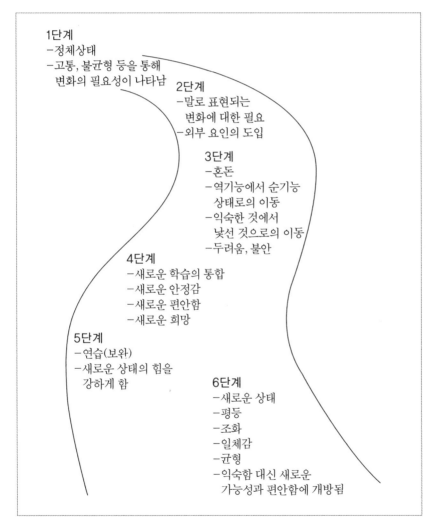

[그림 8-1] 사티어의 치료과정

출처: Satir, Banmen, & Gomori, 1991.

위해서는 친밀한 가족관계가 필요하다고 보았다. 그녀는 부드럽고 사실적인 질문을 통하여 부모에게 자녀의 말과 견해에 경청하는 자세를 보여주었으며, 한편 자녀에게는 부모의 관점과 행동을 이해하는 방법을 가르쳐 주었다. 그녀는 치료사의 주요 역할은 변화하는 가족의 모델이 되는 것이라고 보았다. 그리고 가족기능의 향상이라는 거대한 목표의 달성은 개인의 성장과 감수성의 증진을 통해 이루어진다고 생각하여 경험의 가치를 매우 중요시하였다.

사티어는 치료적 변화가 행동보다 내면과정에서 이루어져야 한다고 보았기 때문에 정서적 경험이 치료적 변화를 일으키는 중대한 요소라는 것을 강조했다. 정서적 경험은 치료사와 내담자의 참된 만남에서 시작된다. 치료사는 전문가의 역할을 상실하지 않으면서도 가족과 가까운 거리를 유지하며 가족에 대한 자신의 개인적인 영향을 이용하여 변화를 촉진하는 진실한 사람이어야 한다. 면담 중에 경험하게 되는 감정표현과 친밀감은 중요하다. 사티어는 정서적 강도를 자극하기 위하여 면담에서 가족조각, 안무, 은유, 재정의, 유머, 접촉, 의사소통, 나의 표현 등을 주로 사용하였다. 특히, 그녀는 부정적인 문제나 상황을 긍정적인 것으로 전환시키는 재정의에 탁월한 능력을 가지고 있었다.

3) 사티어 모델의 의사소통 기법

사티어는 특히 감정의 전달을 강조했기 때문에 그녀가 가족의 의사소통을 향상시키기 위해 사용했던 방법은 경험을 매우 중요시하는 것이었다.

역기능적 의사소통의 공통점은 표현하는 언어적 메시지와 비언어적 메시지의 불일치, 즉 이중 메시지가 나타난다는 것이다. 주로 이러한 이

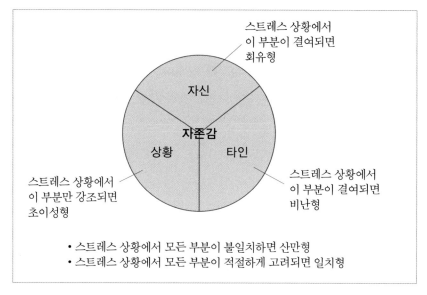

[그림 8-2] 사티어의 의사소통 유형

중 메시지는 주로 자존감이 낮으며 남의 감정을 상하게 하는 것을 두려워하는 사람에게서 자주 나타나므로, 사티어는 치료를 통하여 그들의 자존감을 높이려고 노력하였다. 또한 스트레스 상황에서 가족이 자주 사용하는 의사소통방법에 많은 관심을 두고 그것을 경험적 기법과 연결시키려고 노력하였다. 사티어는 사람이 스트레스 상황에 놓이면 자주 사용하게 되는 의사소통을 유형화하여 회유형, 비난형, 초이성형, 산만형, 일치형으로 나누어 설명하였다.

첫째, 회유형은 자기의 감정을 무시하고 다른 사람에게 자신의 힘을 넘겨주고 모두에게 동의하는 말을 한다. 이 유형에 해당하는 사람은 다른 사람과 상호작용하는 상황을 중요시하지만 자신의 진정한 감정을 존중하지는 않는다. 즉, 회유는 자신이 살아남고 안정을 유지하기 위해서는 자기 감정보다 상대방에게 '예'라고 대답하는 것이 중요하다고 생각하면서 자신의 스트레스를 다루는 방법이다.

둘째, 비난형은 약해져서는 안 된다는 의지를 나타내며 자신을 보호하고 다른 사람이나 환경을 괴롭히고 나무라는 것이다. 비난하기 위해 다른 사람의 가치를 격하시키고 자신과 상황에만 가치를 둔다. 비난하는 사람은 다른 사람에게 자신을 힘이 있고 강한 사람으로 인식시키고자 노력한다.

셋째, 초이성형은 자신이나 다른 사람을 지나치게 낮게 평가하는 것이다. 지나치게 합리적인 입장에서 상황만을 중요시하며 기능적인 관점에서 언급하는데, 이때 확실한 자료나 논리를 사용한다. 초이성적으로 의사소통할 때는 실수 없이 말하고 생각하려고 하기 때문에 때로는 의미를 이해할 수 없는 말을 상당히 구체적으로 설명하는 경향이 있다. 즉, 이들은 상황에 초점을 두고자 한다.

넷째, 산만형은 지나치게 즐거워하거나 익살맞은 행동을 하기 때문에 오히려 의사소통이 혼란스러운 것을 말한다. 산만형의 의사소통을 사용하는 사람은 위협을 무시하고 마치 위협이 존재하지 않는 것처럼 행동하므로 주위 사람에게 혼란을 준다. 이들의 행동과 말은 다른 사람의 행동이나 말과는 무관하다. 어느 곳에도 초점이 맞추어지지 않았기 때문에 말의 의미나 내용도 없이 혼자 바쁘고 산만하다.

다섯째, 일치형은 스스로 주체가 되어 다른 사람과 관계를 갖고 접촉하는 것을 의미한다. 기능적이며 원만함, 책임감, 정직성, 친근감, 능력, 창의성, 현실 문제를 바람직한 방법으로 해결할 수 있는 능력을 가진 사람의 의사소통이라고 할 수 있다. 일치형에 해당하는 사람은 자신과 다른 사람을 돌보고 현재의 상황을 제대로 파악하고자 한다(Nichols, 2010).

사티어는 치료과정에서 이를 토대로 원가족 도표를 그리고 필요에 따라 조각 기법으로 표현하게 함으로써 새로운 경험을 하도록 돕는다.

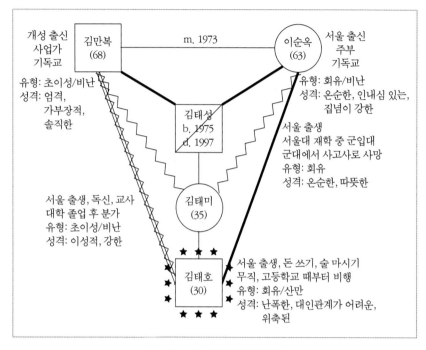

[그림 8-3] 원가족 도표의 예

4) 사티어 모델의 빙산탐색

치료사가 한 개인을 만날 때 보이는 행동 이면에는 자기, 열망, 기대, 지각, 감정과 같은 것들이 있다. 사티어 모델에서는 경험의 다양한 수준을 빙산에 비유하면서 이를 활용하여 개인의 내적 과정을 이해하려고 하였다. 대부분 빙산의 일부인 행동만 보기 쉬운데, 사티어 모델의 빙산탐색에서는 수면 아래 부분을 탐색하여 내담자의 경험을 표면화하도록 격려한다. 내담자가 내면의 감정을 느끼고 표현하는 것은 중요한 치료과정이 된다.

한 가지 예를 들어 설명해 보자. 고등학교 2학년인 소라(가명)는 남을 돕는 따뜻한 아이로 알려져 있으며, 그런 사실을 증명이라도 하듯이 이미 선행상도 여러 번 받았다. 소라에 대한 빙산탐색을 통해 소라는 다른 사람들에게 인정받고 싶은 열망이 컸으며 이와 관련된 기대도 있었음을 알 수 있었다. 소라는 다른 사람을 도와줄 때 주위로부터 인정을 받는 경험을 하면서 '착한 아이'에 대한 타인들의 기대에 예민해졌고, 다른 사람을 돕지 않으면 아무도 자신을 인정해 주지 않을 것 같다고 지각하면서 선행을 이어 왔다. 이렇게 착한 일을 하고 다른 사람들에게 칭찬을 들으

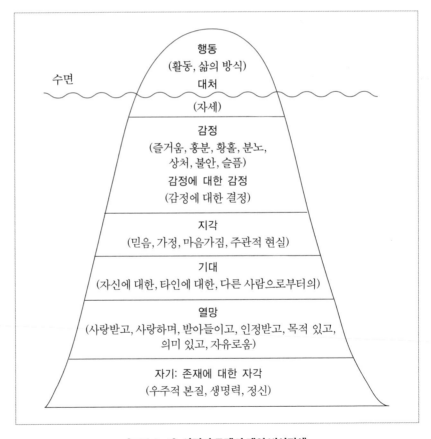

[그림 8-4] 사티어 모델의 개인 빙산탐색

출처: Banman, 1995.

면 기쁨이 크다는 것을 알게 되었다. 그러나 선행을 하지 않을 때 다른 사람들이 인정해 주지 않을 것 같은 두려움, 타인을 배려하는 자신의 마음에 상처를 준 사람들에 대한 분노의 감정 역시 크다는 것을 깨닫게 되었다. 이 같은 빙산탐색의 과정을 통해 소라는 착한 아이의 콤플렉스에서 자유로워졌다.

때로는 서로에게 거는 기대가 달라서 끊임없이 싸우는 부부에게 어떤 사건에 대한 빙산탐색을 하도록 한다. 이 같은 작업을 통해 감정, 감정에 대한 감정, 지각과 열망을 알게 됨으로써 상대방에 대한 이해를 넓히며 더 나아가 상대의 욕구를 충족시키려고 노력한다. 이처럼 빙산탐색은 개인뿐 아니라, 부부나 가족에게도 적용할 수 있는 기법이다.

5) 델과 켄터의 가족조각 기법

여기서는 경험적 가족치료사가 자주 사용하는 가족조각 기법을 소개하고자 한다. 가족관계에 있어서 감정적 관여는 무척 중요한 요소다. 그러한 감정적 관여는 다른 사람과의 거리를 나타내는 은유적인 표현으로 묘사되는 경우가 많다. 즉, 가족은 서로를 '보다 가깝다'라든지 '보다 멀다'고 표현한다. 그리고 "영희와 진우는 매우 가까운 사이다."라든지 "어제 대화로 우리의 틈을 좁혔다."라는 말도 많이 사용한다.

사회과학자들은 가족을 상징하는 이미지를 객관적인 기술로 파악해 보려는 노력을 많이 해 왔다. 그런 시도가 가족조각(family sculpture) 기법이다.

가족조각은 현실의 공간에 사람들을 놓고 자세나 표정도 자신이 인식한 대로 표현하게 함으로써 내담자의 대인관계를 파악하는 기법이다.

즉, 가족원 한 명이 자신의 이미지에 따라 다른 가족들을 배열하는 신체적 표현을 통하여 가족관계를 나타내는 무언의 동작표현이다. 공간을 통해 가족의 체계를 상징적·비유적으로 묘사하는 것이다.

구체적인 방법은 다음과 같다. 치료사는 치료관계를 맺고 있는 가족과의 면담 중에 '가족에 대하여 보다 잘 이해하기 위해서 좀 색다른 것을 해도 좋으냐'고 묻고 동의를 얻은 후 가족 전원이 일어나게 한다. 그리고 가족 중 한 명(대개의 경우 IP)에게 "어린 시절 집 앞에 서 있던 모습을 기억해 보세요. 그리고 천천히 집 안으로 들어가 그때 일어났던 일을 가족들을 활용해서 조각해 보세요. 지금부터 가족들은 진흙 덩어리입니다. 이 진흙을 마음대로 주무르고 움직여서 그때의 모습을 표현해 주세요."라고 요구한다. 치료사의 지시에 따라 조각을 하는 가족원이 가족 전원의 배치를 끝내면, 조각을 만든 개인도 어딘가에 들어가 어떤 형태를 취하도록 지시한다. 조각을 하는 동안 가족은 이야기하거나 웃지 않는다는 원칙을 세우는 것이 중요하다. 왜냐하면 사람들이 어떤 상황에서 웃거나 이야기한다는 것은 자신을 드러내지 않으려는 일종의 자기방어일 수도 있기 때문이다. 그리고 이러한 과정은 처음부터 시간을 가지고 천천히 진행하도록 배려하는 것이 좋다. 가족을 조각으로 배치하는 과정이 끝나면, 치료사는 그 자세를 유지하면서 잠시 정지하도록 요구한다. 이것은 가족에게 자신들의 내면에 있는 감정과 접할 수 있는 기회를 주기 위함이다. 그 후 치료사는 가족 개개인에게 조각하는 동안 어떤 느낌을 가졌는지 물어본다. 이때 치료사가 주의해야 할 점은 가족이 감정적 차원에서 보다 많은 피드백을 나누도록 도와야 한다는 것이다. 예를 들면, '아버지의 역할은 한가운데 우뚝 서 있어야 하는 것 같다'는 이성적 수준에 근거한 피드백보다는 '우뚝 서 있었더니 주위가 허전했다'는 식으로 자신의 감정을 나타내는 표현을 하도록 돕는다.

가족조각 기법은 여러 가지의 변용이 가능하다. 조각을 통한 감정의

[그림 8-5] 가족조각의 예

피드백이 끝난 후, 가족에게 이상적인 관계를 나타내는 조각을 다시 한 번 하도록 권할 수도 있다. 또한 경직된 가족이나 가족 전체의 힘이 미약한 가족에게는 은유적 기법이 사용되기도 한다. 은유적 기법을 사용하기 위해서는 우선 가족에게 자신의 가족 이미지를 은유적으로 표현하도록 요구한다. 즉, '가족을 은유적으로 표현한다면 어떻게 표현할 수 있는가?'라고 물으면 가족은 자신들의 가족 이미지에 따라 동물원의 동물이라든지 자동차, 침몰해 가는 배 등으로 표현할 것이다. 치료사는 은유적으로 표현된 것을 가족에게 조각하도록 요구한다. 이때 중요한 것은 감정의 피드백을 할 때도 조각을 하는 가족원이 다른 가족들에게 부여한 이미지를 기준으로 해야 한다는 점이다. 즉, 조각을 하는 가족원이 아버지를 자동차의 엔진으로 표현했다면 치료사는 "아버지는 어떤 느낌이었나요?"라고 묻지 않고 "엔진은 어땠나요?"라고 물어야 한다. 마지막으로 역할해제라는 의식을 행함으로써 경직된 가족이 가족조각 기법을 통해서 받을 수 있는 충격을 완화할 수 있다. 그러나 조각 기법은 매우 상징적이고 은유적인 것이므로 이러한 과정은 잘 훈련된 전문가에 의해서 신중하게 이루어져야 한다.

6) 표현 기법을 활용한 치료

경험주의 치료사들은 초기부터 치료과정에 여러 가지 비언어적인 기법을 활용하였다. 예를 들어 가족공동화(Bing, 1970), 게슈탈트 치료기법(Kempler, 1981) 등을 활용해 왔으며 그 후 다양한 아이디어를 경험적 치료에 포함시켰다. 빙(E. Bing)은 가족들의 긴장을 이완시키기 위해 가족공동화(conjoint family drawing)를 실시하였으며, 켐플러는 역할놀이나 빈의자 기법을 선호하였다. 가족들로 하여금 회기 중에 직접 역할놀이를 해 보게 함으로써 현재 또는 과거나 미래 사건에 대한 감정을 드러낼 수

[그림 8-6] 가족수족관의 예

있는 기회를 제공할 수 있다. 어윈과 멜로이(E. Irwin & E. Malloy, 1975)가
고안한 가족퓨펫극(faimily puppet interviews)은 인형을 이용하여 가족 중
의 한 명에게 이야기를 구성하도록 하는 것이다. 이 기법은 어린 내담자
가 있는 경우 주로 사용되는데, 인형을 통한 상징적 의사소통으로 그들
은 가족의 역기능적 관계를 쉽게 표현한다. 또한 동물 인형을 이용한 스
토리텔링 기법으로 어린 내담자가 가족들을 상징하는 동물을 선택하여
이야기를 만들어 가도록 하기도 했다. 콜라주나 그림 도구를 가지고 가
족이 함께 정원이나 수족관을 꾸미는 과제를 제시하고 그 활동과정을 관
찰함으로써 가족 간의 관계를 이해하기도 했다.

용어 설명

가족조각family sclpture 　 가족 중 한 명이 자신의 가족들을 활용하여 가족 이미지를
표현하는 비언어적 기법이다. 이를 통해 가족조각을 만든 사람이 가족에 대
해 느끼는 지각과 감정을 표현할 수 있다. 또한, 이러한 경험적 학습을 나누
는 과정에서 각 가족원의 내적 정서상태와 가족 간의 관계도 파악할 수 있다.

빙산탐색iceberg 　 인간의 경험을 빙산에 비유하여 수면 위로 드러난 부분을 행동,
개인의 행동 이면에 있는 기대, 감정, 감정에 대한 감정, 지각, 열망 그리고
자아에 대해 탐색하는 기업이다. 이 같은 은유적 방법을 통해 자기가치를 찾
고 자아통합을 하도록 돕는 기법이다.

생존방식과 의사소통survival stance & communication 　 사람들은 자신의 자존감과 관련된
방법으로 다양한 의사소통 유형을 사용한다. 주로 회유형, 비난형, 초이성
형, 산만형과 일치형을 들고 있다. 회유형(placating)은 사람들이 생존의 위
협을 느끼면 타인의 비위를 맞추면서 자신의 가치를 무시하는 경우를 말한

다. 비난형(blaming)은 회유형과 반대로 타인을 비난하면서 깎아내린다. 초이성형(super-reasonable)은 자기와 타인의 감정을 무시하고 지나치게 이성적으로 생존하려는 경우를 의미한다. 산만형(irrelevant)은 초이성형과 반대되는 개념으로 사람들의 관심을 분산시키거나 부적절한 행동을 한다. 경험적 가족치료에서는 자신이 주체가 되어 사람들과 관계를 갖는 일치형 의사소통을 하는 것이 치료목표이기도 하다.

성장 모델growth model   사티어는 인간은 변화와 그 변화를 확장해 가면서 성장할 수 있는 능력이 있다고 주장하면서 치료과정을 통해 개인과 가족의 잠재능력 개발과 자기실현을 획득할 수 있어야 한다고 강조하였다. 이 같은 사티어의 치료적 철학을 한마디로 성장 모델이라고 표현한다.

자기 만다라self mandala   만다라는 종교적 상징으로 그것의 중심은 근원적인 존재 또는 창조의 힘을 의미한다. 즉, 만다라는 우주적 생명력, 생성과 변화, 질서, 신비한 힘을 모두 포함한 것이다. 사티어는 이 같은 종교적 만다라를 모든 사람들에게 보편적으로 있는 자원에 대한 자기 만다라라고 명명하면서 사람은 각자 다양하지만 근본적인 자원은 동일하다고 보았다.

제 **4** 부

후기 가족치료

초기 가족치료가 가족 자체, 그리고 가족 간의 관계에 대해 초점을 맞췄다면, 후기 가족치료는 치료사와 가족 간의 관계를 더욱 중시했다고 할 수 있다. 치료사와 내담자가 동등한 위치에서 서로 영향을 받으며, 이 같은 상호작용을 통해 지금까지 존재하지 않은 또 다른 실재를 만들어 낸다는 것은 획기적인 발상이었다. 그러나 체계 이론이라는 강력하면서도 공유할 수 있는 개념을 가진 초기 가족치료와는 달리, 후기 가족치료는 포스트모더니즘, 후기 구조주의, 사회구성주의, 해체주의, 사회적 담론 등의 다양한 개념을 기초로 하고 있다. 이것을 이해하고 받아들이는 것은 후기 가족치료사로서 중요한 자세다. 또한 최근에는 각 이론 간의 경계도 무너지고 있어서 이에 대한 치료사의 생각을 정리할 필요가 있다.

제9장

후기 가족치료에 영향을 준 이론

제2차 세계대전을 전후로 등장한 가족치료는 1980년까지 새로운 시도로 각광을 받으며 급부상하였다. 그러나 1990년대에 접어들면서 일부 가족치료사들은 지금까지와는 또 다른 새로운 관점을 표방했다. 그것은 기존의 방법과 달리 '참여하는 자세'를 강조하면서 목표를 중요시하지 않는 것이 특징이었다. 이런 움직임의 선두주자로는 갤베스턴(Galveston) 그룹(Anderson & Goolishian, 1988), 트롬소(Tromso) 그룹(Andersen, 1987), 호주의 덜위치(Dulwich) 그룹(White & Epston, 1990) 등이 대표적인데, 그에 대한 우려의 시선도 있으나 이들을 지지하는 치료사들이 지속적으로 늘고 있다.

후기 가족치료의 또 다른 특징은 가족치료의 여러 접근들의 경계가 무너지고 있다는 점이다. 최근의 치료사들은 치료적 효과가 있다고 판단되면 다른 접근들의 기법을 차용하여 자신의 접근에 적용하는 것을 주저하지 않는다. 이처럼 각 접근 사이의 경계가 모호해진 것은 치료사들이 본질이나 실재(reality)에 대해 과거와 달리 유연한 태도를 취하는 경향과 무관하지 않다. 치료사들은 지식은 사회적으로 만들어진 것이며, 사람들이 서로 작용하면서 변화하거나 새로워질 수 있다고 보았다. 이것이 포스트모더니즘적 사고다.

이 같은 움직임을 다른 맥락으로 설명하면, 전통적인 사회과학의 패러다임에 근거하여 기존의 전제를 중심으로 발전한 1차 사이버네틱스(first-order cybernetics)에서 사회조직에 대한 보편성이나 규범에서 벗어나려는 2차 사이버네틱스(second-order cybernetics)로 전환되고 있다고 할 수 있다. 1차 사이버네틱스를 지향하는 가족치료사는 사회적 맥락 내에서 수용되는 표준적 기준과 준거를 토대로 행동을 평가하고 변화시키려 하였다. 한편, 2차 사이버네틱스를 지향하는 치료사들은 'either/or'의 관점보다는 내담자와 치료사가 수평적인 위치에서 'both/and'의 자세로 다양한 견해를 만들어 내담자에게 되돌리는 것이 중요하다고 보았다. 2차 사이버네틱스라는 용어는 모든 수준의 체계는 피드백 회로를 통해 환경과 상호작용할 뿐 아니라, 자기 조직적이라는 것을 일컫는 용어다. 이것은 호프만(L. Hoffman, 1988)이 사용한 '재귀'라는 단어와 일맥상통

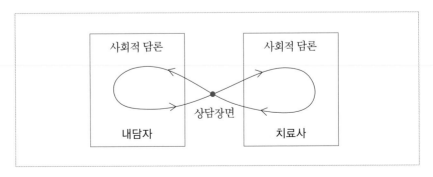

[그림 9-1] 재귀의 과정

한다. 그녀는 치료사가 전략이나 해석, 행동변화를 위한 제안을 제공하기보다 인식 변화를 위한 맥락을 만들어 내야 한다는 의미로 재귀라는 용어를 사용하면서 8이라는 숫자의 모형으로 설명하였다.

　사람들이 만나서 서로 이야기를 나누는 교차점이 존재하는 것처럼, 사람의 마음에도 대화를 위한 장소가 있다. 이때 8은 사회적 담론의 맥락에서 이동할 수 있는 궤도를 제시해 주는 것이다. 즉, [그림 9-1]처럼 치료사와 내담자의 상호작용에서 어떤 부분이 치료사의 부분이며, 어떤 부분이 내담자의 부분인가를 구분할 수 없다는 점에서 서로 영향을 주고받는 관계라고 볼 수 있다.

　호프만은 후기 가족치료의 공헌을 다음과 같이 들고 있다(Hoffman, 1981).

　첫째, 선형적인 사고에 의존하지 않고, 현상을 순환적 사고로 이해하려고 한다.

　둘째, 이해의 축으로 인과관계가 아니라 '적합성'을 선택하였다.

　셋째, 부정적인 현상 속에서도 긍정적인 의미를 발견하려고 노력하였다.

　넷째, 치료사 자신이 체계의 내부에 존재한다는 사실을 자각하였다. 이것은 후기 가족치료사들이 현상을 주관적으로 이해하므로 그들의 치료과정 역시 정해진 매뉴얼대로 진행되지 않는다는 점과 일맥상통한다. 그리고 그들은 무엇이 문제를 일으키고 있는가, 즉 문제의 원인이 무엇인지보다는 어떻게 문제가 유지되며 내담자들은 어떤 방법으로 문제를 해결하려 하는지를 파악하려고 노력한다고 정리할 수 있을 것이다.

1. 포스트모더니즘

18세기 후반과 19세기에 번성했던 낭만주의는 개인 내부에 존재하는 성스러운 힘을 강조하였다. 그러나 19세기 말부터 20세기 초반으로 접어들면서 이 같은 낭만주의 관점은 모더니즘에 의해 물러나게 된다. 모더니즘은 보다 실용적인 관점으로, 진실은 체계적인 관찰과 엄격한 추론을 통해 밝혀진다고 보았다. 모더니즘은 우리에게 과학의 힘과 객관적인 전문가의 지식에 의존하도록 강조했다. 또한 외부에 존재하는 전문가들은 설명할 수 있고 신뢰할 만한 데이터를 가지고 우리를 이해시킬 수 있는 능력을 가지고 있다고 추정하였다.

포스트모더니즘(postmodernism)과 후기 구조주의(poststructural)는 동의어처럼 사용되지만, 엄밀히 말하면 후기 구조주의는 사회과학에서 나타난 포스트모더니즘의 현상을 나타내는 것이다. 데리다(J. Derrida)와 푸코(M. Foucault) 등에 의해서 발전된 후기 구조주의에서는 문제의 원인이 어떤 현상의 주제나 행위와 같은 내부에 있다는 가정을 비판하였다. 원래 포스트모더니즘 및 후기 구조주의의 생각은 기호론이나 문학비평에서 유래된 것으로, 그동안 관심 대상이 서술되는 이야기나 주제를 아날로그의 관점에서 바라보았던 사회과학의 연구영역까지 확대한 것이다.

구조주의 관점을 지지하는 심리학에서는 문제는 성격의 내면에 있는 것이 바깥으로 드러나는 것이라고 보았다. 문제를 심층적·표면적으로 생각하는 것은 사람의 삶이 양파껍질처럼 겹겹이 쌓여 있다는 견해에 근거한 것이다. 그러므로 표면과 심층구조에 초점을 맞추는 관점에서는 양파껍질을 하나씩 벗기는 과정을 통해 핵심적인 것에 접근할 수 있다. 이러한 관점에서 본다면 잘못된 것, 즉 겉으로 드러난 문제의 이면에는 심층적인 구조가 숨어 있다는 것이다. 따라서 심층에 자리 잡은 본질이 잘 못되어 문제라는 형태로 표면에 드러나는 것이라고 보았다. 이처럼 심층 적인 것과 표면적인 것이 대조된다는 사고는 구조주의적인 접근을 반영 하는 것이다. 구조주의의 영향을 받은 초기 가족치료사들은 기능적인 가 족체계를 진단할 수 있는 전문가로 자신들을 규정하면서 그들이 설정한 지표를 가지고 가족을 판단하였다. 때로는 자신들의 확신에 부합되지 않 는 요소들은 무시하거나 가족의 탓으로 돌리기도 하였다.

그러나 시대의 변화와 함께 구조주의에서 중요시한 객관적인 지식과 절대적 진실의 가능성에 대한 믿음이 약화되면서, 우리의 현실이란 주관 적인 것이라는 관점으로 바뀌게 되었다. 이러한 움직임이 바로 포스트모 더니즘이다. 포스트모더니즘에 따르면, 여기서는 우리의 현실은 주관적 이며, 우리는 관찰되는 것을 통해 구성되는 다양성 속에 살고 있다. 이 같은 관점을 문제에 적용하면 내담자도 똑같이 타당한 관점을 가지고 있 으므로 '옳음에 대한 초월적 준거'는 없다고 주장할 수 있다. 포스트모더 니즘에서는 지식은 사회적으로 만들어진 것이며, 사람들이 서로 작용하 는 각각의 순간에 변화하거나 새로워질 수 있다고 보았다. 스토리나 주 제 속에 감추어져 있는 원래의 의미라는 것은 존재하지 않는다. 이러한 견해를 지지하는 치료사들은 내담자와의 대화가 좀 더 도움이 되는 새로 운 이야기로 전개되기를 기대하였다. 그러나 이 같은 새로운 이야기는 계획된 것이 아니라 자연발생적이어야 한다. 치료사가 이야기의 저자가 되는 것이 아니라, 치료사와 내담자가 함께 하는 대화가 이야기의 저자 가 된다.

초기 가족치료는 지나치게 가족 내 상호작용에 초점을 맞추다 보니 그 러한 상호작용이 만들어 내는 사회적 현실을 간과했다. 여성주의에서는 이 부분을 강하게 비판했으며, 여성주의 치료사들은 여성 자신이 속한 집단과의 관계를 다시 생각해 보도록 자극했다. 이들의 치료적 요소 중 하나는 힘을 부여하는 것(empowerment)으로, 그들은 이미 담론으로 형성된 가정 내의 여성들의 모습에서 벗어나 자신이 유능감을 가질 수 있는 새로운 현실을 만들려고 노력했다. 이 같은 움직임은 사회구성주의의 관점과 맞닿아 있다.

2. 사회구성주의

객관적 지식에 대해 절대성을 부여했던 모더니즘의 견해에 의문을 제기한 구성주의(constructivism)가 후기 가족치료에 기여한 부분은 크다. 이것은 인간의 경험은 모호하므로 경험의 단편들을 조직화하고 의미를 부여하는 과정을 통해서 이해해야 한다고 생각한 것이다. 이 같은 입장에서 보면 가족을 항상성을 가진 기계론적인 체계로 보는 1차 사이버네틱스적 견해에 대해 비판하지 않을 수 없다. 따라서 구성주의의 관점을 가진 치료사들은 가족의 상호작용 패턴에 초점을 맞추기보다 사람들이 그들의 문제를 바라보는 관점을 탐색하는 것으로 방향을 전환하게 되었다. 앤더슨(H. Anderson)과 굴리시안(H. Goolishian)은 구성주의를 근거로, 치료과정에서 치료사는 전문가의 위치에서 벗어나 내담자와 동등한 관계를 맺어야 한다고 주장했다. 또한 노르웨이의 안데르센(T. Andersen, 1991)이 이끈 반영팀도 치료사와 내담자 간에 서로 영향을 주고받는 과정의 중요성을 우리에게 알려 주었다. 사회심리학자인 거겐(K. Gergen, 1985)은 사람들이 의미를 만들어 내는 것은 각자 독립적으로 이루어지는 것이 아니라 사회적 상호작용이라고 주장했다. 이 같은 움직임이나 주장이 사회구성주의로 이행하는 주요한 원동력이 되었다.

구성주의는 원래 러시아 혁명을 전후하여 모스크바를 중심으로 일어나서 유럽에서 발전한 전위적인 추상예술운동이다. 구성주의에서는 재현이나 묘사적 요소를 거부하며 순수한 형태의 감수성을 가장 중시했다. 심리학에서 구성주의 관점은 경험을 지각하고 서술하는 과정에 현실에 관한 우리의 개인적 지식이 관련되며, 이것이 현실 자체를 구성한다는 가정이다. 그러므로 사물이 존재하는 방식에 대한 판단에 있어 개인의 신념이 중요한 변수가 된다. 이 같은 견해를 치료과정으로 확대한다면, 내담자의 '주관적 경험세계'를 소중히 여겨야 한다는 결론이 도출된다. 한편, 사회구성주의 이론가들은 포스트모더니즘의 흐름 속에 자신들의 위치를 분명히 했다. 대표적인 인물인 프랑스의 데리다는 해체주의(deconstruction)를 표방하면서 우리의 행동이나 정서, 대화의 이면에 있는 담론이나 진리를 분해했다. 사회역사가인 푸코 역시 특정 집단에 의해 만들어진 사회적 담론(social discourse)이 사람들의 관계를 통제한다고 주장하였다. 사회구성주의는 단 하나만의 진리가 존재한다는 생각에 도전할 뿐만 아니라, 객관적인 사회조사연구가 존재한다는 생각에도 의문을 제기하고 있다. 그들은 무엇이 '사회적 현실'인가를 정확히 아는 것은 불가능할 뿐 아니라, 검증이나 통계나 확률 등을 사용한 전통적인 과학적 연구는, 그것이 모두 거짓말은 아니라 할지라도, 하나의 신앙에 불과하다고 비난하였다.

구성주의적 관점에 따르면, 실재란 사람들이 세상을 어떻게 지각하느냐에 의해서 만들어지는 것이기 때문에 모든 사람에게 적용할 수 있는 치료의 본질적인 요소는 없다. 이와 같은 견해에서 본다면 가족 문제는 객관적으로 존재하는 것이 아니라, 사람에 의해서 만들어진 것으로 이해할 수 있다. 사회구성주의의 개념에 따르는 치료사는 사회적 배경이 각기 다른 내담자를 접할 때 문화의 차이를 이해할 뿐 아니라 경제상황이나 사회계층 등 사회적 입장의 차이를 생각하여, 그것이 치료관계에 미치는 영향을 염두에 두면서 치료적 개입을 한다.

사회구성주의의 전제는 다음의 네 가지로 요약될 수 있다.

첫째, 실재는 사회적으로 구성된 것이다.

둘째, 실재는 언어를 통해 구성된다.

셋째, 실재는 언어를 통해 조직되고 유지된다.

넷째, 절대적인 진실은 존재하지 않는다.

'실재'가 사회적인 상호작용을 근거로 구성된다는 사회구성주의적 관점은 기존의 '객관적인 관찰자'의 존재, 즉 가족체계 밖에서 중립적 관찰자로 존재하던 치료사의 위치를 흔들면서 치료사가 포함된 치료체계의 개념으로의 전환을 야기했다(Hoffman, 1990).

포스트모더니즘 시대에서는 언어가 자신의 세계를 이해하는 동시에 실재를 구성하는 수단이라고 보았기 때문에 언어의 역할이 급부상하게 되었다. 즉, 개인이 경험하고 있는 '자기'와 문제는 모두 특정한 관계의 맥락에서만 의미를 가지며, 이러한 관계가 합의된 영역의 언어를 통해 표현되는 것이다. 그러므로 문제라고 생각하는 것은 우리가 가지고 있는 언어체계에 의하여 이끌리며 동시에 그것에 의하여 제약을 받고 있다. 호이트(M. Hoyt, 1994)는 치료과정에서 행해지는 치료적 대화는 내담자가 부족하다고 느끼는 것을 강점으로 만들며 문제에서 해결책을 찾아내고 과거에서 벗어나 미래지향적으로 생각할 수 있도록 한다고 보았다. 즉, 치료적 질문을 통해 이해의 차이를 깨달으며, 지금까지 현실화하지 못한 인식의 가능성에 의해 새로운 미래를 끌어내야 한다고 보았다. 이러한 견해에서 본다면, 치료란 치료적 대화라고 불리는 행위 속에서 일어나는 언어적인 사건이다. 치료적 대화는 대화를 통하여 서로를 탐색하는 것이며, 서로가 교류하는 과정에서 아이디어를 나눔으로써 지금까지는 발견하지 못했던 새로운 의미를 찾아내는 것이다. 이를 통해 문제를 정면으로 해결하려 하기보다는 좀 더 유연하고 우회적인 방법으로 해소하는 방향으로 전환할 수 있다(Anderson & Goolishian, 1992). 이 같은 견해들은 사회구성주의를 바탕으로 하고 있다.

3. 앤더슨의 '알지 못함'의 자세

앤더슨과 굴리시안은 치료사의 특권적 지식을 전제로 하지 않은 언어적인 상호작용에 의한 치료가 이루어져야 한다고 주장하면서 치료사의 '알지 못함(not-knowing)'의 자세를 강조하였다. 이것은 어떤 특정 기법이나 틀이 없이 치료사가 내담자와 공감적인 치료적 대화를 하면서 새로운 의미를 찾는다는 그들의 협력언어체계(collaborative language system) 모델에서 비롯된 것이다. 그들은 체계는 사회적 역할이나 구조에 의한 것이 아니며, 언어에 의해 형성된 것이라는 주장을 하면서 병리적인 견해를 가지지 않고 대화를 통해 내담자가 원하는 이야기를 함께 구축해 가는 치료방법을 개발했다.

치료적 대화란 '문제'에 관한 대화를 통하여 함께 이해와 발견을 모색해 가는 노력을 의미한다. 치료적 대화는 필연적으로 '그 장소에서, 그 사람과 함께' 진행하는 과정을 통해 이루어진다. 그것은 '상대에 대해' 말하는 것이 아니라, '상대와 함께' 서로 말하는 것이다. 이러한 메커니즘을 통해 치료사와 내담자는 새로운 의미, 새로운 현실 그리고 새로운 이야기를 함께 계발한다. 치료사의 역할, 전문성, 그리고 역점은 자유로운 대화의 영역을 개척하여 '새로운 무엇인가'가 생겨날 수 있도록 대화 과정의 발생을 촉진하는 것이다. 중요한 것은 변화를 일으키는 것이 아니라, 대화를 위한 공간을 확장시켜 가는 것이다. 해석학적으로 보면 치료에서 변화란 대화를 통해 새로운 이야기를 창조하는 것을 의미한다. 그리고 대화가 진행됨에 따라 내담자와 치료사의 협력에 의해, 전혀 새로운 이야기, '지금까지 말한 적이 없었던' 스토리가 창조된다(Anderson & Goolishian, 1988). 스토리의 변화와 자기 이야기의 변화가 대화의 필연적 산물로서 생겨나는 것이다.

이와 같은 관점을 취하는 가족치료사들은 인간행동이 구성작업과 대화를 통하여 만들어 낸 실재 속에서 이루어지고 있다는 견해를 지지하고 있기 때문에 내담자에 대하여 잘 안다는 전제에서 치료를 시작하지 않는다. 알지 못함의 자세는 미리 준비된 이론체계를 가지고 치료에 임하는 자세와는 정반대의 위치에 있는 것이다. 알지 못함의 자세를 가지기 위해서는 치료에서 이해, 설명, 해석이 과거의 경험이나 이론적으로 인도되는 진리 또는 지식의 제약을 받아서는 안 된다. 그러한 이론적 제약에서 벗어나기 위해서는 치료사가 정형화된 질문이나 특정한 가설을 근거로 한 질문을 지양하고, 활발하며 순수한 호기심을 표현할 수 있는 태도나 자세를 갖추어야 한다. 즉, 치료사의 행위나 태도에서 현재 이야기하고 있는 문제에 대해 더욱 깊이 알고 싶다는 욕구가 나타나야 한다. 따라서 치료사가 내담자, 문제, 그리고 변화시켜야 할 사항에 대해 미리 준비한 의견이나 기대를 표출해서는 안 된다. 그러므로 치료사는 내담자를 통해 계속 배우는 입장에 서게 된다. 이와 같이 배우는 자세를 추구하기 위해서는, 끊임없는 대화적 과정을 통해 의미가 창조된다는 해석학의 전제를 받아들여야 한다.

치료사는 내담자의 행위의 어떠한 의도도 미리 알고 있지 않기 때문에 내담자의 설명에 귀를 기울이지 않을 수 없다. 내담자에게서 배우고 내담자에게 호기심을 가지고 그가 말하는 스토리에 진지하게 귀를 기울일 때 치료사는 내담자가 이해한 것이나 경험했던 것을 함께 탐색해 나갈 수 있다. 이러한 해석의 과정, 즉 치료에서의 이해를 위한 노력은 치료사와 내담자가 서로 협력적인 관계를 맺게 한다. 이러한 입장에 설 때 내담자와 연속선상에 있다고 느끼게 되며 내담자의 세계관, 의미, 이해가 무엇보다 중요하다는 것을 인정할 수 있게 된다. 내담자는 자신의 생각을 주장하거나 방어하거나 설득할 필요가 없어지고 이를 통해 자유롭게 대화가 전개될 수 있는 공간이 마련된다. 그러나 알지 못함의 자세는 지식이 없거나 경험이 부족한 채로 판단하는 것과는 근본적으로 다르다. 그것은 치료사가 면담을 할 때 갖게 되는 일종의 전제나 의미부여 등에 관계된 것이다. 치료사의 흥미를 끄는 것은 세계에 하나밖에 없는 이야기적 진실, 즉 말해진 인생 속에 있는 일관된 진실과 만나는 순간이다. 치료사는 항상 자신의 경험에 근거한 편견을 가지고 있을 수밖에 없지만, 그것이 내담자가 묘사한 경험의 의미를 덮어 버리지 않도록 내담자의 말에 귀를 기울이지 않으면 안 된다. 치료사가 알지 못함의 자세를 가지고 임상활동을 하는 경우에만 내담자의 진실을 만날 수 있다. 그렇게 하지 않으면 치료사는 자신의 이해를 정당화할 법칙성이나 일반성을 찾는 데만 관심을 가지게 되어 내담자의 스토리가 가진 고유성을 무시하며 더 나아가 내담자의 정체성 자체까지 인정하지 않게 되는 경향이 있다.

이 같은 관점에서 보면 치료사는 치료를 한다기보다는 질문이라는 방법을 적용하여 끊임없이 자신의 이해를 다른 사람의 이해에 맞추는 작업을 하는 것이라고 말할 수 있다. 치료사는 이해해 가는 과정에서 항상 변화해야 한다. 알지 못함의 자세에 의한 질문은 치료사의 이와 같은 입장과 치료과정을 반영하고 있다. 치료사는 심리학의 전문지식으로 내담자보다 우위에 서 있는 것이 아니라, 내담자가 가진 전문지식에 인도되어 거기에서 배운다. 따라서 치료사에게 부여된 것은 내담자나 문제를 분석하는 것이 아니라, 끊임없이 변화해 가는 내담자의 경험을 이해하려는 자세다.

4. 안데르센의 반영팀

안데르센은 치료사와 내담자의 관계는 평등하며 협력적인 접근(coll-aborative approach)을 추구해야 한다고 설명하였다. 이것은 치료(curing) 보다 보살핌(caring)에 초점을 두는 것이다. 치료사가 내담자와 보다 평등한 협력관계를 형성하기 위해서는 전문가적인 태도에서 벗어나 내담자에게 권한을 주고 선택과 이해를 위한 상호적인 탐색을 해야 한다. 협동적 치료 모델로는 노르웨이의 안데르센이 고안한 반영팀(reflecting team) 접근이 잘 알려져 있다. 안데르센은 기존의 치료사들은 치료사끼리 공유하는 신념으로 내담자의 언어가 지닌 의미를 조작한다고 보았다. 그리고 내담자와 함께하는 치료를 지향하지 않는 치료사는 내담자를 일방적으로 치료하려고 하기 때문에 내담자의 소리를 들을 수 없다고 보았다. 따라서 안데르센은 반영팀이라는 새로운 접근방법을 통해 치료사는 관찰하는 사람이며, 내담자는 관찰대상이라는 고정된 관계를 변화시켰다. 이 접근에서는 관찰자, 즉 치료팀이 면접실의 가족을 보고 느낀 점에 대해 먼저 논의한다. 각각의 치료사가 자신의 눈에 비친 가족의 모습을 표현하는 것이다. 치료팀의 여러 가지 견해는 가족에게 전달되는데, 가족은 이에 대해 다시 자신들의 의견을 이야기하거나 치료팀의 견해 중 자신에게 필요하다고 판단되는 것을 선택한다. 다시 말해 치료팀이 가족을 관찰한다고만 생각한 일방경에서 벗어나 양쪽이 일방경을 사이에 두고 관찰자가 되기도 하고 반대로 관찰의 대상이 되기도 하는 것이다. 상대방과 직접적으로 대화를 할 수는 없지만 이러한 과정을 통해

하나의 이야기가 새로운 이야기로 다시 태어나게 된다. 이와 같은 접근은 치료의 과정에 있어 여러 가지 변화를 초래하였다.

첫째, 치료팀이 가족에게 지시를 하거나 개입하는 역할에 머물러 있지 않게 되었다.

둘째, 가족을 대하는 치료사의 태도가 변하여 관찰을 하는 동안 가족에게 실례가 되는 표현을 하는 일이 줄어들었다.

셋째, 치료사가 가족의 이야기를 경청하게 되었다.

넷째, 가족에 대한 단정적인 표현을 피하게 되었다.

다섯째, 치료에서 사용되는 언어가 전문적 용어에서 일상적인 용어로 바뀌었다.

이와 같은 변화는 가족들로 하여금 자신들이 보다 큰 조직의 일부분임을 느끼게 할 뿐 아니라, 사적인 대화와 공적인 대화의 벽을 허무는 과정을 통하여 가족에게 보다 공감적이고 개방적인 환경을 제공하려는 시도였다. 이와 같은 시도를 통하여 치료사가 내담자를 존중하고 가족의 스토리가 그들에게 주는 의미를 존중하게 되었다.

협력적 치료사의 대화는 비지시적·공감적인 로저스의 접근과 유사해 보이기도 한다. 그러나 사회구성주의적 접근에서는 '자기'가 사회관계 속에서 구성된다고 본 것과 달리, 로저스는 개인이 '자기'를 발견해 나감으로써 인격의 성장이라는 최종 목표를 달성하고자 노력해야 한다고 주장했다. 즉, 사회구성주의적 접근에 따르면, 치료사는 내담자와 대화하며 그들의 이야기를 이해하고 그러한 이야기의 의미를 내담자와 함께 형성해 나가야 한다. 이러한 견해에 의하면 인간은 다른 사람과 함께 만든 이야기적 현실에 의해서 스스로의 경험에 의미와 조직을 부여하며, 그렇게 구성된 실재를 통해 스스로의 인생을 이해하면서 살아간다. 사회조직은 인간과 인간의 의사소통의 산물이며, 구조화된 조직이 의사소통을 만들어 내는 것은 아니다. 인간이 관여된 모든 체계는 언어적 체계이며 외부의 객관적 관찰자보다도 거기에 참여하는 사람들에 의해서 보다 정확하게 표현된다. 따라서 치료사는 대화의 예술가, 대화의 건축가로서의 역할을 수행하며, 전문성은 대화의 공간을 넓게 만들어 대화를 촉진하는 데에 있다. 치료사의 대화적이며 치료적인 질문은 공간과 대화과정을 발전시키는 중요한 수단이 된다.

용어 설명

구성주의constructivism   사람들은 이미 구조화된 어떤 진리를 발견하는 것이 아니라, 진리란 그들이 현실을 어떻게 지각하느냐에 의해서 만들어진다는 것이다. 우리가 이해한 현실은 각 사람이 가지고 있는 개인 내부의 정보처리방법에 따라 달라지기 때문에, 진리란 객관적으로 존재하는 것이 아니라 개개인이 가지고 있는 신념이나 경험에 의해서 만들어진 것이다.

모더니즘modernism   모더니즘은 우리에게 과학의 힘과 객관적인 전문가의 지식에 의존하도록 강조하고 있다. 또한 외부에 있는 전문가가 설명할 수 있는 신뢰성 있는 연구자료를 통해 우리를 이해시킬 수 있는 실재를 가지고 있다고 보았다. 이와는 달리 후기 구조주의(post-structuralism)는 데리다(Derrida)와 푸코(M. Foucault) 등에 의해 발전된 것으로 구조주의라는 과학이 제기하는 철학적 함의를 철저히 하려고 노력하였다. 이것은 인간 자체를 중시한 나머지 관계라는 것은 경시된 실존주의에 대한 비판에서 등장한 것이다.

반영팀reflecting team   반영팀이라는 새로운 접근방법은 관찰자가 면접실의 가족을 보고 느낀 점을 다시 가족에게 되돌리는 것을 말한다. 즉, 치료사 각각이 자신의 눈에 비친 가족의 모습을 표현하고, 그다음에는 이것을 들은 가족이 자신들의 의견을 이야기하게 된다. 일방경을 사이에 두고 이와 같은 관찰하는 역할과 관찰을 당하는 역할의 전환이 일어나게 된다. 이것은 일방경을 넘어선 두 개의 팀이 대화를 해 가는 것이다.

사회구성주의social constructionism   사회구성주의 관점에서는 우리는 객관적인 현실을 인식할 수 없을 뿐만 아니라 우리가 구성하는 현실은 언어체계를 통하여 표현된다는 점을 강조하고 있다. 따라서 사회구성주의자들은 언어가 경험을 보고하는 장치가 아니라, 어떤 것을 정의하는 틀이라고 생각하였다. 왜냐하면 현실은 경험될 수 없으며 경험된 현실은 사회에 의해 이미 규정된 사고나 이해의 구조와 분리시킬 수 없기 때문이다.

알지 못함의 자세not-knowing posture   사회구성주의 접근에서는 기존의 치료사와는 달리 내담자에 대하여 잘 안다는 전제에서 상담을 시작하지 않는다. 알지 못함의 자세는 미리 준비된 이론체계를 가지고 치료에 임하는 자세와는 정반대의 위치에 있는 것이다. 알지 못한다는 자세를 가지기 위해서는 치료에서 이해, 설명, 해석이 과거의 경험이나 이론적으로 인도되는 진리나 지식에 제약을 받아서는 안 된다. 이것을 달성하기 위해서는 치료사는 정형화된 질문이나 특정의 대답을 추구하는 질문을 하는 것이 아니라, 치료사의 활발하며 순수한 호기심이 그 표현에서 전해져 오는 듯한 태도나 자세를 갖추어야 한다.

재귀recursion   호프만은 치료사가 책략이나 해석, 행동변화를 위한 제안을 제공하기보다 인식의 변화를 위한 맥락을 만들어야 한다는 뜻으로 재귀라는 단어를 사용하였다. 그녀는 either/or의 관점보다는 내담자와 치료사가 수평적인 위치에서 both/and의 자세로 다양한 견해를 만들어 내담자에게 되돌리는 것이 중요하다고 보았다.

협력적 접근collaborative approach   구성주의적 접근은 치료사와 내담자의 위계를 평등하며 협력적인 접근으로 변화시켜서 치료관계를 치료사가 한 단계 위에서 접근하는 것이 아닌 평등적인 인간관계로 보았다. 이는 인간이 다른 사람과 함께 만든 이야기적 현실에 의해 경험에 의미와 조직을 부여하며 그렇게 구성된 현실을 통해 스스로의 인생을 이해하면서 살아간다고 보기 때문이다.

제 **10** 장

해결중심 가족치료

해결중심 가족치료(Solution-Focused Family Therapy)는 새롭게 등장한 가족치료 접근방법이다. 1980년대에 접어들면서 가족치료의 접근방법은 상당한 다양성을 보이게 되었다. 이처럼 다양한 가족치료 모델 중에서도 비교적 오래된 해결중심 가족치료는 MRI의 전략적 치료 모델을 토대로 성장한 것이다. 두 모델은 기본적인 병리를 강조하지 않는다는 점은 일치하지만, 해결중심 가족치료에서는 문제에 초점을 맞추지 않는다. 다시 말하면, 전략적 가족치료사는 주로 가족이나 개인을 둘러싼 문제의 결과에 초점을 맞춘다. 따라서 문제를 둘러싼 일련의 순서에 대하여 가족에게 질문한다. 그러나 해결중심 가족치료사는 가족이 가진 예외적인 해결방법에 중점을 둔다. 그러므로 그들은 문제보다는 가족이 적용해 왔던 또는 적용이 가능한 해결책 등에 초점을 맞추어 질문하게 된다. 이처럼 해결중심 가족치료에서는 기존의 관점과는 다른 입장에서 문제해결을 시도하였다. 그들은 문제가 무엇인가를 파악하기보다는 가족이 원하는 해결이 무엇인가에 초점을 두어 가족을 도우려 하였다. 왜냐하면 문제를 해결하기 위해 반드시 문제가 무엇인가를 밝힐 필요가 없다고 생각했기 때문이다. 그보다는 치료를 통해 가족이 기대하는 미래가 어떤 것인가를 분명하게 하는 것이 가족에게 더욱 도움이 된다고 보았다.

1. 주요 인물

해결중심 가족치료는 1978년 설립된 밀워키의 단기가족치료센터를 중심으로 시작되었다. 단기가족치료센터는 MRI 모델의 한계를 극복하기 위해 설립되었는데, 대부분의 해결중심 가족치료사가 이 센터에서 근무했거나 훈련받은 사람들이었다. 이 센터의 핵심적인 인물은 드 세이저(S. de Shazer)와 버그(I. Berg) 부부다. 그들은 MRI에서 쌓은 훈련과 치료경험을 근거로 해결중심 치료 모델을 발전시켰다. 그리고 이들의 해결중심 가족치료를 발달시키는 데 지대한 공헌을 한 사람은 헤일리에게도 영향을 미친 에릭슨이다. 드 세이저는 해결중심 가족치료의 핵심은 가족이 자신들의 일상생활을 영위하면서 생긴 욕구를 충족시키기 위하여 치료사에게 호소하는 사항을 활용하는 데 있다고 보았다. 이와 같은 견해는 문제의 원인이라고 생각하는 부적응을 고치려 하거나 문제의 원인을 제거하기 위해 노력할 필요가 없다는 에릭슨의 영향을 받은 것이다. 드 세이저는 에릭슨이 치료한 사례를 수백 회 반복해 보면서 분석과 연구를 거듭할 정도로 그의 영향을 많이 받은 것으로 알려졌다. 이처럼 드 세이저는 에릭슨의 철학과 전략 등에서 많은 영향을 받았으며, 이를 통하여 해결중심 치료라는 새로운 기법을 개발하였다. 그들은 20여 년간 계속적

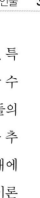

으로 가족치료 모델을 단순화 · 실용화하기 위한 노력을 거듭해 왔다. 특히 최근에는 해결방안의 개념을 보다 구체적이며 직접적으로 표현할 수 있는 전략을 발전시키려고 노력하고 있다. 그리고 보다 나은 자신들의 접근방법을 개발하기 위하여 계속적으로 사례분석, 효과측정을 위한 추적조사 연구, 언어학적 분석 등의 연구를 지속하고 있다. 1970년대에 MRI에서 일했던 드 셰이저는 그의 많은 시간을 조사와 연구 그리고 이론을 형성하는 데 헌신하였다. 반면 임상적 감각이 뛰어난 버그는 치료사를 훈련시키는 데 그녀의 정열을 쏟았다. 드 셰이저와 버그가 사망하자, 이들의 제자로서 외상과 학대를 받은 내담자를 위한 치료에 해결중심 모델을 적용해 왔던 돌란(Y. Dolan)이 뒤를 이어 해결중심 모델을 알리고 있다.

해결중심 가족치료사로서 다른 주목할 만한 인물은 립칙(E. Lipchik)과 와이너 데이비스(M. Weiner-Davis)다. 이들은 현재 밀워키의 단기가족치료센터에서 독립하여 각각 독자적으로 활동하고 있는데, 특히 립칙은 치료사의 치료적 질문을 개발하는 데 기여하였다. 밀워키와는 특별한 관련을 맺지 않고 네브래스카에서 독자적으로 활동하는 오핸런(B. O'Hanlon)도 빼놓을 수 없는 치료사다. 오핸런은 에릭슨에게 직접 훈련을 받아서 그의 개념이나 이론을 가장 잘 이해하고 있는 사람으로 알려져 있다. 오핸런은 이러한 에릭슨의 견해를 확장시켜 해결중심 접근방법을 만들어 냈다. 또한 그는 드 셰이저에 의해 다져진 해결중심 개념을 확장시키는 데 중요한 역할을 하였다. 현재 해결중심 가족치료는 효율성과 효과성과 경제성 등을 인정받으면서 가족치료 분야에 새로운 전기를 마련하고 있다.

한 가지 예를 들어 해결중심 가족치료의 효과성에 대해 설명하고자 한다. 20년 이상 음주 문제로 입원과 퇴원을 반복하고 있는 중년의 김달성(가명) 씨를 치료사가 만났다. 그는 술을 마시면 폭력적으로 변해서 가정에서도 많은 문제를 가지고 있었다. 치료사는 첫 면담에서 가족들에게 오늘 이후 무엇이 달라지면 치료를 받으러 온 보람이 있을지를 묻자, 김달성 씨의 아내는 주저하지 않고 음주와 폭력의 문제를 언급하면서 김달성 씨가 그동안 음주로 얼마나 많은 문제를 일으켰는지 알려 줬다. 그러나 치료사는 가족과 면담을 계속하는 동안, 가족이 알려 준 문제상황을 파악하기보다는 김달성 씨가 음주나 폭력을 하지 않은 예외의 상황이 있는지를 찾으려고 했다. 이처럼 해결중심 가족치료사는 가능하면 예외의 상황이나 아주 작은 변화와 같은 가족의 긍정적인 면을 발견하여 거기에 초점을 맞추려고 노력한다. 김달성 씨는 자신도 너무 오랜 세월 동안 음주로 문제를 일으켜 왔기 때문에 변하고 싶다고 말했다. 치료사는 이 말을 놓치지 않고 김달성 씨가 자신의 변화된 모습과 가족을 포함한 주위 사람이 자신의 변화를 어떻게 받아들일 것인지에 대한 자세한 그림을 그릴 수 있도록 도왔다. 이러한 면담을 통하여 문제중심에서 벗어나 김달성 씨가 바라는 변화를 향한 목표지향적 방향으로 바꿀 수 있었다. 그러고 나서 척도질문을 통하여 지금까지 그려 본 미래의 자기 모습과 비교하면 현재 자신은 어디에 있는지를 수치화시켰다. 면담의 종반부에서는 자신이 평가한 현재 점수에서 1점을 올리려면 무엇이 달라져야 하는지를 물어서 성취할 수 있는 작은 변화를 목표로 설정하도록 도왔다. 그리고 아내를 비롯한 가족에게는 김달성 씨가 그런 변화를 이루는 것을 어떻게 도와줄 수 있는지를 물어서 실현할 수 있는 작은 목표를 세우게 하였다.

2. 주요 개념

해결중심 가족치료사들은 인간에 대한 긍정적인 철학을 가지고 있다.

즉, 어떠한 가족에게도 일상생활에서 성공했던 여러 가지 경험이 있다고 믿는다. 그들은 가족이 이러한 경험을 근거로 문제를 해결할 수 있는 잠재능력이 있다는 사실을 인정하고 그것을 확대하거나 강화함으로써 가족 스스로가 자신의 실체를 완성해 나간다고 생각하고 있다.

이처럼 해결중심 가족치료사는 문제보다는 해결중심의 입장을 지지하기 때문에 문제가 어떻게 발생되었느냐, 즉 원인에 관해서는 거의 관심을 갖지 않는다. 인간관계에서는 분명한 원인과 결과란 없기 때문에 문제의 원인을 밝히기보다는 문제가 해결된 것을 어떻게 알 수 있는가를 인식할 수 있는 것이 더욱 중요하다고 보는 것이다. 즉, 문제의 내용보다는 문제에 대한 어떤 해결방안이 있으며, 어떻게 새로운 행동 유형을 만들어 낼 수 있는지에 초점을 둔다. 그들은 가족에게 왜 치료에 왔는지에 대한 다양한 정보를 요구하기보다는 가족이 적용할 수 있는 해결방안을 모색해 보도록 돕는 데 초점을 맞춘다. 그러므로 해결중심 가족치료사는 가족과 치료사가 함께 해결방안을 발견하고 구축하는 과정을 중시한다. 그리고 어떤 증상이나 불평을 일으키는 유형에도 항상 예외는 존재한다고 생각한다. 그들은 잘못이나 과거의 실패를 고치려고 노력하는 것보다 과거의 성공이나 장점을 찾아내어 키우는 것이 보다 용이하다고 생각한다. 그리고 세운 목표가 처음에 성공하지 못하면 좀 더 노력하도록 격려한다. 그와 같은 노력에도 불구하고 성공하지 못하면 다른 방법을 시도하도록 한다.

드 세이저는 발생하는 문제 이면에 숨겨진 힘에 관심을 두었다. 그는 한 가지 예로 시카고로 떠나고자 하는 여행자의 문제해결과정을 통하여 은유적으로 해결중심 치료과정을 설명하였다. 그는 여행자와 여행에 앞서 준비해야 하는 것은 무엇이며 어떤 방법으로 시카고에 갈 것인지, 얼마 동안 거기 머무를 것인가에 대하여 의견을 나누지 않았다. 오히려 여행자가 가고자 하는 시카고는 어떤 곳인가, 즉 여행의 장소 그 자체에만 초점을 맞추도록 하였다. 그럼에도 불구하고 여행자는 자신의 희망사항, 기대에 관해 이야기를 한다. 시카고에 가서 사람을 만나, 좋은 식사를 할 것이라는 기대에 관한 이야기를 하는 것이다. 그런 이야기를 하던 중, 그는 많지 않은 경험이지만 친구와 즐겁게 식사했던 기억들을 떠올리고는 시카고에 가지 않고 그 대신에 그가 좋아하는 사람과 많은 시간을 보내겠다고 결정한다. 드 셰이저에 의하면 이것은 문제의 목표, 자원, 기대에 초점을 둔 해결중심 가족치료의 특성이다. 치료를 받으러 온 사람은 시카고로 여행한다는 근본적 문제의 해결방안을 발견하려고 하나, 친구와 함께했던 시간이 부족했다는 부수적 문제를 발견하고 그에 대한 해결책을 발견하게 된다(de Shazer, 1985).

또한 해결중심 가족치료사들은 한 부분의 변화는 전체 체계의 변화를 가져온다는 체계론적 입장을 지지하였다. 따라서 그들은 살아 있는 생물체로서의 인간은 항상 변화를 겪으며 스스로 새로운 것을 창조할 수 있는 존재라고 믿는다. 치료사는 내담자에게 정상적이라고 생각되는 것을 강요하지 않고 가족이 현재 가지고 있는 불만에만 집중한다. 해결중심 가족치료사는 가족이 잠재적인 변화의 욕구를 가지고 있으며 진심으로 변화를 원한다고 가정한다. 드 셰이저는 가족이 진정으로 변화하고 협조하기를 원하고 있다고 보았기 때문에, 가족이 변화과정에서 저항을 보인다는 개념을 부정하였다. 만약 가족이 저항을 보인다면, 그것은 치료사의 개입방법이 자신들에게 적합하지 않다고 느끼기 때문이라고 보았다. 따라서 치료과정을 통해 성취할 수 있는 목표를 협상하여 가족에게 긍정적인 변화가 일어나도록 촉진하는 것이 치료사의 역할이라고 생각했다.

해결중심 가족치료사들은 복잡한 문제라고 해서 그에 대한 해결방법도 반드시 복잡한 것은 아니라고 보았다. 오히려 작고 성취할 수 있는 목표를 세워 가족에게 성취감을 맛볼 수 있게 하는 것이 중요하다고 생각하였다. 즉, 작은 변화는 눈덩이처럼 뭉쳐서 큰 변화를 일으키는 모체가 되며, 해결을 위한 출발점이라고 믿었다. 작지만 긍정적인 변화를 한 번이라도 만들고 경험하면 사람들은 낙관적 감정을 느끼며 미래의 변화에 대하여 더욱 자신감을 갖게 된다.

3. 치료적 개입

1) 치료목표

해결중심 가족치료의 목표는 도움을 받으러 온 가족으로 하여금 그들 자신의 생활을 보다 만족스럽게 바꾸기 위해서 현재 하고 있는 것과는 다른 것을 하거나 생각해 내도록 하여 그들이 가지고 있는 문제를 해결하고자 하는 데 있다. 치료사는 모든 사람은 이미 자신의 문제를 해결할 능력을 가지고 있다고 믿었다. 그러므로 가족은 스스로가 설정한 목표에 도달하기 위해서 자신이 가진 자원을 활용할 수 있다. 가족이 자신들의 능력에 대하여 무력감을 느낄 때도 있는데, 이것은 문제가 너무 크게 확대되었기 때문이다. 크게 부각된 문제로 인하여 잘 기능할 수 있는 능력을 일시적으로 상실하게 되면, 가족은 힘들어지고 혼란에 빠지게 된다. 즉, 치료사를 만나러 온 가족은 자신들이 가진 해결능력을 잘 사용하지 못하고 있을 뿐이다. 따라서 치료사는 내담자가 아직 잘 사용하지 못하는 능력을 찾아 주어야 하며, 나아가 그들의 문제를 다루는 데 있어 보다 나은 기술을 찾아내고 활용할 수 있도록 도와야 한다. 그리고 성공하지 못한 해결방안보다는 과거에 이미 성공했던 해결방안에 관해 이야기함으로써, 효과가 없는 것에 몰두해 있는 가족의 생각을 바꿀 수 있게 해야 한다.

해결중심 가족치료사는 가족이 치료사에게 올 때에는 뭔가 이유가 있다고 본다. 또한 가족과 치료사라는 전문적인 관계에도 목적이 있다. 그러므로 가족과 치료사는 첫 면담에서 목표를 분명히 함으로써 치료의 종결을 결정할 수 있는 범주를 설정해야 한다. 이처럼 해결중심 가족치료는 목적지향적 모델이라고 불릴 정도로 목적을 매우 강조하고 있다.

2) 치료기법

해결중심 가족치료는 전략적 가족치료에 영향을 받았지만 보다 구체적인 기법을 가지고 있다. 치료를 받으러 온 가족의 유형을 나누고 각 유형에 맞는 접근을 하면서, 가족이 목표를 설정할 수 있도록 돕는다. 해결중심 가족치료는 가족이 보다 구체적인 목표를 설정할 수 있도록 돕기 위한 몇 가지 질문 기법을 가지고 있다. 가족에게 주는 메시지도 구조화되어 있어서 그들의 기법을 이해하기가 용이하다.

치료구조는 팀 접근방법을 사용한다. 팀 접근방법이란 일방경을 통하여 자문가 역할을 하는 치료팀이 치료의 전 과정에 함께 참여하는 것이다. 치료팀은 관찰실과 면접실로 연결된 인터폰을 이용하여 치료 도중에 치료사와 의사소통을 함으로써 치료에 동참할 수 있다. 이것은 치료팀이 문제의 다양한 관점, 즉 해결의 다양한 관점을 제공해 줄 수 있다는 생각에 근거한 것이다. 보통 60분으로 예정된 치료가 시작된 지 45분이 지나면 가족과 만나는 치료사는 5~10분 정도 면접실을 나와 치료팀과 의논하는 시간을 갖는다. 그동안 치료팀은 치료에 대한 검토를 하여 가족에게 전달할 메시지를 작성한다.

(1) 가족과 치료사의 관계 유형

해결중심 가족치료사는 첫 면담에서 가족을 만나 각 가족원의 유형을 구분하려고 노력한다. 그들은 가족이 치료를 받으러 오게 된 동기와 상황 등과 관련하여 각 가족과 치료사와의 관계를 고객형, 불평형, 방문형의 세 가지로 구분한다. 이러한 세 가지 관계 유형은 가족의 개인적 특성을 의미하는 것이 아니라, 가족과 치료사 사이에 일어나는 상호작용의 본질을 서술한 것이다. 가족과 치료사와의 상호작용을 강조하는 이유는 치료의 성패가 양쪽 모두에게 달려 있다는 사실을 치료사에게 상기시키기 위한 것이다. 치료의 성공 여부가 오직 가족에게만 달려 있다고 보는 전통적 모델의 관점은 일반적으로 가족에게 '당신이 회복되고 싶으면 이것을 해야만 한다'는 일방적 지시를 하는 것이다. 이로 인해 절박하게 도움이 필요한 사람이 치료사에게 다가갈 기회를 놓쳐 버리는 결과를 초래하기도 한다. 물론, 가족과 치료사가 맺는 세 가지 관계 유형은 유동적이다. 따라서 치료사는 변화하는 여러 가지 상황에 따라 끊임없이 다르게 반응해야 한다.

첫째, 고객형의 가족은 문제를 해결하기 위해서 어떤 것이든 시도하려는 동기가 있는 상태를 의미한다. 다시 말하면 고객형의 가족은 자신이 바로 해결책의 한 부분이라고 느끼며 문제해결을 위해서 무엇인가 하려는 의지를 보인다. 이러한 관계의 가족은 수용적이며 치료동기가 높기 때문에 대부분의 치료사는 고객형의 관계 유형을 원하지만, 실제로 고객형 가족의 비율은 그다지 많지 않다.

둘째, 불평형의 가족은 자신을 위해서가 아니고 다른 사람을 위한 목표를 가지고 있을 때 발생한다. 일반적으로 불평형의 가족은 그들의 불평이나 치료목표를 상당히 구체적으로 기술하지만, 자신이 해결의 실마리를 쥐고 있다고는 생각하지 않는다. 불평형 가족은 증상을 보이는 가족원 때문에 자신이 희생되었다고 생각하여 자신의 힘든 입장과 역할에 관해 이해받기를 원한다. 그들은 자신의 위치나 역할을 변화시켜야 한다고는 생각하지 않는다. 이러한 관계에서 치료사는 불평형의 가족을 치료 받아야 할 대상으로 생각하기보다는 치료에 활용할 수 있는 자원으로 생각해야 한다. 따라서 치료사는 불평이나 목표에 대하여 불평형의 가족과 함께 탐구하기로 합의하며, 그러기 위해서 의도적으로 해결책을 가져올 수 있는 새로운 관점을 찾아보도록 유도한다.

셋째, 방문형의 가족은 치료를 받아야 할 필요성을 크게 느끼지 못하거나 문제해결의 동기가 약한 사람이다. 이들은 주로 왜 치료를 받으러 와야 하는지를 이해하지 못하기 때문에 치료에 대하여 무관심하거나 이끌려 왔다는 사실에 불평을 한다. 이들은 일반적으로 배우자나 부모, 또는 교사에 의해서 의뢰된다. 치료사가 방문형의 가족이 다른 사람의 요구와 결정을 따르는 것이 얼마나 힘들었는지를 이해해 줄 때, 그들은 자신이 이해받고 있다는 느낌을 갖게 될 것이다. 이러한 과정을 통해 치료사에 대한 신뢰가 형성되고, 이러한 신뢰를 바탕으로 치료를 시작할 수 있으며 치료목표를 협상할 수 있는 관계가 형성된다.

(2) 가족과 함께 목표설정하기

해결중심 가족치료사들은 해결방안과 관련된 치료목표를 가족 스스로가 설정하도록 돕는 것이 중요하다고 보았다. 그들은 바람직한 치료목표를 설정하는 데 필요한 몇 가지 원칙을 가지고 있다.

첫째, 가족에게 중요한 것을 목표로 삼아야 한다. 치료목표가 가족에게 중요할 때, 가족은 목표를 성취하기 위하여 훨씬 더 몰두한다. 단지 가족은 자신의 목표를 정확한 언어로 표현하는 것이 어렵다. 그러므로 치료사의 역할이란 이들이 자신의 목표를 언어화할 수 있도록 돕는 것이다. 또 다른 어려움은 IP와 그 밖의 가족이 서로 다른 목표를 가지고 있는 경우에 나타난다. 이 경우에는 각자의 견해를 자유롭게 표현하는 과정을 통하여 서로를 이해하도록 하고 가족 간에 동의할 수 있는 영역을 찾아 낼 수 있도록 돕는 것도 치료사의 역할이 된다.

둘째, 가족이 설정하는 치료목표는 작고 사소한 것이어야 한다. 그래 야만 가족이 목표를 쉽게 성취할 수 있으며, 이러한 성취는 가족에게 성 공했다는 느낌을 주고 희망을 갖게 해 주고 변화할 동기를 증가시켜 주 기 때문이다.

셋째, 구체적이며 명확하고 행동적인 목표를 설정한다. 목표를 명확하 게 설명했을 때, 가족과 치료사는 진행되고 있는 것을 쉽게 평가할 수 있 고 나머지 목표도 알 수 있다.

넷째, 목표를 설정할 때는 없는 것보다 있는 것에 관심을 가진다. 가족 에게 지금 하고 있는 어떤 것을 하지 말라고 하기보다는 새로운 어떤 것 을 시작하라고 권장하는 편이 실현 가능성 면에서 훨씬 낫다. 따라서 치 료사는 목표를 설정할 때 가족이 현재 갖고 있는 것에 관심을 두고 부정 적인 표현을 지양하는 것이 효과적임을 알아야 한다. 그러므로 목표는 내 담자가 하지 말아야 하는 것 대신에 해야 하는 것에 관해 긍정적으로 설 명하는 것이어야 한다.

다섯째, 가족에게 목표는 끝이 아니라 무언가를 시작하는 첫 단계라는 인식을 준다. 가족은 처음에 치료를 받으러 올 때 대부분 완전한 목표를 희망한다. 그러나 이러한 목표를 성취하기 위해서는 가족이 한 단계씩 목표를 향해 나가도록 도움을 받지 않으면 안 된다. 치료사는 가족이 표 현하는 목표에 대한 견해를 수용하는 한편, 원하는 결과를 성취하기 위 하여 처음 단계에서 필요한 것을 명확하고 구체적으로 설명해야 한다.

여섯째, 가족의 생활에서 현실적이고 성취가 가능한 것을 목표로 삼는 것은 중요하다. 치료사는 가족의 생활환경에서 어떠한 것이 현실적으로 성취가 가능한 것이며, 반대로 어떤 것이 비현실적이고 성취가 불가능한 것인지를 구별할 수 있어야 한다. 그리고 치료사는 가족이 실제로 실행할 수 있는 목표를 설정할 수 있도록 조정해야 한다.

일곱째, 목표를 수행하는 것은 힘든 과정임을 인식시킨다. 가족들이 변화란 쉽지 않은 것이라고 생각한다면 오히려 변화를 성취했을 때 느끼는 그들의 자기가치감이나 만족감은 더할 나위 없이 클 것이다. 그리고 만일 가족이 목표에 도달하지 못하게 되더라도 이것을 단순히 좀 더 열심히 해야 할 일이 남아 있다는 신호 정도로 생각하는 여유를 가질 수 있다.

(3) 질문 기법

해결중심 가족치료에서는 문제와 문제를 해결하는 과정에 가족이 능동적으로 참여하도록 개입하는 치료적 대화가 면담이라고 본다. 왜냐하면 이들은 가족에게 하는 질문은 문제해결에 도움이 된다는 가정과 믿음을 가지고 있기 때문이다. 그러므로 치료사는 면담을 통하여 가족이 해결방안을 찾아내고 과거에 성공적이었던 경험을 근거로 자신의 능력을 인정하고 치료과정에서 성취하고 있는 것을 인정할 수 있는 질문을 하려고 노력한다. 이처럼 목표를 성취하기 위해 치료사와 가족이 함께 해결방안을 구축해 나가는 데 관심을 두는 해결중심 가족치료에서는 치료과정에서 문제해결방안을 구축하는 데 유용한 질문을 개발하고 발전시켜 왔다. 해결중심 가족치료사들은 면담 이전의 변화를 묻는 질문, 예외질문, 기적질문, 척도질문, 대처질문이라는 다섯 가지 질문을 자주 사용한다.

이러한 질문 기법을 도식화하면 [그림 10-1]과 같다.

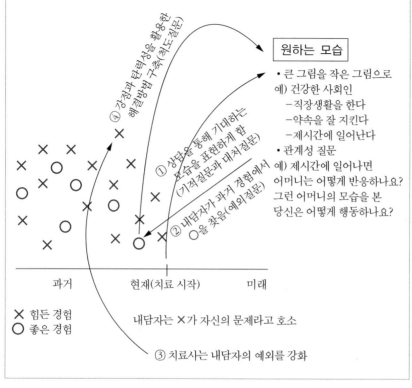

[그림 10-1] 해결중심 가족치료의 질문 기법

① 면담 이전의 변화를 묻는 질문

일반적으로 가족은 문제가 가장 심각한 시기에 주변 사람이나 상담기관에 도움을 요청하는 경향이 있다. 따라서 며칠 후 또는 1주 후에 약속을 하여 치료를 받으러 왔을 때는 긴장이나 불안이 감소되었거나 문제의 심각성이 완화된 경우가 종종 있다. 해결중심 가족치료에서는 이러한 치료 이전의 변화를 상당한 관심을 가지고 관찰하고 이것을 근거로 가족의 잠재능력을 발견하고 가족 스스로가 인식하지 못한 해결방안을 찾아내는 데 이용한다. 치료사는 가족 스스로가 심각했던 문제가 어떻게 완화되었는지를 파악할 수 있도록 질문을 하여 의식적 또는 무의식적으로 그들이 실시한 방법에 관하여 인정하고 칭찬을 해 준다. 그리고 누구의 도움 없이 스스로 노력했다는 것과 해결능력을 인정하고 그러한 사실을 강화하고 확대할 수 있도록 격려한다.

② 예외질문

상당수의 가족은 자신들이 많은 성공의 경험을 가지고 있거나 현재도 잘하고 있는 것이 있지만, 그것에 대해 인식하지 못한다. 왜냐하면 가족은 자신이 겪고 있는 어려움에만 집착하여 현재의 상황을 부정적인 방향으로만 보기 때문이다. 치료사는 예외적인 상황을 찾아내고 가족이 가지고 있는 자원을 이용하여 가족의 자존감을 강화하려고 노력한다. 한마디로 말하면 예외질문은 일상생활에서 성공적으로 잘하고 있으면서도 의식하지 못하는 것을 발견하고 성공했던 행동을 의도적으로 하도록 강화시키는 기법이다. 해결중심 가족치료사들은 가족과 치료사가 힘을 합하여 문제의 예외를 발견하고 그런 예외가 강화될 수 있는 전략을 찾을 수 있다면 치료는 상당히 간단해진다고 주장한다.

③ 기적질문

기적질문은 문제가 해결된 상황을 상상해 봄으로써 해결하기를 원하는 것을 구체화하고 명료화하는 데 도움을 주는 것이다. 또한 이는 치료목표를 설정하는 데 도움이 되기도 한다. 구체적으로 다음과 같이 질문한다.

"오늘 저녁에 집에 가서서 주무시는 동안 기적이 일어나 지금 겪고 있는 문제가 모두 해결되었습니다. 그러나 잠자는 동안에 기적이 일어났으니까, 무슨 일이 생겼는지 아무도 모르지요. 아침에 눈을 떴을

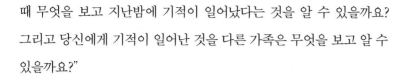

때 무엇을 보고 지난밤에 기적이 일어났다는 것을 알 수 있을까요? 그리고 당신에게 기적이 일어난 것을 다른 가족은 무엇을 보고 알 수 있을까요?"

이때 가족이 긍정적으로 대답할 수 있는 질문을 하는 것이 중요하다. 또한 질문을 통해 가족 스스로가 기적을 현실화하기 위해서는 행동의 변화가 필요하다는 것을 암시할 수 있어야 한다. 기적질문을 통해 해결상황에 대한 그림을 작은 것에서 점차로 확대해 나가도록 한다. 가족은 치료사의 이와 같은 질문에 대답하는 동안 기적을 만드는 사람은 바로 자기 자신임을 알게 된다. 그리고 작은 일에서부터 시작해야 한다는 것을 점차로 인식하며 변화된 생각을 구체적으로 상상해 본다. 이와 같은 과정을 겪으면서 가족은 그러한 과정 자체가 자신의 치료목표라는 사실을 재인식하게 된다. 이러한 내적인 과정은 변화의 근거가 된다.

④ 척도질문

척도질문은 가족이 해결방안을 찾는 것과 관련된 보다 많은 정보를 제공한다. 또한 변화에 대한 동기를 강화하고 다음 단계로 발전하기 위해 무엇을 해야 할지 탐색하기 위해 만들어진 질문으로서, 가족에게 문제의 심각성 정도나 치료목표, 성취 정도의 측정 등을 수치로 표현하도록 하는 것이다. 예를 들어 "어머님이 무척 어려운 상황에 처해 있다는 걸 저도 공감할 수 있습니다. 0이라는 숫자는 아이와의 관계가 최악일 때를 의미하고 10은 모든 것이 해결되어 아이와 아무런 문제가 없는 안정된 상태라면 지금 어머니는 0과 10 사이 어디에 있습니까?"라고 질문한다. 이처럼 수치를 사용한 질문은 변화 정도를 사실적으로 설명할 수 있으며 더 나아가 구체적인 목표를 세울 때 유용하다.

⑤ 대처질문

대처질문은 만성적인 어려움과 위기에 관련된 질문이다. 때로는 가족이 매우 낙담하고 좌절하고 비관적 상황에 있을 때, 치료사는 '모든 것이 잘 될 테니 걱정을 하지 말아라.' '염려 마라, 긍정적인 것만을 보라.' 등으로 위로하려고 한다. 그러나 이런 격려가 오히려 가족에게 더 큰 좌절을 안겨 주거나 난처하게 만드는 경우가 있다. 이러한 어려운 상황에서는 가족에게 약간의 성취감을 갖도록 하는 대처방법에 관한 질문이 더욱 바람직하다. 예를 들어, "제가 봐도 지금은 무척 힘든 상태라고 생각됩니다. 그런데 어떻게 더 나빠지지 않고 현재의 상태를 유지하고 있지요?"라고 질문할 수 있다. 이 같은 질문은 가족에게 새로운 힘을 갖게 하며 가족이 자신의 자원과 강점을 발견하도록 하는 데 도움이 된다. 그리고 어려운 상황에서 견뎌 내고 더 나빠지지 않은 것을 강조하고, 위기에서 살아남기 위해서 해 왔던 것을 발견하며 그것을 확대하기 위한 근거로 이용할 수 있다.

두 번째 면담에서 가족을 만나게 되면 치료사는 먼저 지난번 치료 이후 변화한 것을 이끌어 내는 질문을 한다. 그들의 일상생활에서 긍정적 변화가 있다면 누구에게, 언제, 어디서, 어떻게 일어났는지에 대해 자세하게 질문한다. 그리고 가족이 긍정적으로 변화한 것에 대해 인정하고 강화하면서, 한편으로 변화의 정도와 변화에 대한 의지 등에 대한 척도질문을 한다.

(4) 메시지 전달하기

해결중심 가족치료에서는 가족에게 전달하는 메시지에 대해 큰 비중을 둔다. 메시지는 주로 칭찬, 과제에 대한 이론적 근거를 제시하는 연결문, 구체적인 과제 제시의 세 부분으로 이루어진다.

첫째, 칭찬은 가족과 치료사 간의 관계 유형에 상관없이 모든 예에서 많이 사용된다. 칭찬이 가지는 효과는 크다. 칭찬은 가족의 자존감을 높일 수 있다. 어려움을 겪고 있는 가족은 자신들이 현재 무엇인가 잘못하고 있다고 생각하기 쉬운데, 치료사에게서 받는 칭찬은 가족의 자존감을 높이는 데 도움이 된다. 가족에 대한 칭찬은 추상적인 것보다는 면담의 내용에서 드러난 구체적인 것일 때 더욱 효과적이다. 가족은 치료사가 자신들의 관점을 이해하고, 인정하며, 자신들이 겪고 있는 아픔을 이해한다고 느끼면 더욱 협조적으로 변하게 되는데, 칭찬은 이 모든 것을 포함한다. 그러나 이러한 칭찬은 가족의 파괴적 행동을 눈감아 주는 것과는 다르다.

둘째, 연결문이란 지금 어려움을 겪고 있는 문제를 일반화시키거나, 가족에게 필요하다고 판단되는 사실에 대한 이론적 근거를 제시하여 교육한다. 이러한 과정을 진행하는 목적은 그다음에 가족에게 제시하는 과제에 대한 이해를 돕기 위함이다. 치료사가 가족에게 과제에 대한 이론적 근거를 제시할 때 가족은 과제에 대한 이해를 보다 명확히 할 수 있으며 실천의 가능성도 높아진다.

셋째, 가족에게 구체적인 과제를 제시하게 된다. 그러나 치료사는 가족과의 관계 유형을 고려해서 그에 따라 과제의 형태를 선택해야 한다. 즉, 방문형이라고 생각되는 가족에게는 칭찬만 하고 과제는 주지 않는다. 오히려 그들이 용기를 내 면담을 하러 올 수 있었던 것을 높이 평가하여 자신을 이해해 주는 치료사로 남는 것이 중요하다. 이들이 진정으로 도움을 필요로 할 때 다시 찾을 수 있는 여지를 남겨 두는 셈이다. 불평형의 가족에게는 무언가를 관찰하라는 과제가 적당하다. 그들은 자신의 변화에 대한 의지는 적지만 다른 가족에게 기대하는 부분이 많으므로 많은 관찰을 하도록 한다. 다만, 이때 치료사는 그들이 지금까지와는 다른 긍정적인 관점에서 자신의 가족을 관찰할 수 있도록 돕는 과제를 주어야 한다. 치료사는 변화의 의지가 있는 고객형이라고 판단된 가족에게는 변화를 위해 행동으로 옮길 수 있는 과제를 주게 된다. 가족은 해결책을 모색하고, 그것을 수행하는 데 있어 적극적인 역할을 수행하게 되므로 자기결정을 증진시키기 위해서 과제에 충실할 것이다.

용어 설명

관계성 질문relationship question   톰이 제시한 이후 많은 사람들의 관심을 받게 된 질문 기법으로 내담자로 하여금 내담자를 둘러싼 사람들의 생각, 지각을 파악하도록 돕는다. 내담자에게 "만약 **란 변화가 있다면 당신은 뭐가 달라지나요?" 등의 질문을 함으로써 타인과 자신의 관계를 연결하고 고려해 보도록 한다. 해결중심치료에서 많이 사용한다.

기적질문miracle question   문제를 해결하지 않고 문제를 해소하기 위한 방법으로 내담자 스스로가 해결책을 상상해 보도록 돕는 질문이다. 이 같은 질문은 내담자가 문제를 해결해야 한다는 문제 중심의 사고에서 벗어나 자신이 변화하고 싶은 것을 스스로 설명하도록 도울 수 있다. 이 같은 기적질문을 통해 원하는 것을 세분화함으로써 내담자는 자신들에게 이미 기적의 일부분이 일어나고 있음을 알 수 있다.

대처질문coping question   미래에 대해 희망적인 그림을 그리지 못하는 내담자에게 '그처럼 열악한 상황 속에서 어떻게 견디어 왔는지'를 질문함으로써 내담자 스스로가 미처 깨닫지 못한 자원을 찾아내도록 돕는 질문이다.

예외질문exception-finding question   내담자들은 일상생활에서 성공하고 잘한 부분이 있음에도 불구하고 문제중심의 잘못된 부분만 언급하는 경우가 많다. 이 질문은 그들이 의식하지 못한 것을 발견하고 성공했던 행동을 강화하기 위해 예외 상황에 초점을 둔 질문 기법이다.

척도질문^{scaling question}   내담자로 하여금 문제의 정도, 해결에 대한 의지 등을 숫자로 표현하도록 하는 기법이다. 일반적으로 1에서 10 사이의 수치로 표현하도록 하는데 긍정적인 표현을 10, 부정적인 표현을 1에 놓았을 때 보다 효과적으로 사용할 수 있다.

제**11**장

이야기치료

이야기치료(Narrative Therapy)는 어떤 예상이나 선입관도 없이 사람이 사물 그 자체를 파악하는 것은 어렵다는 사회구성주의자들의 시각과 관련이 있다. 그들의 관점에 의하면 세상에 대하여 가지고 있는 우리의 지식은 자신의 경험에서 나온 것이다. 그러므로 어떤 것을 안다는 것은 한계가 있어서 그것은 다른 사람의 경험을 자신의 관점에서 나름대로 해석하는 것에 지나지 않는다. 우리는 자신의 경험과 상상력을 활용하여 다른 사람이 언어화한 경험을 자신이 해석해 보려는 노력을 하게 된다. 다시 말하면 경험에 의미를 부여하는 해석과정 자체에 초점을 두는 것이다.

1. 주요 인물

이야기치료의 주요 인물로는 호주 애들레이드 덜위치(Adelaide Dulwich) 센터에서 활동하는 화이트(M. White)를 들 수 있다. 원래 기계설비와 관련된 일을 하던 그는 기계적인 사고에 염증을 느끼게 되면서 사회복지사로 전환하여 30년간 사람을 돕는 작업을 하였다. 병원사회복지사로 일하던 초기 입원환자의 병동경험을 통해 전통적인 치료 접근에 회의를 느끼던 중, 프랑스의 사회철학자 푸코(M. Foucault)의 사상에 몰두하게 된다. 푸코는 한 사회 안에서 지배적인 이야기를 구성하는 사람들이 특정 집단을 배제시킬 수 있는 힘을 가졌다고 보았다. 그리고 지배적인 이야기는 사회구성원 모두에게 내면화된 진실로 여겨지는 경향이 있어서 사람들로 하여금 의사, 교육자, 심리분석가 등에 의해서 확립된 기준에 근거해 자신의 모든 것을 판단하게 만드는 힘이 있다고 주장하였다. 한 사회 안에서 지배적인 이야기가 주변의 목소리를 억누르는 것과 똑같은 과정이 개인 내에서 일어나 문화적 규범과 다른 자신의 개념들은 수용되지 않게 된다. 화이트는 1970년대 후반에 베이트슨의 인지적인 사고의 측면과 지배적인 신념체제의 지배로부터 사람들을 해방시키는 것에 관심을 가진 푸코에게 영향을 받아서 문제의 외재화라는 독특한 방법을 구상하게 되었다. 이와 같은 과정을 통하여 1980년대 후반에는 아내(C. White) 그리고 엡스턴(D. Epston)과 함께 이야기 치료를 확립하여 덜위치센터를 중심으로 훈련 및 임상 작업을 열정적으로 하다가 2008년 사망했다. 그러나 그의 이야기적 임상실천은 세계 각 곳의 치료사들에 의해 적용되고 발전되어 가고 있다.

이야기치료를 구체화하는 데 영향을 미친 또 다른 인물이 뉴질랜드의 오클랜드에서 가족치료센터를 운영하는 엡스턴이다. 인류학자인 그는 전래되는 이야기의 수집 등 다양한 분야에 관심을 가졌는데, 이 같은 경험이 이야기치료의 이론과 실천에 영향을 주었다. 그는 특히 치료적인 편지 기법과 새로운 삶의 목표를 추구할 때 필요로 하는 대화의 확장을 위한 다양한 질문들을 개발하였다. 또한 어려움을 극복한 사람들이 활용한 해결방법을 유사한 문제를 겪고 있는 다른 내담자에게도 적용하여 도움을 주기 위해 내담자의 유형을 분류하고자 노력하였다. 이러한 노력의 하나로 때로는 편지와 테이프를 수집하여 보관하기도 하였다.

화이트와 엡스턴이 이야기치료의 기본적인 틀을 만들 때 다른 치료사는 임상에서 실천에 몰두하였다. 예를 들면, 프리드먼(J. Freedman)과 콤스(G. Combs)는 에반스턴에서 훈련센터를 운영하였는데, 그들은 정책적인 활동과 사회정의를 강조하였다. 또한 짐머만(J. Zimmerman)과 디커슨(V. Dickerson)은 이야기치료를 사춘기 청소년과 부부치료에 적용하였다. 그밖에 호프만(L. Hoffman), 밀란 학파의 보스콜로(L. Boscolo)와 세친(G. Cecchin)과 캐나다의 톰(K. Tomm)과 같이 기존의 가족치료 분야에서 활동하던 치료사들도 이야기치료에 관심을 가지게 되었다. 캐나다 밴쿠버의 마디간(S. Madigan, 1994)도 이야기치료에 크게 공헌한 사람으로, 밴쿠버에 반섭식장애 연맹을 세워서 '몸에 대한 수치심과 죄의식'을 갖도록 조장하는 매체의 이미지를 거부하기 위해 지지와 격려하는 활동을 조직하여 새로운 이야기치료를 발전시키고 있다.

협력적 언어체계 모델을 개발한 앤더슨(H. Anderson)은 이야기치료 모델의 선구자다. 그는 굴리시안(H. Goolishian)과 함께 문제는 언어를 통해 유지되기 때문에 이야기를 통해 해결할 수 있으며, 이때 '알지 못함의 자세'가 중요하다고 주장하였다. 그리고 치료사와 내담자의 협동적 작업에서 이야기의 의미를 만들어 가야 한다고 생각하였다.

2. 주요 개념

이야기치료는 가족치료의 흐름에서 발전했으나, 체계 이론을 지향하는 가족치료의 맥락에서 일종의 패러다임 전환을 이룬 것이다. 다음 내용에서는 가족치료와의 비교를 통해 이야기치료의 개념을 소개하고자 한다(〈표 11-1〉 참조).

〈표 11-1〉 가족치료와 이야기치료의 비교

	가족치료	이야기치료
인식론	체계 이론	사회구성주의
문제를 보는 관점	• 문제는 가족이나 사회체계의 문제에 있다고 전제 • 가족 간 대인관계 및 의사소통 패턴에 초점	• 문제는 그 사람이 아니며, 단지 문제일 뿐 • 내담자와 문제를 어떻게 분리하는가에 관심
치료목표	궁극적인 치료목표가 고통받고 있는 개인을 돕는다는 점에 있어서는 다르지 않으나 어떻게 도울 것인가에 대해서는 많은 견해차가 있음	
	• 역기능적 행동을 유발하는 관계나 맥락을 파악 • 상호작용형태를 변화시켜 가족의 기능을 향상시킴	• 독특한 결과의 발견 • 선택의 폭을 풍부하게 가지도록 돕고 내담자와 협력하며 내담자와 다른 사람들을 건강하게 연결하는 데 도움이 되는 방법을 강조한 새로운 이야기 다시 쓰기 • 상담목표 형성에는 소극적
치료과정	한 개인의 환경이나 생태학적 체계처럼 둘러싸고 있는 관계 속에서 일어나는 문제에 관심을 가지고 상호작용 패턴이 기능할 수 있도록 탐색하고 구성함	• 사람들의 경험을 스토리로 엮으며, 그렇게 만든 스토리를 자신의 삶 스토리에 정착시킴 • 스토리는 내담자 스스로의 해석과정에 의해 만들어지고 구성됨
치료적 관계 및 치료사의 역할	• 전문가의 입장 • 적극적 참여 관찰자 • 숨겨진 의사소통체계를 파악하고 개입함	• 비전문가적인 역할 • 알지 못함의 자세

치료 단위	체계의 많은 구성원: 문제시되는 개인을 둘러싼 맥락 속에서 개인과 개인의 관계를 강조(가족을 치료 단위로 둠)	• 내담자가 겪은 삶의 경험과 내담자의 스토리가 초점이 되므로 개인이든 가족, 집단 모두 치료의 단위가 될 수 있음 • 풍부한 스토리를 통한 정체성 찾기
치료기간	최근 일어난 역기능적인 문제를 중심으로 단기간에 치료를 시도하여 개인을 둘러싼 역기능적 상호작용으로 인한 위기를 해결하고자 함	내담자가 어떤 스토리를 구성하느냐에 따라 기간은 유동적이라고 생각됨
중심개념	항상성	외재화
기법	일반경을 통한 팀 접근 가계도, 가족조각 기법	반영팀 회원 재구성, 정의예식

이야기는 끝없이 흘러가는 경험에 시작과 종말을 부여한다. 이야기하는 과정에서 여러 가지 경험 중 어떤 것은 버려지고 어떤 것은 부각되는데, 이러한 작업은 임의적이다(Bruner, 1986). 경험의 진리는 발견되는 것이 아니라 창조되는 것이라고 주장한 치료사들의 견해를 정리하면 다음과 같다.

첫째, 어떤 경험은 다른 위치에 있는 또 다른 자신의 경험과 관계가 있으며, 그것이 어떠한 의미를 가지느냐는 자신의 이야기가 결정한다.

둘째, 자신의 경험 속에서 어떤 것을 버리고 어떤 것을 선택하는가도 이야기가 결정한다.

셋째, 경험을 어떻게 표현하는가도 이야기가 결정한다.

넷째, 이야기는 삶의 방식이나 인간관계에 영향을 주는 방향을 결정한다.

사람들은 경험을 이야기로 엮으며, 그렇게 만들어진 이야기를 연기함으로써 자신의 인생에 정착시키게 된다. 그런데 어떤 이야기에나 비슷한 결론이 있지만 각자의 이야기는 다른 사람이 언급하지 않은 요소를 포함하고 있다. 인생이나 인간관계는 지금까지의 이야기에 새로운 경험과 상상력을 더하여 자신의 이야기를 다시 쓰는 과정과 비슷하다.

이야기치료사들은 치료과정에 다음의 작업을 하게 된다.

첫째, 내담자의 이야기에 강한 관심을 가지고 협력적이며 공감적인 태도를 갖는다.

둘째, 내담자의 삶의 역사 속에서 강점이나 유능했던 것을 찾는다.

셋째, 내담자가 새로운 이야기를 꺼내도록 촉진할 때 강제적인 방식이 아니라 존중하는 방식으로 질문한다.

넷째, 내담자를 진단명에 의해 분류하는 것이 아니라, 그들을 독특한 개인적 역사를 가진 존재로 취급한다.

다섯째, 사람들이 또 다른 삶의 이야기를 쓸 공간을 열 수 있도록, 그리고 내면화된 지배적인 이야기로부터 분리될 수 있도록 돕는다.

화이트는 어린 시절부터 아버지와 이웃에게 성적 학대를 받아 온 27세의 제인을 면담하였다. 성적 학대 경험은 그녀의 삶에 많은 부정적 영향을 미쳤다. 예를 들어, 제인은 자존감이 매우 낮았고 우울증에 빠져 자기 몸에 자해를 하기도 했다. 화이트는 자신은 전혀 쓸모없는 인간이며 우울할 때는 가끔 아버지의 환청까지 들린다고 호소하는 제인이 그 모든 것을 이겨 낸 것에 놀라워하며 무엇이 원동력이었는지를 물었다. 그녀는 자신을 지탱해 준 것이 탄력성이라며 심리 내적인 표현을 하였다. 화이트는 탄력성을 여행가방에 비유하여 설명하면서, 여행가방이 열리듯 탄력성도 열릴 수 있는 것임을 제인이 깨닫게 했다. 그리고 그녀가 탄력성을 갖고 있었을 때 삶이 어땠는지를 물었다. 치료사의 질문에 답하기 위해서 제인은 다른 사람과의 관계, 또는 어려운 점에 대해 말하기 시작했다. 그러면서 탄력성은 더 이상 인간의 특성을 지칭하는 용어에 머무는 것이 아니라 또 다른 스토리를 이끌어 내는 하나의 설명이 될 수 있었다. 시간이 지나면서 그녀는 자신의 탄력성

그 자체는 아주 빈약한 것이지만, 사회적 관계는 보다 풍요롭다는 사실을 알 수 있었으며, 이와 같은 과정을 통하여 탄력성은 희망에서 비롯된 것이었다는 사실을 깨닫게 되었다. 화이트는 제인과 함께 그녀가 어디에서 희망을 발견했는지 탐색했고, 제인은 고등학교 2학년 때 선생님이 자신을 인정해 주었다는 사실을 기억해 낼 수 있었다. 화이트는 제인에게 선생님이 어떻게 제인의 진가를 인정했는지, 어떻게 다른 사람들과 달리 제인을 존중할 수 있었는지에 대해 물었다. 이와 같은 질문에 대답하는 과정을 통하여 제인은 새로운 정체성을 가지게 되었으며, 자신의 가치를 찾아가게 되었다(White, 2001).

3. 치료적 개입

1) 치료목표

이야기치료사의 목표는 문제해결보다는 내담자들이 사회적 담론으로 형성된 목소리에 지나치게 의존하고 있다는 사실을 깨닫게 하여 선택의 폭을 풍부하게 가지도록 돕는 것이다. 더 나아가 내담자와 협력하면서 내담자와 다른 사람들을 연결시키는 데 도움이 되는 방법을 강조한 새로운 이야기를 공동저작하는 것이다. 공동저작을 할 때에는 먼저 가족들이 갈등에 직면하도록 하거나, 서로에게 더 정직해지게 함으로써 사람과 문제를 분리시킨 후, 가족들이 연합하여 공통의 적에 대항하도록 돕는다. 이러한 과정은 내담자의 정체성을 쓸모없는 것에서 영웅적인 것으로 변하게 한다. 이야기치료사는 내담자 자신이 문제이야기에 대항했던 때를 지칭하는 독특한 결과(unique outcomes)를 찾아내도록 가족의 역사를 상세하게 살펴본다. 이야기치료는 문제해결 접근 이상이다. 이야기치료는 사람들이 과거를 재조명하고 미래를 다시 쓰도록, 즉 자신들의 삶의 이야기를 다시 쓰도록 한다. 치료사는 해결해야 할 문제나 치료받아야 할 증상에 관한 용어로 사람을 객관화하기보다는, 내담자들을 능력을 가진 사람으로 보고 그들의 삶의 이야기를 발전시킬 수 있도록 돕는다.

2) 치료사의 자세

이야기치료에서는 질문을 중요한 도구로 사용하는데, 이런 질문은 치료사의 '알지 못함'의 자세에서 기인한 것이다. 그러나 알지 못함의 자세란 치료사의 전문적인 지식을 부정하는 것이 아니다. 치료사가 내담자와 상호작용하기 위해서는 치료사들이 자신의 전문적 지식이나 이론체계를 가지고 있어야 한다. 그러나 자신들의 이론적 접근방식에 대해 내담자가 상호작용하는 것을 원치 않는다면 더 이상 그것을 고수하지 말고, 오히려 내담자가 새로운 스토리의 공간을 넓혀 갈 수 있도록 그것을 활용해야 할 것이다.

여기서 하나의 비유를 들고 싶다. 유능한 광부는 동굴 속에 들어갔을 때 자신의 전문적인 지식을 통해 다른 사람보다 빨리 광맥을 찾아낼 수 있다. 때로는 금맥을 찾을 수도 있을 것이다. 이야기치료적 관점에 따르면, 유능한 광부(치료사)는 자신의 풍부한 경험과 지식으로 찾아낸 금맥을 때로는 포기할 수도 있는 사람이다. 즉, 그 금맥의 주인인 동굴(내담자)이 무엇을 원하는지를 먼저 파악한 후, 동굴이 원하지 않는다면 광부로서의 경험과 지식은 다른 광맥을 찾는 데 활용되어야 한다. 새롭게 찾아낸 광맥에서 금 대신 니켈이 나온다고 해도 동굴이 원한다면 기꺼이 니켈 광산으로 만들 수 있어야 한다. 어떤 광산이 될지는 광부와 동굴 사이의 교감을 통해 결정되는 것처럼, 치료에서의 변화 여부는 치료사와 내

담자가 대화를 통해 어떤 이야기를 창조하느냐에 달려 있다.

　치료사와 내담자 사이의 대화는 언어를 통해 형성되기 때문에 문제나 상황에 대해 어떻게 지각하느냐에 따라 다른 이야기가 만들어진다. 즉, 여러 개의 이야기가 동시에 존재할 수 있다. 따라서 이야기치료에서는 치료사와 내담자 사이에서 대화를 진행하면서 지금까지는 말해 본 적이 없는 새로운 이야기를 함께 써 가는 것이 중요하다. 이런 스토리의 새로운 변화는 정체성의 변화로 이어진다.

　내담자들을 자신들만의 지식, 기술, 성향을 가진 독특한 존재로서 받아들이는 것이 이야기치료사의 자세다. 이들은 치료사로서 영향력은 발휘하지만 특별한 치료적 계획을 내세우지는 않는다. 단지 거푸집을 만드는(scaffolding) 질문이나 반응을 주로 함으로써 내담자들이 스스로 보지 못했던 스토리를 발견하도록 돕는다.

3) 치료기법

　이야기치료는 내담자가 자신, 그리고 자신의 문제와 관계에 대해 이야기한 내용을 다양한 기법을 활용하여 재저작하도록 촉진하는 과정이다. 이야기치료의 가장 큰 특징은 질문의 형식에 있으나 정형화된 범주를 가지고 있는 것은 아니다. 이야기(narrative)에는 스토리(story)와 이야기하기(telling)라는 두 개의 의미가 있는데, 이야기치료는 듣기(listening)보다는 묻기(asking)에 초점을 맞춘 접근이다.

　지배적 담론에 의한 빈약한 이야기가 어떻게 대안적이고 풍부한 이야기로 전환되는지에 대해서는 모건(A. Morgan, 2000)의 저서 『이야기치료란 무엇인가?(*What is narrative therapy?*)』의 목차를 토대로 다음과 같이 정리해 보았다.

지배적인 이야기의 해체	대안적인 이야기의 확장

1. 외재화하는 대화
2. 문제의 역사를 명확히 함
3. 문제의 영향을 명확히 함
4. 문제를 맥락 속에서 이해함
5. 독특한 결과를 발견함
6. 독특한 결과의 역사와 의미를 확장
   하고 대안적 이야기에 이름을 붙임
	7. 삶의 회원 재구성
	8. 치료적 문서의 활용
	9. 치료적 편지
	10. 의식과 축하
	11. 거푸집 짓기
	12. 외부 증인 집단과 정체성을 위한
	    정의예식

[그림 11-1] 지배적 이야기에서 대안적 이야기로의 전환

출처: Morgan, 2000.

(1) 외재화하는 대화

사람이 문제가 아니라 단지 문제가 문제일 뿐이라는 화이트의 생각 (1987, 1988, 1989; Epston, 1993; Tomm, 1989)은 이야기치료의 핵심 어구다. 이것은 내담자로부터 문제를 분리하게끔 도와서 내담자가 문제를 지나치게 심각하게 여기지 않도록 동기를 부여하는 것이다. 외재화는 단순한 언어적인 기술 이상의 많은 의미를 포함한다. 엡스턴은 외재화는 태도의 측면임을 강조했다(Freedman & Combs, 1996 재인용).

외재화의 태도를 통해 이미 내면화되었던 것을 객관화하고 분리함으로써 내면적 담론의 영향에서 벗어날 수 있다. 그러나 치료사가 외재화라는 패러다임에 익숙해지기 위해서는 사람이 아닌 문제를 객관화하여 인식하는 훈련을 할 필요가 있다. 즉, 내담자가 보고하는 문제는 실체가 아니라 담론을 통해 만들어진 이야기라는 것을 이해해야 한다. 외재화란 '겉으로 드러내고, 밖으로 도출하는' 것을 의미한다. 치료사는 내담자에게 문제의 원인보다는 그 문제의 영향으로 인한 결과에 초점을 맞춰 질

문해야 한다. 그리고 내담자와 그들의 문제를 서로 분리해서 다루어야 한다. 예를 들어, "선희(가명)의 도벽이 어머니를 힘들게 하는군요."라고 표현하기보다는 "도벽이 선희와 어머니 사이에 갈등을 초래하고 있군요."라고 말함으로써 선희에게서 도벽을 분리해 낼 수 있다.

외재화 작업을 일반화하기는 어렵지만 대체로 다음과 같은 과정으로 진행된다.

첫째, 내담자가 자신의 문제라고 표현한 것에 이름을 붙여 볼 수 있는 기회를 제공한다. 외재화 작업에서 이처럼 문제에 이름을 붙이는 것은 문제를 내면화하지 않고 객관적으로 바라볼 수 있다는 이점이 있다. 즉, 이름을 붙이는 작업을 통해 문제의 의미와 실체를 파악하거나 문제를 자신과 분리시킬 수 있는 공간을 만들 수 있다.

둘째, 문제의 영향력을 탐색한다. 이름을 붙인 문제가 개인의 삶에 어떤 영향을 미치고 있는지에 대한 탐색을 통해 문제의 영향력이 얼마나 대단한지를 이해한다. 동시에 이것을 통해 문제가 닿지 않는 영역이 어디인지도 밝혀낼 수 있다. 영향 탐색의 과정을 통해 하나의 상황에 대해 다양한 방식으로 생각할 수 있다는 여지를 만든다면 그것에 대항하거나 필요할 경우에는 그것을 잘 받아들일 수도 있을 것이다.

외재화 작업은 사람으로부터 문제를 떼어 내는 역할을 한다. 이는 문제를 명확하게 분리하는 것을 의미하기보다는 언어적인 표현을 통해서 사람과 문제 사이에 공간과 자유로움을 제공하는 것이다(Roth & Chasin, 1994). 외재화 작업은 사람들의 삶 속에서 문제를 들어 올리는 작업이다. 어떤 사람의 삶이든 그 속에는 문제만 있는 것이 아니고 문제와 문제가 아닌 것이 함께 존재한다. 문제를 외재화할 수 있다면 내담자는 문제와 자신 사이에 생긴 여유 공간을 통해 자신의 삶과 문제의 관련성을 탐색할 수 있을 것이다. 따라서 외재화 작업은 내담자가 호소하는 문제를 소

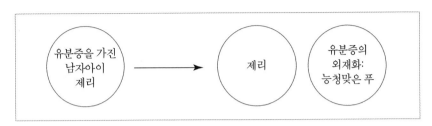

[그림 11-2] 외재화의 이미지

흩히 다루려는 태도가 아니다. 이름 붙이기는 결국 문제 속에서 발견되는 것으로 문제 자체뿐 아니라 그 문제와 더불어 포함된 다양한 숨은 이야기들을 파악할 수 있는 역할을 한다.

또한 내담자는 상징이나 이미지, 놀이를 매개로 한 외재화 작업을 하면서 자신의 문제를 객관화할 수 있는 통찰력을 지닌다. 화이트의 첫 사례인 유분증 소년의 경우가 외재화를 잘 드러내고 있다. 만약 '제리는 유분증이 있다.'고 말하면 이것은 제리의 정체성을 의미한다. 좀 더 명확히 표현하자면 '제리의 문제는 바지에 대변을 묻히는 것이다.'라는 표현이 맞다. 그러나 그 어떤 표현이라도 좌절스러운 상황에 수치심을 더하기는 마찬가지다. 그는 이야기치료의 관점을 가지고 유분증을 외재화하여 '능청맞은 푸'(sneaky poo, 영어로 대변을 의미하는 속어와 흡사한 발음이다)라고 이름 붙였다. 화이트는 유분증과 제리의 관계를 기술하기 위해 능청맞은 푸가 제리의 바지 속으로 슬쩍 들어와 제리의 삶을 더럽히는 것으로 묘사하였다.

문제를 외재화한다는 것은 내면화된 증상을 인격화하는 것이다. 예를 들면 자신의 아들이 주의력결핍 과잉행동장애(ADHD)라고 호소하는 어머니에게 "아드님을 괴롭히는 ADHD는 어떤 종류인가요? 종류를 알아야 치료를 할 수 있을 텐데요."라고 말하여 아동과 문제를 분리시키는 작업을 시도한다. 아동이나 부모가 ADHD를 묘사할 수 있게 되면, "그러한

ADHD가 어떻게 아드님을 더욱 산만해지게 만들었을까요?"라는 질문
을 함으로써 증상이 가족들의 삶을 지배하려는 환영받지 못하는 침입자
라는 사실을 일깨워 준다. 치료사는 문제의 외재화를 통하여 내담자로
하여금 문제, 문제의 원인, 문제의 영향이라는 세 가지 지점을 충분한 거
리를 두고 바라볼 수 있도록 도와야 한다.

(2) 문제의 영향 탐색

이야기치료의 초기 상담과정에는 문제를 지지해 온 상호작용의 패턴
에서 벗어나게 해야 한다. 이를 위해서는 내담자의 삶과 관계 안에서 문
제와 그 영향을 상세하게 탐색하는 것이 바람직하다. 특히, 외재화 작업
이 이루어진 후라면 외재화한 이미지나 이름 붙이기를 통해 문제가 개인
에게 미치는 영향을 탐색하는 것이 가능하다. 영향 탐색은 문제나 영향
에 대해 상세하게 질문하는 것인데, 이를 통해 문제를 해체하고 문제의
영향력을 벗어난 사건과 경험도 찾을 수 있다.

문제의 영향을 탐색하기 위해 다음과 같은 질문의 유형을 제시하기도
한다(Denborough, 2008).

첫째, 문제를 일으킬 수 있는 신념이나 행위, 감정과 태도를 이끄는 질
문들이다.

- "이 문제는 당신의 인간관계에 대해 어떤 결론을 내려 줍니까?"
- "어떤 행동을 자주 하며 그때는 어떤 감정에 주로 빠지나요?"

둘째, 문제와 감정 간의 관계와 그 역사를 알 수 있는 질문들이다. 신
념, 행위, 감정, 태도 등이 언제, 어떤 방식으로 관계 속에서 나타나게 되
었는지를 알 수 있는 질문들이다.

- "어떤 과정을 통해 그런 생각을 하게 되었나요?"
- "과거에 이런 감정을 일으킬 만한 경험이 있었나요?"
- "당신의 이런 생각들은 언제 가장 지지를 받았나요?"

셋째, 주변에서 어떤 영향을 받고 있는지 알기 위한 질문들이다.

- "당신의 그런 생각에 대해 아는 사람은 누구일까요?"
- "당신의 삶에서 이런 문제가 발생했을 때 누가 이익을 얻을까요?"

넷째, 결과 탐색과 관련된 질문들이다.

- "당신의 삶의 이런 패턴은 당신의 가족들에게 어떤 영향을 주나요?"
- "만약 당신이 이런 삶을 계속해 나간다면, 그것이 당신의 미래에 어떤 영향을 줄 수 있을까요?"

다섯째, 문제를 불러일으키는 신념, 행위, 감정, 태도 등의 상호관계에 대해 탐색하는 질문들이다.

- "이런 태도의 결과는 당신이 다른 사람들과의 관계에서 희망하고 기대하는 바와 잘 어울리거나 일치하나요?"

여섯째, 자신이 즐겨 사용하는 책략과 관련이 있는 질문들이다. 사람들 사이에서 문제를 불러일으키는 신념, 행위, 감정, 태도 등의 이면에는 그것들을 촉진하고 활성화하는 나름의 방식이 숨어 있다.

- "그런 분노는 당신들 사이의 관계를 어떤 식으로 망가뜨리고 있나요?"
- "(외재화된 대상의) 목소리는 당신의 귀에 뭐라고 속삭이나요? 그것을 확신시키기 위해서 어떻게 할 생각인가요?"

치료사는 드러난 문제가 내담자의 삶에 어떤 영향을 미치고 있는지를 탐색하기 위해 일종의 지도를 작성하기도 한다. 지도는 정체성 영역과 행동 영역으로 나뉘는데, 치료사가 두 가지 범주 사이를 반복적으로 오가면서 질문할 때 풍부한 이야기들이 서술된다. 그리고 이렇게 만들어진 이야기는 이렇게 여러 관점들을 오가면서 가장 적절한 형태로 자리 잡힐 때까지 끊임없이 수정되고 재연된다.

(3) 독특한 결과를 찾아내기

문제로 가득 찬 이야기라 할지라도 그 속에는 언제나 문제를 반박하는 '반짝이는 상황'(White, 1991)이 존재한다. 반짝이는 상황은 사람들의 이야기 속에 숨겨져 드러나지 못했던 부분이며, 바로 그 부분을 살펴봄으로써 독특한 결과(unique outcomes)에 이르는 통로를 찾을 수 있다. 독특한 결과는 일종의 '예외'에 해당되는 것으로서 이야기가 아니라 단 하나의 사건인 경우가 많다. 중요한 것은 이런 예외적 사건을 어떻게 이야기 속에 녹아들도록 할 것인가다. 이것은 마치 인생의 이야기가 씨실과 날실처럼 서로 다른 방향으로 짜일 때 더 튼튼한 조직을 형성할 수 있는 것과 흡사하다.

사례

    농사를 짓는 부모 밑에서 장녀로 태어난 영순이는 시골에서 중학교를 졸업한 후 산업체 고등학교 입학을 앞두고 서울로 올라와, 친한 친구가 채팅으로 알고 지내던 20대 후반의 남자를 소개해 준다고 해서 따라갔다가 성폭행을 당하고 임신하였다. 미혼모 시설에서 아기를 낳고 입양 보낸 후, 계속 공부하겠다는 의사가 있어 가출 청소년의 그룹 홈으로 옮겨서 고등학교 1학년에 다니고 있다. 영순이는 가난한 농사꾼의 1남 3녀 중 장녀로 태어났는데, 아버지는 가부장적인 사고를 가진 분으로 자녀를 폭력적으로 다루었고, 특히 술을 마시면 사소한 꼬투리를 잡아서 사정없이 때리는 등 폭력이 더욱 심해진다. 이 과정에서 장녀인 영순이는 다른 형제들보다 훨씬 더 많이 맞으면서 자랐다. 어머니는 아버지의 이 같은 폭력적인 행동에 한 번도 반항하지 않고 '내가 나서면 문제가 더 커지니까'라는 변명만 했다. 영순이는 남동생만 위하면서 아버지의 폭행을 한 번도 말려 주지 않은 어머니에 대한 원망이 있다. 영순이는 고등학교를 졸업한 후 간호사가 되고 싶다는 꿈이 있다. 그러나 성폭행, 임신, 입양이라는 일련의 사건으로 자신의 삶이 엉망이 되어 버렸다고 생각하여 무기력한 상태다.

다음은 독특한 결과를 찾는 데 도움이 되는 질문들이다(Epston & White, 1992).

- 당신은 _____(외재화된 문제에 이름 붙인 것)에 굴복하지 않고 제대로 다루어 본 적이 있나요?
- 당신은 주변의 영향에도 불구하고 _____(외재화된 문제에 이름 붙인 것)을 독자적으로 결정한 적이 있나요?
- 어떤 상황에서 _____(외재화된 문제에 이름 붙인 것)에 대한 결정을 내리기가 쉬웠나요?

- _____(외재화된 문제에 이름 붙인 것)은 당신 자신을 삶의 좁은 구석에 가두어 놓고 있지만 당신은 그것을 바꾸어 보려고 애쓰고 있는 것 같은데, 도대체 무엇이 그런 마음을 불러일으키고 있는지 말해 줄 수 있나요?

이런 질문들은 사람들로 하여금 자신들의 경험을 다른 식으로 바라볼 수 있게 해 주며, 새로운 이야기를 구성할 수 있는 길을 열어 준다.

지배적인 이야기와는 다른 예외적인 경우를 찾기 어렵다면, 가상적으로 지어낸 상황에 대한 질문을 할 수 있다.

- 만약 당신의 아이가 심각한 질병을 가지고 태어났다면, 그런 삶의 위기를 극복하기 위하여 혼신의 힘을 쏟겠지요? 만약 그런 경우라면 당신은 하나의 운명공동체나 한 팀의 일원으로 어떻게 대처해 나갈까요?
- 만약 당신의 자녀를 위한 모든 책임을 다할 수 없다면 어떻게 될까요? 이를테면, 만약 당신의 어린 아들은 잠들 수가 없는데, 당신은 깨어 있을 수 없다면, 어떨까요?

다른 사람의 관점에서 새로운 의미를 찾게끔 하는 것도 새로운 이야기를 쓸 수 있는 길을 열어 준다.

- 당신의 아버지는 이런 상황에 대해서 뭐라고 말씀하실까요?
- 만약 당신의 할머니가 당신이 이 문제를 이런 식으로 대처해 나가는 것을 보셨다면 뭐라고 하셨을까요?

문제로 가득 찬 이야기가 어떤 특정한 상황에서 이루어졌다면 다른 상황에 대한 질문을 통해 독특한 결과를 찾을 수 있다.

- 내가 보기에 당신 둘 사이에서 _____(외재화된 문제에 이름 붙인 것)은 어떤 일을 계획해 나갈 때 가장 원하는 것을 얻을 수 없다고 느낄 때 나타나고 있는 것 같은데, 그럼 당신이 _____(외재화된 문제에 이름 붙인 것)을 가장 잘 극복해 나가고 있었던 상황은 없었는지 궁금합니다.
- 당신의 _____(외재화된 문제에 이름 붙인 것)은 당신이 하고 있거나 하고 싶은 모든 일에 관해 그렇다는 것인가요, 아니면 단지 학교생활에 관해서만 그런 건가요?

문제의 이야기는 현재의 지배적인 이야기이긴 하지만, 내담자가 살아온 삶 전체를 대변해 주는 것은 아니다. 내담자의 삶에 있어서 다른 시간대에 일어난 독특한 결과를 찾아봄으로써 내담자로 하여금 새로운 이야기를 쓰게 할 수 있다.

- 당신의 삶 속에서 당신이 가장 심리적으로 안정되어 있었을 때는 언제였나요?

독특한 결과를 묘사하게 할 때 시나리오 작가처럼 세부적이며 상세한 묘사를 하게 하는 것이 중요하다. 그리고 이러한 치료적 대화는 감각적인 경험을 의도적으로 확장시키는 데도 도움이 된다. 때로는 옷 색깔이나 장소 등에 대해 상세하고 감각적으로 질문하여 이 같은 독특한 상황이 내담자의 기억에 보다 오래 남도록 돕기도 한다. 요약하거나 설명하기보다는 이미지를 활용해서 그 상황과 경험을 자세하게 묘사하게끔 하는 것은 가치 있는 일이다. 이것은 화이트(M. White, 2000)의 저술에서 소개된 '의도를 갖고 배회하기(loitering with intent)'와 흡사하다.

치료사는 먼저 내담자의 말을 경청하고, 그들이 일시적으로나마 문제의 영향에서 벗어날 수 있게 해 준 독특한 결과를 강조하며, 어떻게 그러한 독특한 결과를 얻어 낼 수 있었는지에 관하여 묻는다. 내담자는 독특한 결과가 단 한 번 일어난 우연적 사건이라고 인식할 수 있다. 그러나 치료사는 중요한 의미가 함축되어 있는 사건으로 인식한다.

치료사는 내담자와 함께 독특한 결과가 나타나게 만든 원인이 되었던 당시의 자원이나 상황을 탐색한다. 그리고 내담자로 하여금 현재의 자원이나 상황 중에서 그와 유사한 독특한 결과를 낳을 수 있는 것들을 함께 찾아보도록 촉진한다. 독특한 결과는 삶 속에서 단 한 번 일어난 우연적 사건이 아니라 그 사람의 삶 자체를 반영하는 것이기 때문이다. 이 작업은 독특한 결과가 하나의 사건으로 끝나는 것이 아니라 과거와 현재 그리고 미래를 연결할 수 있는 매개체임을 자연스럽게 밝혀 주는 것이다.

(4) 삶의 회원 재구성

'회원 재구성(re-membering)'이란 용어는 인류학자 마이어호프(B. Myerhoff)가 캘리포니아 지역의 유태인 노인 집단을 대상으로 집단 작업을 할 때 고안한 것이다. 이것은 '특별한 관계의 재결합'이라 볼 수 있는데, 개인이 자신의 삶이라는 무대에 등장하는 타인과의 관계를 새롭게 조합하는 과정을 의미한다.

화이트는 개인의 정체성 형성 과정을 '인생 클럽(club of life)'이라는 표현으로 나타냄으로써 이야기치료에 마이어호프의 회원 재구성 개념을 접목하였다. 그는 우리가 각자의 삶을 어떻게 경험하게 될지는 우리

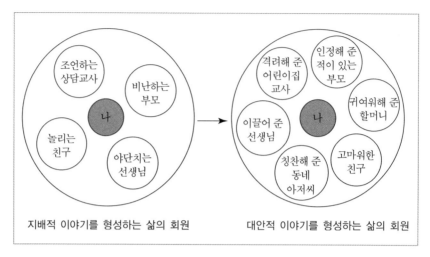

지배적 이야기를 형성하는 삶의 회원   대안적 이야기를 형성하는 삶의 회원

[그림 11-3] 삶의 회원 재구성의 예

에게 특별한 영향을 미치는 타인들의 삶과 밀접한 관련이 있다고 가정했
다. 물론 한 개인의 인생 클럽 회원 명부에서 이러한 타인들이 차지하는
서열과 위치는 제각기 다르다. 예를 들면, 신뢰할 만한 사람도 있고 정체
성 형성에 중요한 영향을 미친 사람도 있을 것이다.

회원 재구성은 단순한 기억의 회고(remembering)를 뜻하는 것이 아니
라 타인과의 관계를 재구성하는 데 초점을 맞추는 과정이다. 즉, 치료적
대화를 위한 새로운 가능성을 제공하는 과정으로서, 자신을 학대하고
괴롭혔던 사람은 회원 명부에서 제명하고 좋은 영향을 미쳤던 사람을
기억해 내고 삶의 회원으로 임명한다. 이 작업은 내담자가 선호하는 이
야기를 더 풍성하게 만들 수 있게 도울 뿐 아니라 그들이 원하는 방식대
로 행동할 수 있게끔 지지체계를 제공해 준다.

(5) 정의예식

치료과정을 통해 내담자가 다른 이야기를 하기 시작하더라도 그 이야

기가 그 사람의 경험 전부를 표현하지는 못한다. 이때 내담자가 생각하지 못한 부분을 함께 이야기해 줄 누군가가 있다면 치료과정에서 만들어진 이야기에 새로운 의미가 덧붙여져서 또 다른 새로운 이야기가 탄생하게 될 것이다. 이런 과정을 반복하면 내담자의 이야기는 보다 풍성해진다. 따라서 이야기치료에서는 내담자의 이야기를 함께 듣고 축하해 줄 청중의 역할이 중요하다.

화이트(2005)는 외부 증인으로서 청중을 초대하여 그들의 진술과 재진술을 치료적 과정으로 활용하면서 이것을 '정의예식(definitional cere-mony)'이라고 불렀다. 정의예식이란 용어는 마이어호프(1986)의 '정체성 선언' 이론을 토대로 만들어 낸 개념으로 사람들은 자신의 정체성을 다른 사람들에게 지속적으로 선언하는 것이 중요하다는 것이다. 그것은 다른 사람들이 개인의 정체성 형성에 많은 영향을 끼치기 때문이다. 개인은 다른 사람들을 통해 자신이 살아오면서 보여 준 가치 있는 행동이나 신념을 떠올릴 수 있다. 이것은 그 사람이 문제없이 잘 지내던 때를 기억하는 사람의 기록이거나 또는 오랫동안 그들의 삶 속에서 함께해 온 사람의 기록일 수 있다. 사람들은 정의예식을 통해서 자신의 내면에서 발견한 자원과 가치, 신념 등을 유지해야 한다는 책임감을 스스로 느낄 수 있다. 그리고 이것은 궁극적으로 사람들로 하여금 자신이 소중하게 여기는 가치를 발견하고 그것에 부합되는 삶을 스스로 조각해 나갈 수 있도록 만들어 준다. 따라서 정의예식은 자신의 정체성에 대한 빈약한 결론을 풍부한 결론으로 대체할 수 있게끔 돕는다(Anderson, 1987; White, 1991, 1995).

정의예식의 과정에서는 진술(telling)과 재진술(retelling), 재진술에 대한 재진술(retelling of retelling)을 통하여 정체감에 대한 결론을 내릴 수 있도록 돕는다. 예를 들어, 다섯 명의 가족이 있다면, 치료사는 그중 세 명과 면담을 하고, 나머지 두 명은 대화의 청중이 된다. 그러고 나서 청중이었던 두 명의 가족과 면담을 하면서 그들이 무엇을 들었는지에 관한 대화를 하게 되는데 이것이 재진술이다. 다시 청중이었던 세 명의 가족과 면담을 통하여 재진술하는 동안 무엇이 일어났는지를 질문하는데, 이것이 재진술에 대한 재진술이다. 이와 같은 과정을 통하여 인생에 대한 묘사는 점점 더 풍부해져 간다. 이때 치료사는 행동의 조망과 정체감의 조망에 관한 질문에 관심을 가져야 한다.

한 가지 예를 들어 보겠다. 집단 따돌림을 당하여 자존감이 상당히 낮아진 한 중학교 소녀와 어머니와의 면담에 비슷한 경험을 가진 두 명의 소녀를 초대하여 뒤에서 면담과정을 지켜보게 하였다. 30분 후 반대로 소녀와 어머니를 관찰실에 앉히고 면담을 관찰했던 두 명의 소녀에게 "조금 전 상담에서 너희들의 주목을 끌었던 것은 무엇이지?"라는 질문을 한다. 이것은 풍부한 서술로 이끌기 위한 질문이다. 그리고 "그것이 왜 너희의 주목을 끌었지?"라는 질문을 함으로써 자신의 가치를 생각해 보도록 한다. 이번에는 다시 소녀와 어머니의 면담으로 되돌아온다. "두 명의 친구들의 이야기를 통하여 새롭게 깨닫게 된 것이 있니?"라는 질문으로 내담자 스스로가 긍정적인 삶의 결론을 끌어낼 수 있도록 도와준다. 이것은 치료사가 설득하기보다는 지지하는 데 초점을 맞추고, 동료집단을 사용함으로써 지배적인 이야기를 해체하는 방법의 좋은 예다.

진술과 재진술을 축으로 하는 정의예식에서는 내담자와 치료사가 공동으로 협력할 뿐 아니라 때로는 제3의 다른 청중의 참여가 중요하다. 치료사 또는 내담자와 치료사 그리고 제3의 청중 사이에서 일어나는 진술과 재진술 과정은 참여한 사람 사이에 오가는 이야기를 구성, 해체, 재구성하는 단계를 반복함으로써 새로운 실체를 만들어 낸다. 이처럼 진술과 재진술 과정은 새로운 의미와 가능성을 지속시키는 방식으로 사용된다.

진술과 재진술은 안데르센(1991)이 고안한 반영팀에서 비롯된 것이라고 할 수 있다. 안데르센은 가족치료과정에서 치료팀이 임의로 논의한 후 가족들에게 일방적으로 메시지를 주는 방식을 지양했다. 그 대신 면담을 마친 후 상담과정에 대한 치료팀의 논의를 가족들에게 공개함으로써 가족들이 자신들에게 필요한 메시지를 스스로 선택하도록 도왔다. 이런 반영팀 접근에서는 가족과 치료사가 치료과정에서 나눈 이야기를 단순히 요약하는 수준을 넘어 새로운 의미와 가능성을 이끌어 냈다. 치료과정에 직접 관여하지 않은 제3의 외부 증인에 의해 구성된 반영팀의 재진술은 문제중심의 이야기에서 벗어나 새로운 이야기를 창출하는 계기가 될 뿐 아니라, 그 같은 새로운 이야기를 굳게 다지는 역할도 하였다.

일반적인 심리치료에서는 대부분 치료과정을 공유하지 않지만 이야기치료에서는 종종 내담자들이 가치 있게 여기는 청중을 치료과정에 초대한다. 이때 청중의 역할은 공감적인 반응을 해 주거나 의견을 말하거나 평가를 하거나 칭찬을 하거나 내담자의 강점이나 자원을 지적해 주는 것도 아니고 개입을 하는 것도 아니다. 이들의 역할 중에서 가장 중요한 것은 공명적인 반응이다. 여기서 공명적인 반응이란 청중의 재진술을 거울처럼 활용하여 내담자의 말과 삶의 이야기를 비추어 보여 주는 과정이다. 결론적으로, 정의예식은 다른 상담 접근에서는 찾아볼 수 없는, 이야기치료만의 독특한 요소라고 할 수 있다.

(6) 거푸집 짓기를 통한 이야기의 확대

거푸집 짓기(scaffolding)는 비고츠키(L. Vygotsky)의 근접발달영역에서 기인한 것이다. 치료과정에서 새롭게 만들어지는 이야기의 원천은 익히 아는 것과 지금은 모르지만 알게 될 가능성이 있는 것 사이에 존재하는 공간이다. 따라서 치료사들은 내담자로 하여금 익숙한 것에서 점점 멀어

져 앞으로 알게 될 가능성이 있는 것으로 움직일 수 있도록 하여 내담자
가 이 두 공간을 누비면서 풍부한 이야기를 만들도록 돕는다.

새로운 자기 이야기가 윤곽을 잡아 나감에 따라 치료사는 거푸집 짓기
를 통해 초점을 미래로 옮길 수 있으며 새로운 이야기를 채울 수 있는 변
화를 계획하도록 돕는다. 예를 들어, "자, 당신은 자신에 대해 발견해 왔
는데 이러한 발견들이 분노를 초래하는 다른 사람과의 관계에 어떻게 영
향을 미칠 수 있다고 생각하나요?"라고 물어서 가족원이 희망적인 미래
의 이야기를 만들어 내게 할 수 있다. 이와 같은 과정 속에서 이야기는
과거, 현재, 미래를 포함한 완성된 이야기가 된다.

치료사는 새로운 이야기를 공동저작할 때, 내담자에게 특정한 형태의

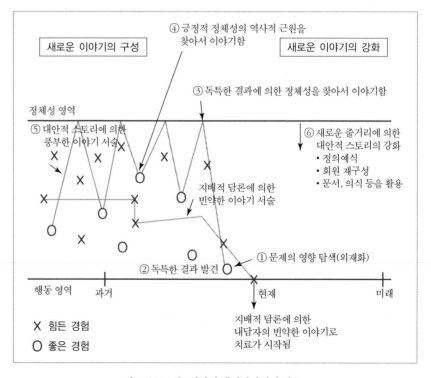

[그림 11-4] 이야기 재저작과정의 지도

질문을 함으로써 뭔가를 끌어낼 수 있다고 생각하기보다는, 내담자가 스스로 새로운 이야기로 향하는 문을 열 수 있는 능력을 가진 사람이라고 보는 관점을 가져야 한다.

(7) 새로운 이야기의 강화

치료사들은 내담자가 정체성을 강화할 수 있도록 청중이나 집단을 찾기도 하고 때로는 새로운 이야기를 강화하기 위한 편지를 쓰기도 한다. 치료사는 각 회기 종결부분에서 외재화하는 언어를 사용하여 독특한 결과를 강조하면서(그 독특한 결과가 사소한 것일지라도) 그날의 면담을 요약한다. 엡스턴의 경우에는 이러한 요약을 정리한 후 종종 내담자에게 편지로 쓰기도 한다. 치료적 문서를 통해 내담자의 삶에서 발견된 '반짝이는 상황'들과 탄력성, 여기까지 올 수 있게 만든 내담자의 강점 등에 집중함으로써 내담자로 하여금 그들의 삶을 다른 시각으로 보도록 돕는다. 우리의 삶이 언어로 구성되며 언어를 통해서 사람이 존재한다고 가정한다면 활자화되고 기록이 남는 문자 언어는 우리의 삶의 이야기에 중대한 기여를 할 수 있다.

내담자에게 편지를 쓰는 것은 단순한 편지를 의미하는 것이 아니라 내담자에 대한 정보나 기록, 치료과정의 요약이다. 치료과정의 요약 안에는 많은 것들이 들어 있다. 대부분의 내담자들은 우리에게 문제중심의 인생 이야기를 들려준다. 그러나 미미하기는 하지만 때로는 자기만족적인 이야기를 해 주기도 한다. 치료사들은 문서화 작업을 통해 치료과정에서는 집중하지 못했던 그들의 자기만족적인 작은 목소리를 찾을 수 있다. 문서화 작업을 하면서 내담자가 여기까지 올 수 있게 만든 강점을 발견한다면 내담자가 자신의 삶을 다른 시각에서 들여다보는 데 도움을 줄 수 있다.

편지 쓰기의 가장 큰 이점은 이야기가 재진술된다는 것이다. 이런 이점은 세 가지의 분명한 방식으로 나타난다. 첫째, 치료사의 도움을 구하는 사람들이 직접 이야기를 만드는 데 도움을 준다. 편지는 내담자가 '살아온 경험'을 이야기로 만들게끔 하며 문제에서 벗어나 잠재되어 있는 가능성을 새롭게 발견할 수 있게끔 돕는다. 그리고 내담자가 자신의 경험을 재평가하게 한다.

둘째, 편지에 쓰인 언어는 '나는 당신을 지켜보며 믿고 있다.'는 메시지를 전달하며 내담자와 그들의 이야기를 인정한다. 편지는 문제가 녹아 들어 있는 인생의 이야기를 재저작하는 데 도움이 되는 도구다. 그것은 쉽게 잊힐 수 있는 개인의 '반짝이는 상황'들을 고스란히 담아서 지면에 담기 때문이다.

셋째, 편지는 내담자가 직면한 문제와 대처 전략에 대한 기록을 제공하고, 이른바 '질문'으로 불리는 치료적 대화를 촉진한다. 대화의 내용 속에서 문제는 재구성되고 잘게 분해된다. 편지의 내용은 단순히 이미 나눈 치료적 대화에 국한되지 않고 미래까지 확장된다. 이처럼 편지는 치료회기에 많은 이익을 남긴다. 편지는 치료사가 내담자에게 일방적으로 전하는 메시지가 아니라 치료사와 내담자의 상호작용을 구성하는 도구로서 다른 전문적인 치료적 방법보다 이야기와 치료과정을 더 정교하게 보여 준다.

문서화 작업은 이야기치료의 가치가 더 빛나고 진가를 발휘하게 만든다. 아동과 청소년, 특히 성인들도 문서화 작업에서 많은 진전을 이룰 때가 많다. 이야기치료에서 활용하는 편지는 치료사가 내담자에게 하고 싶은 이야기를 적는 것이 아니라 내담자의 이야기가 담겨 있다. 이야기치료에서의 문서화는 내담자가 자신들의 이야기에 계속적으로 초점을 맞출 수 있게 돕고, 치료사가 던지는 질문을 통해서 이야기들을 서로 연결하고 풍부하게 만들어 가는 작용을 한다.

치료사도 한 회기의 이야기에만 집중하는 것이 아니라 연속선상에서 누적되는 이야기들에 집중하게 되고 그것을 서로 연결하고 독특한 결과나 대안적인 이야기들을 찾는 데 능숙해질 수 있다.

이야기치료에서의 문서화 작업 중 편지는 치료시간에 무엇에 관한 이야기를 나누었는지 정리하고 특별히 선호하는 이야기를 발전시킬 수 있게 해 준다. 즉, 내담자가 각각의 치료회기를 연결하고 자신의 스토리를 기억하며 잊지 않도록 주지시켜 준다.

비디오나 오디오 작업도 이와 유사한 면이 있다. 그러나 비디오나 오디오와 같은 디지털 매체에 전적으로 의존하기보다는 치료과정이나 작품, 이야기 등을 담은 사진이나 영상을 제작하는 보조적 도구로 사용하는 것이 바람직하다. 저자의 임상경험에 의하면 디지털 시대에 사는 현대인들은 아날로그에 대한 향수를 갖고 있으므로 편지와 같은 아날로그 접근이 보다 효과적일 때가 많다. 편지나 문서가 새롭고 풍부해진 이야기를 재저작하는 데 유용한 기법이라면 비디오나 오디오는 정의예식에 활용할 수 있는 매체다.

용어 설명

독특한 결과unique outcome   화이트에 의하면 문제로 가득 찬 이야기라 할지라도 그 속에 언제나 문제를 반박하는 반짝이는 상황이 존재한다. 반짝이는 상황이란 사람들이 이야기 속에 숨겨져 드러나지 못했던 부분이며 바로 그 부분을 살펴봄으로써 독특한 결과에 이르는 통로를 찾을 수 있다.

외재화externality   사람이 문제가 아니라 단지 문제가 문제일 뿐이라는 화이트의 생각에 근거한 이야기치료의 기법이다. 이것은 내담자가 문제를 분리하게

끔 도와서 문제를 작게 느낄 수 있도록 동기를 부여하는 것이다. 이것은 이미 내면화되었던 것을 객관화하고 분리함으로써 내면적 담론의 객관적 영향력을 반대로 만들 수 있다.

지배적인 이야기dominant story   사회적인 담론을 배경으로 내담자들이 문제에 대해 일반적으로 이해하고 만들어 내는 이야기를 의미한다. 이 같은 문제로 가득 찬 지배적 이야기가 치료과정을 통해 대안적(alternative) 이야기로 바뀌는 것이 이야기치료의 방법이다.

진술과 재진술telling & retelling   치료과정에 외부 인증 집단을 초청하는 것이다. 이 기법은 화이트가 노르웨이 반영팀의 기법을 응용한 것으로, 내담자와 치료사의 치료과정을 듣고 있던 청중에게 방금 들은 이야기에서 인상 깊었던 이야기를 하도록 한다. 필요하다면 내담자가 청중이 이야기를 듣고 또다시 자신의 이야기를 말할 수 있다. 이것을 통해 사람들의 삶에 대한 묘사가 더욱 풍부해진다.

치료적 문서therapeutic documents   회기의 내용을 요약하거나 치료과정에서의 대화 중에 내담자의 삶이나 지식, 기술 중에 의미 있는 것을 기록하여 내담자에게 되돌려 주는 것으로 편지, 메모, 증서 등의 다양한 형태가 있다. 이것의 최종목적은 내담자 스스로가 주체의식(personal agency)를 가지도록 돕는 것이다.

회원의 재구성re-membering   인류학자 마이어호프에 의해 만들어진 용어다. 캘리포니아 지역의 유태인 노인 집단을 대상으로 집단작업을 할 때 만든 것으로 정확히 표현하면 '특별한 형식의 재결합'이라고 할 수 있으며, 개인이 자신의 삶에 등장하는 사람들과 구성원들을 새롭게 조합하는 과정을 의미한다. 화이트는 이 용어를 사람들의 정체성형성과정을 인생클럽에 비유하면서 이야기치료에 접목하였다.

제12장

통합적 모델

가족치료는 기존의 다른 치료 접근과 달리 문제가 개인을 둘러싼 환경에 의해 생긴다는 공통의 관점을 가지기는 하지만, 그와 같은 큰 틀 안에서 독창적인 이론과 치료적 개입을 가진 다양한 모델이 발전되어

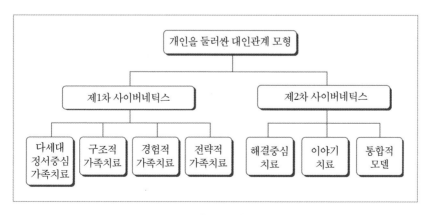

[그림 12-1] 가족치료의 여러 접근들

왔다.

21세기에 접어들면서부터는 치료사들이 치료적으로 도움이 된다면 자신의 모델을 고집하지 않고 다른 모델의 기법들을 차용해서 쓰면서부터 각 영역의 경계는 서서히 무너지기 시작하였다. 가장 대표적인 예로 대부분의 가족치료사들은 보웬 모델을 따르지 않더라도 가족치료 초기의 개입에서 가계도를 그리고 원가족의 문제를 탐색하려고 한다. 그러나 그들이 치료 전반에 걸쳐서 지속적으로 보웬의 접근을 사용하는 경우는 많지 않다. 즉, 자신들이 추구하는 모델을 중심으로 치료적 개입을 한다. 또한 반드시 전략적 접근을 하는 치료사들이 아니라도 각 회기를 마무리하거나 상담을 종결할 때 가족들에게 재정의를 사용한 메시지를 전달하는 것을 선호한다. 이처럼 의식하지 않더라도 오늘날의 치료개입에는 여러 접근의 기법들이 함께 사용되고 있다는 점을 익히 알 수 있을 것이다. 이 같은 변화에 치료사의 내담자 중심자세가 큰 역할을 하고 있음을 부인할 수 없다. 치료사가 선호하는 특정한 접근이 모든 내담자에게 도움이 되는 것은 아니라는 생각을 하게 되면서 내담자 개개인에게 보다 잘 맞는 기법은 무엇인가를 생각하고, 그것을 자신의 치료과정에 포함시키는 용기를 가지게 된 것도 큰 역할을 했다고 생각한다.

이렇게 학파의 구분이 모호해지는 것과 관련하여 2000년대부터는 가족치료사가 특정한 한 가지 모델에 집중하는 것보다 다양한 모델을 이해하고 내담자에게 필요한 것을 선택할 수 있는 능력의 중요성을 강조하는 경향이 나타났다(Blow, Sprenkle, & Davis, 2007). 마치 유능한 기술자가 자신의 연장통에 다양한 도구를 넣어 두었다가 필요할 때 꺼내어 적재적소에 사용하는 것처럼, 여러 가지 모델을 충분히 습득한 치료사가 내담자에 맞는 기법을 선택하여 사용해야 한다는 제안도 있었다. 이 같은 제안은 이상적이지만, 초보 치료사들이 실천하기에는 상당히 어려울 것이다.

저자의 경험을 돌이켜 보면 자신이 선호하는 모델에 대한 탄탄한 모델을 가진 후에 필요에 따라 내담자에게 도움이 되는 기법을 차용하는 것이 바람직하다고 생각한다. 이런 자세는 치료사가 어떤 이유로 다른 기법을 차용해 왔는지를 명확히 하고 자신의 치료적 중심을 유지하는 데 도움이 된다.

자신이 추구하는 모델 이외의 기법들을 차용해 쓰면서도 치료사들은 자신들이 지향하는 접근의 강점이나 차이점을 강조해 왔다. 그러나 앞에서 본 것처럼 여러 가지 가족치료 모델이 출현하면서 그중 어느 하나의 접근이 가족치료의 영역에서 독보적인 위치를 차지하기가 어려운 시점이 되어 버렸다. 이런 시대적인 흐름은 필연적으로 통합이라는 부분에 대해 관심을 가지지 않을 수 없게 만들었다.

통합적 모델에 대해 언급하기 전에 과도기적으로 사용되어 온 절충적 방법과 선택적 차용에 대해 먼저 언급하고자 한다. 초보 치료사들은 다양한 모델의 기법을 통합하기 위해 절충적 방법을 사용하는 경우가 많다. 이것은 자신이 지향하는 치료적 모델을 가지고 있다기보다는 지금이 가지고 있는 여러 모델을 수평적으로 펼쳐 놓은 후, 필요에 따라 기법을 가져다 쓰는 것이다. 이러한 방법의 단점은 사례에 대한 전반적인 이해 속에서 어떤 기법을 선택하기보다는 근시안적인 시각을 가진 채 순간순간 각 모델에서 기법을 선택해서 쓰게 된다는 점이다. 이 같은 경우 상담과정에서는 다양한 기법을 활용했으나 그것들을 엮어 낼 수 있는 일관된 흐름이 없다는 취약점을 가질 수 있다. 절충주의가 이 모델, 저 모델을 옮겨 다니는 것이라면 선택적 차용은 어떤 모델에 대한 확실한 기반을 가지고 그것에 다른 모델의 기법을 덧붙이는 것이라고 할 수 있다. 예를 들어, 해결지향적 접근을 하는 치료사가 원가족의 경험 속에서 내담자의 강점이나 탄력성을 찾기 위해 다세대 정서중심 가족치료의 가계도 기법을 활용한다. 이런 목적으로 가계도를 활용하는 치료사라면 가계도를 해석함에 있어서 삼각관계 형성 그 자체보다는 삼각관계라는 역기능의 구도 속에서 자신을 지켜낸 생존자의 삶이라는 부분에 초점을 맞출 것이다.

여기서는 이 같은 통합에 대한 움직임을 보다 체계적이며 계획하여 실시한 몇몇 모델을 포괄적이며 이론적으로 통합된 모델, 두 개의 다른 접근법을 결합한 모델, 특수한 임상 문제를 위해 계획된 모델로 나누어 소개하려고 한다(Nichols, 2010).

1. 포괄적이며 이론적으로 통합된 모델

포괄적이며 이론적으로 통합된 모델이란 절충적 방법의 발전된 형태라고 할 수 있으며, 치료기법을 하나의 모델에서만 선택하는 것이 아니라 현존하는 다양한 접근의 치료기법을 함께 사용하는 것이다. 사람들이 저마다 갖고 있는 다양한 경험에 초점을 맞출 수 있다는 이점이 있으나, 치료사가 다뤄야 할 문제가 너무 많아진다는 취약점도 있다.

1) 정서중심 부부치료

정서중심 부부치료(Emotionally Focused Couples Therapy: EFT)는 1980년대 말에 존슨(S. Johnson)과 그린버그(L. Greenberg)에 의해 개발되었는데, 1990년대에 접어들면서 정서에 대한 관심이 커지면서 더욱 발전하였다. 그들은 변화는 부부가 안전한 환경에서 서로에게 정서를 표현할 수 있을 때 일어난다고 보았다. 이들 접근은 개인의 애착과 연관된 정서반응을 통해 자신의 경험을 처리하는 방식에 초점을 둔 내적인 측면과 부부의 상호작용 패턴이라는 대인관계적 측면을 모두 고려한다. 즉, 체계적 패턴과 자기상이 서로 어떻게 자극하고 영향을 주는지 고려하면서 부부의 경험과 상호작용을 확대시켰다. 그러므로 이 접근은 성인애착 이론, 내적 경험의 변화를 지향하는 경험주의적 접근, 상호작용 패턴의 변화를 추구하는 구조적 체계 이론을 기반으로 한 통합적 접근이라고 할 수 있다.

EFT는 상호작용이 형성되고 친밀한 관계 경험을 정의하는 데 있어 정서와 정서적인 의사소통이 중요함을 강조하였다. 경험주의와 체계 이론을 통합한 EFT의 관점에서는 부부치료사가 정신 내적인 면과 부부 상호작용이라는 대인관계적인 면을 통합하고 부부가 상호보완적으로 서로를 발전시키도록 도울 수 있다고 보았다. 그리고 변화를 유도하는 강력하고 필수적인 매개체인 정서에 초점을 두었다. 정서가 단순히 부부간의 불화 문제의 일부분이 아니라고 생각하며, 부부간에 재협상을 유도하기보다 항상 정서결합체인 부부관계에 초점을 둔다. 따라서 정서적 교류와 교정적 경험을 중시한다. 두 관점을 통합하게 되면 각 배우자의 개인 내적인 정서적 경험뿐 아니라 두 사람 간의 상호작용이 일으키는 순환적 고리에 초점을 맞출 수 있다. 고정된 상호작용 패턴은 단순히 체계와 피드백 회로만을 의미하는 것은 아니다. 그것은 특정 상호작용 태도가 애착감정과 어떤 연관이 있으며, 이러한 감정이 어떻게 사람을 움직이며 특정한 관계 패턴의 형성에 기여하는지와 관련이 있다(Johnson, 2005).

정서는 현재 상황에 직접적으로 반응하는 1차 정서와 직접적인 반응을 극복하거나 1차 정서의 반발로 생기는 부수적 반응인 2차 정서로 나눌 수 있다. 따라서 EFT의 1차 목표는 부부간의 제한되고 경직된 상호작용 태도의 이면에 깔려 있는 2차 정서반응을 탐색하여 이것을 안정된 부부관계의 형성으로 연결하는 것이다. 즉, 부부간의 상처와 기대, 그 밑에 깔려 있는 분노와 의기소침 같은 방어적 표현들을 탐색하는 것이다. 그리고 이 같은 감정들이 부부관계에 끼치는 영향을 이해하도록 돕는 것이다. 2차적 목표는 부부관계를 안정과 평안의 원천으로 재정의할 수 있는 새로운 상호작용의 계기를 만드는 것이다.

부부가 그들의 정서적 반응이 서로의 기대와 갈망에 어떤 영향을 미치는지 깨닫게 되면 갈등 밑에 깔려 있는 감정을 표현하고 탐색하는 시간을 갖게 된다. 감정을 탐색하기 위한 방법으로는 RISSSC가 자주 활용된다. 여기서 R(repeat)은 강조하기 위해 의도적으로 중요한 단어와 문장을 치료사가 여러 차례 반복하는 것을 의미한다. I(image)는 표현이 어려운 감정을 드러내거나 유지시키기 위해 이미지나 형상을 이용하는 것이다. 첫 번째 S(simple)는 단순하고 간결한 문구로 내담자에게 반응한다는 것이다. 또한 두 번째 S(slow)는 천천히 진행함으로써 내담자가 더 깊게 감정을 경험할 수 있도록 하는 것이다. 세 번째 S(soft)는 내담자에게 안정감을 주고 싶은 감정을 드러낼 수 있게 부드러운 목소리로 이야기하는 것이다. 마지막으로 C(client's words)는 내담자를 지지하고 인정하는 태도로 감정을 불러일으켜 확대하는 순간에 내담자가 언급한 말과 문구를 사용하여 치료의 연속성을 만들어 가는 것이다. 예를 들어, 치료서는 천천히 부부에게 다가가면서 작고 부드러운 목소리로 "조금 전 화산이 터지기 직전의 느낌이라고 했나요? 금방이라도 터질 것 같아서 긴장된 순간순간이겠군요. 정말 두려울 것 같아요. 금방이라도 터질 것 같은 화산을 곁에 두고 있다면……. 얼마나 힘드셨나요?"라고 표현하는 것이다. 이 같은 감정표현을 통해 서로 표현을 하여 정서적으로 정화되면서 상호 파괴적인 관계 패턴에 대한 이해가 깊어진다. 이러한 순환적 과정은 부부치료과정을 통해 지속된다.

정서중심 부부치료사는 박탈감, 고립감, 그리고 깊은 유대를 가지지 못하는 데서 오는 상실감이라는 세 가지 요소로 틀을 잡고 부부의 경험

을 경청한다. 이러한 관점은 애착 이론으로부터 나온 것이며, 개인이 상
대방의 잘못과 실패에 대해서 초점을 맞추기보다 그들 자신이 간절히 바
라고 있는 것이 무엇인가에 초점을 맞추는 데 도움을 준다. 치료적 개입
의 과정은 다음과 같이 아홉 가지 치료 단계로 묘사되었다(Nichols, 2010
재인용).

1. 사정: 애착 이론을 이용하여 연합을 결성하고 부부간의 갈등 중 가
   장 부각되는 주제를 정확하게 설명한다.
2. 애착을 위협하고 관계를 긴장하게 하는 문제가 있는 상호작용의 흐
   름을 확인한다.
3. 상호작용 안에서 무시되었던 감정을 밝혀낸다.
4. 내면에 있는 감정과 애착요구로 이루어진 문제를 재구성한다.
5. 부인되었던 요구와 그것들의 패턴을 수용하고 표현하도록 격려한다.
6. 배우자의 새로운 모습을 받아들이도록 격려한다.
7. 요구와 바람을 명확히 표현하도록 격려하고, 친밀감과 정서적 연합
   을 창조한다.
8. 아직 해결되지 않은 관계 내 문제를 다시 해결한다.
9. 새로운 위치와 애착요구에 대하여 보다 정직한 표현을 강화시킨다.

2) 내면가족체계 이론

내면가족체계(Internal Family Systems Family Therapy: IFS) 모델은 1980년
대 일리노이 대학교에서 슈워츠(R. Schwartz)가 동료들과 함께 만들었다.
1996년 슈워츠가 노스웨스턴대학교로 자리를 옮기면서 내적인 작업을
배제한 채 가족치료를 하는 것은 불충분하다는 점을 깨닫고 새로운 시도

를 한 것이다.

내면가족체계 모델은 갈등하는 내면의 목소리를 하나의 인격체로 의인화하는 것이다. 슈워츠는 갈등이란 한 개인의 내면적 양극화가 표면으로 드러나 가족 간의 불편한 관계로 바뀌는 것이라고 생각했다. 즉, 다른 사람과 갈등이 있는 사람들은 그들 자신과도 갈등하고 있다는 것이다.

중학생인 진호(가명)는 잔소리하는 어머니 때문에 반항하며 힘들어한다. 치료사는 분노하는 진호의 감정을 경청하면서 어떤 반응에서 하위인격이 나올 수 있는지를 파악하고 그렇게 판단된 부분에서 가족들 간의 양극화된 감정을 드러내도록 작업한다. 진호가 부모들이 자기 일 때문에 말다툼을 하는 것에 대해 언급하면 진호에게 "그러니까 엄마가 말씀을 많이 하면 네 안에 분노의 마음이 생기는구나. 그렇게 화난 마음을 좀 다독이면 엄마의 말을 듣기가 좀 쉬울까?"라고 묻는다. 이것은 그의 반항이나 부모에 대한 불신이 단지 가족들 간에 갖고 있는 복잡한 감정의 한 가지 표현이라는 점을 암시한다. 그리고 대화를 이렇게 이어 간다. "그러니까 네 안에는 엄마의 말에 동의하는 부분도 있고 동시에 엄마 말이 너무 심하다고 생각하는 부분도 있구나. 그게 뭘 나타내는 것 같니? 그러니까 네가 두려워하는 게 뭘까?"

마음 전체가 부정적인 것보다는 일부분만 부정적인 편이 받아들이기가 더 쉽다. 즉, 진호의 경우에는 엄마에게 화를 내는 것은 자신의 마음 전체가 아니라 그중 일부에 불과하다고 생각할 수 있다. 그리고 자신의 (화난) 일부분이 (엄마를 불쌍하게 여기는) 다른 일부분을 억누르고 있음을 알게 된다. 그리고 자신뿐만 아니라 다른 가족의 마음속에도 마찬가지로 여러 부분이 있으며, 자신의 어떤 부분과 엄마의 어떤 부분이 서로를 힘들게 한다는 것을 알 수 있다. 따라서 치료사는 "그러니까 너의 화나는 부분과 엄마의 공허한 부분이 만나서 서로 자극하는구나."라고 말해 줄 수 있다. 이것은 분노하는 감정은 진호의 한 부분일 뿐, 자신 안에는 다른 감정을 느끼고 다르게 행동할 가능성을 지닌 하위인격이 많다는 것을 언급한 것이다.

그리고 치료사는 "그래서 아버지의 화난 감정이 엄마를 향할 때, 네 안에 같은 감정이 생겼을까? 그래서 네 일부가 엄마를 보호하기 위해 아빠와 싸워야겠다는 생각이 들기도 하니?"라고 묻는다. 이렇게 내적 갈등을 드라마화하여 가족들로 하여금 서로에 대해 보다 덜 양극화된 방법으로 자신들의 감정을 표현하도록 한다. 그리고 부부간의 관계에서 자주 드러나는 '밀고 당기는' 갈등 관계는 거부와 함몰에 대한 두려움의 표현일 뿐이라는 것을 깨닫게 한다.

때로는 갈등하는 내면의 목소리를 구분하는 데 도움을 주기 위해 각 부분이 사용하는 언어를 소개하기도 하며, [그림 12-2]와 같은 이미지를 사용하기도 한다.

경험적 가족치료와 마찬가지로 이 모델도 인간의 정서적 행동 이면에는 건강한 자기가 존재한다고 생각했다. 치료사는 내담자들이 자신 안에

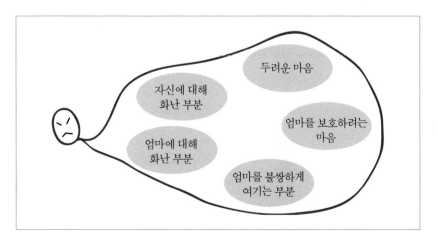

[그림 12-2] 진호의 분노를 이미지화한 예

여러 하위인격이 작용한다는 것을 이해하면 그것을 다른 모습으로 시각
화하여 진정시키도록 요구하기도 한다. 예를 들어, 자신의 화난 부분을
사나운 동물로 그려 내면 그 동물을 달래게 함으로써 화를 진정시킬 수
있다. 이처럼 내면가족체계 모델에서는 사람들의 양극화된 감정반사 행
동을 의인화하고 시각화함으로써 두려움이나 분노라는 반사반응을 경
험하는 하위인격으로부터 자유로워지도록 돕는다.

3) 초월적 구조주의 모델

　초월적 구조주의 모델(metaframeworks)은 가족치료의 여러 가지 학파
의 제한점을 극복하기 위해 각 학파의 경계선을 넘어서 가족에 대한 설
명을 하려고 했다. 이를 위해 각 학파의 주요 개념을 선택하여 그것을 상
위의 원칙과 연결시켰는데, 시카고 청소년 연구소의 브룬린(D. Breunlin),
슈워츠(R. Schwartz), 막쿤카러(B. Mac Kune-Karrer)가 함께 개발했다. 이
접근은 심리내적 과정, 가족구조, 가족 상호작용의 연속, 진화, 문화, 성
별이라는 인간 기능의 6개 핵심영역에 적용되는 통합적 이론초월적 틀
을 제공했다(D. Breunlin, R. Schwartz, & B. Mac Kune-Karrer, 1992 재인용).
이것은 체계론적 틀에 기반한 정형화된 치료기법에 안주했던 초기 가족
치료의 한계를 극복하기 위한 새로운 시도이자 임상가의 폭을 넓히는 도
전이었다. 또한 이것은 한 특정 모델의 편협한 관점을 해체하고 학파를
초월한 틀을 마련한 것이다. 즉, 각 학파의 공통적인 여러 조각을 선택한
후, 하나의 형태로 만들어 가는 것과 같다.

　구조를 초월한 6가지 요소로 한 가족이나 문제를 관찰하는 것은 한 안
경에 6개의 초점을 가지고 있는 것과 같다. 각 초점은 문제를 다른 각도
에서 보게 하지만 이것은 같은 안경 안에서 일어나는 것으로 모순된 것

은 아니다. 이 접근은 가족 문제의 결손된 부분을 찾아내는 것이 아니라 조화롭게 연결할 수 있는 자원을 방해하는 것들의 압박에서 자유롭게 하는데 초점을 맞추고 있다. 이처럼 구조를 초월한 틀을 적용하면 그것이 어떤 수준이건 문제의 압박으로부터 벗어나 궁극적으로는 문제를 해결하는 것이며, 가족들은 구속에서 벗어난다고 보았다.

예를 들어, 이혼을 한 후 우울증을 경험하는 한부모가정의 어머니는 여러 수준의 압박을 받을 수 있다. 내적과정의 수준에서는 아빠가 필요한 자녀들보다는 자신의 삶에 충실하기 위해 선택한 부분에 느낄 것이다. 가족구조에서는 생계를 위해 일하면서 자녀들과 물리적으로 함께 있지 못하여 소원해진 관계가 관여되어 있을 수 있다. 가족 간의 상호작용은 ADHD를 가진 형과 동생이 지나치게 산만하여 직장일로 피곤한 어머니가 자녀들을 잘 양육하지 못하는 것일 수도 있다. 이 같은 모자간의 갈등은 아이를 어떻게 다뤄야 하는지를 잘 아는 아버지를 만나고 온 후 더 자주 일어날 수 있다. 어머니는 자식에게 모든 것을 희생한 어머니에 의해 자신보다 자식이 잘되는 것이 우선이라고 강조한 원가족의 문화가 깊게 자리 잡은 것과 연관되어 있을 수도 있다. 이처럼 각 요소는 모두 밀접하게 관련이 되어 있어서 치료사는 가족에게 각 초점을 하나씩 바꾸어 보도록 격려한다. 때로는 두 개 이상의 요소들을 동시에 사용하여 내담자를 해방시킬 수도 있다.

초월적 구조주의 모델은 치료사가 단순한 구조 개념과 기법을 찾는 것이 아니라, 치료사 자신이 폭넓은 범위의 현상을 고려하여 새로운 개념을 배우기 위한 도전이라고 이해하는 것이 좋을 것이다.

4) 통합적 문제중심 치료

통합적 문제중심 치료(Integrative Problem-centered Therapy: IPCT)는 다양한 가족치료와 개인치료의 접근을 통합한 것이다. 노스웨스턴 대학교의 가족치료연구소에서 팽소프(W. Pinsof, 1999)가 동료들과 함께 개발했다.

이 모델은 치료사가 중점적으로 훈련해 온 접근방법이 한계에 직면할 경우 다른 기법을 선택적으로 차용하는 것이 아니라 전혀 다른 접근방법을 시도하고 그러한 접근방법들을 하나하나 검토하는 것이라고 정의할 수 있다. 팽소프는 모든 문제를 한 가지 접근방법만으로 다루어야 한다는 가정에서 벗어나 치료의 전체적인 맥락을 고려해야 한다고 강조했다. 즉, 여러 가지 모델 간의 우열을 가리고 그중 하나를 선택하기보다는 모든 모델을 동일선상에 놓고 출발해야 한다는 것이다.

팽소프가 제시한 한 가지 사례에서는, 그동안 사이가 좋았던 60대의 노부부가 지난 1년 동안 심하게 다투었다. 그들은 점점 싸움을 남편의 성적 무기력과 관련시켰다. 치료사는 이러한 사건과 연결시켜 탐색하던 중 부인이 남편의 성욕감퇴가 자신의 매력이 감소한 것과 관련이 있는 것으로 보고 있으며, 한편 남편은 성적 무기력을 자신의 남성다움이 감소하는 것으로 받아들이고 있다는 사실을 발견했다. 이러한 결론은 서로에게 고통스러운 것이므로 서로 이야기를 회피하게 되었고 그 결과 부부관계가 줄어들었다. 치료사는 이러한 고통을 솔직히 털어놓도록 격려하여 서로를 오해를 풀 수 있도록 한다. 노부부가 이것에 잘 반응한다면 싸움은 줄어들고 만족스러운 부부생활을 함으로써 치료는 종결할 수 있다. 그러나 치료가 순조롭게 이루어지지 못하면 성적 무기력의 생리적 원인으로 우울이나 당뇨병 등에 관해 탐색할 것이다. 치료사는 이러한 탐색을 통해서도 이들 부부의 문제가 개선되지 않는다면 노화에 대해 그들이 경험하지 못했던 다른 가설에 관한 탐색을 이어 나가게 될 것이다. 그래도 문제가 해결되지 않는다면 초점은 정신장애를 고려한다. 이처럼 모든 문제는 한 가지 접근만으로 다루어져야 한다고 생각하기보다는 심리치료의 전체적인 접근을 생각하는 것이 바람직하다고 주장하고 있다.

　팽소프의 이 같은 주장을 치료사가 모든 접근에 숙달해야 한다는 의미로 받아들일 필요는 없다. 서로 상이한 이론적 배경을 가진 치료사들이 팀작업을 통해 다양한 스펙트럼으로 내담자를 바라볼 수 있는 전환점이 될 수 있다.

2. 두 개의 다른 접근법을 결합한 모델

　여기서는 선호하는 두 개의 접근을 하나로 연결하여 보다 나은 모델을 만들고자 했던 여러 가지 시도에 대해 소개하겠다.

1) 이야기해결 모델

　이야기해결 모델(narrative solutions model)은 MRI의 전략적 모델과 이야기적 기법을 연결시킨 것으로, 에론(J. Eron)과 룬드(T. Lund)가 개발한 모델이다. 기계적인 가설에 입각한 지나치게 조작적인 치료기법이라고 평가받은 전략적 가족치료의 취약한 부분을 보완하기 위해 가족 스스로가 선호하는 것을 선택하여 해결의 장을 만들어 가는 이야기치료를 통합시킨 것이다. 에론과 룬드는 원래 전략적 가족치료사였는데 이야기치료에 매력을 느끼면서 그 어느 것도 포기하고 싶지 않은 마음에서 이 두 가지를 통합했다고 한다. 이들은 자신이 선택한 의도, 자신의 행동에 대한 인식, 자신에 대한 다른 사람들의 생각 사이에서 부조화를 경험할 때 문제가 일어난다고 보았으나, 전략적 가족치료사들처럼 행동에만 초점을 두지 않고 사람들이 문제에 대해 어떻게 생각하는지에 더욱 관심을 가졌다. 그들은 사람들 사이의 갈등은 자신의 선호하는 관점과 타인의 반응에 대한 차이에서 비롯된다고 보았다.

치료사가 유용한 대화를 이어 가는 데 도움이 되는 몇 가지 원칙은 다음과 같다(J. Eron & T. Lund, 1996).

(1) 내담자가 선호하는 것과 기대하는 것에 관심을 가진다

이야기해결 모델을 활용하는 치료사는 내담자가 타인으로부터 어떻게 평가받고 인식되고 싶어 하는지에 대해 관심을 가진다. 이를 확인하기 위해서 다음과 같은 질문을 활용할 수 있다.

- 당신이 (집, 직장, 학교, 타인과의 관계에서) 최선을 다할 때는 언제인가요?
- 당신이 최선을 다할 때 그들은 당신에 대해 어떤 것을 알게 되나요?
- 당신을 좋아하는 주위 사람들은 누구인가요? 그들은 당신의 어떤 점을 좋아하나요?
- 당신의 삶을 회상할 때, 최선을 다했다고 생각하는 시기가 있었나요?

(2) 행동의 결과를 탐색한다

치료사는 내담자로 하여금 그들의 행동이 자기나 타인에게 미친 영향을 탐색하도록 도와야 하는데, 이에 해당하는 질문은 다음과 같다.

- 당신이 어떤 일을 했을 때 아니면 반대로 그 일을 하지 않았을 때,

어떤 일이 생기나요?

- 그것은 좋은 일이었나요? 나쁜 일이었나요?
- 다른 사람들의 반응은 어땠나요? 그들은 무엇이라고 말했나요?
- 당신은 그것에 대해 기분이 좋았나요? 또는 나빴나요?

효과질문(effects questions)은 문제를 객관화하고 사람과 문제를 분리시 킴으로써, 내담자로 하여금 문제행동에 대해 편하게 언급하도록 한다. 그리고 자신이 원하는 것과 자신의 행동이 미치는 영향 사이의 모순에 대해 내담자가 책임을 지도록 한다.

(3) 과거와 현재의 이야기를 사용한다

치료사는 내담자가 좋아하는 것과 일치하고, 문제행동과는 반대되는 과거와 현재의 이야기를 찾도록 돕는다.

(4) 미래를 의논한다

치료사는 내담자에게 문제가 해결된 후의 미래가 어떠할 것인지 상상 해 보도록 독려한다.

(5) 미스터리 질문을 제시한다

치료사는 내담자에게 미스터리 질문을 하는데, 그 예는 다음과 같다.

- 열심히 일하고 생산적인 성향을 가진 사람이 어떻게 무기력하고 우 울한 사람으로 보이게 되는지, 그리고 다른 사람에게 무관심하고 게 으른 사람으로 여겨지는지 알 수 없군요.

미스터리 질문은 내담자가 되고 싶은 사람과 그의 문제행동의 요인 사이에 일치하지 않는 것을 조정하도록 이끈다. 이것은 내담자를 위협하지 않으면서도 자신에 대해 성찰하도록 만든다.

(6) 대안적인 해석을 한다

치료사는 내담자가 발생한 문제에 대해 새로운 해석을 발전시키고 새로운 행동을 시도하도록 돕는다.

(7) 논의를 격려한다

치료사는 내담자가 선호하는 것과 희망하는 것 그리고 의도하는 것에 관해 중요한 사람들에게 이야기하도록 격려하는데 그 예는 다음과 같다.

• 당신이 희망하거나 선호하는 삶은 어떤 것인가요?

2) 통합적 부부치료

전통적 행동주의 부부치료가 기대할 만한 성공을 거두지 못하자 제이콥슨(N. Jacobson)과 크리스텐슨(A. Christensen)은 의사소통훈련, 갈등해결, 문제해결을 행동주의적으로 혼합한 것에 인본주의적 요소를 포함한 접근인 통합적 부부치료(integrative couple therapy)를 고안하였다(Jacobson & Christensen, 1996). 통합적 부부치료에서는, 부부에 대한 교육을 강조했던 전통적 행동주의 치료와는 달리, 지지와 감정이입을 강조한다.

이 접근에서는 부부가 서로 비난을 멈추고 수용과 변화를 위해 자신을 개방하도록 돕기 위해 부부의 '정형화 단계'를 살펴보아야 한다고 제안했다. 이 단계는 갈등을 일으키는 '주제', 상호작용의 파괴적 패턴을 설명하는 '양극화 과정', 양극화로 인해 다툼이 일어나는 악순환을 지속시키는 '공동의 덫'이라는 세 가지 요소로 구성되어 있다. 즉, 통합적 부부치료에서는 갈등하는 부부가 서로를 비난하기보다는 부부가 함께 만들어 낸 상호작용을 이러한 세 가지 요소, 즉 정형화 단계로 설명하도록 한다. 예를 들어 서로를 변화시키기 위해 끊임없이 노력하는 부부 사이에서 갈등이 지속되는 악순환을 끝내기 위해서는 그들로 하여금 수용적인 태도를 갖도록 도울 수 있다. 또한 정형화 단계를 살펴봄으로써 부부는 상대방이 가해자가 아니라 잘못된 상호작용의 희생자일 뿐임을 인식할 수 있다.

제이콥슨과 크리스텐슨은 그 밖에도 부부관계의 변화를 촉진하기 위해 사회교환 이론, 의사소통과 같은 행동주의 부부치료의 기본적 요소를 통합적 부부치료 접근에 적용하였다. 그리고 의사소통 훈련 시에서도 부부가 적극적 경청이나 나−진술(I-statements) 기법을 습득하도록 도왔다.

그 밖에도 도시의 청소년들에 대한 연구에서 출발한 리들(H. Liddle)의 다중차원 가족치료(multidimensional family therapy)가 있다. 다중차원 가족치료는 약물과 문제행동의 위험요인 모델, 발달병리학 가족체계 이론, 사회지지 이론, 사회학습 이론 등을 통합한 것이다. 한편으로는, 개인적인 접근과 체계적인 접근을 통합한 것이라고 할 수도 있는데, 임상장면에서는 구조적 가족치료, 부모훈련, 청소년을 위한 기술훈련, 인지행동적 기법과 함께 적용되었다.

헨겔러(S. Henggeler)의 다중체계 모델(multisystemic model)은 청소년 범죄자와 그의 가족에 관한 연구에서 비롯되었다. 이 모델에서는 학교나 친구와 같이 청소년에게 친숙한 체계에 대해 중점적으로 다루었으며, 문제를 평가하는 데 있어 개인의 발달 단계를 고려하였다. 그리고 인지행

동주의적 요소가 포함되었다. 그러나 이 같은 접근은 가족치료 안에서
충분한 관심을 받지 못했다.

3. 특수한 임상 문제를 위해 계획된 모델

일반가족의 도벽이나 자존감 결여와 같이 발달주기상에서 흔히 드러
날 수 있는 문제에 관심을 가졌던 치료사들은 서서히 당뇨병이나 식욕부
진증과 같은 특수한 임상적 문제를 가진 가족에게 눈을 돌리면서 이들에
대한 개입의 효과를 높이기 위해 창의적인 노력을 하였다.

☐ 가족폭력에 대한 접근

폭력 문제를 가진 가족을 치료하는 방법으로는 부부를 분리시킨 후 남
성은 다른 가해자들과 함께 집단치료를 받게 하고, 피해여성은 지지집단
에 참여하도록 하는 것이 일반적이었다. 이것은 폭력에 대한 책임은 부
부 모두에게 있다는 체계론적 관점에서 비롯된 것이다. 그러나 골드너
(V. Goldner)와 워커(G. Walker)와 같은 여성주의자들은 이러한 관점을 비
판하면서 어떠한 경우에든 폭력적 행동에 대한 책임은 남성에게 있다고
주장하였다. 그러나 그들은 갈등의 심화와 관련된 부부 각자의 역할을
파악하기 위해서는 부부를 함께 치료할 필요가 있다고 보았다.

골드너와 워커는 부부를 함께 다루었지만, 특히 폭력을 문제시하였으
며 안전한 관계를 형성하기 위해서는 부부 두 사람이 모두 노력해야 한
다고 강조하였다. 그들은 부부는 공생적으로 밀착되어 다시 재결합하기
때문에 부부를 분리시킴으로써 안전을 보장할 수는 없으며, 이는 집을

나간 여자들이 또다시 폭력에 휘말리는 것을 통해 입증된다고 주장하였다. 부부가 함께 치료에 참여하도록 하고 이때 위험한 상황을 방지할 수 있는 치료사도 참석하면 피해자인 여성이 남성의 폭력성과 그로 인한 자신의 고통에 대해 언급할 수 있다고 보았다.

골드너와 워커는 부부가 가해자와 피해자라는 이름표를 떼어 버리고 대화에서 심리적인 통찰을 얻을 수 있도록 돕기 위해 '부분들'이라는 말을 사용하였다. 즉, 남편에게는 마음속의 화난 부분에 대해 이야기하도록 했으며, 아내에게는 스스로를 돌보기보다는 남편을 보호하기 위해 필요했던 부분에 대해 언급하도록 했다.

이러한 치료과정을 통해 그러한 부분들이 어떻게 나타나는지에 관해 탐색할 때 부부는 배우자의 고통스러운 과거에 대해 들을 수 있었다. 골드너와 워커는 적극적인 경청 형식을 적용함으로써 부부가 과거에 입은 마음의 상처에 관한 이야기를 털어놓도록 했으며, 아내가 남편의 폭력으로 인해 겪었던 고통과 공포에 관해 설명하게 하고 남편이 이를 듣도록 했다. 이것은 어린 시절에 폭력으로 고통받은 사람이 부부관계에서 마찬가지로 폭력적 행동을 저지르고 있으며 그것은 용납될 수 없는 일이라는 메시지를 전하고 있는 셈이다.

용어 설명

내면가족체계^{internal family systems}   슈워츠 등에 의해 개발된 통합적 모델이다. 이들
은 가족의 범주를 체계를 넘어선 심리 내적 과정과 가족을 둘러싼 환경적 영
역까지 넓혀서 생각하였다. 슈워츠는 가족치료만으로 충분하지 않다고 판
단된 경우에는 내적인 작용을 배제하지 않는 접근을 하였다.

선택적 차용^{selective borrowing}   최근의 가족치료사들은 한 접근만을 고수하지 않고
자신들이 기반으로 한 모델을 수정하고 확장하는 경향이 있다. 따라서 이들
은 자신의 모델에 얽매이지 않고 내담자에게 도움이 된다고 판단되면 의식
적, 무의식적으로 다른 모델의 기법을 사용한다.

성인 애착^{adult attachment}   사회심리학자 셰이버 등은 볼비가 발표한 유아기의 애착
개념을 성인기에게 까지 확대하여 적용하였다. 그들은 어린 시절에 형성된
애착과 의존이 일생 동안 영향을 미친다고 주장하면서 애착관계의 세대 간
전수를 강조하였다. 성인기의 애착은 배우자와의 결합을 준비하는 과정에
서 보다 잘 드러나며 이 경우 자율형, 거부형, 몰두형, 미해결형으로 분류할
수 있다고 보았다.

초월적 구조주의 모델^{metaframeworks model}   브룬린 등은 가족의 문제를 파악하기 위
해 가족치료의 다양한 모델을 모두 포함하는 6개의 인간기능의 핵심영역을
선택했다. 이처럼 심리내적 과정, 가족구조, 가족 상호작용, 가족진화, 문화,
성별이라는 구조를 초월적 기능은 서로 각각 연결되어 있다고 보았다.

제 5 부

변화하는 한국 가족과 가족치료

제13장 변화하는 한국 가족

가족치료는 한 개인이나 가족을 둘러싼 환경적인 요소와 무관할 수 없다. 특히 가족치료의 경우에는 그 사회가 바람직한 가족의 모습을 어떻게 보고 있느냐에 따라 문제의 정의가 달라질 수 있다. 그뿐 아니라, 문제의 원인, 해결방법 등도 가족이 속한 사회적 환경과 밀접한 관계가 있다. 가족치료사들이 도시화나 산업화, 그리고 이로 인한 가족기능의 축소 및 변화와 같이 한국 가족과 관련된 사회적 쟁점에 대해 검토한다면 임상현장에서 만나는 가족을 더욱 깊이 이해할 수 있을 것이다. 부부관계와 부모-자녀 관계라는 축에서 한국 가족의 특징을 정리해 보면 한국 가족의 특징은 밀착과 격리라는 정서적 문제에서 자유로울 수 없음을 알게 될 것이다.

제 **13** 장

변화하는 한국 가족

  한국 가족의 변화를 언급하려면 먼저 빠른 속도로 진행된 산업화의 영향으로 인한 도시화와 핵가족화라는 한국 사회의 변화를 언급하지 않을 수 없다. 이 두 가지의 현상을 도식화한 [그림 13-1]에서는 50년간 한국 사회의 변화를 단적으로 알 수 있다. 한국 사회의 변화를 좀 더 구체적으로 살펴보면 지역, 연령, 교육, 경제 수준 등에 따라 변화의 차이는 있으나, 우리나라는 지난 30년 사이에 3세대 가족 비율이 절반에 가까운 수준으로 떨어졌다. 이와는 달리 부부, 부부와 미혼자녀, 한부모와 미혼자녀로 구성된 핵가족의 비율은 1980년에는 72.9%에서 2010년에는 82.3%로 점진적인 증가현상을 보이고 있다. 핵가족의 구성에서 보면 [그림 13-1]에서와 같이 부부만의 가족과 한부모와 미혼자녀로 이루어진 가족 형태가 늘고 있다는 것도 특징적이다. 자녀 수에 있어서도 감소현상을 보이고 있어 출산율도 낮아지고 있다. 여성의 노동참여율이 증가하여 취

도시지역 인구비율현황

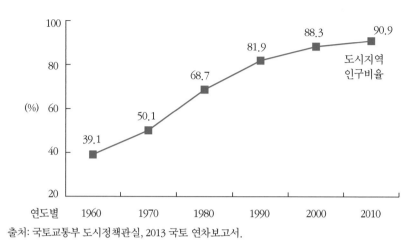

출처: 국토교통부 도시정책관실, 2013 국토 연차보고서.

가족형태 가구구성

전국(단위: %)

연도	핵가족			직계가족		기타
	부부	부부와 미혼자녀	한부모와 미혼자녀	부부와 양(편)친	부부와 양(편)친과 자녀	
1980	6.4	56.5	10.0	0.6	10.4	16.1
1990	9.3	58.0	8.7	0.9	9.3	13.8
2000	14.8	57.8	9.4	1.2	6.8	10.1
2010	20.6	49.4	12.3	1.2	5.0	11.6

출처: 통계청, 인구주택조사총조사보고.

[그림 13-1] 현대가족의 변화

업여성이 증가하였고 이혼율의 증가와 근무형태 변화의 영향으로 이산
가족이 증대되어 실질적인 한부모가족형태가 증가되었다. 또한 도시에
서 주거소유 비율이 감소하고 이사 횟수의 증가로 가족원들은 이웃관계
에서도 소원하게 되어 지나친 가족중심의 가족생활을 영위하게 되었다.

이 같은 변화는 자기중심적인 개인주의 사고방식을 초래하게 되면서
가족구조, 가족관계, 가치관 등에 많은 변화를 초래하였다. 특히 가족형

태가 가부장적인 대가족에서 부부와 자녀중심의 소가족으로 전환되면
서 파생되는 가족 문제의 패턴도 달라졌다.

　지금까지 전통적인 가족기능이라고 여겨 왔던 성적 욕구의 만족, 자녀
출산, 사회화의 교육, 애정의 교환, 지위의 부여, 보호기능, 경제적 기능,
그리고 종교적 기능, 오락적 기능 등이 도전을 받게 되었다. 즉, 이 같은
기능들은 산업화와 함께 많은 변화를 겪게 되었다. 오늘날에 와서는 가
정에서의 애정에 관한 기능을 제외한 다른 여러 기능들이 전문적 기관에
흡수됨으로써 가정의 기능은 점차 축소되고 약화되고 있다고 말할 수 있
다. 그리고 매스컴이나 인터넷의 보급과 같은 사회변동으로 인해 가정
내에서의 위계질서와 의사소통 유형, 자녀의 훈육방법 등에도 많은 변화

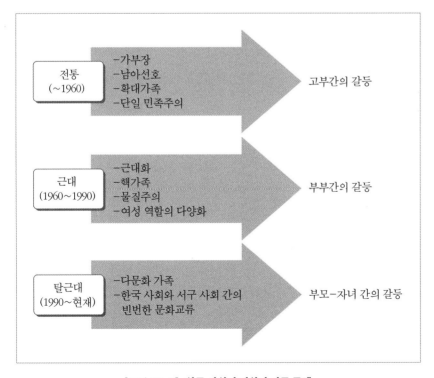

[그림 13-2] 한국 사회의 변화와 가족 문제

가 나타났다.

현대 가정의 가족구조와 기능의 변화에 따른 가족 문제를 임상현장의 경험을 통하여 정리해 보면 다음과 같다.

첫째, 현대 가정이 핵가족화됨으로서 야기되는 여러 가지 문제를 들 수 있다. 직업구조의 변동과 그에 따른 도시화, 출산율의 감소 등으로 가족 수가 줄어들고 가족형태가 변모함으로써 가족관 및 도덕관의 변동으로 인한 문제가 나타나고 있다. 즉, 현대 가정은 과거의 대가족보다 가족 간의 관계가 훨씬 단조로운데, 이는 넓은 인간관계의 형성을 저해할 뿐 아니라 가족원들로 하여금 고립, 소외감, 불안감을 느끼게 하는 원인이 되기도 한다. 이와 같은 변화로 인해 부모가 아버지 또는 어머니 역할에 적응하지 못하는 경우가 늘어나고 있는데, 이러한 역할 부적응은 부모 자신의 불안감을 증가시키거나 자녀에 대한 학대를 초래하기도 한다.

둘째, 부모가 집에 거주하는 시간이 줄어들면서 파생되는 문제다. 점차 가족을 중시하는 추세에 있기는 하지만 아직까지 한국의 아버지는 밖에서 보내는 시간이 많으며 맞벌이부부의 증가로 어머니도 직장을 가지게 됨으로써 자녀들이 혼자 있는 시간이 늘어나고, 부모와 대화할 수 있는 시간이 부족해지고 있다. 이것은 부모의 권위, 특히 아버지의 권위가 약화되어 자녀에 대한 교육, 훈육, 통제를 기대할 수 없게 되었다는 점과 연결된다. 특히, 비행청소년 가족의 특징으로 부모-자녀 간의 대화단절이나 훈육의 약화를 들 수 있을 것이다.

셋째, 부모의 과잉보호와 지나친 기대에 따른 문제다. 핵가족은 대가족에 비해 자녀 수가 적어서 부모의 관심과 보호가 지나칠 수 있다. 부모가 자신의 보상심리에 사로잡힌 나머지 자녀에 대한 정서교육은 도외시한 채 무리하게 입시준비만 시키는 경향이 늘어나고 있다. 그리고 이로 인해 자녀가 자아정체감 장애 등의 심리적 부적응을 겪게 되는 경우도 많아지고 있다.

넷째, 부부의 애정을 중심으로 한 핵가족 비율이 높아지면서 상대적으로 가족윤리를 강조하는 확대가족의 영향력이 약화된 것과 관련된 문제다. 핵가족에서는 부부의 애정이 식어 버리는 경우 그 가정은 제 기능을 상실하게 되어 결손가족으로 이어질 가능성이 높다. 현대 가정은 별거가족, 이혼가족, 한부모가족, 재혼가족 등의 다양한 가족구조가 증가되고 있으며, 이에 관련된 가족적응의 어려움이 많이 노출되고 있다.

한국 가족이 안고 있는 문제는 임상현장의 경험을 통해 다음과 같이 정리할 수 있다.

1. 부부관계

한국의 전통적인 가족제도가 집안을 통솔하고 유지하는 데 있어서는 부자관계, 정서적 교감에서는 모자관계에 의존했다는 점을 고려할 때 어떤 면에서는 세대 간 경계를 뛰어넘은 것이었다고 볼 수 있다. 이와 같은 가족에서 전형적으로 나타나는 문제 중 하나는 어머니와 친밀한 관계를 맺고 있는 남편의 모자관계에 아내라는 제3자가 끼어들어 역기능적인 삼자관계를 형성하는 것이다. 친밀하지 못한 부부관계는 부부의 문제로 그치지 않고, 아내가 정서적 지지를 얻기 위해 자녀에게 의존하게 되므로 그 문제가 다음 세대로 이어진다는 점에 주목해야 한다.

오늘날도 한국 가족은 평등하며 친밀한 부부관계보다는 모자관계에 보다 많은 비중을 두고 있는 경향이 있으나, 이와 같은 부부관계에 서서히 변화가 보이고 있다. 여기서 부부관계의 변화 흐름을 살펴보면 다음과 같다. 전통사회의 부부관계는 여성에 대한 남성의 통제와 억압이 특

징이었다. 이러한 통제관계가 제도화되어 가부장적 권위주의를 만들어
내었고 가족, 친족, 사회 질서의 가치를 소중히 여기게 되었다. 현대사회
로 이행하면서 전 세계적으로 확산된 여성해방운동을 통하여 반항과 투
쟁이 전개되기 시작하였다. 그리고 산업사회에서의 물질적 풍요, 교육을
통한 여성의 의식 수준의 향상과 사회진출이 가능해지면서 자유와 평등
의 가치를 강조하는 시기로 이행하게 된다.

저자의 견해에서 보면 21세기의 한국 가족의 부부관계는 통제와 억압,
반항과 투쟁, 자유와 평등이 공존하는 과도기에 있다고 본다. 그리고 이
같은 과도기 속에서 남편과 아내의 의식의 격차가 심하다는 점을 지적하
고 싶다. 변화된 역할변화를 적극적으로 받아들이고 있는 여성과는 달리
남성들은 이와 같은 변화를 수용하는 데 소극적이다. 즉, 남편들의 경우
여전히 가부장적 가족의식을 가지고 있는 반면, 부인들은 평등적 가족의
식을 받아들이고 있다.

저자의 임상적 경험에 의하면, 이와 같은 의식의 차이가 한국 가족의
많은 문제를 초래하는 것으로 보인다. 표면적으로 본다면 한국 가정에서
는 더 이상 남편만의 의사에 의해서 중요한 일이 결정되지 않으며 아내
의 권한이 강화된 것처럼 보인다. 예를 들면, 금전관리 및 자녀교육에 관
련된 결정에서 남편들이 밀리고 있다. 그러나 외형상으로는 평등하며
서로 협력하는 관계로 보이는 것과는 달리 부부관계의 내부에서는 아직
도 남편이 아내를 지배하고 통제하려는 전통적인 의식이 그대로 존재하
고 있다. 이와 같은 양면적인 부부관계는 가정폭력의 문제를 안은 부부
들에게서 자주 볼 수 있는 것이다. 한편 이른바 신세대라고 불리는 부부
들은 절대적으로 평등한 동반자적 관계를 추구해 나가고 있어서 현재
한국 가족의 부부관계는 혼돈된 상태. 최근 들어 급증하고 있는 이혼
율과 독신율의 증가는 이와 같은 사실을 잘 나타내고 있다.

서구의 가치관에서 출발한 가족상담자들은 새로운 출발을 하는 젊은 이가 부모로부터 심리적, 경제적으로 독립하여 자율성을 가지고 있는가를 건강한 가족의 지표로 본다. 다시 말하면 서구에서는 부모와 자녀가 별개의 가족에 속한다는 분화의 개념을 가지고 있다. 그러나 한국에서는 어른이 된다는 것은 분화의 과정이라기보다는 더욱 복잡한 인간관계로 통합하는 과정이라고 본다. 따라서 한국 부부들은 원가족(근원가족)으로부터 경제적, 정서적으로 독립하지 못한 채 새로운 부부관계를 맺는 경향이 있으며, 물리적으로는 독립하여도 심리적으로는 일생 동안 원가족과 밀접한 관계를 유지하게 된다. 상담과정에서는 이처럼 자신이 출생한 가족과 물리적·심리적으로 분리하여 두 사람만의 세계를 만들지 못했기 때문에 파생되는 여러 가지 문제를 목격하게 된다. 예를 들어, 결혼이라는 새로운 생활을 시작하면서 상대방의 욕구를 파악하고 그에 적응하여 새로운 형태의 규칙을 만들어 내기보다는 자신이 원가족에서 경험한 것을 강요하기 때문에 생겨나는 갈등이 있다. 이와 같은 갈등은 신혼기의 이혼으로 이어지기도 한다. 또한 일반적으로 잘 기능하는 부부관계의 지표는 일체감을 느끼는 동시에 개인으로서의 자립감이 존중되는 것이다. 그러나 부모로부터 독립성을 인정받은 경험이 없는 사람은 배우자에게 지나치게 밀착하거나 반대로 거리를 두게 됨으로써 서로가 상처받게 되는 경우가 있다. 빈둥지 증후군(empty nest syndrome)으로 표현되는 중년기의 위기는 이와 관련이 있다고 본다.

2. 부모-자녀 관계

　　부부에게는 부모가 된다는 것이 자존감이나 자랑스러운 느낌을 주어서 자아정체성의 원천이 된다. 특히 한국 가족은 자녀에게 보장된 미래를 제공하려는 욕구가 강한 부모가 자녀를 위해 기꺼이 희생을 감수하는 가족체계 안에서 부모와 자녀가 정서적으로 뒤엉켜 있는 경우가 많다. 이처럼 부모-자녀 관계에 지나친 비중을 두게 되면 이는 부부의 대화나 친밀함, 부부관계 등의 감소를 초래하게 되며 이로 인해 발생하는 불만도 적지 않다.

때로는 서로에게 불안과 불만을 가지고 있던 부부가 자녀의 출생에 의하여 자녀를 두 사람의 중개자로서 사용함으로써 표면적인 안정을 시도하는 삼각관계의 양상을 형성하여 자녀를 희생양으로 만들기도 한다. 가족이 원활하게 기능하기 위해서는 부모세대와 자녀세대 간의 경계를 유지하는 것도 필요한데, 어떤 이유에서건 한국 가족의 경우는 부부간의 의무와 부모로서의 의무의 균형을 유지하지 못하는 경우가 있다. 학교 가기를 두려워하는 등교거부 자녀는 지나치게 부모-자녀 관계에 비중을 두기 때문에 나타나는 부작용의 전형적인 예다. 자녀가 글자 그대로 학교가 무서워서 등교하지 않는 것이다. 이러한 행동의 배경에는 부모에 대한 자녀의 책임이나 충성심이 있는 경우도 많다. 등교를 거부하는 자녀의 불안과 부모의 불안이 미묘하게 서로 어우러져서 자녀의 사회참여에 방해가 되고 그들 모두는 가정 안에 머무르게 된다. 어떤 자녀의 경우에는 보다 퇴행하여 야뇨증이 생기거나 천식과 같은 신체화 증상으로 나타나기도 한다.

일반적으로 부모-자녀 관계의 어려움은 10대 자녀를 둔 가정에서 많이 노출되는데, 이것은 이러한 생활주기에 해당하는 가족의 유연성과 관련되어 있다고 본다. 10대 자녀가 있는 가정에서는 아동기에 형성한 자기상의 일부를 발전시키는 동시에 새로운 자기동일성을 확립하는 과제에 직면하게 되면서 부모와 자녀의 관계에서는 자립과 의존의 갈등이 한층 더 심하게 나타나기 때문이다. 즉, 이 시기의 자녀는 가정 외의 활동에 대해서는 부모에게 거의 아무런 말을 하지 않기 때문에 자녀에 대한 부모의 신뢰가 동요되기 시작한다. 특히 부모가 어린아이처럼 순종하는 자녀를 기대할 경우에는 자녀에 대한 불신감은 더욱 증폭된다. 또한 부모에 대한 자녀의 불신감은 완고한 부모가 자녀의 의사를 인정하지 않으려 할 때 더욱 커지기 시작한다. 부모가 자녀의 연령에 부응하는 자립성과 자유를 인정하지 않고 어린아이처럼 대하기 때문이다. 그리고 자녀의 강한 자립의 욕구 이면에는 부모에게 의존하고 싶다는 욕구도 남아 있기 때문에 신뢰의 문제는 점점 뒤엉키게 된다. 이 같은 긴장을 견디지 못한 10대 자녀 중에는 외모, 신장, 체중 등에 지나치게 신경 쓰면서 사회생활을 회피하게 되는 경우도 있다. 과식, 거식과 같은 섭식장애의 문제를 가진 청소년의 사례는 앞에서 언급한 가족관계와 그 구조가 유사하다. 청소년기 자녀가 있는 가족의 문제는 한마디로 유연성의 부족에서 기인한다고 볼 수 있을 때가 종종 있다. 즉, 이 시기의 자녀는 가족 밖에서 가족 안으로 여러 가지 새로운 생각, 정보, 유행하는 것들을 가지고 들어온다. 그리고 또래의 친구를 가족에게 데리고 오기도 한다.

가족이 청소년의 이와 같은 행동에 유연하게 대응하거나 잘 적응하지 못할 경우 그 가족은 어려움을 겪게 된다. 다시 말하면, 청소년기의 자녀가 제시하는 새롭고 이질적인 생각이나 행동을 자신의 기준에서만 평가하기 때문에 자녀의 반항이나 독립을 수용하지 못하고 불안감을 느끼게 되는 부모가 많다.

또 하나의 특징은 앞에서 언급한 것처럼 부모가 집에 거주하는 시간이 줄어들어 물리적으로 가족이 함께 의사소통을 하는 시간이 줄어드는 경향에서 기인한 것이다. 즉, 점차 가족을 중시하는 경향을 보이고는 있지만 아직까지 한국의 아버지는 집 밖에서 보내는 시간이 많으며 맞벌이부부의 증가로 어머니도 직장을 가지게 됨으로써 자녀들이 혼자 있는 시간이 늘어나고 부모-자녀 간의 상호작용이 감소한 것과 관련이 있다. 그 결과 산업화가 시작된 1960년대와 비교할 때 오늘날의 남성은 자녀교육에 개입할 기회가 감소되었으며, 여성의 사회진출로 인하여 가정 내에서 이루어지는 교육보다 가정 밖의 전문기관에서 이루어지는 교육에 의존하게 된 것이다.

저자의 개인적 경험에 의하면 청소년기의 문제행동과 가족의 변화는 시대적 흐름에 따라 변하고 있다고 생각된다. 예를 들면, 30여 년 전에는 청소년들은 자신감이나 대인관계상의 어려움으로 치료기관이나 상담소를 찾기 시작했고, 그 후에 등교거부의 문제가 대두되었다. 최근에는 교내폭력과 집단 따돌림의 문제와 성인 남성들과의 성매매와 같은 외현적 문제가 화제의 대상이 되고 있다.

그러나 시대의 추이와 함께 이전에 문제시되어 온 행동이 소실되어 가는 것이 아니라, 기존의 문제행동에 새로운 문제행동이 덧붙여지는 식으로 문제행동이 다양화되어 가는 것이다. 임상적 경험에 의하면 문제행동을 나타내는 청소년이 그리는 가족상은 저마다 고유의 특징을 가지고 있다고 생각된다.

예를 들면, 대인관계상의 어려움을 느끼는 청소년이 그리는 가족상은 가부장적 가족으로, 이른바 '권위가 있는 아버지'로 인한 긴장이 주요 주제인 경우가 많다. 그런데 그 이후에 대두된 등교거부 문제는 반대로 아버지의 위상이 무너진 것에 기인한다고 생각된다. 1980년대는 치맛바람으로 표현되는, 자녀의 교육에 지나치게 열성적인 어머니가 두드러졌던 시대인데, 등교거부의 자녀가 그리는 가족의 모습은 그것과 맥을 같이하고 있다. 즉, 그들이 그리는 가족상은 아버지상의 위축과 밀접한 관련을 가지고 있다고 생각된다. 그리고 1990년대에 들어서면 '아버지의 부재'

라는 표현이 자주 인용되었는데, 이는 청소년 문제로 자주 언급되는 폭력과 성매매 등의 문제와 관련이 있다고 본다. 즉, 이 시대는 아버지가 모습을 완전히 감추어 버리고 말았다는 인상을 받는다.

3. 밀착과 격리와 관련된 문제

기능적인 가족은 가족원 간에 경계가 명확하고 우리 또는 집단에 대한 소속감과 함께 정체성의 자각을 각 가족원에게 줄 수 있어야 한다. 따라서 이와 같은 밀착과 격리는 가족 문제를 초래하는 중요한 요인이다. 밀착은 가족이 서로의 생활에 대해 너무 염려하고 지나치게 개입하기 때문에 가족 간의 상호작용이 극단적으로 엉켜 있는 형태를 말한다. 따라서 밀착된 가족에서 하위체계 간의 경계는 구별이 잘 안 되며 쉽게 바뀐다. 또한 이 가족의 구성원들은 가족응집력을 지나치게 중시하여 자주성을 잃게 되는 반면, 가족 밖에서의 문제를 탐구하고 해결하려 하지 않는다. 격리된 가족은 독립적이며 자주적으로 기능하나 가족의 충성심은 거의 없다. 그들은 도움이 필요할 때 다른 사람에게 도움을 요청하는 힘이 부족하다.

서구 사회에서는 도시화, 산업화가 2~3세기에 걸쳐 이루어져 왔으나, 한국 사회는 이와 같은 변화를 지난 50여 년간 진행해야 했으므로 이들 변화가 가족에 미친 영향은 막대하다. 전통 가족에 비해 현대 가족은 개인주의, 부부중심 가족 간의 민주적 관계, 여성의 지위 향상 등의 방향으로 변함으로써 핵가족화되어 가고 있다. 그러나 도시 중류가정까지도 핵가족의 형태를 갖고 있을지라도 실제는 변형된 확대가족문화 속에서 가까운 확대가족들과 강한 상호관계를 맺으며 살고 있다. 또한 한국인은 효, 조화, 중용, 질서, 친족의식, 충성심, 순응성, 인내심, 상부상조, 자기통제, 강한 소속의식 등을 주요한 가치로 삼고 있다. 따라서 한국인의 대인관계의 특징으로는 위계질서, 솔직한 자기표현과 의사소통의 억제, 감정의 억제, 갈등의 회피, 갈등해결을 위한 제3자의 활용 등을 들 수 있다.

이렇게 본다면 수십 년간 한국에서는 서구의 개인주의, 자유주의, 평등주의와 실리주의로 인하여 전통적인 가치관과 가족 집단주의(collectivism)가 많이 약화되었으며 개인주의(individualism)가 강해지고 있다고는 하지만, 아직도 집단주의 성향이 우세하다고 판단된다. 따라서 상반되는 이 두 가지 가치관과 의식의 대립이 한국 사회와 가정 내에서 심각하게 나타나고 있음을 가족상담의 장면에서 자주 깨닫게 된다.

앞에서도 언급한 것처럼 한국 가족구조의 변화에서 가장 두드러지는 현상으로는 급격한 핵가족화를 들 수 있다. 원래, 한국 사회는 전통적으로 가부장제 가족구조 속에서 어려서부터 가족 내의 최고권위자에게 무조건 복종하면 일신상의 안전이 보장되므로 의존적인 성향이 조장되어 왔다. 그런데 현대 가정이 핵가족화됨으로써 이와 같은 가치는 흔들리게 되었고 그에 따른 여러 가지 문제가 야기되었다. 직업구조의 변동과 그에 따른 도시화, 출산율의 감소 등으로 가족 수가 줄어들고 가족형태 등이 외형적으로는 변모하였으나, 가족관 및 도덕관 등의 내면적인 변화가 이에 따라가지 못하여 파생되는 여러 가지 문제로 한국 가족은 흔들리고 있다. 더 나아가, 핵가족은 부부의 애정을 중심으로 형성되어 있으나 애정이 식어 버려서 가정이 제 기능을 상실하게 되어 초래되는 결손가족과 함께 가족이 지나치게 밀착되어 버린 가족이 증가되었다. 다시 말하면 과잉보호와 지나친 기대에 따른 문제가 발생하고 있는 것이다. 즉, 현대 한국 사회의 가족 문제로는 가족의 해체와 함께 자녀가 가족에서 분리되지 못하는 문제나 가족 충성심과 관련된 어려움이 크게 부각되고 있다.

4. 다양한 가족형태와 관련된 문제

최근에는 감정적으로 균열된 부모와 함께 생활하는 것보다는 한부모라도 평온한 상태에서 생활하는 것이 자녀에게 바람직하다는 생각에서 이혼을 선택하는 부모들이 늘고 있다. 부모의 이혼으로 자녀들이 정신적 타격을 받게 되는 것은 이미 알려진 사실이다. 자녀들이 자신의 부모들의 이혼을 어떻게 경험할 것인가는 자녀의 연령과 성숙 정도에 따라 결정된다.

일반적으로 이혼하기 전에 부부싸움 등의 부모의 불화로 인한 긴장된 가정 분위기가 이어지면 자녀들은 무서운 일이 일어날지 모른다는 공포감을 가지게 된다. 그러다가 부모 중 한쪽이 집을 나가는 별거의 사태가 벌어지면 자녀들은 심한 정신적 동요를 경험하게 되는데, 이때 연령에 따라 다른 행동을 하게 된다. 즉, 연령이 낮은 자녀는 살 집, 음식 등 살아가는 데 필요한 것을 자기 혼자 해결하지 않으면 안 된다는 구체적 문제기 공포감으로 변한다. 또한 남아 있는 부모에게 버림받지 않을까 하는 두려움 때문에 나이에 걸맞지 않은 어른스러운 행동을 하기도 한다. 집, 의복, 음식을 걱정하는 것은 현실감에서 벗어난 것이 아니라 애정과 안정을 구하는 기분을 아동 나름대로 표현하고 있는 것이다. 이와는 달리 연령이 높은 자녀는 슬픔, 분노, 죄의식 등의 정서적 혼란으로 인해 도벽 등의 반항적 태도를 보이기도 한다.

무엇보다 이혼한 부부의 자녀가 느끼는 가장 큰 어려움은 사별과 다르게 가족 모두가 상실감을 공유할 수 없기 때문에 슬픈 감정을 자유롭게 표현할 수 없다는 점이다. 따라서 자녀들은 슬픔, 분노의 감정을 행동으로 표현하게 된다. 유아의 경우에는 수면장애, 식욕부진, 성장지체가 나타날 수 있으며, 초등학생의 경우에는 두통이나 복통 등을 호소하거나 성적이 떨어지기도 한다. 10대 자녀들은 정서적 불안, 퇴행이나 비행을 나타낼 수 있다.

이혼이 가져다주는 어려움은 자녀뿐만 아니라 이혼을 결행한 부모들도 경험하는 문제다. 이혼 후 일 년간은 사회적인 고립, 자존감의 상실, 우울과 무력감이 심화되며 자녀의 양육에 있어서도 양쪽 부모의 역할을 모두 떠맡아야 하므로 부모와 아이들은 심각한 정서적 스트레스를 경험한다. 이혼은 전통적인 가족생활주기의 흐름을 방해하며 그 주기를 회복하는 데 최소한 2년 이상이 걸린다. 별거하거나 이혼하는 과정에서 부부는 후견인 문제, 경제적 문제, 별거 또는 이혼 후에 함께 살지 않는 자녀를 만나는 문제 등에 대해 타협해야 하지만, 한국 사회에서는 아직 이와 같은 부분에 대해 부부가 적극적으로 논의하는 것이 어려운 실정이며 이로 인해 많은 가족 문제가 야기되고 있다.

가족생활주기의 분열인 동시에 새로운 주기의 시작이 되는 재혼가족의 경우에도 많은 어려움이 있다. 재혼가족은 양 부모의 죽음이나 별거와 같은 중요한 상실경험을 가지고 있으며, 서로 다른 경험, 전통, 가치, 기대를 지닌 사람들이 갑자기 한 가족으로 모여 여러 가지 어려움을 경험할 수 있다. 또한 자칫 새로운 남편과 아내의 관계보다 부모와 자녀의 유대가 우선적으로 생각될 수 있어서 종종 새로운 긴장이 초래되기도 한다. 그리고 친부모의 존재 또는 그에 대한 기억은 자녀들로 하여금 충성심의 혼란을 느끼게 하여 새로운 관계를 형성하기 어렵게 만든다. 또한 동시에 두 가정의 구성원이 된 자녀가 이혼한 부모들 사이의 끝나지 않은 싸움에 휘말릴 경우 부적응 문제가 발생하기도 한다.

여기에서는 현대가족의 부모와 자녀의 특징을 잘 드러낸 밀착과 격리의 문제, 공생과 부재의 문제와 관련이 있는 사례를 제시하고자 한다.

1) 밀착된 가족: 신경성 식욕부진증 자녀를 둔 가족

청소년기에 극복하지 않으면 안 되는 발달과제 중에서 가장 중요한 것은 가족으로부터 자립하는 것이다. 그러나 자녀가 스스로 가족으로부터 독립하여 하나의 성숙된 인간으로 성장하는 일은 그다지 쉬운 일이 아니다. 청소년기는 우리가 살아가면서 겪게 되는 여러 경험 가운데서도 보다 강렬한 경험을 제공한다. 왜냐하면 이 시기의 청소년은 자신의 가족에 대해 가지고 있는 정서적 연결을 분리시켜야 하며, 동시에 앞으로 다가오는 새로운 생활에 대한 공포 또는 기대를 동시에 경험하기 때문이다. 가족과 정서적으로 바람직하게 연결되었지만 그것을 유지하는 데 실패하면, 그것은 심리적 실패와 연결되기 때문에 이로 인해 여러 가지 정신적 어려움이 생겨나는 것이다. 청소년이 지닌 여러 가지 어려움 가운데 지나치게 강한 부모-자녀의 결합, 부모-자녀의 단절, 부모-자녀 간의 갈등 등이 그 배경에 존재하고 있다. 특히, 대부분의 신체화 증상은 가족으로부터 자립해야 하는 발달과제를 성취하지 못한 데에 기인하는 경우가 많다.

(1) 신경성 식욕부진증의 특징

신경성 식욕부진증(anorexia nervosa)은 일반적으로 10대나 20대 초반의 미혼여성에게서 자주 보이는 증상이다. 이들은 이 같은 문제가 나타나기 전에는 내향적이고 착실한 노력가로 학업이나 일상적인 활동에서 평균 이상의 성과를 거두는 경우가 많다. 이들은 어릴 적에 부모에게 별로 의존하지 않는, 또는 손이 가지 않는 자녀라는 평을 들었으며, 때로는 자기주장이나 결단력이 부족한 것처럼 보이기도 한다. 신경성 식욕부진증은 친구관계에 어려움을 겪거나 남자친구를 사귀는 데 실패하는 등의 정신적 요인이나 비만 때문에 사람들로부터 놀림을 받았다는 신체적 요인 때문에 발생하는 것이 대부분이지만, 때로는 계기가 확실하지 않은 경우도 있다.

가장 많이 호소하는 증상은 오랫동안 계속되는 식욕부진, 체중 감소, 무월경, 변비 등이다. 이러한 증상은 언뜻 보면 내과의 도움을 필요로 하는 신체적 증상처럼 보이지만, 근본적으로는 심리적 원인에서 기인한다. 식욕부진의 정도는 일정하지 않아서 때에 따라서는 지나치게 많이 먹기도 하고 때로는 먹지 않기도 한다. 가족과 함께 있을 때는 아무것도 먹지 않지만, 가족 몰래 먹거나 밖에서 간식을 먹는 경우도 있다. 또한 드물기는 하지만 훔쳐 먹는 경우도 있다. 몰래 먹을 때는 정신없이 먹어대는 대식(bulimia)의 경향을 보이기도 하며, 먹고 나서는 설사약이나 인위적 방법을 사용해 곧 토해 낸다. 어떤 사례의 경우에는 가족 앞에서 당당하게 대식을 하여 그 때문에 살이 찌고 한동안 잘 먹지 않다가 또다시 대식을 하는 악순환을 주기적으로 반복하는 경우도 있다.

또한 이들은 섭식장애뿐 아니라 여러 가지 면에서 특이한 점을 가지고 있다. 대부분의 IP는 먹지 않아서 지나치게 말랐는데도 불구하고, 활발하게 움직이면서 학교생활이나 집안일 등은 계속한다. 주위에서 걱정하여 이러한 활동을 저지하면 상당히 강한 반발을 한다. 식욕부진증 환자의 이와 같은 느긋하지 못한 부분 또는 과도한 활동성은 이미 지적된 바 있다(Wolf, 1973). 이러한 사실을 뒷받침하는 것은 이들이 휴일이나 휴가 기간에 상태가 더 나빠진다는 점이다. 이러한 사실로 미루어 보아 그들은 할 일이 없다는 사실을 두려워한다고 추론할 수 있다. 또한 이들은 다른 사람이 걱정하는 만큼 자신의 신체 상태에 대하여 심각하게 인식하지 않는다.

질병과 함께 대인관계에도 많은 변화를 보여서 가정 밖에서는 혼자 잘 난 척하거나 반대로 누구에게나 분위기를 맞추는 상반된 태도를 보인다. 한편 가정 내에서 보이는 대인관계는 획일적이다. 즉, 특정 부모에게 반항과 의존이 혼합된 양면적인 태도를 나타내는 것이다. 그러나 대부분의 부모는 지금까지 순종하던 아이가 갑자기 반항하거나 못되게 군다는 사실에 너무 크게 집착하여, IP의 의존적인 태도를 잘 보지 못하는 경향이 있다.

임상적 경험에 의하면 IP는 현실적으로는 의존에 대한 욕구가 상당히 강하다. 이를 나타내는 증거는 다음과 같다. 발병 이후에는 부모, 특히 어머니를 독점하려고 하며 어머니의 관심이 자신 이외의 다른 형제나 다른 사람을 향하면 속상해한다. 발병 전에는 그다지 많은 요구를 하지 않았던 것과는 달리 요구가 많아지고 발병과 함께 인형이나 애완동물 등에 이상한 애착을 보인다. 돈에 대한 집착도 강해져서 부모에게 용돈을 강요하여 돈을 모으는 경우가 많다. 그러나 이렇게 모인 돈은 음식물을 사 먹는 데 모두 써 버리는 경우가 많다. 이들은 감정이나 계획이 상당히 빨리 바뀐다. 또한 상당한 공허감을 느끼며 언제나 자신이 있을 곳이 없다고 호소한다.

이상이 신경성 식욕부진증 청소년의 전형적인 특성을 기술하여 묘사한 것이다. 이들의 특징을 간단히 정리하면 다음과 같다.

첫째, 젊은 여성인 경우가 많다.

둘째, 왜곡된 신체 이미지를 가지고 있어서 날씬해지고 싶은 욕망이 강하다.

셋째, 습관적인 대식과 편식 및 구토를 반복한다.

넷째, 침착하지 못하거나 정반대로 활동성이 높고 또는 일에 열중한다.

다섯째, 자신의 현재 상태가 병이라고 보지 않고 오히려 만족하는 경우가 있다.

여섯째, 반복되는 자기 파괴적 행동을 보인다.

일곱째, 행동 전반에 충동성이 존재한다.

여덟째, 일반적으로 성숙혐오, 여성성 기피, 금욕주의 등 자신의 심리적 세계에 상당한 긍정적 의미를 부여한다.

아홉째, 식욕부진이 자기의 내적 세계와 가족 내의 갈등과 관련이 있다는 사실을 쉽게 인정하지 않는다.

(2) 사례 소개

고등학교 1학년인 혜나(가명)의 경우를 소개하려고 한다. 혜나는 중2 여름부터 키가 작고 뚱뚱한 자신의 외모에 신경이 쓰여서 키를 늘리고 싶다는 욕심에 많이 먹었다. 그런데 키는 그대로이고 체중만 점점 늘어나게 되었다. 중3 여름부터는 반대로 다이어트를 시작하면서 차츰 먹지 않게 되었다. 고등학교에 들어와서는 월경이 중단될 정도로 지나치게 마르게 되었으며, 도벽이 있다는 이유로 상담실에 불려가기도 하였다. 혜나의 가족은 친할머니, 부모, 오빠, 혜나의 다섯 명이다. 아버지는 회사원이지만 가업인 식당을 물려받아 경영하고 있어서 가정 형편은 중상이었다. 혜나가 출생했을 때는 이혼하여 친정에 와 있던 고모와 동거했으며, 친삼촌이 정신질환을 앓은 일이 있다.

부모는 중매결혼을 했다. 아버지는 소심하며 신경질적이고 꼼꼼하여 작은 일에도 신경을 쓰거나 걱정이 많다. 또한 사회적이지 못하며 집에서는 화를 잘 내고 고집이 세며, 자기중심적인 가부장적 태도를 가졌다. 1남 2녀 중 장남으로 할머니와 정서적 연결이 강하다. 이와는 달리 어머니는 확실하여 맺고 끊는 것이 정확하며 의리가 있고 책임감도 강하다. 그러나 한편으로는 물건이 제자리에 놓여 있지 않으면 마음을 놓지 못하는 부분도 있다. 아버지가 회사에 근무하기 때문에 집안에서 경영하는 식당은 어머니가 거의 맡아서 하고 있었다. 할머니는 사교적이며 활동적인 사람으로 가정에서 중심적인 역할을 해 왔으나 1년 전 뇌졸중으로 쓰러져 그 이후 몸이 자유롭지 못하다. 오빠는 할머니의 귀여움을 독차지하면서 컸는데 낙천적이며 사교적이어서 다른 사람에게 좋은 인상을 주는 청년이었다. 현재 사립대학교 1학년이다.

혜나가 태어날 때 집안은 할머니를 중심으로 아버지, 고모가 있어서 어머니는 언제나 모든 것을 참아야 하는 입장이었다. 정상분만이었고 이후의 성장 역시 순조로웠으며 어머니는 일이 바빠서 할머니가 혜나를 맡아서 키웠다. 할머니는 여자아이였기 때문에 혜나의 출생을 그다지 기뻐하지 않았고 오빠를 더 귀여워하였다. 혼자서 잘 놀고 모든 걸 스스로 하는, 손이 가지 않는 아이였지만 고집이 조금 센 편이었다. 혜나는 5살부터 유치원에 다니기 시작했는데, 유치원에 가는 걸 좋아하여 아무런 문제없이 다녔다. 친구와도 활발하게 잘 놀았다.

같은 시기에 집에서는 가부장적인 아버지가 고부간의 문제로 어머니에게 화를 내고 심한 경우 폭력을 휘두르는 일이 자주 있었다. 혜나는 아버지가 찻잔을 집어던지면서 화를 내어 어머니가 밖으로 뛰쳐나가자 아버지가 뒤쫓은 사건을 기억하고 있었으며 혜나는 그때 어머니가 불쌍했다고 회상하였다. 초등학교 때는 반에서도 여러 가지 활동을 하였고 성적도 상위권이었으나 좀처럼 아이들의 관심을 끌지는 못했다. 그럴수록 눈에 띄는 중심적인 존재가 되고 싶은 마음이 강해졌다. 초등학교 4학년 때 할머니 편만 드는 아버지와 그것에 만족하는 할머니, 옆에서 편드는 고모가 갑자기 미워지기 시작하였다. 집은 아버지, 할머니, 고모가 중심이고 어머니, 오빠, 자신은 얹혀살고 있다는 생각이 들 정도였다. 할머니와 아버지가 맛있는 것을 전부 먹고, 어머니는 김치만 먹는 차별이 있었다. 이때 혜나는 어머니와 함께 자신도 먹지 않겠다고 생각하였다고 회상했다.

일 년 전 할머니가 뇌졸중으로 입원했는데 그때부터 혜나의 섭식장애는 시작되었다. 그전까지는 집안일보다는 집 밖에 관심이 많았으며 학교생활도 재미있었다. 그러나 할머니가 쓰러지는 것을 계기로 집안일을 돕지 않으면 안 되게 되었다. 따라서 무관심했던 집안에 눈을 돌리게 되면서 지금까지 싫어했던 집안의 여러 부분이 갑자기 눈에 들어오기 시작한 것이다. 때로는 지나치게 말랐다고 많은 사람이 걱정해 주는 것이 기뻤다. 처음에는 일부러 영양가가 적은 것을 선택하여 먹었지만, 점차 거의 먹지 않게 되었고 어쩌다 무리하여 먹으면 토하게 되었다. 최근에는 근처의 슈퍼마켓에서 과일과 아이스크림을 훔치다 들켜서 정학 처분을 당했다. 3주 후에 활기를 되찾아 학교에 갔으나 계속해서 아주 적은 양만을 먹어서 체중이 32kg으로 줄었다. 아버지는 딸에게 다시 도벽이 생기면 동네에서 낯을 들고 다닐 수 없고 집안이 엉망이 된다는 생각에 불안해하고 있다. 그래서 혜나에게 학교를 빠지게 하거나 심지어 혜나를 가둬두게 되었고, 그렇게 할수록 혜나는 반항하며 그러한 구속에서 도망치려 하는 악순환이 계속되어 가족치료를 받게 되었다. 가족치료를 받으러 왔을 때는 먹는 것을 둘러싼 여러 가지 문제가 있었다. 예를 들면, 자신이 먹을 것은 직접 사 가지고 와서 만들어 먹으면서도, 할머님이 드실 것은 내다 버리는 행동을 보여서 부모가 하루 종일 혜나의 곁에 있어야 하는 상태였다.

부모가 느끼는 불안이 조금씩 완화되면서 부모는 가능하면 혜나를 구속하지 않고 편하게 놓아주려는 방향으로 생각이 바뀌고 있었다. 담임선생님의 도움을 얻어서 얼마 후 혜나는 명랑해지고 튼튼한 몸을 유지하기 위해 여러 가지로 노력을 하였다. 그러나 혜나의 상태가 점차 나아짐에도 불구하고 부모는 혜나의 도벽이 마음에 걸려서 자신들의 지갑 속에 있는 잔돈까지 확인하게 되었다. 혜나의 말에 의하면 아버지는 상냥해져서 대성공이지만, 어머니에게서 버림받은 느낌이 든다고 표현하였다. 할머니의 병세가 악화되어 부모가 할머니를 돌보게 되자 또다시 대식, 구토를 반복하게 되었다.

(3) 신경성 식욕부진증 가족의 특징

본 사례의 가족배경은 친할머니와 고모가 동거하는 확대가족이며 아버지와 원가족 간의 종적 결합이 강한 가족구조 속에 어머니가 끼어 있는 형태다. 종적 결합이 강한 가족구조일수록 부부로서의 보완적인 역할 조정이 곤란하며 어머니의 역할, 지위가 불확실해지므로 갈등 상태에 빠지게 된다. 한 가족의 기둥 역할을 하면서 군림하는 친할머니를 정점으로 심리적인 독립을 하지 못한 채 할머니에게 의존하는 아버지, 그리고 응집력이 강한 아버지의 형제가 어머니를 소외시키는 형태가 되었다. 이처럼 종적인 결합이 강한 구조는 가족이 몇 개의 하위체계로 분열시켜 가족 내의 갈등을 유발하기 쉽다. 이러한 복잡한 구조 속에서는 이버지로서의 역할을 수행하는 것이 곤란하기 때문에 아버지는 오히려 폭군적인 아버지로서 허세를 피우게 되기도 한다.

어머니는 아내, 어머니로서의 역할보다는 시어머니에게 잡혀서 일만 하는 며느리, 노동력을 제공하는 남성 역할만 할 뿐이다. 더 나아가 어머니의 역할인 육아는 할머니에 의하여 대행되고 있다. 집안은 아버지, 할머니, 고모로 연결되어 어머니는 일방적인 인내를 강요받으며 할머니를 돌보고 일을 함으로써 부부간의 갈등을 회피하고 있었다. 어쨌든 어머니는 큰 부담을 안고 가정의 중요한 문제를 혼자서 짊어지고 있는 입장이다.

미누친은 신경성 식욕부진증 가족에 대한 연구를 많이 하였는데, 그는 이러한 가족의 특징을 다음과 같이 정리했다.

첫째, 가족의 존재는 전형적으로 밀착되어 있어서 서로가 서로에게 속하는 것을 보다 중요시한다. 자립과 자기실현보다는 충성심과 보호가 우선한다.

둘째, 부모의 양육태도는 자녀지향 또는 자녀중심적이다. 그러므로 부모는 자녀의 움직임이나 욕구에 지나치게 민감하여 모든 것에 주의를 집중한다.

셋째, 자녀는 자신이나 다른 사람의 감정이나 의견에 지나치게 민감하여 어떤 행동을 하기 위한 결단을 내리기가 어렵다.

넷째, 가족의 가치기준에 충실한 나머지 같은 연령의 또래와 대인관계를 가지는 기술이 부족하다.

다섯째, 자녀는 가족과 지나치게 뒤엉켜 있기 때문에 가족 이외의 세계에서 다른 사람과 관계를 맺는 데 어려움을 겪는다. 이는 결국 자녀에게 요구되는 발달 단계를 잘 수행하지 못하는 결과를 초래하기도 한다(Minuchin, Rosman, & Baker, 1978).

특히 이와 같은 아동은 청소년기에 들어서면 위기에 빠진다. 또래 사이에 들어가고 싶다는 욕구와 지금까지 몸에 익힌 가족에 대한 관심 사이에는 너무나 큰 괴리가 있기 때문이다. 따라서 이들은 자기 스스로가 부모로부터 독립할 힘이 없기 때문에, 오히려 부모에게 초점을 맞추는 역설적인 방법을 사용한다.

부모세대 역시 자신들의 부모와 지나치게 밀착되어 있는 경우가 많으며 이러한 세대를 뛰어넘는 연합이 배우자와 바람직한 관계를 형성하는 데 방해요인이 되고 있다. 그러므로 이와 같은 양상은 다른 한쪽의 배우자가 자신의 핵가족 속에서 자녀와 연합을 맺는 형태로 그대로 이동하게 되는 것이다.

2) 격리된 가족: 비행자녀를 둔 가족

에릭슨(E. H. Erikson)의 이론을 통하여 청소년기 자아정체성 확립의 중요성이 강조된 이래, 우리는 자칫 청소년기에는 자립이 최선의 선택인 것처럼 착각하게 되는 경우가 있다. 자립이란 가족과의 정서적 유대를 경험한 자녀의 발달과제다. 그러나 우리 주위에는 가족의 유대는 물론 친밀한 부모-자녀 관계도 경험해 보지 못한 채 자립으로 내몰리는 아동도 있다. 먼저 하나의 사례를 소개하기로 한다.

중학교 1학년 남학생인 필호(가명)가 절도죄로 경찰의 조사를 받게 되었다. 경찰은 곧 집에 연락을 했지만 집에는 아무도 없었다. 이 아이의 말에 의하면 얼마 전까지는 부모와 누나, 필호의 4인 가족이었으나 현재는 가족 모두가 뿔뿔이 흩어져 아무도 없이 자기 혼자 살고 있다는 것이다.

필호의 가정에 대하여 조금 더 자세히 이야기하기로 하자. 필호의 친아버지는 알코올 중독자이며 현재는 어디에 있는지 행방을 알지 못한다. 집에 있는 돈을 모두 가지고 가출한 아버지를 대신하여 어머니는 술집에서 일을 하며 필호는 누나와 둘이서만 대부분의 시간을 보냈다. 그러나 가끔 찾아오는 아버지가 태도에 변화가 없을 뿐 아니라 행패만 더욱 심해지자, 어머니는 필호가 초등학교 5학년 때 이혼을 하였다. 그리고 한동안 세 식구가 살았다.

그러다 얼마 전 어머니가 술집에서 알게 된 남자와 재혼을 했다. 어머니의 재혼으로 필호의 새로운 아버지가 된 사람은 폭력조직과 관련이 있는 사람이었다. 필호가 중학생이 된 지 얼마 되지 않았을 때, 집에 있던 새아버지는 필호가 보는 앞에서 경찰에게 체포당했다. 이 일이 있은 지 일주일 후 어머니는 집을 나가 행방불명이 되었다. 최근 어머니와 사이가 좋지 않던 누나도 동생에게 자신을 찾지 말라는 쪽지를 남기고 집을 나가 버렸다. 혼자 남겨진 필호는 아무도 없는 집에서 혼자 살아간 것이다. 돈도 없고 먹을 것도 없었던 필호는 가게에서 물건을 훔치다가 점원에게 발각되어 체포되었다.

이 사례처럼 모두가 제각각 흩어진 이러한 가족은 특히 비행청소년의 가족 중에서는 흔하게 찾아볼 수 있을 것이다. 이 사례를 통하여 알코올 중독의 아버지에게 진저리가 난 어머니의 이혼, 재혼한 새아버지의 체포와 어머니의 가출, 누나의 가출로 고독한 환경 속에서 생활하고 있는 필호의 모습을 보았다. 우리는 이 소년을 둘러싸고 있는 환경 중 어느 하나도 소년에게 도움이 되는 것이 없다는 것을 알 수 있다.

(1) 비행청소년의 특징

청소년 비행은 사회규범을 위반하는 행동이다. 그러므로 어떤 의미에서는 사회현상을 반영하는 셈이다. 그러므로 현대사회처럼 도시화, 산업화 등으로 다양해진 사회 속에서는 청소년의 비행 역시 다양화되고 있으며, 비행을 하는 청소년 역시 여러 가지 유형이 있다. 즉, 입시경쟁으로 질식할 것 같아 비행을 저지르는 청소년이 있다. 또는 열심히 일하려고 해도 일할 장소가 없어서 비행으로 빠지는 청소년도 있다. 앞에서 언급한 사례의 경우처럼 가족이 붕괴되거나 가족에게서 버려지거나 배척을 당한 청소년의 비행도 있다. 또 한편으로는 부모에게 받은 많은 액수의 돈을 소비하거나, 교통사고 등의 비행으로 적발된 청소년도 있다. 다른 문제행동과는 달리 이처럼 다양한 유형이 있기 때문에 비행청소년이나 그들의 가족이 갖고 있는 특징을 한마디로 언급하기는 힘들다.

앞에서도 청소년의 비행은 사회현상의 반영이므로 그 시대 또는 사회 환경에 따라 청소년 비행의 주된 양상 또한 달라진다고 언급하였다. 최근 우리나라의 경우에는 성범죄가 포함된 청소년의 범죄, 학교 내의 집단폭력 등이 사회적으로 문제가 되고 있다. 최근에는 청소년 비행의 패턴에 대해 일반적으로 다음과 같이 정리하고 있다.

첫째, 청소년 비행은 어떤 특수 환경의 청소년에 국한되지 않고, 흔히 좋은 가정이라고 일컬어지는 층까지 확산되어 일반화되는 경향이 있다.

둘째, 비행청소년의 연령이 점차 낮아지는 경향이 있다.

셋째, 비행의 형태가 집단화되거나 다양해지는 경향이 있다.

넷째, 물질적으로 풍요로운 환경에 있음에도 불구하고 비행을 하는 놀이형 비행이 늘고 있다.

그러나 아직도 이와 같은 새로운 패턴의 청소년 비행보다는 어려운 사회계층의 붕괴된 가정에서 나타나는 청소년 비행 사례가 훨씬 많다고 생각한다. 비행청소년의 가정은 대부분 결손되어 있고 청소년의 비행은 가족의 친밀감을 경험해 보지 못한 데서 비롯되는 경우가 압도적으로 많을 것이다. 그러므로 여기서는 열악한 환경에서 비롯된 비행의 사례를 다루고자 한다. 그러나 분명히 밝혀 두고 싶은 것은 비행을 가족 문제로 일축하여 합리화하거나 사회적 문제나 상황을 무시하여 축소하려는 것이 결코 아니다. 단지 청소년 비행을 가족관계의 병리라는 측면에서 고찰하려고 한다는 것이다.

(2) 사례 소개

16세의 중학교 3학년 승모(가명)가 네 번에 걸쳐 사람이 없는 병원 입원실에 들어가 환자의 돈을 훔쳤다. 훔친 돈은 식사비, 볼링장 대금 등의 유흥비로 다 써 버렸다.

승모는 아버지가 39세, 어머니는 36세라는 늦은 나이에 태어났으며 한 살 위의 누나가 있다. 초등학교에 들어갈 때까지는 별다른 어려움이나 특별한 문제가 없었다. 초등학교 3학년까지는 성적이 중간 정도였다. 그러나 점차로 떨어져서 5, 6학년 때는 하위권으로 학교공부에는 거의 관심을 보이지 않게 되었다. 승모의 가정형편은 무척 어려워서 생계를 겨우 유지하는 정도다. 초등학교 6학년 때 학교에서 절도사건을 일으켰으나 그것은 학교 안에서 해결되었다. 중학교에 들어가면서 성적은 꼴찌를 면치 못했고 친구들로부터 바보 취급을 당하는 일이 많았다. 바보로 불리면 화가 나서 반 아이들을 때려 주지만 반대로 얻어맞는 때도 있다. 때로는 집에서 돈을 훔쳐서 친구의 관심을 끌기 위해 장난감을 사서 친구에게 주기도 하였다. 이때부터 혼자서 또는 다른 초등학교 학생과 함께 고등학교 탈의실, 병원에서 시계나 돈을 훔쳤다. 심지어 교무실에서 돈을 훔치다가 들킨 일도 있었다.

아버지는 현재 54세로 하루하루 날품팔이를 하는데 수입이 불안정하며 적다. 아버지는 승모에게 엄격하게 대하며, 사소한 일상생활의 일까지 잔소리를 한다. 자기 마음에 들지 않는 것에 대해서는 체벌을 하며 승모가 말대꾸를 하는 것은 절대로 용납하지 않았다. 그러므로 승모는 아버지를 멀리하고 있다. 어머니는 현재 51세이며, 개인병원의 청소원으로 일하고 있다. 자녀의 일에는 관심을 가지고 있으나 어떻게 해야 할지 모르는 태도로 언제나 안절부절못한다. 누나는 중학교를 졸업하고 현재 산업체에서 일하고 있다. 함께 살고 있지만 동생의 일이나 부모의 일에는 무관심하여 시키면 마지못해 저녁준비를 돕는 정도다.

승모의 도벽이 알려지자 아버지는 승모를 때리면서 야단을 쳤다. 승모는 분류심사원을 거쳐서 가정법원으로부터 보호관찰을 명령받아 보호

관찰소에 다니던 중 그곳에서 만난 청소년 선도위원의 따뜻한 보살핌을 받게 된다. 선도위원도 적극적으로 도왔고, 담임선생님 역시 상담을 통한 지도에 열심이었다. 승모에 대하여 짧은 시간 동안 여러 가지 교육적 원조가 행해진 셈이다. 그러나 많은 사람의 극진한 보살핌 속에서도 3개월 후에 오토바이를 훔쳐서 무면허로 몰고 다니다가 붙잡혔다. 조사과정에서 승모가 학교나 병원, 심지어 교무실에서도 돈을 훔쳤다는 사실이 밝혀졌다. 지금까지 헌신적으로 승모를 보살펴 온 청소년 선도위원, 담임선생님은 이와 같은 사실에 상당한 충격을 받았다.

선도위원과 담임선생님이 아버지가 지나치게 엄격했다고 비판하자, 아버지는 정신없이 자신을 변호하여 아버지로서 야단을 치는 것은 당연하고 비뚤어진 승모의 근성을 바르게 고쳐야 한다며 이에 수긍하지 않았다. 결국 선도위원의 주선으로 승모는 다른 집에서 기거하면서 식당보조로 일하기 시작했으나 3일 만에 뛰쳐나왔다. 일이 힘들고 재미가 없다는 이유 때문이었다. 집으로 돌아가서 아버지의 잔소리를 듣고 또다시 다른 집으로 거처를 옮기고 그곳에서 다시 뛰쳐나와 버리는 악순환이 여러 번 반복되었다.

최근에는 자동차 부품가게에 다니기 시작했는데 일하는 것 때문에 아버지와 상당한 갈등이 있었다. 한 예로, 어느 날 아침 승모가 가게에 가려고 집을 나와서 버스 정류장까지 걸어가는데 아버지가 뒤쫓아 왔다. 아침에 승모가 가게에 가기 싫다고 투덜거렸기 때문이다. 그러나 아버지는 정류장에서 아들과 마주치자, "이발료는 네 월급에서 제해야 한다. 그 말을 하는 걸 잊어서 뒤쫓아 왔다."라고 말하였다. 그러나 승모는 아버지가 자신이 제대로 가게에 가는지를 확인하려 했다는 사실을 잘 알고 있었다. 이러한 아버지의 기만에 승모는 점점 화가 났다.

승모는 청소년 선도위원에게 자신은 벌레 같은 인간이라고 생각한다고 털어놓았다. 누군가 공격해 오면 껍질 속에 들어가 버리는데, 언젠가는 껍질에서 나와 멋진 나비가 되고 싶은 꿈이 있다고 말하였다.

가출을 한 적도 있었다. 이때 집에서 30만 원이 든 통장을 가지고 나가 유흥가를 어슬렁거리다 모텔이나 주차 중인 차에서 잤다. 그리고 집에 돌아가자, 아버지는 화를 내고 반 죽여 버린다고 말하면서 심하게 체벌을 하였다. 부모는 결국 소년을 다루기를 포기하여 '우리 손으로는 해결이 안 되니, 보호관찰소에서 맡아 주기 바란다.'고 부탁하기에 이르렀다.

승모는 여러 가지 문제를 일으키면서도 선도위원이나 담임선생님과 약속한 날에는 어김없이 찾아와 이야기를 나누었다. 그러나 다시 가출을 하고 일주일 동안 돌아오지 않았다. 그 사이에 차를 훔치고 친구와 타고 돌아다녔고 차 속에서 밤을 보내다가 경찰에 잡혔다. 재판에서 소년원으로 송치가 결정되어 승모는 결국 소년원으로 보내졌다.

(3) 비행자녀를 둔 가족의 특징

앞의 사례에 소개된 승모는 청소년기가 시작되면서 조금씩 문제를 일으켰으나, 중학교 2학년 후반에 들어가면서 급격한 행동의 변화를 보이면서 일 년 반이라는 짧은 기간에 절도를 중심으로 한 비행을 하게 되었다. 그러나 어떤 의미에서는 승모는 보호 또는 교육적 환경 면에서 상당히 혜택받고 있었다고 생각된다. 이처럼 선도위원과 담임선생님의 헌신적인 보살핌에도 불구하고 승모의 비행은 거의 나아지지 않고 결국은 소년원 수용이라는 처분을 받게 된 것은 무엇 때문일까? 저자는 전문가들이 투자한 많은 시간과 노력에는 가족의 역동이라는 문제가 전혀 고려되지 않았기 때문에, 본 사례는 여러 사람이 헌신적인 노력을 했음에도 불구하고 원치 않는 결과가 나왔다고 생각한다.

여기서 승모의 가족역동성을 생각해 보기로 하자. 이 가족의 경우는 아버지, 어머니, 승모 모두가 제각기 열심이며 자신들의 주장을 가지고 있었으나, 그것이 전혀 맞물려 돌아가지 않는 것을 알 수 있다. 부모는 모두 자신들의 어린 시절에 대한 아픔을 가지고 있었는데, 자신들의 부모로부터 상당히 강한 거부를 받은 경험을 가지고 있었다. 이와 같은 불행한 경험에 대하여 스스로의 힘으로 통제할 능력이 없는 아이의 경우에는 일반적으로 무기력하게 그 속에 자신을 맡겨 버리는 경향이 있다. 따라서 부모의 태도는 기본적으로 수동적이며 무력하다고 생각된다. 어려운 상황이 되면 아버지는 두 가지 반응 패턴을 보인다. 하나는 다루기 곤란한 대상을 강한 힘으로 무리하게 억누르는 것이다. 승모에게 폭력을 휘두르거나 큰소리를 쳐서 위협하는 것이 그러한 대처방법의 예다. 따라서 승모는 언제나 아버지를 무서워한다. 두 번째 방법은 상황을 속이고 조작하는 것이다. 여러 가지 변명을 하거나 잔소리를 하여 승모보다 먼저 상황을 정리하는 것이다. 이러한 양면적인 반응 패턴 때문에 승모는 언제나 부모의 본심을 들을 수 없고 배반당한 느낌만을 가지게 되는 것이다.

어머니는 수동적인 특징을 가지고 있다. 상황이 일어나면 그대로 받아들이고 고통을 견디는 생활을 현재까지 하고 있었다. 승모에 대한 기대가 많고, 상냥하며 승모를 잘 이해하는 것처럼 보이나 다른 한편으로는 승모에게 상처를 주는 일을 태연하게 자행한다. 예를 들면, 승모가 차를 훔치고 무면허로 몰았다는 이야기를 아이가 있는 앞에서 모르는 사람에게 태연하게 말하기도 했다.

가족 각자가 열심히 노력하였으나, 결과적으로는 서로 반발하여 승모는 가족 안 어느 곳에도 안주하지 못하고 있는 상태였다. 승모에게는 학교 역시 자신이 들어갈 틈이 없는 곳이었다. 즉, 그동안 등한시하였기 때문에 학업을 따라갈 수도 없었지만, 이보다 그를 더욱 당황하게 만든 것은 친구가 없다는 사실이다. 친구들에게 멸시당하지만, 힘으로 그들을 누를 만한 능력도 없고 학교 성적으로도 납득시키지 못한다. 결국, 그가 선택한 자신의 욕구실현 방법은 단순한 것이었다. 사회의 틀이나 규범을 고려하지 않고 자신의 욕구충족을 지나치게 단순하게 표현한 데 문제가 있었던 것이다.

이처럼 비행 문제를 가지고 있는 가족은 자신들이 안고 있는 문제를 각자가 개별적으로 해결하지 않으면 안 되는 경우가 많다. 따라서 이들과 관계하는 전문가는 가족이 각자의 감추어진 병리를 서로 관용으로 수용하여 이해하도록 돕는 것이 기본적으로 중요하다. 그러한 과정을 통하여 가족은 각자 마음속에 품고 있는 고통을 공유할 수 있다.

비행 자녀 가족의 경우 이러한 공감은 가족이 서로 책임을 회피하는 상황을 극복하는 계기가 된다고 본다. 또한 전문가가 모든 것을 해결할 수 있다는 생각을 버리고 부모가 자녀를 지지하는 힘을 회복할 수 있도록 도왔다면, 이 가족은 새로운 대처방법을 찾을 수 있었을지 모른다. 이처럼 가족을 포함한 치료적 상호작용 속에서 승모는 정서적인 장애를 서서히 극복할 수 있었을 것이다. 그리고 부모–자녀 간의 애정관계가 회복됨으로써 가족 내의 불만이 경감되고 솔직한 자기표현이 가능하게 되며 스스로의 열등감을 극복하면서 적의나 불신, 고립된 불행한 감정이 치유될 수 있었을 것이다.

3) 공생관계의 가족: 가정 내 폭력 자녀를 둔 가족

원래 가정 내 폭력은 여러 가지 현상을 나타내는 표현이므로, 먼저 여기서 의미하는 '가정 내 폭력'의 개념부터 정의할 필요가 있을 것이다. 가정 내 폭력(violence in the family)이라는 말을 처음 사용한 미국에서는

부부의 폭력행위, 부모에 의한 아동학대, 비행에 의한 청소년의 폭력행
위와 그 밖의 형제의 싸움, 조부모의 박대 등을 의미하였다. 이처럼 미국
에서 가정 내 폭력은 물리적인 폭력행위뿐 아니라 무시, 방치 등의 정신
적인 폭력행위도 포함하고 있었다.

그러나 최근 한국의 매스컴에서 자주 언급되는 가정 내 폭력이라는 말
은 미국에서 말하는 가정 내 폭력과는 상당히 다른 뜻을 가지고 있다. 이
경우는 오히려 부모나 조부모에 대한 청소년의 폭력을 의미하는 경우가
많다. 폭력을 행사하는 아동의 어린 시절을 보면 부모가 자랑할 만한 착
한 아이이며 이웃의 평판도 좋다. 그런데 청소년기에 접어들면서부터 갑
자기 부모에 대한 폭력행동이 시작된다. 저자는 이러한 아동을 중심으로
가정 내 폭력의 본질과 가족의 특징을 살펴보고자 한다.

(1) 가정 내 폭력 자녀의 특징

인간은 누구도 대신할 수 없는 유일한 개인인 동시에 조상으로부터 미
래의 후손에 이르는 세대를 초월한 연쇄고리 속에 연결되어 있어서 자신
의 의지와는 상관없이 가족이라는 운명공동체 속에 얽혀 있는 역사적인
존재이기도 하다. 이러한 관점에서 본다면, 자녀는 그들에게 비친 부모
의 이미지를 끊임없이 마음의 거울에 비추어 보면서 부모의 모습을 모방
함으로써 자기상을 형성한다고 할 수 있다. 이런 과정을 통하여 각인된
부모상이 아동의 행동을 결정하는 규범이나 가치관 등을 형성하기 위한
기반이 된다.

그런데 에릭슨이 말한 것처럼 영유아기에 부모에 대한 기본적인 신뢰
감을 형성한 아동의 경우에는 좋은 부모의 이미지나 행동을 자기 속에
넣어 안정된 인격을 만들어 낼 수 있다. 그러나 부모끼리 서로 싸우거나
부모가 자녀를 정신적 또는 신체적으로 학대한다면 아동은 그 부모에

대하여 불신감을 가질 뿐만 아니라, 부모를 증오의 대상으로 보게 되는 것이다. 이처럼 아동이 부정적인 부모상을 내면화시키는 경우, 그들은 나쁜 자기상을 형성하게 된다. 이처럼 나쁜 자기상은 부정적 자기상으로 발전한다. 따라서 아동이 이와 같은 나쁜 자기상을 형성하게 되는 근저에는 유아기부터 쌓여 온 열등감이나 굴욕감 또는 무력감이나 절망감이 존재한다고 볼 수 있을 것이다. 이러한 감정은 보통 때는 의식화되지 않으면서 무의식 속에 자신과 다른 사람에 대한 욕구불만이나 공격적 에너지로서 남아 있게 된다.

닫힌 체계의 가정환경 속에서 가족 안의 다른 구성원에게 공격을 당하는 경우, 공격행위는 공격당한 당사자 또는 다른 사람에 대한 공격적 에너지로 바뀌게 된다. 즉, 가족원에게 공격을 받은 개인이 그것을 잘 처리하지 못하게 되면, 마음속에 욕구불만이나 공격적 감정이 생겨 정신적, 심리적 불균형 상태에 빠진다. 불균형에 빠지면 균형을 지키려는 항상성이 작용하여 그러한 공격적 에너지를 다른 가족원에게 발산하게 된다. 이렇게 생각하면 가정 내 폭력을 초래하는 가족원은 각자가 무의식 속에 공격적 감정을 가지고 있으며 가정 내 폭력 자녀는 이러한 상호작용이 낳은 부정적 결과라고 볼 수 있다. 가족 간에 생긴 공격적 에너지의 순환작용에 의하여 유발된 공격적 감정의 확산과 억압이 반복되는 악순환을 이루고 있다. 그들은 자신의 욕구불만에 의해서 생긴 공격적 에너지를 다른 가족원에게 발산시켜, 카타르시스를 시도함으로써 자기치유를 추구하려는 심리기제를 가지고 있는 셈이다. 이와 같은 사태를 방치해 두면 환경과의 교류에 소극적인 닫힌 체계의 가족의 경우, 가족 내부에 쌓인 공격적 에너지가 가족 전체로 확산되어 가족이 붕괴될 가능성이 생기게 된다.

인간의 강한 공격성은 청소년기에 더욱 구체화되므로 폭력행위는

13세부터 17세 사이에 많이 일어난다. 또한 이들은 지적 수준도 높다. 형제순위로 보면 외동아이거나 장남 또는 막내가 많다. 이는 과도한 책임을 부여받거나 과보호되기 쉬운 환경에 놓여 있는 청소년이 문제를 일으키기 쉽기 때문이라고 추론할 수 있다. 이들은 아동기까지는 부모의 기대에 부응하는 좋은 아이로 자라 오다가 어느 날 갑자기 가족 내에서 폭력을 휘두르는데, 가정 내에서는 비참한 상태를 나타내지만 가정 밖에서는 종전처럼 착한 아이로서의 면모를 그대로 유지한다. 이들은 솔직하고 예의 바른 아이라는 평을 받고 있으나 자주성이 부족하여 용기가 없다. 따라서 같은 폭력행위라고 해도 도벽, 약물의존, 범죄행위와 같은 것을 행하는 경우는 거의 없다.

폭력행위의 대상은 주로 어머니와 같이 약한 입장에 있는 사람이 되며, 그들을 때리거나 차거나 흉기로 위협한다. 그러나 폭력의 정도, 한계, 장소 등을 골라서 폭력을 행사하며 상대에 대해 치명적인 상처를 내는 경우는 거의 없다. 또한 그들은 가족 이외의 사람에게 폭력을 행사하는 경우 또한 거의 없다. 즉, 사람을 선택하여 폭력을 행사한다. 가정 안에서는 식기를 던지거나 식탁을 뒤집어엎거나 창문을 깨기도 한다. 그리고 아무 데나 침을 뱉거나 물이나 오물을 방 안에 뿌리거나 옷에 잉크를 쏟는 등 사람들이 싫어하는 행위를 하는 경우가 많다. 또한 학교에 갈 때는 차로 데려다 주기를 요구하거나 비싼 물건을 사 달라고 조르기도 한다. 그리고 대부분의 가정 내 폭력 자녀는 종종 등교를 거부하기도 한다. 주로 폭력의 대상이 되는 어머니에게 심한 폭력을 휘두르는 반면, 때로는 심한 어리광이나 의존적 태도를 보이는 양면성을 가지고 있다.

이전에는 가정 내 폭력 자녀의 대부분은 신경증 또는 그 인접 영역에 속한다고 생각하였다. 왜냐하면 가정 내 폭력 자녀의 대부분은 등교거부를 동반하는 경우가 많은데 이러한 증상은 모든 신경증 영역에 속하기 때문이다.

이들 가정 내 폭력 자녀의 특징을 간단히 정리하면 다음과 같다.

첫째, 어머니나 동생, 또는 할머니에 대한 심한 폭력행위라는 행동화가 일어난다.

둘째, 분노를 억제할 수 있는 힘이 결여되어 있다.

셋째, 어머니에 대한 어리광과 폭력이라는 양면적인 태도를 보인다.

넷째, 가정 안에서는 폭력을 휘두르는 등의 파괴적 행위를 하지만 밖에서는 얌전한 아이의 역할을 하는 이중성을 가지고 있다.

다섯째, 높은 지능에 비해 언어나 행동은 미숙하다.

여섯째, 심리적으로 고립감, 공허함, 자기비하를 자주 호소한다.

일곱째, 자존감이 낮다.

여덟째, 그들의 생육사를 보면 반항기가 결여된 경우가 많다.

아홉째, 가정 내에서 아버지는 무관심하거나 무력한 경우가 많다.

(2) 사례 소개

남수(가명)는 고등학교 1학년의 남학생으로 정신과에서 만났다. 가족은 아버지와 어머니, 세 살 위의 누나, 남수의 네 명이다. 남수의 아버지는 53세로 명문대학을 졸업한 유명한 건축가였으며, 경제적으로는 상당히 부유하였다. 아버지는 성공한 직업인이기는 하지만 가정 일에는 무관심하여 집에서는 시간만 있으면 서재에서 시간을 보냈다. 자녀를 키우는 일은 전적으로 아내에게 맡기고 자녀가 어릴 때부터 자녀와 접촉이 거의 없었다.

열 살 연상의 남편과 중매결혼을 한 어머니는 남편을 자신의 손이 닿지 않는 어려운 존재로 여기고 존경의 마음만 가지고 있는 것 같았다. 어머니는 오로지 두 아이가 잘 자라 주는 것만이 살아가는 보람이라고 말하였다. 그러나 아이를 귀여워하기보다는 엄하게 지배하는 형태였다. 외면적으로는 상당히 예의 바르고 조용한 부인이지만, 지나치게 이지적이어서 냉정한 분위기를 느끼게 하였다. 사실 어머니는 여러 가지 정서적 문제를 지닌 채 어린 시절을 보낸 사람이었다. 초등학교 교장이었던 아버지는 말이 없고 감정을 잘 표현하지 않았으며, 그녀의 어머니와 할머니 사이에는 심각한 고부갈등이 있었다.

정신과에서 남수를 대상으로 실시한 심리검사에 의하면, 정신병을 의심할 아무런 증상도 없었으며 유전적인 부분에서도 특기할 만한 사항이 없었다. 초등학교 1학년까지 야뇨증과 손가락 빨기가 계속된 것 이외에는 별다른 점이 없었다. 어린 시절 아이들이 흔히 보이는 반항기도 없어서 손이 가지 않는 아이였다. 2년 동안 유치원에 다녔는데, 처음 일 년은 유치원에 가는 것을 싫어하여 어머니가 매일 데려다 주었다. 그러나 일단 건물에 들어가면 보모의 지시를 잘 따르는 말 잘 듣는 아이였다. 초등학교 때는 얌전한 아이로 착실하게 공부하여 성적도 항상 상위권이었으며, 여러 가지 면에서 모범생이었기 때문에 담임선생님은 남수를 상당히 귀여워해 주었다. 그러나 친구라고 부를 만큼 친한 아이가 거의 없었다. 누나는 자기주장이 강하고 고집이 세어서 키울 때 상당히 애를 먹은 반면, 남수는 무엇을 사 달라고 때를 쓰지도 않았으며 부모에게 말대꾸도 하지 않아서 어머니는 손이 가지 않는 아이라고 높이 평가해 왔다.

누나가 일류 고등학교에 진학한 해에 남수는 중학교에 진학하였다. 중학교에서도 성적은 항상 상위권이었다. 어머니는 초등학교부터 남수에게 큰 기대를 걸고 있었는데, 그러한 기대를 차츰 노골적으로 표현하기 시작하였다. 3년 전 누나의 성적을 들먹이며 야단치기도 하고 격려하였고, 남수가 반에서 일등을 하는 것은 당연한 일이며 다음은 학년 전체에서 일등을 목표로 하라고 말하면서 밤늦은 시간까지 학원에 보냈다. 남수는 어머니의 말을 그대로 따랐고 2학년 1학기에는 어머니가 원하는 성적도 달성할 수 있었다. 모든 학생이 특별활동을 해야 한다는 학교의 방침에 따라 남수는 합창반에 들어갔으나 거기서도 친구를 사귀지 못했다. 학업성적이 좋고 착실하며 규칙을 잘 지켜서 교사에게는 좋은 인상을 주었다. 그러나 담임선생님은 이때쯤부터 남수가 남자아이로서는 지나치게 용기가 없으며 자기주장이 없고 왠지 모르게 쓸쓸해 보여서 내심 걱정을 하였다고 한다. 어쨌든 표면적으로는 모범적인 중학생으로서 순조로운 생활을 하였다.

중학생 시절은 순조롭게 아무 일 없이 보냈다. 중학교 3학년 때부터는 집에서 말수가 적어지고 약간의 부담을 느끼는 것 같았지만, 어머니는 사춘기라는 발달 단계에 있으며 또한 수험을 앞둔 초조감에서 비롯된 것이라고 생각하였다.

많은 사람의 예상대로 일류 고등학교에 무난히 합격하였다. 동시에 누나도 의과대학에 들어가 기숙사로 갔다. 고등학교 1학년 1학기 중간고사 성적은 그다지 좋지 않았다. 시험공부를 상당히 열심히 한 남수는 무척 실망한 것 같았다. 그날 저녁도 언제나처럼 간식을 가지고 남수의 방에 갔던 어머니는 격려할 생각으로 "힘내라, 기말시험에는 좋은 성적을 내라."고 하였다. 그러자 남수는 갑자기 어머니가 들고 있던 쟁반을 빼앗아서 던져 버리고 "너, 이젠 더 이상 내게 공부하라고 명령하지 마!"라고 소리 질렀다. 아들의 돌변한 태도에 정신을 잃은 어머니는 방을 뛰쳐나와 넋을 잃고 거실에 앉아 있었다. 가지고 갔던 뜨거운 홍차에 데어서 가벼운 화상을 입었다.

그날 밤부터 남수는 전혀 다른 사람으로 변하였다. 어머니를 때리기 시작한 것이다. 또한 어머니에게 책상, 침대, 식탁, 그 밖의 많은 가구에 불결한 기억이 스며 있으니 그것들을 버리라고 명령하고 즉시 실행에 옮기지 않으면 그 가구를 쇠붙이로 두들기곤 했다. 누나는 기숙사에 있고 아버지는 반항할 나이니까 기다릴 수밖에 없다고 말하면서 대수롭지 않게 생각하여, 연일 계속되는 남수의 폭력에 어머니 혼자서 대처할 수밖에 없었다. 집에서는 이처럼 난폭하고 어머니에게 폭군처럼 굴어도 학교는 하루도 빠지지 않았고 교실에서는 종전처럼 조용히 수업을 받는 모범생이었다. 난폭하게 굴어도 공부는 했는지 1학기말 성적은 상당히 올랐다.

여름방학이 시작되면서 시끄러운 집이 싫어서인지 누나는 여러 가지 이유를 대면서 집에 돌아오지 않았다. 남수는 여전히 폭군이었으나 때로는 어머니에게 어리광을 부리기도 하였다. 예를 들어, 어머니가 혼자서 텔레비전을 보고 있으면 곁에 와서 기대고 앉아서 같이 보거나 바느질을 하는 어머니 무릎에 누워 신문을 보는 식이다. 이러한 남수의 태도를 보면 어머니는 단순하게 기뻐하며 반항하는 시기의 문제지, 남수는 아직 귀여운 내 아이라는 느낌을 가졌다고 한다. 그러나 이처럼 어리광을 부린 날이면 어김없이 더 심한 폭력행위를 저질러 어머니를 어리둥절하게 하였다.

어머니는 몰래 여러 상담기관을 찾아다녔지만, 가는 곳마다 본인을 데려올 것을 요구하여 더 이상 도움을 얻지 못하였다.

어느 날 남수가 떠밀어서 벽에 머리를 다친 어머니가 실신하는 사건이 있었다. 남수는 즉시 119에 연락하여 구급차를 부르고 물수건을 어머니 머리 위에 대면서 "엄마, 죽지 마."라고 울부짖었다. 얼마 후 어머니는 의식을 되찾고, 남수의 부축을 받아 병원에 갔다. 의사가 어머니의 신체 여기저기에 멍이 든 것을 발견하고 이유를 물었으나 둘은 당황하면서도 폭력 사실은 숨겼다. 이러한 사건이 있어도 남수의 폭력은 그칠 줄 몰랐다. 그해 연말 어머니의 강력한 요청에 아버지가 남수를 정신과에 데리고 왔다.

진찰실에서 만난 남수는 긴장한 모습의 어머니와는 달리, 큰 체구에 어울리지 않는 아이 같은 웃음을 띠면서 어머니의 호소를 듣고 있었다. 그리고 "어머니는 옛날부터 뭐든지 과장해서 말하는 습관이 있다. 이런 습관을 고치려고 내가 따라왔다."라고 말하였다. 그러나 면담 중 의사가 어머니의 신체 여기저기에 있는 외상을 화제에 올리면서부터 남수의 가정 내 폭력이 노출되었다. 이때부터 남수의 표정은 상당히 경직되었다. 어머니와 떨어져 생활하는 것이 무엇보다 급선무라고 판단한 의사가 입원을 권유하였다. 남수는 상황이 자신이 전혀 예상하지 못한 방향으로 전개되자 진찰실에서 뛰쳐나가려 하였으며, 어머니가 남수를 붙잡자 어머니의 다리를 걸어찼다. 이러한 소동이 벌어져도 좀 떨어져 있던 아버지는 가만히 바라만 보고 있던 것이 인상적이었다.

(3) 가정 내 폭력 자녀를 둔 가족의 특징

이 사례의 경우는 가족의 특징을 보면 아버지는 자신의 일만 생각하고 자녀교육의 책임을 포기한 사람이며, 어머니는 어떤 의미에서는 아버지에게 무시당하여 자녀에게 모든 기대를 걸고 있는 사람처럼 느껴진다. 즉, IP의 부모는 원만하지 못한 부부관계를 가지고 있으며 그것은 부모-자녀 관계에도 바람직하지 않은 영향을 주고 있다. 어머니 자신은 힘든 어린 시절을 경험하면서 따뜻한 마음을 가질 여유가 없이 자랐다. 또한 어머니는 한 개인으로서 자아정체성을 충분히 경험하지 못한 채 어머니가 되었다. 어머니에게서 느껴지는 지적이면서도 어딘지 모르게 차가운 분위기는 이러한 생육사와 관계가 있을 것이다.

어머니의 불완전한 자아형성은 아들에게도 영향을 미쳤고, 이로 인해 IP 역시 대인관계상의 어려움을 겪게 되었으며, 두 사람의 관계는 더욱 밀착되었다. 어머니는 아들을 애완동물처럼 귀여워하면서도 일시적이기는 하지만 딸의 교육에 열심이어서 한순간 아들을 무시하는 것 같은 양면적인 태도를 보였다. 이처럼 일관성이 결여된 양육태도는 IP가 대상관계를 구축해 가는 데 큰 장애가 되었다고 추론된다. 아들의 경우 어머니가 누나에게 강한 관심을 보일 때 버려졌다고 느꼈을지 모른다. 하여간 IP는 혼자 자립할 준비가 되어 있지 못했다.

아버지는 감정을 잘 표현하지 않았으며 언제나 객관적인 입장에서 상황을 설명하고 있었다. IP의 아버지에게 한 가지 분명한 것은 자녀와의 유대관계가 없다는 점이다. 이처럼 존재감이 희박한 아버지와 밀착된 어머니와 IP의 관계 속에서 가정 내 폭력이 일어나고 있다고 생각된다.

다음 내용에서는 이러한 청소년을 자녀로 둔 가족의 일반적인 특징에 대해 알아보고자 한다.

아버지는 마음이 약하며 우유부단하고, 자녀에 대하여 무관심하거나 방관하는 경우가 많으며, 회사 일로 바빠서 집에 거의 없다. 또한 아버지가 지나치게 엄격하다는 것이 많은 가정 내 폭력 자녀가 가지는 아버지상이다.

아버지가 자녀에게 너무 지나치게 부드럽거나 지나치게 엄격해도 왜곡된 아버지상을 형성하게 된다. 청소년기는 지금까지 자녀의 양육을 담당해 온 어머니를 대신하여 아버지가 자녀교육의 전면에 등장하는 시기다. 자녀는 청소년기에 아버지가 당당히 살아가는 모습을 보면서 배우게 된다. 때로는 아버지와 대결하여 그것을 극복함으로써 삶의 경이로움, 의욕적인 삶의 방식, 가치관, 인내의 의미 등을 몸에 익히게 된다. 그런데 이 시기에 부모가 본래의 역할을 담당하지 못하고 가족 내에서 겉돌게 된다면 자녀에게는 불행한 일이다.

가정 내 폭력 자녀의 어머니 중에는 지기 싫어하는 여성이 많다. 대체로 자녀의 교육이나 양육 등은 어머니가 담당하고 있으며 아버지는 가정 속의 중추적인 부분에서 밀려나 버린 상태일 때가 많다. 이러한 가정에서는 아버지의 권위가 실추되고 있다. 말하자면 가정에서는 어머니가 지배권을 가지고 있기 때문에 부모역할에 혼란이 일어나게 된다. 이러한 상황 속에서 어머니가 자녀를 기르는 경우 과보호나 지나친 간섭을 하기 쉽다는 것은 잘 알려진 사실이다. 결과적으로 자녀는 정신적으로 독립된 어른이 되지 못하며 심한 경우 자신이 어머니에게 소속된 것처럼 느끼기도 한다.

이와 같은 어머니의 과보호는 표면적으로는 자녀에 대한 무한한 자유를 주는 것처럼 보이지만, 사실은 어머니의 자녀에 대한 과보호라는 일종의 전제적인 지배행위와 밀접한 관계를 가지고 있다. 예를 들어, 어머니가 자녀의 요구를 무조건 받아들인다면 자녀는 점점 어머니에 대해 강한 의존심을 갖게 되며 그 결과 독립심이나 자주성을 상실하여 어머니에게 소속된 존재가 되는 것이다. 이렇게 성장한 아동이 사춘기를 맞을 때, 극소수의 감수성이 예민한 청소년은 자신이 속박되었다는 것을 알아차리고 어머니에 대하여 이의를 제기하게 된다. 다시 말하면 이때부터 어머니라는 절대적인 존재에 대한 반란이 시작된다. 가정 안에서 폭력을 휘두르는 소년과 어머니와의 사이에는 아마 이러한 심리적 역동성이 움직이고 있을 것이다.

가정 내 폭력 자녀를 둔 가족의 경우 의외로 조부모가 중요한 역할을 하고 있는 경우가 많다. 왜 조부모가 손자를 기르면 많은 경우 아동이 가정 내에서 폭력을 휘두르게 되는 것일까? 그 이유의 한 가지는 조부모의 연령이라고 추정할 수 있다. 인간은 극히 소수의 예외를 제외하고 나이가 들면 보수적으로 변해 간다고 알려져 있다. 분명히 대부분의 노인은 사고의 유연성이 상실되고, 모험심이나 독립심의 결여가 두드러지게 나타난다. 그러나 청소년은 노인이 이미 상실해 버린 이러한 정신적 자질을 축으로 성장하고 있다. 만약 가정 속에서 경직된 생각밖에 하지 못하는 노인이 자신의 권위만을 주장한다면, 이러한 가정환경 속에서 자라난 청소년은 욕구불만이 생겨나 반항적 행동을 일으키기 쉽게 된다.

또한 많은 발달심리학자들은 자녀가 정신적으로 건강하고 성숙한 인간이 되기 위해서는 부모가 따뜻함과 엄격함을 모두 갖추어야 한다고 지적하고 있다(Baumrind, 1991). 그런데 조부모는 아동을 키울 때는 단지 연민의 정에 기인한 과보호를 하는 경향이 있다. 예를 들어, 부모가 사망하거나 이혼으로 한 가족의 가계를 짊어지게 된 어머니가 일하러 가거나 부모가 맞벌이로 부재중이기 때문에 할 수 없이 조부모가 부모 대신 자녀의 양육을 책임지는 경우를 생각할 수 있다. 이러한 경우 가족 내의 배경을 잘 알고 있는 조부모는 자녀에 대하여 참된 애정과 엄격함을 가지고 대처하기보다는 오히려 연민의 정을 가지고 과보호하는 경향이 강하다. 이러한 왜곡된 관계가 오랜 기간 동안 조부모와 손자녀 사이에 계속되면, 마침내 그 손자녀가 성장하여 반항적인 행동을 일으키기 쉬운 상황을 만들어 내게 되는 것이다.

가정 내 폭력 자녀를 둔 부모는 사회적으로 성공하거나 사회적 지위가 높은 사람이 많다. 어떤 의미에서 그들은 출세경쟁에서 승리한 사람들인 셈이다. 자존심이 강하고 세상의 체면을 중시하는 그들에게 있어서 다른 사람과의 경쟁에서 진다는 것은 견딜 수 없는 굴욕인 것이다. 이러한 그들의 사고방식은 자녀에게 영향을 준다. 자녀들은 처음에는 부모의 높은 요구 수준에 맞추려고 노력한다. 그러나 모든 자녀가 뛰어난 부모의 지적 능력을 이어받을 수 있는 것은 아니다. 따라서 자녀들은 부모의 요구 수준과 자신의 실제 수준의 격차에 고민하게 된다. 그리고 이러한 굴절된 생활에 대하여 의문을 가지기 시작한다.

청소년이 이러한 심리적 갈등에 빠져 있을 때, 가족이나 주위의 사람들이 열심히 공부하라고 강요하면 내면에 있던 욕구불만이 폭발하여 여러 가지 거친 행동을 하게 되는 경우가 많다. 특히 입시를 앞두고 일어나는 청소년의 가정 내 폭력은 이러한 심리적·사회적 배경과 관련이 있다고 추론된다.

4) 아버지 부재의 가족: 등교거부 자녀를 둔 가족

최근 우리나라에서 학교공포증, 등교거부 등의 문제가 급격하게 늘고 있다. 또한 이와 같은 문제에는 아동 자신의 요인, 가족의 요인, 학교장면의 요인 등이 복잡하게 얽혀 있다. 또한 이러한 여러 요인에 직접 또는 간접적으로 심각하게 영향을 주고 있는 현재 한국의 사회구조나 가치관의 영향도 간과해서는 안 될 것이다.

한 예로 사회구조를 생각해 보자. 산업화, 도시화는 핵가족화를 빠른 속도로 진행시켰으며 이에 따라 주거형태도 달라졌다. 즉, 아파트가 급격히 발달하게 되었고 이러한 변화는 전통적인 집과는 달리 부부평등의 새로운 생활형태를 출현시켰다. 자녀의 수도 대부분 한두 명으로 제한되었다. 생활수준이 비슷한 핵가족이 한곳에 모여서 살아가게 되자, 자녀교육을 비롯하여 생활 전체를 다른 가정과 비교하는 경우가 많아졌다. 가정교육에 있어서도 자녀의 개성을 무시한 채 획일적인 기준을 강요하고 그것을 자녀가 충족했는지에 따라 어머니들이 울고 웃는 상황이 되었다.

또 아버지는 가정을 떠나 직장에서 오랜 시간 동안 일한다. 따라서 자녀는 아버지와 놀 수 있는 기회를 갖지 못한다. 그리고 자녀는 아버지가 회사에서 땀 흘리며 노력하고 고생하는 모습을 접하는 것이 불가능할 뿐 아니라, 가정에서 아버지의 권위나 인격을 피부로 느낄 수 있는 접촉이 상당히 줄어들었다. 가정에서는 어머니를 중심으로 일상생활이 이루어 져서 자녀에 관해 모든 것을 어머니의 책임으로 돌리는 경우가 많다. 어 머니와 자녀가 서로에게 의지하려고 하기 때문에 양쪽 사이의 관계는 밀 착된다. 이러한 가족상황 속에서 사춘기의 적응에 곤란이 생기는 것은 당연하다고 생각된다.

자녀가 사춘기에 이르면 어머니가 자녀양육을 전적으로 책임진다는 것은 어렵다. 그래서 어머니는 그때부터 아버지를 자녀 앞에 등장시키기 시작한다. 그러나 지금까지 아버지와 자녀의 관계가 소원했으므로 문제 가 발생하게 되고 자녀는 부모에게 반항적인 태도를 취하게 된다. 그러 므로 아버지가 자녀의 문제에 개입해도 그 방법에 따라 자녀의 반항이나 미움은 증폭되어 사태는 한층 더 악화된다. 이상과 같은 부모-자녀 관계 나 가족상은 현재 우리나라에서 흔히 발견할 수 있는 유형이다.

(1) 등교거부 자녀의 특징

등교거부의 유형은 단순히 게으름을 피우는 것부터 정신장애에 의한 것에 이르기까지 매우 다양하지만 여기서는 신경증적 등교거부에 관하 여 주로 언급하겠다.

현재 우리나라에서는 학교에 가지 않는 행동을 나타낼 때 등교거부 (school refusal)라는 용어를 많이 사용하지만, 존슨(A. Johnson et al., 1941) 은 이러한 현상의 원인은 학교공포증(school phobia)이라고 설명했다. 그 는 학교공포증을 어머니와의 분리불안으로 인해 학교에 가지 못하는 상 태라고 정의했다. 그 후 많은 연구가 진행되면서 등교거부를 초래하는 심리학적 원인에는 공포증뿐만 아니라 아동기나 청소년기의 신경증 또 는 정신적 장애도 있다는 사실이 밝혀지게 되었다. 따라서 학교공포증이라는 표현을 썼던 존슨 자신도 등교하지 못하는 상태를 공포증보다는 오히려 불안신경증의 특별한 형태로 보아 등교거부라는 용어를 사용하는 편이 좋다고 지적하고 있다.

등교거부 아동의 특징을 간단히 정리하면 다음과 같다.

첫째, 등교거부 이전에는 주변 사람들로부터 별 문제가 없는 아이, 착한 아이라는 평을 많이 들었다.

둘째, 얌전하며 내성적인 성격을 가지고 있다.

셋째, 자신의 불평이나 불만을 다른 사람에게 표현하지 못하고 참는 편이다.

넷째, 교우관계에 문제가 있는 것은 아니지만 친구가 상당히 적다.

(2) 사례 소개

고등학교 1학년 준서(가명)의 사례를 소개하기로 한다. 준서는 유치원 때 반항이 조금 심했다는 것 이외는 특별한 문제없이 지냈으며, 중학교 3학년까지 성적도 좋았다. 그래서 담임선생님이 용기를 주어 명문 고등학교에 합격하였다. 본인도 가족도 상당히 기뻐하였다.

그러나 입학한 후 한 달쯤 되면서부터 머리가 아프다, 배가 아프다 등의 여러 가지 신체적 증상을 호소하면서 학교를 쉬기 시작하여 1학기 중간고사부터는 학교에 전혀 가지 않았다. 등교거부의 계기가 될 만한 이유로 두 가지를 추정할 수는 있으나 이유가 불분명하고 급작스럽게 등교거부가 시작된 것이다.

추정되는 이유는 새로운 학교의 분위기에 적응하지 못한 것과 그때를 전후하여 아버지가 혼자 지방에서 근무하게 되었다는 것 정도다. 아버지는 준서가 고등학교에 입학하기 조금 전에 갑자기 전근하게 되었는데, 준서의 교육을 중요시했던 부모는 아버지 혼자서 부임하기로 결정했던 것이다.

준서는 평소에 아버지와 좋은 관계를 맺고 있어서 대화도 많이 나누고 함께 게임을 하기도 하였다. 그러나 아버지는 남자다움이 결여되어 가정에서 주도권을 가지지 못한 경향이 있었다. 이번에도 혼자서 지방에 가는 문제에 대해 결정을 못 내리고 오랜 시간 망설이는 것을 보다 못한 어머니가 은근히 부추겨서 겨우 결정하게 되었다.

준서는 아버지가 없어서 쓸쓸했다고 한다. 준서의 성격은 과민하고 걱정이 많으며 완벽주의 성향이 있고 고지식한 편이었다. 어머니는 민감하면서도 감정억제를 잘하지만, 남모르게 갈등하는 경우가 많았다. 아버지 역시 전형적인 완벽주의자였다. 어머니의 자녀교육 태도는 과보호적이며 아이에게 지나치게 많은 기대를 걸고 있었다.

준서는 이러한 부모의 기대에 부응해 왔기 때문에 비교적 좋은 어머니와 아들의 관계를 유지해 왔다. 아버지의 태도도 과보호하는 경향이 있으나 기본적으로는 무관심하였다. 어릴 적부터 준서는 착한 아이였으며 공부도 잘했기 때문에 특별히 간섭할 필요가 없었다고 보인다. 그러나 현실적으로 등교거부가 시작되자, 걱정이 많은 어머니는 어쩔 줄 모르고 어떻게 해서든지 아이를 학교에 보내야 한다는 생각으로 초조해하였다.

또한 아버지는 어머니로부터 이러한 상황에 대해 듣고 전화로 아들을 설득하려고 애썼다. 그러나 별 효과가 없자, 무리하게 매주마다 집에 와서 준서를 설득하였다. 등교거부를 계기로 아버지와 아들의 갈등이 심화되어 갔다. 이럴수록 준서는 학교에 대하여 더욱 강하게 거부반응을 보이고 아버지가 근무처로 돌아가면 어머니에게 폭력을 휘두르는 등 여러 가지 방법으로 부모를 괴롭혔다.

(3) 등교거부 자녀를 둔 가족의 특징

본 사례의 경우, 이들 가족은 안정되고 통합되어 있는 것처럼 보일 것이다. 왜냐하면 부모 간에 추구하는 목표나 기대가 동일하여 협력관계를 이루고 있는 것처럼 보이기 때문이다. 그러나 부부로서의 역할은 보완적이며 서로 만족하고 있지만, 부모로서의 역할적응에는 갈등이나 장애를 가지고 있다. 즉, 어머니는 어머니로서의 자신의 역할을 받아들이지 못하며 아버지는 남성으로서 자신감이 없으며 아내에게 의존하는 경향이 강하였다. 이로 인하여 아버지는 가정 내에서 적극적인 역할을 담당하기보다는 어머니에게 모든 부담을 떠맡기고 회사 일에 전념하고 있다. 다시 말하면 자녀에 대해 아버지다운 권위를 가지는 것 자체를 피하고 있는 것처럼 보인다.

지금부터는 등교거부 아동을 둔 가족의 일반적인 특성에 대하여 생각해 보기로 한다. 존슨을 비롯하여 초기의 많은 연구에서는 학교공포증의 원인을 어머니와의 분리불안에 기인한다고 생각하여 모자관계를 중시하고 있다(Johnson et al., 1941).

지금까지 연구된 보고에 의하면 등교거부 아동을 둔 가족은 가족구성, 양육태도, 모자관계를 비롯한 가족역동에서 명백한 공통점을 가지고 있다.

첫째, 가족구조를 살펴보면 결손가족이 적으며, 어머니가 없는 경우는 드물다. 또한 별거, 이혼을 경험한 가족이 적다.

둘째, 등교거부 아동은 외동아이거나 막내인 경우가 많으며, 나이보다 어린아이로 취급되고 있는 경우도 많다.

셋째, 어머니의 양육태도는 극도로 과보호적인 경우가 자주 보인다. 때로는 지나친 보호와 엄격함이 함께 존재하는 경우도 있다. 즉, 어머니가 어떤 때는 자녀에게 지배적인 태도를 취하기도 하는데 이러한 어머니의 행동은 의식적으로는 자녀를 위한 행동이라고 생각하고 있다. 즉, 의식적인 수준에서 어머니에게 거부당하는 자녀는 없는 셈이다.

넷째, 어머니들 대부분은 미숙하고 의존적인 성격의 소유자이며 아내로서보다도 어머니로서의 역할에 결함이 있는 것이 눈에 띈다. 일반적으로 이러한 어머니는 자녀가 자립을 추구하게 되면 어머니 자신의 불안 때문에 자녀와 결합하여 그들의 생활 전반에 깊숙이 들어가는 경향이 강하다.

다섯째, 자녀의 자아발달을 촉진하지 못하는 경향이 있다. 자녀는 가족 내에서는 폭군적인 존재인데, 그러한 자녀에게 지나치게 칭찬하거나 아첨하는 태도가 자녀의 자아발달을 왜곡시킨다. 이처럼 자녀의 요구에 대하여 제한할 수 없는 부모의 태도는 자신이 자녀에게 무엇이나 다 할 수 있다는 전능한 느낌을 가지게 하는 것과 관계가 있다고 추론되기도 한다.

여섯째, 부모세대는 자신의 원가족 부모와 강하게 결합되어 있는 경우가 많다. 즉, 부모 자신의 의존적 관계가 해결되지 못하고 있는 것이다.

일곱째, 가족끼리는 서로 의존하고 있으나 가족 이외에 대한 관심은 적고 지역사회와의 연결도 빈약하다.

가족이 위기상황에 대처하는 방법이 등교거부 아동의 예후를 결정하는 기로가 된다. 잘 기능하는 가족은 이와 같은 위기상황에 직면하면 일반적으로 아버지나 어머니가 주도권을 가지고 행동하는데 부모의 협력, 상호 지지가 기반이 되어 아버지, 어머니의 자녀에 대한 심리적 지지가 증대된다. 따라서 부모와 자녀 사이의 의사소통이 회복되고 가족 전체의 분위기가 달라질 수 있다. 그러나 어떤 가족의 경우에는 가족 안에서 이와 같은 위기에 대처하지 못하고 가족 이외의 사람에게 도움을 청하게 되는 경우가 있다. 가족치료사는 이들 가족에게 자녀의 변용이 초래하는 가족역동을 수용하도록 도와 그들의 부모로서의 역할을 회복하게 해야 할 것이다.

13 변화하는 한국 가족

용어 설명

부모화parentification   부모화는 보스조르메니-내지의 맥락적 치료의 기본적 개념
중 하나다. 부모화란 가족체계 속에서 자녀가 한쪽의 부모나 다른 형제에
대해서 부모가 하는 양육적 역할을 하려는 상황을 의미한다. 부모화를 하
는 자녀는 성인처럼 행동하며 정서적, 육체적으로 약해진 부모를 보호하거
나 위기에 빠진 부모의 부부관계를 해결하려고 한다. 희생양이 된 자녀와
는 달리 때때로 부모화된 자녀는 외부로부터는 좋은 평판을 받게 된다. 그
러나 가족 내의 요구에 순응하여 가족의 중심이 되며 그것에 의해 가족의
안정을 지키려는 것에 지나지 않는다는 점에서 보면, 기본적으로 희생양 과
정과 비슷하다.

빈둥지 증후군empty nest syndrome   중년기에 접어든 사람들이 자신의 정체성에 대
하여 회의를 품게 되는 심리적 현상을 의미한다. 주로 가정에서 의미를 찾
던 주부들이 중년기에 접어들면서 가정이 텅 비어 버리고 자신은 빈껍데기
신세가 됐다고 느껴 불안해하고 우울해하는 심리적 현상이다. 바깥일에 몰
두하느라 아내의 기대감을 채우지 못하는 남성의 아내는 중년기 이후 자녀
들이 성장하면 자신의 정체감을 상실했다고 생각하는 경우가 많다.

세대 간의 충성심intergenerational loyalties   보스조르메니-내지에 의하면 원가족 또는
그보다 더 여러 세대에 걸쳐 조상에게 가지는 정서적인 관여나 의무감을
의미한다. 갓난아이의 의존심이나 부모에 대한 애착에 의해서 생득적으로
수직적인 충성심이 획득된다. 이러한 세대 간 충성심을 부정적으로 볼 필
요는 없다. 왜냐하면 그것은 가족을 지지해 가는 데 상당히 중요한 움직임
을 하고 있기 때문이다. 다만, 집단을 유지하기 위하여 개인이 지불한 희생
이 어디선가 보충되지 않으면 안 된다.

희생양scapegoat   가족치료에서는 부모가 그들 사이에 있는 갈등이나 긴장을 해
결하기 위한 시도로 다른 가족원에게서 문제를 찾거나 작은 문제를 과장하

는 상황을 종종 볼 수 있다. 일반적으로 희생양의 대상으로는 자녀가 선택된다. 부모의 부부관계에서 생긴 스트레스를 행동화하는 방법으로 자녀가 우울증을 보이거나 비행을 하는 경우를 종종 보게 된다. 그러나 이러한 방법은 직선적인 인과관계에 기초한 것이므로 자칫 가해자인 부모와 희생양이 된 자녀라는 도식을 그려 내기 쉽다. 따라서 희생양의 개념을 이해할 때는 가족역동의 체계적인 관점을 간과해서는 안 된다.

참고문헌

강진령, 이종연, 유형근, 손현동(2009). 상담자 윤리. 서울: 학지사.

고미영(1998). 탈 근대주의 시대의 가족치료의 동향. 한국가족치료학회지, 6(1), 15-34.

김용태(2000). 가족치료이론. 서울: 학지사.

김유숙(2012). 심리치료 이론과 가족치료. 서울: 학지사.

김유숙, 고모리 야스나가, 최지원(2013). 놀이를 활용한 이야기치료. 서울: 학지사.

김유숙, 전영주, 김수연(2003). 가족평가 핸드북. 서울: 학지사.

김혜숙(2008). 가족치료: 이론과 기법. 서울: 학지사.

박성덕, 이유경(2008). 정서중심적 부부치료. 서울: 학지사.

송성자(2000). 해결중심치료의 한국적 적용에 관한 연구: 한국가족에 대한 해결중심치료 언어게임 개념의 적용. 한국가족치료학회지, 8(1), 87-112.

이영실(2010). 가족복지론. 파주: 양서원.

정문자, 정혜정, 이선혜, 전영주(2012). 가족치료의 이해(2판). 학지사.

정수경(1993). 정신분열증 환자의 질병기간에 따른 가족기능의 효과성 연구. 연세대학교 대학원 박사학위논문.

高臣武史(1985). 分裂病者と家族. 東京: 岩崎學術出版.

上野千鶴子(1994). 近代家族の成立と終焉. 東京: 岩波書店.

野口裕二(2002). 物語としての ケア. 東京: 醫學書院.

遊在安一郎(1984). 家族治療法入門 - システム アプロチの理論と實際. 東京: 星和書店.

中釜洋子(2008). 家族のための心理援助. 東京: 金剛出版.

中釜洋子, 野末武義, 布柴靖枝, 無藤清子(2008). 家族心理學. 東京: 有斐閣.

河合隼雄, 岩井實, 福島章(1984). 家族精神療法. 東京: 金剛出版.

Ackerman, N. W. (1958). *The Psychodynamics of Family Life.* New York: Norton.

Ackerman, N. W. (1966a). *Treating the Troubled Family.* New York: Basic Books.

Ackerman, N. W. (1966b). Family psychotherapy-theory and practice. *American Journal of Psychotherapy, 20*(3), 405-414.

Andersen, T. (Ed.) (1991). *The reflecting team: Dialogues and dialogues about the dialogues.* New York: Norton.

Anderson, H. (1997). *Conversation, language, and Possibilities: A Postmodern Approach to Therapy.* New York: Basic Books.

Anderson, H., & Goolishian, H. (1988). Human systems as linguistic systems: Preliminary and evolving ideas about the implications for clinical therapy. *Family Precess, 27,* 371-393.

Anderson, H., & Goolishian, H. (1990). Beyond Cybernetics: Comments on Atkinson and Heath's "Further thoughts on second-order family therapy". *Family Process, 29,* 157-163.

Anderson, H., & Goolishian, H. (1992). The Client is the Expert: A Not-knowing Approach to Therapy. In S. McNamee & K. Gergen (Eds.), *Therapy as Social Construction.* Newbury Park: Sage Publications.

Anderson, C. M., Reiss, D., & Hogarty, B. (1986). *Schizophrenia and the family.* New York: Guilford.

Andolf, M. (1979). *Family Therapy: An Interactional Approach.* New York: Plenum.

Barker, P. (1986). *Basic Family Therapy.* New York: Blackwell Scientific Publication.

Barnhill, L. (1979). Healthy family systems. *Family Coordinator, 28,* 94-100.

Bateson, G. (1978). The birth of a matrix or double bind and epistemology. In M. Berger (Ed.), *Beyond the Double Bind.* New York: Brunner & Mazel.

Bateson, G., Jackson, D. D., Haley, J., & Weakland, J. (1956). Toward a theory of schizophrenia. *Behavioral Seience, 1,* 251-264.

Baumrind, A. (1991). Effective Parenting During the Early Adoloscent Transition. In P. A. Cowan & E. M. Hetherington (Eds.), *Family Transitions.* New York: Erlbaum.

Beavers, W. R. (1981). A systems model of family for family therapists. *Journal of Marriage and Family Therapy, 7*(3), 299-307.

Beavers, W. R., & Voeller, M. N. (1983). Family models: comparing and contrasting the Olson circumplex model with the Beavers systems model. *Family Process, 22,* 85-97.

Becvar, D. S., & Becvar, R. J. (2006). *Family Therapy: A Systemic Integration* (6th ed.). Boston:

Allyn & Bacon.

Beels, C. C., & Ferber, A. (1969). Family therapy: a view. *Family Process, 8,* 280-318.

Bell, J. E. (1975). *Family Therapy.* New York: Jason Aronson.

Bing, E. (1970). The conjoint family drawing. *Family Process, 9,* 173-194.

Blow, J., Sprenkle, D., & Davis, S. (2007). Is who delivers the treatment more important than the treatment itself? The role of the therapist in common factor. *Journal of Marital Family therapy, 33*(3), 298-317.

Boszormenyi-Nagy, I., & Spark, G. (1973). *Invisible Loyalties: Reciprocity in Intergenerational Family Therapy.* Hagerston: Harper & Row.

Boszormenyi-Nagy. I., & Framo, J. (Eds.). (1965). *Intensive family Therapy: Theoretical and Practical Aspects.* New York: Harper & Row.

Bowen, M. (1966). The use of family theory in clinical practice. *Comprehensive Psychiatry, 7,* 345-374.

Bowen, M. (1976). Theory in the practice of psychotherapy. In P. Guerin (Ed.), *Family Therapy.* New York: Gardner Press.

Bowen, M. (Ed.). (1978). *Family Therapy in Clinical Practice.* New York: Jason Aronson.

Breunlin, D., Schwartz, R., & Mac Kune-Karrer, B. (1992). *Metaframeworks: Transcending the models of family therapy.* San Francisco: Jossey-Bass.

Brock, G. W., & Barnard, C. P. (1992). *Procedures in Marriage and Family Therapy.* Boston: Allyn & Bacon.

Bruner, J. S. (1986). *Actual Minds, Possible World.* Cambridge: Harvard University Press.

Burgess, E. W., Locke, H. J., & Thones M. M. (1971). *The Family.* New York: Nostrand Reinhold.

Burr, V. (1995). *An Introduction to Social Constructionism.* New York: Routledge.

Carter, E. A., & McGoldrick, M. (Eds.). (1980). *The Family Life Cycle: A Framework for Family Therapy.* New York: Gardner Press.

Clarke, R. V. G. (1985). Delinquency, environment and intervention. *Journal of Child Psychology and Psychiatry, 26,* 505-523.

Denborough, D. (2008). Enabling contribution: Exchanging messages and convening definitional ceremonies. In *Collective narrative practice: Responding to individuals, groups, and communities who have experienced trauma.* Aelaide: Dulwich Centre Publications.

de Shazer, S. (1982). *Patterns of Brief Family Therapy: An Ecosystemic Approach.* New York:

Guilford.

de Shazer, S. (1985). *Keys to Solution in Brief Therapy*. New York: Norton.

de Shazer, S. (1991). *Putting Difference to Work*. New York: Norton

Duhl, F. J., Kantor, D., & Duhl, B. S. (1973). Learning, space and action in family therapy: a primer of sculpture. In D. A. Bloch (Ed.), *Techniques of Family Psychotherapy*. New York: Grune & Stratton.

Duvall, E. M., & Miller, B. C. (1985). *Marriage and Family Development* (6th ed.). New York: Harper & Row.

Epstein, N. B., & Bishop, D. S. (1981). Problem centered systems therapy of the familly. *Journal of Marital and Family Therapy, 7.*

Epstein, N. B., Bishop, D. S., & Levin, S. (1978). The McMaster model of family functioning. *Journal of Marriage and Family Counseling, 4,* 19-31.

Epston, D., & White, M. (1992). *Experience, contradiction, narrative, and imagination*. Adelaide: Dulwich Centre Publications.

Erickson, M. H., & Zeig, J. K. (1980). *Teaching seminar with Milton H. Erickson, M.D.* New York: Brunner/Mazel.

Erikson, E. H. (1963). *Childhood and Society*. New York: Norton.

Eshleman, J. (1974). *The Family: An Introduction*. Boston: Allyn & Bacon.

Eron, J., & Lund. T. (1996). *Narrative solutions in brief therapy*. New York: Guilford Press.

Fenell, D. L., & Weinhold B. W. (1989). *Counseling families: An Introduction to Marriage and Family Therapy*. Denver: Love publishing Company.

Fisch, R., Weakland, J., & Segal, S. (1982). *The Tactics of Change: Doing Therapy Briefly*. San Francisco: Jossey-Bass.

Fleck, S. (1980). Family functioning and family pathology. *Psychiatric Annals, 10,* 17-35.

Foley, V. (1974). *An Introduction to Family Therapy*. New York: Grune & Stratton.

Framo, J. (1976). Family of origin as a therapeutic resource in marital and family therapy: you can and should go home again. *Family Process, 15,* 193-210.

Framo, J. (1981). The integration of marital therapy with sessions with family of origin. In A. S. Gurman & D. P. Kniskern (Eds.), *Handbook of Family Therapy*. New York: Brunner & Mazel.

Freedman, J., & Combs, G. (1996). *Narrative Therapy*. New York: W. W. Norton & Company. 김

유숙, 전영주, 정혜정 역(2009). 이야기치료. 서울: 학지사.

Fromm-Reichmann, F. (1948). Notes on the development of treatment of schizoprenics by psychoanalytic psychotherapy. *Psychiatry, 11,* 263-274.

Gehring, T. M., & Page, J. (2000). Family System Test (FAST): A Systemic Approach for Family Evaluation in Clinical Practice and Research. In K. Gitlin-Weiner, A. Sandgrund, & C. Schaefer (Eds.), *Play Diagnosis and Assessment* (2nd ed.). New York: John Wiley and Sons.

Gergen, K. J. (1985). The social constructionist movement in modern psychology. *American Psychologist, 40,* 266-275.

Gergen, K. J. (1999). *An Invitation to Social Construction.* London: Sage.

Gil, E. (1994). *Play in family therapy.* New York: Guilford press.

Gladding, S. J. (2002). *Family therapy: History, theory, and practice.* New Jersey: Upper Saddle River.

Glenn, M. L. (1984). *On Diagnosis: A Systemic Approach.* New York: Brunner & Mazel.

Glick, L. D., & Kessler, D. R. (1974). *Marital and Family Therapy.* New York: Grune & Stratton.

Golan, S. (1988). On second-order family therapy. *Family Process, 27*(1), 51-65.

Goldenberg, I., & Goldenberg, H. (2000). *Family Therapy: An Overview* (5th ed.). California: Brooks & Cole.

Goldner, V., Penn, P. Sheinberg, M., & Walker, G. (1990). Love and violence: Gender paradoxes in volatile attachments. *Family Process, 29,* 343-364.

Griffin, W. A. (1993). *Family Therapy: Fundamentals of Theory and Practice.* New York: Brunner & Mazel.

Group for the Advancement of Psychiatry. (1970). The Field of Family Therapy. Report No. 78. New York: GAP.

Guerin, P. J. (Ed.). (1976). *Family Therapy: Theory and Practice.* New York: Gardner Press.

Gurman, A., & Kniskern, D. (Ed.). (1981). *Handbook of Family Therapy.* New York: Brunner & Mazel.

Haley, J. (1963). *Strategies of Psychotherapy.* New York: Grune & Stratton.

Haley, J. (1973). *Uncommon Therapy: The Psychiatric Techniques of Milton H. Erickson.* New York: Norton.

Haley, J. (1976). *Problem-Solving Therapy.* San Francisco: Jossey-Bass.

Haley, J. (1984). *Ordeal therpay.* San Francisco: Jossey-Bass.

Hartman, A., & Laird, J. (1983). *Family-centered social work practice.* New York: The free press.

Henggeler, S., & Borduin, C. (1990). *Family therapy and beyond: A multisystemic approach to treating the behavoir problems of childrean and adolescents.* Pacific Grove: Brooks/Cole.

Heusden, A., & Eerenbeemt, E. (1987). *Balance in motion.* New York: Brunner/ Mazel publisher.

Hoffman, L. (1981). *Foundations of Family Therapy: A Conceptual Framework for Systems Change.* New York: Basic Books.

Hoffman, L. (1988). A constructivist position for family therapy. *The Irish Journal of Psychology, 9,* 110-129.

Hoffman, L. (1990). Constructing realities: An art of Lenses. *Family Process, 29*(1), 1-12.

Hoffman, L. (1992). A Reflexive Stance for Family Therapy. In S. McNamee & K. Gergen (Eds.), *Therapy as Social Construction.* Newbury Park: Sage Publications.

Howells, J. G. (1968). *Theory and Practice of Family Psychiatry.* Edinburgh: Oliver & Boyd.

Hoyt, M. (1994). *Constructive therapies.* New York: The Guilford Press.

Irwin, E., & Malloy, E. (1975). Family puppet interview. *Family Process, 14,* 179-191.

Jackson, D. D. (1965). Family rules: the marital quid pro quo. *Archives of General Psychiatry, 12,* 589-594.

Jacobson, N., & Christensen, A. (1996). *Integrative couple therapy.* New York: Norton.

Johnson, A. M., Falstein, E. I., Szurek, S. A., & Svendsen, M. (1941). School Phobia. *American Journal Orthopsychiatry, 11,* 702-711.

Johnson, S. M. (2005). *Emotionally Focused Couple Therapy with Trauma Survivors: Strengthening Attachment Bonds.* New York: Guilford Press.

Johnson, S. M., & Denton, W. (2002). *Emotionally focused couple therapy: Creation secure connection.* New York: Guilford.

Kempler, W. (1981). *Experiential psychotherapy with families.* New York: Brunner/ Mazel.

Kerr, M. E., & Bowen, M. (1988). *Family Evaluation.* New York: W. W. Norton & Company. 남순헌, 전영주, 황영훈 역(2005). 보웬의 가족치료이론. 서울: 학지사.

Kerr, M., & Bowen, M. (1988). *Family evaluation.* New York: Norton.

Kirschner, D. A., & Kirschner, S. (1986). *Comprehensive Family Therapy: An Integration of Systemic and Psychodynamic Models.* New York: Brunner & Mazel.

Kolevzon, M. S., & Green, R. G. (1985). *Family Therapy Models.* New York: Springer publishing company.

Laing, R. D. (1965). Mystification, confusion and conflict. In I. Boszormenyi-Nagy & J. Framo (Eds.), *Intensive Family Therapy*. New York: Harper & Row.

Lambert, J. (1992). Psychotherapy outcome research. In Norcross, J., & Goldreied, M. (Eds.), *Handbook of psychotherapy integration*. New York: Basic books.

Les Structures élémentaires de la parenté (1949, The Elementary Structures of Kinship, ed. *Rodney Needham, trans. J. H. Bell, J. R. von Sturmer, and Rodney Needham, 1969) Online preview of 1970 Traviston paperback.

Liberman, R. P. (1970). Behavioural approaches in family and couple therapy. *American Journal of Orthopsychiatry, 40*, 106-118.

Madigan, S. (1994). Body politics. *Family Therapy Networker, 18*(6), 18-29.

McCollum, E. E. (1990). Integrating structural-strategic and Bowen approaches in training beginning family therapists. *Contemporary Family Therapy, 12*, 23-34.

McGoldrick, M., & Carter, E. A. (1982). The family life cycle. In F. Walsh (Ed.), *Normal Family Processes*. New York: Guilford.

McGoldrick, M., Gerson, R., & Petry, S. S. (2008). *Genograms: Assessment and intervention* (3rd ed.). New York: W. W. Norton & Company. 이영분, 김유숙, 정혜정, 최선령, 박정희 역 (2011). 가계도: 사정과 개입. 서울: 학지사.

McGoldrick, M., Pearce, J. K., & Grordano, J. (1982). *Ethnicity and Family Therapy*. New York: Guilford.

McNamee, S., & Gergen, K. J. (1992). *Therapy as social construction*. London: Sage Publications. 김유숙 역(2004). 사회구성주의와 심리치료. 서울: 학지사.

Minuchin, S. (1974). *Families & Family Therapy*. Massachusetts: Harvard University Press.

Minuchin, S., & Fishman, H. C. (1981). *Family Therapy Techniques*. Massachusetts: Harvard University Press.

Minuchin, S., & Nichols, M. P. (1993). *Family healing: strategies for hope and understanding*. New York: Free Press. 오제은 역(2013). 가족치유: 미누친의 구조적 가족치료. 서울: 학지사.

Minuchin, S., Rosman, B. L., & Baker, L. (1978). *Psychosomatic Families: Anorexia Nervosa in Context*. Massachusetts: Harvard University Press.

Morgan, A. (2000). *What is Narrative Therapy?*. Adelaide: Dulwich Centre Publication. 고미영 역 (2003). 이야기치료란 무엇인가?. 서울: 청목출판사.

Murdock, G. P. (1949). *Social Structure*. New York: The MacMillan Company.

Myerhoff, B. G. (1986). Life not death in Venice: Its second life. In V. Turner & E. Bruner (Eds.), *The Anthropology of Experience*. Chicago: University of Illinios Press.

Nichols, M. (2010). *Family Therapy: Concepts and Methods* (9th ed.). Boston: Allyn & Bacon. 김영애, 김정택, 송성자, 심혜숙, 정문자, 제석봉 역(2012). 가족치료: 개념과 방법. 서울: 시그마프레스.

Olson, D. H., Russell, C., & Sprenkle, D. H. (1983). Circumplex model of marital and family systems: VI. Theoretical update. *Family Process, 22,* 69-83.

Palazzoli, M. S., Boscholo, L., Cecchin, G., & Prata, G. (1978). *Paradox and Counterparadox*. New York: Jason Aronson.

Palazzoli, M. S., Boscolo, L., Cecchin, G., & Prata, G. (1980). Hupothesizing- circularity-neutrality: three guidelines for the conductor of the session. *Family Process, 19,* 3-12.

Papp, P. (1977). *Family Therapy: Full Length Case Studies*. New York: Gardner Press.

Papp, P., Silverstein. O., & Garter, E. (1973). Family Sculpting in Preventive Work with well Families. *Family Process, 12.*

Patterson, G. R., Weiss, R. L., & Hops, H. (1976). Training in marital skills: Some problems & concepts. In *Handbook of Behavior Modification & Behavior Therapy*. New Jersey: Prentice-Hall.

Patterson, J., Willams, L., Edwards, T. M., Chamow, L., & Grauf-Grounds, C. (2009). *Essential Skills in Family Therapy* (2nd ed.). New York: The Guiford Press. 김유숙, 박정희, 천희선 역(2011). 가족치료의 기술. 서울: 학지사.

Pinsof, W. (1995). *Integrative Problem-centered Therapy*. New York: Basic Books.

Pinsof, W. (1999). Choosing the right door. *Family Therapy Networker, 23,* 48-55.

Rivett, M., & Street, E. (2009). *Family therapy: 100 key points and techniques*. New York: Routledge.

Roth, S., & Chasin, R. (1994). Entering on another's worlds of meaning and imagination: Dramatic enactment and narrative couple therapy. In M. Hoyt (Ed.), *Constructive therapies*. New York: Guilford.

Satir, V. (1967). *Conjoint Family Therapy*. California: Science & Behavior Books.

Satir, V. (1972). *Peoplemaking*. California: Science & Behavior Books.

Satir, V., Banmen, J., & Gomori, M. (1991). *The Satir Model: Family Therapy and Beyond*. Palo Alto: Science & Behavior Books. 한국버지니아사티어연구회 역(2000). 사티어 모델: 가족치료의

지평을 넘어서. 서울: 김영애가족치료연구소.

Schwartz, R. C. (1995). *Internal family systems therapy.* New York: Guilford press.

Skynner, A. C. R. (1969). Indications and contra-indications for conjoint family therapy. *International Journal of Social Psychiatry, 15.*

Tomm, K. (1984). One perspective on the Milan systemic approach: Part I. Overview of development, theory and practice. *Journal of Marital and Family Therapy, 10,* 113-125.

Tomm, K. (1989). Externalizing the problem and internalizing personal agency. *Journal of Strategic and Systemic Therapy, 8*(1), 54-59.

Visher, E., & Visher, J. (1988). *Old loyalties new ties: Therapeutic strategies with stepfamilies.* New York: Brunner & Mazel.

von Bertalanffy, L. (1968). *General Systems Theory: Foundations, Development Application.* New York: Braziller.

Walker, G., & Goldner, V. (1995). The wounded prince and the women who love him. In C. Burcke & B. Speed (Eds.), *Gender and power in relationships.* London: Routledge.

Walrond-Skinner, S. (1976). *Family Therapy: The Treatment of Family Systems.* London: Routledge & Kegan Paul.

Walrond-Skinner, S. (1978). Indications and contra-indications for the use of family therapy. *Journal of Child Psychology and Psychiatry, 19,* 57-62.

Walsh, F. (Ed.). (1982). *Normal Family Processes.* New York: Guildford.

Walter, J. (1992). *Becoming Solution-Focused in Brief Therapy.* New York: Brunner & Mazel.

Watzlawick, P., Beavin, J. H., & Jackson, D. D. (1967). *Pragmatics of Human Communiation.* New York: Norton.

Watzlawick, P., Weakland, J., & Fisch, R. (1974). *Change: Principles of Problem Formulation and Problem Resolution.* New York: Norton.

Weakland, J. (1979). The double-bind theory. *Journal of the American Academy of Child Psychiatry, 18,* 54-66.

Whitaker, C. (1958). Psychotherapy with couples. *American Journal of Psychotherapy, 12,* 18-23.

Whitaker, C., & Keith, D. V. (1981). Symbolic-Experiential Family Therapy. In A. S. Gurman & D. P. Kniskern (Eds.), *Handbook of Family Therapy.* New York: Brunner/Mazel.

White, M. (2000). Re-engaging with history: The absent but implicit. In M. White (Ed.) *Reflections on narrative practice.* Adelaide: Dulwich Centre Publications.

White, M. (1995). *Re-Authoring Lives: Interviews & Essays*. Adelaide: Dulwich.

White, M. (2001). 이야기치료 워크샵 자료집. 한국가족치료학회.

White, M. (1991). Deconstruction and therapy. *Dulwich Centre Newsletter, 3*, 21-40.

White, M. (2007). *Maps of Narrative Practice*. New York: W. W. Norton & Company. 이선혜, 정슬기, 허남순 역(2009). 이야기치료의 지도. 학지사.

Wiener, N. (1948). *Cybernetics, or Control and Communication in Animal and the machine*. New York: Wiley.

Wolf, P. (1973). Family Structure in three cases of anorexia nervosa: The Role of the Father. *American Journal Psychiatry, 130*.

Woods, M. D., & Martin, D. (1984). The work of Virginia Satir: understanding her theory and technique. *American Journal of Family Therapy, 12*(4), 3-11.

Wright, L. M., & Leahey, M. (1984). *Nurses and Families: A Guide to Family Assessment and Intervention*. Philadelphia: F. A. Davis.

Wynn, J. C. (1987). *The Family Therapist*. New Jersey: Fleming H. Revell.

Wynne, L. C. (1981). Current concepts about schizophrenics and family relationships. *Journal of Nervous and Mental Disease, 167*, 144-158.

Wynne, L. C., Jones, J. E., & Al-Khayyal, M. (1982). Healthy family communication patterns: observations in families "at risk" for psychopathology. In F. Walsh (Ed.), *Normal Family Processes*. New York: Guilford.

찾아보기

🏵 인명

Ackerman, N. 50, 55, 58

Andersen, T. 73, 74, 75, 348, 401

Anderson, C. 70

Anderson, H. 73, 74, 348, 381

Andolphi, M. 68

Aponte, H. 290

Bateson, G. 56, 255, 257, 258, 262, 281, 284

Beels, C. C. 77

Bell, J. 50

Berg, I. 69, 360

Bigelow, J. 56

Boscolo, L. 68, 75, 257, 381

Boszormenyi-Nagy, I. 51, 58, 61

Bowen, M. 54, 60, 61, 64, 229

Bowlby, J. 48

Burns, R. 192, 194

Carter, B. 64, 232

Cecchin, G. 68, 75, 257, 381

Christensen, A. 422

Combs, G. 381

de Shazer, S. 69, 73, 360, 364

Derrida, J. 346, 349

Dickerson, V. 381

Dicks, H. 63

Dolan, Y. 361

Duhl, B. 71, 316, 317

Epstein, N. 63, 67, 167

Epston, D. 73, 75, 380, 403

Erickson, M. 66, 67, 256, 257, 269, 279, 360

Erikson, E. H. 453

Eron, J. 419

Ferber, A. 77

Fisch, R. 255

Foucalut, M. 27, 346, 349, 380

Framo, J. 51

Freedman, J. 381

Freud, S. 47

Fromm-Reichman, F. 49

Gergen, K. J. 74, 348

Glenn, M. 71

Goldner, V. 424

Goolishian, H. 73, 348, 381

Greenberg, L. 75, 314, 410

Guerin, P. 64, 232

Haley, J. 57, 59, 66, 67, 255, 256, 257, 265, 269, 272, 274, 275, 278, 279, 280

Hartman, A. 156

Healy, W. 48

Henggeler, S. 423

Hoffman, L. 64, 73, 344, 381

Howells, J. 69

Hoyt, M. 350

Jackson, D. 57, 59, 256, 280, 316

Jacobson, N. 422

Johnson, A. 473

Johnson, S. 75, 314, 410

Kantor, D. 198, 316, 317

Kaufman, S. 192

Kempler, W. 316

Kerr, M. 232

Laing, R. 53, 54

Lévi-Strauss, C. 25

🏵 내용

저자 소개

김유숙(Kim Yoosook)
일본 도쿄(東京) 대학교 의학부에서 임상심리를 전공했으며, 개인을 둘러싼 환경에 대한 개입의 중요성을 깨닫고 일본 국립정신건강연구소 가족치료실에서 훈련을 받았다. 귀국한 후부터 현재까지 서울여자대학교 교육심리학과 교수로 재직하면서 후학에게 가족치료를 가르치는 동시에, 실천 현장에서 도움을 청하는 가족들을 꾸준히 만나고 있다. 한스카운셀링센터에서 수석상담위원직을 맡아 내담자를 만나고 있는데, 최근에는 그들과의 작업을 통해 이야기치료라는 접근이 가진 매력을 경험하고 있다. 이러한 흔적은 『심리치료이론과 가족치료』 『아동과 청소년 심리치료』 『놀이를 활용한 이야기치료』 등의 저서와 『사회구성주의와 심리치료』 『이야기치료』 『존엄치료』 『가계도』 『가족치료의 기술』 등의 역서에서 찾을 수 있다.

〈제3판〉

가족치료: 이론과 실제
Familly Therapy (3rd ed.)

1998년 7월 4일 1판 1쇄 발행
2002년 1월 5일 1판 6쇄 발행
2002년 9월 5일 2판 1쇄 발행
2013년 8월 30일 2판 19쇄 발행
2014년 7월 28일 3판 1쇄 발행
2019년 7월 10일 3판 7쇄 발행

지은이 • 김 유 숙
펴낸이 • 김 진 환
펴낸곳 • (주) **학지사**

　　　　　04031 서울특별시 마포구 양화로 15길 20 마인드월드빌딩 5층

대표전화 • 02) 330-5114　　　팩스 • 02) 324-2345

등록번호 • 제313-2006-000265호

홈페이지 • http://www.hakjisa.co.kr
페이스북 • https://www.facebook.com/hakjisabook

ISBN 978-89-997-0423-9 93180

정가 **19,000**원

이 도서의 국립중앙도서관 출판시도서목록(CIP)은 서지정보유통지원시스템
홈페이지(http://seoji.nl.go.kr)와 국가자료공동목록시스템(http://www.nl.go.kr/kolisnet)
에서 이용하실 수 있습니다.
(CIP제어번호: CIP2014018095)

출판 • 교육 • 미디어기업 **학지사**

간호보건의학출판 **학지사메디컬** www.hakjisamd.co.kr
심리검사연구소 **인싸이트** www.inpsyt.co.kr
학술논문서비스 **뉴논문** www.newnonmun.com
원격교육연수원 **카운피아** www.counpia.com